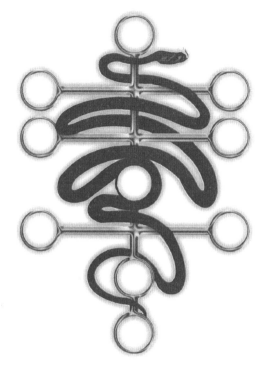

ARCANUM

A MAGIA DIVINA
dos FILHOS DO SOL

VOLUME I

São Paulo - SP
2018

M∴I∴ Helvécio de Resende Urbano Júnior 33º
G∴I∴G∴ do Sup∴ Cons∴ do Gr∴ 33 do R∴E∴A∴A∴

ARCANUM

A MAGIA DIVINA
dos FILHOS DO SOL

VOLUME I

Kabbala, Maçonaria e Teosofismo com
Práticas de Teurgia e fundamentos de Taumaturgia

Ali A´l Khan S∴I∴
אליאלהן

Copyright © By Editora Isis Ltda.

Editor: Editora Ísis - SP
Produção e Capa: Sergio Felipe de Almeida Ramos
Editoração Eletrônica: Sergio Felipe de Almeida Ramos | Equipe Técnica Tiphereth777
Revisão: Sassandra Dias Brugnera | Carolina Garcia de Carvalho Silva
Colaboradores ilustração: Igor Oshiro Guilherme Lima | Ian Oshiro Guilherme Lima

CIP – BRASIL – CATALOGAÇÃO NA FONTE
SINDICATO NACIONAL DOS EDITORES DE LIVROS, RJ

A´l Khan S∴I∴, Ali / Resende Urbano Júnior, Helvécio de, 1956.

Arcanum ① A Magia Divina dos Filhos do Sol | A´l Khan S∴I∴, Ali / Resende Urbano Júnior, Helvécio de, 1956. | Editora Isis | 2018.

ISBN 978-85-8189-109-2

1. Kabbala 2. Filosofia 3. Maçonaria 4. Religião 5. Gnose 6. Hermetismo

CDD 366.1

Índice para catálogo sistemático:
1. Maçonaria / Filosofia / Hermetismo / Kabbala e Gnose: Ocultismo 366.1

Proibida a reprodução total ou parcial desta obra, de qualquer forma ou por qualquer meio seja eletrônico ou mecânico, inclusive por meio de processos xerográficos, incluindo ainda o uso da internet sem a permissão expressa da Editora Isis, na pessoa de seu editor (Lei nº 9.610, de 19.02.1998).

Direitos exclusivos reservados para Editora Isis.

Autor Ali A'l Khan 777
Caixa Postal 25.077 - Agência Espírito Santo
Tel. (032) 3212.0347 – CEP: 36.011-970 – Juiz de Fora/MG
www.tiphereth777.com.br – tiphereth@tiphereth777.com.br

EDITORA ISIS LTDA
www.editoraisis.com.br
contato@editoraisis.com.br

DO AUTOR

Livros publicados

Manual Mágico de Kabbala Prática, 2005.

Manual Mágico de Kabbala Prática, 2007.

Manual Mágico de Kabbala Prática, 2011.

Kabbala – Magia, Religião & Ciência, 2006.

Absinto, 2007.

Maçonaria – Simbologia e Kabbala, 2010.

Templo Maçônico, 2012.

Secretum – Manual Prático de Kabbala Teúrgica, 2014.

Arsenium – O Simbolismo Maçônico: Kabbala, Gnose e Filosofia, 2016.

Hermeticum – Caminhos de Hiram, 2018.

Gnosticum – A Chave da Arca – Maçonaria Prática, 2018.

AGRADECIMENTOS

VV∴IIr∴ na Senda da Luz Maior

Pod∴ Ir∴ M∴M∴ Antônio Fernando Alves da Silva
Pod∴ Ir∴M∴M∴ G∴I∴G∴ Gumercindo F. Portugal Filho 33º
Pod∴ Ir∴M∴M∴ Gustavo Llanes Caballero
Soror Laura Bertolino
Pod∴ Ir∴ M∴I∴ G∴I∴G∴ Ney Ribeiro 33º
Pod∴ Ir∴ G∴I∴G∴ Manoel Pereira 33º
Irmã R ✠ C Maria de Lourdes Dias Ibrahim de Paulo
Pod∴ Ir∴ M∴I∴ G∴I∴G∴ Porfírio José Rodrigues Serra de Castro 33º
Soror R ✠ C Sassandra Dias Brugnera
Sergio Felipe de Almeida Ramos
Pod∴ Ir∴M∴M∴ Pablo Roar Justino Guedes 14º
Fr∴ Tiago Cordeiro – Teth Khan 777

À memória dos meus saudosos Irmãos

Fr. R ✠ C Antonio Rezende Guedes /|\
Pod∴ Ir∴ M∴M∴ Belmiro Carlos Ciampi
Pod∴ Ir∴ M∴M∴ Carlos Rodrigues da Silva S∴I∴
Ir∴ M∴M∴ Euclydes Lacerda de Almeida 18º
Fr∴ R ✠ C Jayr Rosa de Miranda
Fr∴ R ✠ C Manoel Corrêa Rodrigues S∴I∴
M∴M∴ Fr∴ R ✠ C Paulo Carlos de Paula 18º - Ir∴Miguel

O GUERREIRO EM COMBATE

Procura o guerreiro e coloque-o em combate por ti, receba as ordens para a batalha e lute.

No "caminho" somos conduzidos às descobertas da senda por meio das intempéries, da solidão e da reflexão. Palmilhando a senda e descobrindo seus segredos, uma evidente verdade é muitas vezes esquecida pela maioria das pessoas que se debate freneticamente numa luta reativa e desnecessária quando temos à frente o próprio "caminho" e o "des-a-fio" do experienciá-lo. Quando buscamos a experiência antes do necessário caminhar é que deparamos com os problemas dentro da disciplina e esforço. Uma apreensão intelectual que, em última análise, é apenas familiaridade com palavras e gestos, não é o que se pode denominar e aceitar como vivido. Tal coleta de experiências jamais poderá ser aceita como uma real descoberta; neste sentido, é apenas uma sombra do caminho e o vento da senda. Se alguns homens acham que experiências de outros são dispensáveis em sua caminhada, caem no terrível engano de percurso. Às vezes, esse palmilhar resulta em cansaço, exaustão ou decepção, contudo é necessário e, muitas vezes, nem é suficiente. Um esforço para moldar e ajustar a vida aos termos reais de evolução exige disciplina, razão e luta. No Bhagavad Gita há um enunciado que diz: "Como quer que os homens se aproximem de Mim, Eu lhes dou as Boas Vindas, porque qualquer caminho que eles escolham é Meu caminho".

A.A.K.

PRECE

"Senhor, que és o Céu e a Terra e que és a Vida e a Morte! O Sol és tu, e a Lua é tu, e o Vento és tu! Tu és os nossos corpos e as nossas almas e o nosso amor és tu também. Onde nada está tu habitas, e onde tudo está– o teu Templo) – Eis o teu corpo.

Dá-me alma para servir e alma para te amar. Dá-me vista para te ver sempre no céu e na terra, ouvidos para te ouvir no vento e no mar, e mãos para trabalhar em teu nome.

Torna-me puro como a água e alto como o céu. Que não haja lama nas estradas dos meus pensamentos nem folhas mortas nas lagoas dos meus propósitos. Faze com que eu saiba amar os outros como irmãos e servir-te como a um pai.

[...]

Que minha vida seja digna da tua presença. Que meu corpo seja digno da terra, tua cama. Que minha alma possa aparecer diante de ti como um filho que volta ao lar.

Torna-te grande como o Sol, para que eu possa te adorar em mim; e torna-me puro como o luar, para que eu possa rezar em mim; e torna-me claro como o dia para que eu possa te ver sempre em mim e rezar-te a adorar-te.

Senhor, protege-me e ampara-me. Dá-me que eu me sinta teu. Senhor, livra-me de mim!"

Fernando Pessoa
Fragmento manuscrito, s.d. 1912. In: *Páginas Íntimas e de Auto Interpretação.*
Ed. Georg Rudolf Lind e Jacinto do Prado Coelho, Lisboa, 1966, p. 61-62, n. 15.

"À GUISA DE PREFÁCIO"

Alguns autores valem-se, frequentemente, de prefácios de outros autores de prestígio, para imprimirem a obra valor que muitas vezes é suposto; muitas vezes é o prefaciador que aparece mais que o autor, quando deveria ser o contrário.

Este pequeno introito é para informar aos leitores minha posição de que a obra de Helvécio de Resende Urbano Júnior, a quem eu chamo carinhosamente de Resendão, não precisa de prefácio. Na verdade, é um carinho que o autor tem para comigo, o que muito me honra e agrada.

"Arcanum, a Magia Divina dos Filhos do Sol" já nasceu pronto, não havendo nada que se possa acrescentar; é um livro escoimado, realmente de um erudito do porte de Resende, em que nas suas 743 páginas nos desvenda, com lucidez e brilhante descrição, tudo aquilo que gostaríamos e precisamos saber sobre a Arte Real.

Não é somente um livro de Maçom e para Maçons, mas, sim, um trabalho da mais alta estirpe para quem deseja o autoconhecimento, adentrando o caminho espiritual.

São muitas chaves. É um livro para ler e reler; sofisticado, sim, complexo também, mas não tão hermético e fechado em que só os "Iluminadinhos" possam penetrar. Nele encontramos muito o que aprender e, sobretudo, o que usar.

Ressalte-se que isso nunca foi diferente; veja o referencial de outras obras do autor do mesmo quilate.

Resende nos dá um verdadeiro "show" de conhecimento, quer seja através da Filosofia, Kabbala, Rosacrucianismo, Maçonaria, Judaísmo e muito mais.

Para nós não é novidade que assim fora, pois, além de iniciado em inúmeras ordens, possui sólida formação acadêmica (*vide curriculum*) que faz com que seus escritos não sejam meras postulações ditas ocultistas, ilações sem nenhuma veracidade. Além disso, seu conhecimento de outros idiomas em muito facilitou os estudos.

Ademais do texto, inúmeras obras embasam a farta bibliografia, os capítulos muito bem distribuídos vêm sempre acompanhados de notas e comentários de pé de página com doutas observações.

Com este trabalho, Resende nos ajuda a desbastar a pedra bruta, lapidando-a, tornando-nos melhores.

Resende transmite o conhecimento, sem manobras, sem esconder suas fontes, compartilhando conosco o seu grande e inesgotável saber iniciático.

Para mim, ele é o nosso Guimarães Rosa do ocultismo, que, com beleza, sutileza e solidariedade, mostra sua face desprovida de preconceito e egoísmo, de maneira que a mim só me resta agradecer ao G.A.D.U. o privilégio de tê-lo como amigo.

Muy Leal e Heroica Cidade de São Sebastião do Rio de Janeiro (ex-cidade maravilhosa) "Criada por Deus, destruída pelos homens"

1º de maio de 2018.

Ir.'. Gumercindo Fernandes Portugal Filho (Fernandez Portugal Filho)

Jornalista e Antropólogo

M∴ M∴ Grau 33

Membro da Augusta e Respeitável Loja "Prudência e Amor" do Grande Oriente do Brasil.

PRÓLOGO

Em ARCANUM ⓣ, buscamos uma sustentação dentro de uma trilogia de conhecimento, nas vias hermética, gnóstica e kabbalística, com a intenção *a priori* de elevar o leitor, proporcionando-lhe reflexões e exaltação para proteção do corpo físico, astral e espiritual, logicamente numa ordem inversa de tal sequência.

Sabemos que as células T são responsáveis, em parte, pelo nosso sistema de defesa imunológico, ajudando as pessoas a sarar mais rapidamente. Com isso vislumbramos algumas formas gnósticas de antigos segredos que eleva o homem aos planos superiores, como típicos aceleradores quânticos. A estes deu-se o nome de Teurgia, e, por extensão, validamos também a Taumaturgia, daí o T em Arcanum. Em face deste *insight*, buscamos na biblioteca obras que tratam com seriedade deste assunto e, depois de elencar alguns textos e digerir em minúcias estes conhecimentos sagrados, colocamos em ordem algumas reflexões fundamentais para o exercício destas ciências. É na Antiguidade que vamos conseguir fundamentos suficientes para desvelar esses arcanos e trazer a Luz nas suas formas pragmáticas e mágicas para o auxílio daqueles que buscam a cura e a felicidade.

Para o vislumbre dentro dessas considerações, faz-se necessária a leitura e prática de todo nosso trabalho desenvolvido nestes últimos vinte anos, a começar pelo *Manual Mágico de Kabbala Prática* (MMKP), que proporciona o primeiro envolvimento com a Arte Mágicka; em seguida vem o *Maçonaria, Simbologia e Kabbala*, no qual abordamos a Kabbala Judaica, a Maçonaria e o Hermetismo com seus mistérios fundamentais. Depois lançamos o *Kabbala - Magia, Religião & Ciência,* que é a síntese da leitura dos clássicos do ocultismo ocidental e esclarecimento junto a ciência numa profusão de mito e realidade. Logo em seguida, veio *Absinto – Templo Maçônico, dentro da Tradição Kabbalística; sob a Luz do Sol da Meia-Noite*, obra robusta, de vivência iniciática, na qual nós expusemos os trinta e três graus do R∴E∴A∴A∴, elencando os rituais que condizem com a realidade das *Sephiroth* da *Sagrada Árvore da Vida*; desse modo, lançando *um des-a-fio* ao Iniciado de ir além de minhas provocações do mundo da vida holográfica. Em meados de 2014, chegou *Secretum – Manual Prático de Kabbala Teúrgica,* sendo esta obra um complemento do MMKP, porém com informações preciosas que recebemos, de lábios a ouvidos, daqueles que encontramos a caminho de Heliópolis, a Cidade do Sol. Após dois anos desse lançamento, publicamos *Arsenium – O Simbolismo Maçônico – Kabbala, Gnose e Filosofia*, uma provocação aos IIr∴ da Arte Real indicando-lhes o Caminho da Tradição que jamais poderá ser vilipendiado, os três GGr∴ do R∴E∴A∴A∴ dentro de uma visão gnóstica e espiritual. Neste Solstício de Verão de 2018 lançamos *Hermeticum – Caminhos de Hiram – Visões Caleidoscópicas de Hermetismo Gnóstico. O Filosofismo da Maçonaria Iniciática,* visando à preparação do leitor para receber o *Gnosticum – A Chave da Arca*, obra que traz um conhecimento diferenciado, informações precisas de práticas esotéricas para elevação do Recipiendário que busca a verdadeira Luz. E, agora,

ARCANUM Ⓣ vem ser a síntese de toda nossa vida iniciática, explicada e aplicada em todo este processo de aprendizagem da Nobre Arte. Entendemos que deixamos de alguma forma, as *Pegadas da Serpente* para ser trilhada por aqueles que buscam uma razão maior de viver.

O CULTO DA SERPENTE

O OVO

De modo algum temos a pretensão de imaginar ou pensar que esgotaremos estes temas e, contudo, deixando pesar nossos passos arrastados sobre o caminho que Ele nos abriu, temeríamos pelo leitor que nos acompanha pudesse ter uma insustentável fadiga se não nos restasse ainda a examinar uma parte tão interessante quanto pitoresca. Trata-se, com efeito, dos monumentos mais grandiosos que o culto das pedras nos deixou, a saber: os *Dracontia*, ou Sacerdotes dos Templos da Serpente.

Caso não consigamos – apesar de nosso desejo de não nos demorarmos – chegar diretamente a esta parte de nossa exploração, seremos, ao menos, conduzidos por um dos fios da tradição. Com efeito, os fatos relativos à serpente nos vêm à memória na ocasião de uma das formas da pedra Bétilo, a forma do ovo, símbolo que pertence ao Naturalismo como o Falo, e que omitimos voluntariamente sua descrição na ordem em que este objeto deveria ser apresentado.

Ela era, contudo, uma das mais antigas e naturais, pois foi pelo ovo que tudo começou, e o mundo surgiu em primeiro lugar: vejamos bem!

Um ovo caiu do céu no Eufrates; *alguns peixes* o carregaram até a margem; *algumas pombas*, os pássaros do amor (*o cama indiano*) o chocaram; e foi Vênus que dele vimos eclodir[1]. Ora, Vênus ou Vênus de Milo, é Vênus Uraniana, é Ilítia, é Ísis; e, repetimo-lo novamente, é sob mil nomes diferentes a Deusa Natureza ou o Mundo Divinizado. Além disso, a maioria dos povos e, sobretudo, aqueles da Ásia, dentre os quais destacaremos os indianos, "os egípcios e os fenícios, tinham o ovo como o princípio – material – de todas as coisas, como o germe da natureza". O ovo das orgias era o emblema da geração ativa e passiva!

No Egito, Ptá, o *Verbo* da teogonia, o hermafrodita primitivo, ou o Bétilo *Yoni-lingam* que se divide em Falo e em Ctéis, é o pai dos povos Cabiras; ele é o artesão, o organizador do mundo, o fogo que forja e produz. Ora, este Ptá, *o pai e o ancestral de todos os Deuses*, sai do ovo que produziu Kneph, *a luz primeira*, o Deus supremo[2]. Assim, da mesma forma, Brahma sai do ovo de Brahm, ou a Deusa Natureza Helena-Selena, do ovo de Leda[3]. E este ovo é representado frequentemente por esses diferentes povos como que escapando da boca de uma serpente, emblema da Sabedoria como emblema da eternidade[4]! Com efeito, a eternidade da qual a serpente, mordendo seu próprio rabo, traça o círculo[5], a eternidade é Cronos, o Tempo-sem-limites da teologia persa, ou o Deus supremo. Porém, sob seu aspecto mais geral, e à luz da

---

1 - Creuzer, tomo II, 4ª parte, p. 32.
2 - Creuzer, cap. *Cabiras*, generalidades.
3 - Idem acima, cap. *Cabiras*.
4 - *Grande Hist. Univ. Angl.* Idem, Abraham Roger, p. 77. *A porta aberta para chegar ao conhecimento do paganismo escondido.*
Em Tebas, o ovo era colocado na boca da Divindade para representar que ela havia criado o mundo. O ovo havia gerado Osíris, e esse ovo era carregado na cerimônia de pompa Isíaca.
Entre os persas modernos, que mantêm este hábito, dizem, dos antigos persas, presenteia-se, no primeiro dia do ano, com ovos pintados e dourados, porque o ovo marca o começo das coisas. Na Rússia, em vários países da Europa e entre os judeus, presenteia-se com ovos na época da Páscoa. Eles são o símbolo da criação e da ressurreição. É, sem dúvida, neste último sentido que os manilianos colocam um ovo sobre as tumbas.
Os gregos denominavam o amor Oogenes, ou nascido de um ovo. As senhoras romanas carregavam o ovo em suas procissões a Ceres. Na Gália, o símbolo do ovo formou o séquito dos Ófitas (Ver M. Girault, presid. Dos Antig. Da Cote-d'Or. *Mém. Des Antiq. De Fr.,* vol. VII, p. 22, 23).
5 - Figura que não tem nem começo nem fim, e que forma, *girando sobre si mesma*, o triângulo, *imagem da Trindade*, e símbolo da fecundidade criadora entre os indianos, enquanto Yoni.

maioria das tradições, a serpente é o Deus que o homem adorou quando fora rebelde com seu Criador, quando ele escutou a voz daquele que, revestindo a forma de um animal, infectou com seu veneno o germe do mundo representado pelo ovo, sobre o qual sua boca permanece entreaberta[6].

As tradições dos hindus, assim como acabamos de indicar, trazem luz ao conjunto das narrativas cosmogônicas da Antiguidade. Vemos, sob seu brilho, o ovo Beth-el ou o Deus-Natureza, produzido por uma inteligência superior da qual ele é a manifestação sensível, ou como o corpo Divino, que ela penetra e anima.

Brahm é o Deus supremo, o Deus princípio e imaterial. Ele descansa eternamente em si mesmo, elevado acima de todo pensamento. Porém, nele sempre habitou *Maya-sacti Para-sacti*, saída de sua energia criadora e, ao mesmo tempo, sua filha, sua irmã, sua Divina Esposa, (*Cabiras Axieros, Axiokersos, Axiokersa, Cadmillus*) e a mãe do Amor (*Cama*). Ela coabitava junto a Brahm por toda a eternidade; e este Deus apenas havia saído de suas indizíveis profundezas seduzido pelos atrativos desta beleza, que de modo algum permaneceu infecunda (*Ideia do Verbo*). Nas produções artísticas que representam esses dois seres, percebemos, também, por debaixo do véu cujo pudor cobre sua união mística[7], *o ovo do mundo* que eles produziram, e que se vê enlaçado nas dobras *da serpente!*

Além disso, o princípio masculino da Divindade, visivelmente identificado em suas composições com o Cabira-Sol, é figurado pelo Bétilo-Lingam, enquanto que o princípio feminino, a matriz dos seres, ou Para-sacti-Maya, reveste o Yoni como símbolo[8].

Mas em que condições esse ovo fora produzido? Não nos importa sabê-lo? Eis então:

Quando aquele que existe por si mesmo, ou Brahm, quis derivar todas as coisas de sua substância, ele criou primeiro as águas, e nelas depositou uma semente fecunda. Esta se tornou um ovo de ouro, resplandecente como o sol; e Brahma, o *pai dos seres*, nasceu de sua própria energia. Este Deus, tendo permanecido um ano inteiro no ovo Divino que boiava sobre as águas, decidiu dividi-lo em duas partes iguais, o que

---

6 - Na serpente, como em Júpiter, misturam-se, logo, a ideia do Deus sábio, bom e supremo, e a ideia do gênio do mal. Consignamos esta primeira observação no capítulo sobre Prometeu.
7 - Ver Creuzer, primeira prancha, fig. 3.
8 - Falo e Ctéis – Creuzer, tomo I, p. 455, 456, 268, etc.

fez pelo único esforço do pensamento. Dessas duas metades do ovo cabírico, cujo emblema é um Bétilo, ele formou o céu e a terra, colocando no meio o éter sutil, as oito regiões do mundo e o receptáculo permanente das águas!

Com efeito, o Deus supremo, que é o primeiro autor desta cena imponente, é frequentemente representado por Shiva, que é o Deus Bétilo, o Deus Lingam ou Falo; dito de outra forma, o Deus Cabira, Sol, a luz e o calor que fecunda e produz! Este mesmo Deus supremo é igualmente representado por Vishnu, que não é apenas a água, mas que é o espírito ou o sopro divino movendo-se ou caminhando sobre as águas, isto é, vivificando-os[9]. Em virtude disso, ele compartilha com o Eterno o nome de Nara Yana, que exprime esta ideia. Ele é, então, a alma do Universo[10].

Assim, nessas crenças e nessas imagens, o Deus tem como emblema o Bétilo *Yoni-Lingam,* ou a pedra, revestindo a forma dos órgãos geradores masculino e feminino. Vemos, além disso, o Deus Uno produzir, revelando-se uma Trimúrti, isto é, uma Trindade nas pessoas, da qual se distinguem os papéis positivos de um Verbo e de um espírito de amor – observações que deixaremos sem comentários[11].

Essas pessoas da Trimúrti, essas emanações que entram umas nas outras, também possuem, cada uma delas e em diferentes graus, o Bétilo e o Bétilo Lingam como símbolo, isto é, a pedra Fálica, assim como Brahm, seu princípio; Brahm o Grande Deus Yoni-Lingam ou Falo-Ctéis, de quem saiu o ovo Bétilo contendo Brahma, o Pai dos seres[12]!

A ideia do ovo, que é Beth-el ou Bétilo, seria, então, muito provavelmente engendrada pela ideia do Falo-Ctéis, que é *Bétilo* também. Caso unamos a esta reminiscência a ideia da Serpente cujas dobras o enlaçam e aquela de uma Trindade que domina um e outro, não pode-

---

9 - *Spiritus Dei ferebatur super aquas*.
10 - Creuzer, tomo I, p. 479 e nota p. 654 a 658.
11 - Ver Creuzer, tomo I, p. 155, 156, 268, etc.; 170 e notas 254 a 258. – Doutrina da Trindade extraída das Índias por Pitágoras. – Ver Pictet sobre o culto dos Cabiras entre os antigos irlandeses, p. 121. Doutrina passada em Samotrácia e base da Trindade Cabírica. – Ler Drach, harmonia entre a Igreja e a sinagoga, cap. Trindade. – Idem Munk, reflexão sobre o culto dos antigos hebreus, p. 11, 12. Bíblia Cahen. – Percorrer Auguste Nicolas. – *Etudes philos*. 3ª ed. Paris 1848, vol. III, p. 106, 107, 108, 109, 110, etc. Em Vaton. Pude apenas passar os olhos sobre um ou dois volumes desta muito estimável obra.
12 - *Per quem omnia facta sunt*. A famosa pedra de Michaux tem esta forma de ovo; ver na Biblioteca real, Paris. Ler *Echo du monde savant Archéol.*, nº 62 e 69, análise Orioli.

ríamos nos resignar a ver neste conjunto um motivo para rejeitar sem nenhum julgamento uma asserção para a qual especialistas chamaram a atenção do público.

Esta asserção é que os nomes dos Deuses Cabiras e Bétilos Brahm-Brahma e Sara-Vati, não são outros além daqueles dos personagens bíblicos de Abraão e Sara. Para lhes constituir um trono Divino, a superstição dos hindus teria apenas que misturar suas fábulas aos resquícios das tradições mais augustas, conservadas ou revivificadas pelos Patriarcas! Mas este não é de modo algum o tema de nossa análise[13].

SERPENTE, TRADIÇÕES

Ouvimos dizer, e nos inclinamos a acreditar, que o ovo do Mundo, ou que o Mundo, tão comumente figurado pelo ovo, ele próprio representado frequentemente pela pedra Bétilo, realmente possui, nas religiões dos povos, conexões estreitas e íntimas com a serpente. Isso deve ser um motivo, antes de nos colocarmos diante dos templos e dos símbolos do Deus Réptil, para nos apressarmos em dar uma olhada nas tradições que podem nos ensinar a completar ou a corrigir a ideia que concebemos sobre a questão.

A história da Serpente está ligada ou não à origem do homem, aos primeiros atos da mulher, à ideia da revolta, da mácula e da queda dos seres criados, a ideia da reparação do mal cometido e que apaga a encarnação de um Deus Redentor? Em uma palavra, a mitologia dos idólatras repetiu-nos ou não, sob os véus de sua linguagem, os ensinamentos da Bíblia?

Essas questões dizem respeito ao nosso tema, ainda que elas não estejam incluídas. Porém, sem querer resolvê-las de uma maneira peremptória, acreditamos dar ao menos uma ponta de satisfação ao leitor fazendo passar por um instante seus olhares sobre as singulares tradições de alguns povos tão importantes por si mesmos quanto estranhos uns aos outros.

---

13 - Ver Fourmont, *Reflex. Crit.*, l. II, p. 446. Abraham Roger, Amsterdam 1670, cap. I. O editor desce os Brâmanes ou Bramas de Abraão, por Chetura, etc., etc. Em Sara-Svadi, nome da mulher de Brahma, a primeira palavra significa princesa, a segunda, dama ou matrona, *Domina*. O que quer que seja, é notável não poder esperar a mais alta antiguidade conhecida dos Beth-el, ou dos Bétilos, esses monumentos primitivos dos cultos, sem ver aí se misturar o nome de Abraão-Israel.

É dito nas Índias que, sobre o Monte Meru descansa a pedra Bétilo Yoni-Lingam[14]. Este monte, que é o *Umbigo*, o eixo do mundo, foi um dia precipitado no abismo dos mares! A terra foi abalada, revirada, e a montanha imensa afundando, mergulhando sob suas ondas, estava a ponto de ser engolida. Encarnando-se sob a forma de uma monstruosa tartaruga, o Deus Vishnu ergueu essa massa e a impediu de desaparecer, não necessitando de nenhum auxílio, pois, sabe-se, a potência suprema toma a si mesma como ponto de apoio. Contudo, a terra viu-se enlaçada nas dobras da enorme serpente *Secha*, ou Vasuki! Os Demônios seguram, então, a cabeça do monstro, e os Deuses, sua cauda; a montanha, que é o eixo do mundo, girava sob seus esforços contrários.

Atingida pelo cansaço nesta luta misteriosa, a Serpente, que não queria renunciar de modo algum à sua presa, vomita um terrível veneno; e esse veneno logo fez penetrar seu sutil ardor no universo inteiro formado pelo ovo de Brahm, de onde saíra Brahma. O Deus Vishnu, segundo uns, e o Deus *Bétilo Shiva, a boa Serpente*, segundo outros, querendo livrar o mundo dessa gosma deletéria, limpou o corpo ou o engoliu. O veneno da Serpente também deixou sobre a carne marcas de um azul escuro indelével!

Este Deus Shiva, representado pela pedra Bétilo, assim como o Cristo pela pedra Beth-el, lembra, além disso, sob o nome de boa Serpente, o Salvador do mundo figurado pela serpente de bronze de Moisés no deserto, onde ele cura as feridas das serpentes cujo veneno causa a morte[15].

Deus da vida e da morte, dominador das almas e dos demônios, sobre os quais ele exerce implacáveis vinganças nos infernos, Shiva carrega também a qualificação de *Rei das serpentes*, raça que foi adorada por muito tempo, *raça que ele venceu*[16].

Porém, em relação a esses misteriosos répteis, as Índias mencionam ainda, entre seus Deuses Demônios, a assustadora Cali, cuja perversidade causou tão grandes males à criação que uma encarnação de Vishnu se tornou necessária para repará-los. E esta Cali, este monstro de

---
14 - Creuzer, vol. I, p. 447 e outras.
15 - Vede: de um lado a boa Serpente, ou o Deus supremo e, de outro, a má Serpente, ou o gênio do mal! A serpente de bronze de Moisés representando o Cristo e curando a morte causada pelo veneno das serpentes do deserto! Ou bem, o bom Júpiter, Deus supremo e sábio, e Júpiter, gênio da revolta das paixões! Quão estreita intimidade, e quão distante, contudo, estão as duas partes do mesmo ser!
16 - Creuzer, ler vol. I, p. 484, 215.

aspecto duplo, era, em um só ser, *a serpente e seu primeiro associado no mal, sobre a terra, ou a mulher!* As imagens que a reproduzem também mostram ambos os seres, metade mulher e metade serpente[17].

Entre os egípcios, a parte louca, violenta, e desordenada da alma é Tifão, ou dele procede. Deste Tifão é advindo o nome de Seth, isto é, que é chamado aquele que suplanta, aquele que domina[18]; e o poeta Manilius o descreve sob a imagem de uma Serpente-Dragão montada sobre os pés, abrindo as asas com as quais são revestidos seus ombros, sempre exalando sua fúria[19].

A Pérsia dá ao gênio do mal do nome de Ahriman; e esse monstro, após ter combatido o céu chefiando uma turba de gênios maus, salta sobre a terra sob a forma da serpente, cobre a face do mundo de animais venenosos e *se insinua* em toda a natureza[20]!

As tradições chinesas remontam a origem do mal à instigação de uma inteligência superior revoltada contra Deus e revestida da forma da serpente. Tchi-Seou é o nome deste dragão soberbo; e nas letras com que o escrevem, diz o cavaleiro de Paravey, encontra-se incluído o sentido de mau, de inseto, de mulher e de serpente[21].

Quando o Japão nos descreve a cena da criação, ele toma de empréstimo a imagem de uma árvore vigorosa em torno da qual se enrola uma enorme serpente; e a serpente, nesta mitologia, é um monstro cujo orgulho se ergue contra o Criador[22]!

O animal que personifica entre os escandinavos o terrível filho de Loke, o princípio do mal, é ainda uma prodigiosa serpente que envolve o mundo e o penetra com seu veneno.

A Eva dos Scythas, queremos dizer, a mãe desta raça de homens, era, segundo Heródoto[23], um monstro metade mulher e metade serpente[24]!

---

17 - Creuzer sobre Cali, vol. I, p. 141.
18 - Plutarco dá a este Tifão réptil uma forma de crocodilo.
19 - *Anguipedem alatis humeris Tiphona furentem.*
20 - *Anq. Duperron, Acad. Insc. e Bel.-Let.*, tomo XXXVII, p. 642.
21 - *Annales de Phil. Chrét.*, tome XVI, p. 355. – Os pagãos reclamavam da seca... Foi decidido que o Dragão apareceria nos campos. No dia fixado, vimos se estender sobre a rua principal de Ting-Hae as dobras do monstro, carregado por 50 ou 60 pessoas, em torno das quais se acotovelava todo o povo da cidade. – 1º de maio de 1852. *Revue des Deux Mondes*. M. Jurien de la Grevière, capitão de navio da marinha militar.
22 - Noël, Cosmog. Japon.
23 - Livro IV.
24 - Heródoto a nomeia Echidna ou víbora. Segundo Apolodoro, Echidna era filha do Tártaro e da Terra. Hesíodo chama de Echidna a filha de Chrysaor. Esta mulher

Enfim, pois, já dissemos o suficiente sobre este ponto e estaríamos errados em esgotar as tradições. Humboldt constatou que, nos anais mais antigos dos mexicanos, a primeira mulher, chamada por eles de a mãe de nossa carne, é sempre representada como vivendo junto a uma grande serpente; a tal ponto que esses dois seres se unem inseparavelmente em suas noções! E esta mulher, figurada em seus monumentos por uma multidão de hieróglifos, porta o nome de Cihua-Cohualt, o que significa, palavra por palavra, mulher com serpente[25].

A verdade primitiva parece se mostrar toda viva no acordo singular dessas tradições que, para nós, era de uma alta importância recolher, cuja escolha fora presidida quase que apenas pelo acaso. Mas, se o ovo, que figura o mundo, e a serpente são dois emblemas cuja ideia parece inseparável; se o ovo, ou o mundo, sai da boca da serpente, se ele é enlaçado em suas dobras, se a raça das serpentes foi por muito tempo adorada, a serpente é uma potência temível, ela é Deus!

Procuremos, então, em seus templos, pois o homem teve de erigir monumentos religiosos a seu vencedor, àquele que, tendo despojado sua forma rastejante, ousou dizer insolentemente ao próprio Cristo, porque o Filho de Deus havia se revestido de humanidade: Adorai-me! E esses reinos que vês a teus pés, eu os darei.

---

gigantesca é metade ninfa de olhar terno, pele vermelha, metade serpente terrível e insaciável. Ela habita antros profundos no centro da terra, *longe dos Deuses* e *longe dos mortais*, onde a ordem dos destinos a deixe ao abrigo dos ataques da velhice.
Ela teve de Tifão, *o inimigo de toda lei*, Cérbero, com voz de bronze, a hidra monstruosa de Lerne e ágil, a invencível Quimera. Enfim, foi de seus amores que nasceram a Esfinge fatal dos cádmios, e o leão de Nemeia. Monstro infernal, ela não gerava senão monstros (Ler Hesíodo, *Teogonia*).
25 - Auguste Nicolas, vol. II, p. 43 a 47. – Os Bechnanas... "Os basutos veneram e *adoram* as serpentes. *A adoração não se limita a uma espécie particular, mas ela se estende, em geral, a todas.* Vimos um dia uma mulher adorando uma grande serpente, e a ouvimos dirigindo-lhe esta oração egoísta: dê chuva ao meu jardim, e não deixe no universo senão tu e eu. Quando uma mulher encontra sobre seu caminho uma serpente, ela retira alguns dos grãos que traz e os oferece como um presente, ou um sacrifício, em sinal de veneração. Observamos as serpentes como representando, de alguma forma, os ancestrais falecidos. – É a ideia de que os sabeístas se fazem dos astros. – Ouvimos um homem dirigir-se a uma serpente dizendo: Ah! Eu vejo nos teus olhos meu chefe [*chef*]. Esses fatos podem ser acrescentados ao que se sabe sobre a adoração tão geral das serpentes, uma das mais estranhas anomalias existentes na história da humanidade" (*Voyages dans l'Afrique méridionale – Freeman, secretário da Sociedade das missões de Londres,* 184).

A SERPENTE, OS DRACONTIA

Sim, a serpente recebeu um culto; e vastas, magníficas ruínas a proclamam ainda. Ela teve sua religião distinta, ou, melhor, ela se misturou como se mistura ainda a maior parte das religiões do mundo; ora emblema da vitória, ora da derrota, de acordo com o triunfo da mentira ou da verdade. Ora, com efeito, a cabeça desse Deus se ergue, eleva-se, ela fica toda radiante e lança os raios do sol *com os quais ela se coroa*; ora está abatida, vemo-la até trazer a marca do salto de uma mulher; ela mostra na fronte a cicatriz do gládio de um arcanjo, e todo o seu veneno perde sua virulência sob o sangue que goteja da haste de uma cruz!

Já sabemos que foi dito e insinuado por uma multidão de escritores que a serpente desempenhou, em todas as religiões antigas, um papel considerável, e que as superstições que se ligaram à sua história difundiram-se com a raça humana sobre a superfície inteira do globo povoado. Este culto estranho teria invadido a Índia e o Egito e se estendido da China e do Japão até a Grécia e depois até a Roma; encontraríamos em vigor, ou melhor, em desenvolvimento, insinuando-se e prosperando em todos os cantos do setentrião. A Gália e a Grã-Bretanha teriam podido banir de suas crenças religiosas uma ideia tão universal e vivaz, um Deus que se prestava, por sua natureza, tanto com força quanto com leveza, a todas as nuances do misticismo? Realmente não; e nossa opinião se formaria sem grandes esforços se contemplássemos os druidas em *seus Dracontia*, se o víssemos buscar e honrar a serpente, até ao ovo[26]! Pois este produto era o mais precioso e o mais admirável de seus talismãs. Plínio descreveu a maneira fabulosa com a qual os répteis, confundindo seus enlaces e suas dobras, formavam-no com a substância de sua baba.

Porém, mesmo que passados, os tempos em que a serpente possuía seus templos, chamados de Dracontia, ou os monumentos do Dragão, não foram esquecidos. E Bathurst, sobre a autoridade do qual nos apoiamos frequentemente estudando os vestígios desses edifícios, Bathurst é daqueles que professam que a idolatria lembrava e conservava, por meio de seus ritos, algumas das santas verdades da tradição, da qual havia perdido o sentido. Mas, antes de caçar diante do sopro da palavra o pó que escurece a ruína desses edifícios, é bom revelar ainda alguns dos traços que a ideia da serpente havia imprimido nos espíritos.

---
26 - Ver *Acad. Celtique*, nº 7, p. 30, e os antigos. Ver nº 8, p. 310, etc.

A serpente mística entrava na mitologia de todas as nações; ela figurava como um símbolo geral da divindade; ela consagrava por sua presença quase todos os templos! Sua sutileza, a falsa e enganadora ciência do porvir com a qual havia feito morada nos ramos da árvore do bem e do mal a haviam tornado, desde o primeiro homem, cujos filhos imitaram a fraqueza, o emblema da sabedoria e o símbolo do dom da profecia, ao qual se ligava a arte de curar. Também Delfos a consultava como um oráculo, e a serpente de Epidauro chamava-se Esculápio! Enfim, porque ela exercia uma irresistível fascinação, porque ela sabia destilar ou difundir as palavras de sedução como as ondas de um licor pérfido e produzir a ebriedade que amolece e revira as almas, esta habilidade, este triunfo eram simbolicamente lembrados nas orgias de Baco pelas serpentes com as quais as Bacantes coroavam sua cabeça dominada pelo vinho.

A forma do Deus, por vezes pura, e, frequentemente, mista, perpassava e se reproduzia com frequência por todo lugar em que se manifestava uma potência sobrenatural e maligna. A fábula, que prodigava esta flexível imagem em suas alegorias, havia dado mil faces à serpente primitiva da tradição. Por todo lado, em poucas palavras, os olhares eram abalados; e sua história se lia, desde o azul do arco em que roda a carruagem do Sol, que é Deus Bel e Dragão, até a porta dos infernos, lugar de torturas pavimentado ou guarnecido de serpentes, e que guardava um monstro formado pela serpente e pelo cachorro!

Desde épocas muito antigas, a heliolatria ou o culto do Sol, e a ofiolatria, ou o culto da Serpente, encontraram-se sobre diversos pontos da Terra, combateram-se, corpo a corpo, e com frequência terminaram por unir-se, soldar-se ou se confundir. Em Delfos, por exemplo, o Deus Titã e Cabira da vida e da morte, o Deus *vivificador e destruidor*, o Sol, havia vencido a Serpente! Ele havia matado Píton, o monstro de sopro infernal. Mas ele o havia matado como se matam os Deuses, sem o destruir; e um tripé Dracôntico erguia-se no templo cujo santuário encerrava, como aquele do Deus Bel na Babilônia, uma serpente viva, isto é, o Deus que era Uno com Apolo, e cujo nome mesmo era aquele da sacerdotisa, pois ela se chamava *a Pitonisa*.

Antes da época desta fusão quase geral, o Deus do Sabeísmo, o Cabira-Sol, havia sido o bom gênio, e a Serpente ou o Monstro da tradição, o mau[27]. Por todo lado havia despertado a hostilidade desses dois rivais; mas na Pérsia, *nas Índias*, na Grécia, no México, no Peru, os adoradores do Sol, vitoriosos sobre seus adversários, haviam ganhado sobre o gênio do mal, personificado pela Serpente, uma série de vitórias mais fulgurantes que decisivas.

Passemos os olhos sobre a Grécia no momento em que Cadmo ali aporta sob os auspícios de seus Deuses Cabiras que a pedra Bétilo representa. Seu navio toca a margem; ele aporta, prepara-se para lançar os fundamentos da cidade de Tebas; mas, tendo apenas impresso seus passos sobre este solo inospitaleiro que a maior parte de seus companheiros, atacados por um enorme Dragão, caem vítimas da fúria do monstro[28].

O herói colonizador pertence à sábia raça dos egipto-fenícios, que, outrora, adorou a Serpente[29]; e ele adora os Deuses que o carvalho e a pedra Beth-el[30] representam. Mas os selvagens nativos desse distrito rechaçam com violência este estrangeiro, este invasor. Cadmo contrapõe força a força, e se esforça em abater este Dragão triunfando sobre ministros deste Deus. Ele espera esmagar a Serpente com o peso da pedra Divina. Tentativas inúteis, esforços vãos! Nenhuma ferida foi causada por seus primeiros golpes, seus terríveis golpes; e os sacerdotes do Dragão permaneceram mais fortes que aqueles da pedra[31].

---

27 - O Sol é o mesmo Deus que Júpiter, assim como vimos no capítulo precedente. A Serpente e o Sol unindo-se, identificado-se, é, *em um único ser*, Júpiter bom e mau, princípio do bem e do mal, Deus e Demônio; é o enigma colocado pela fábula! O Baco místico ou infernal não é nascido de Júpiter metamorfoseado em serpente? Eis, então, o inferno tendo como pai um Júpiter serpente!
28 - Os sacerdotes, segundo o uso da antiguidade, portam o nome da serpente, seu Deus; assim nomeavam-se os druidas, adoradores da serpente! Ver mais abaixo, nesta obra. A serpente de Cadmo, é, logo, o corpo do sacerdócio composto de sacerdotes guerreiros.
Martius anguis erat, cristis præsignis et auro. Ler e meditar sobre Ovídio, l. III, cap. I.
Tantoque est corpore, quanto... É a população que o segue.
29 - Bathurst. *Archeologia, society of the Antiquaries of London.* Tomo XXV, p. 222, e outros autores.
30 - Os Cabiras Beth-el – o Sol, Júpiter, Pallas!
.... Phoebique oracula supplex
Consulit – sacra Jovi facturus erat.
- -Ecce viri fautrix.
Pallas adest.....
        Ovídio, l. III, cap. III.
31 - *.... Dextraque molarem.*
Sustulit.... Serpens sine vulnere mansit.
        Ibidem.

Todavia, a obstinada perseverança de Cadmo iguala-se aos obstáculos que sua audácia desafiou. Ele se recolhe, fecha-se sobre si mesmo e tenta verificar se o culto do carvalho despertará entre os nativos certas afinidades secretas e adormecidas; se ele exercerá sobre os espíritos uma atração superior em poder ao peso esmagador da pedra Beth-el (*Molarem*) com a qual seus braços se armaram de modo vão para a vitória. Feliz inspiração, pois, desta vez, a maior parte dos habitantes desta terra deixaram-se levar. Ele avança, segue, oprime o inimigo, e é com a madeira da árvore Divina, ou do carvalho, que a cabeça do sacerdócio da Serpente recebe, pelas mãos do estrangeiro, o golpe mortal[32] que a imobiliza. O heroico fenício é vencedor, mas ele terá a sabedoria de não abusar de seu triunfo. Ele compreende a urgência de dar satisfação às ideias dos indígenas e às de seus companheiros, isto é, de unir e de fundir o culto vencedor com o culto vencido; e, para apressar o sucesso de seus esforços, *ele próprio vai se tornar serpente*, isto é, ele vai vestir a indumentária de sacerdote da Serpente. Mais tarde, ele será adorado sob esta forma; ele o quer, e o oráculo lhe criou[33]. Por que não? Júpiter, Júpiter pedra, Deus do Egito e de Tebas a grande (*Diospolis*), às portas da qual foi adorada a Serpente, o próprio Júpiter se fez Serpente[34]!

Contudo, a Deusa Cabira-Bétilo-Palas[35], ou a Deusa da sabedoria, que preside aos atos do herói aventureiro, ordena-lhe que *arranque* e que *semeie* os *dentes do monstro* no seio daquele lugar ainda abalado! Isto é, Palas lhe ordena que disperse, no país, os sacerdotes e aqueles que, há pouco, foram os seguidores *mais tenazes e os mais terríveis defensores do Dragão*[36].

Mas, por onde seus dentes tocaram o solo, surgiram guerreiros armados matando-se uns aos outros, pois aquele herói, apropriando-se da religião da Serpente, soube, com sua destreza, seduzir uma parte do

---

32 - A madeira é fatal à serpente.... Vede-a esticada aos pés da cruz, outro símbolo!
Usque sequens pressit, dum retro quercus eunti
Obstitit, et fixa est pariter cum robore, cervix.
Ovídeo, l. III, cap. II.
33 - .... *Et tu spectabere serpens.*
Ibidem.
34 - Bathurst. *Society of the antiq. of London*, vol. XXV, p. 222. Jacobi, Thalès Bernard, p. 512, artigo Zagreus, sobre Júpiter serpente. Essas metamorfoses são fases do culto; a história da serpente bíblica precedeu a de Beth-el!
35 - Ver este fato nesta obra.
36 - *Pallas adest, motaeque jubet supponere terrae*
Vipereos dentes.
Ovídio, l. III, cap. III.

sacerdócio. Um grande número desses profetas do Dragão que o fenício acabara de semear, de dispersar pelas terras, um grande número reconheceu, ou desejou reconhecer, seu próprio culto naquele dos colonos invasores[37]. Eles falam, e a heresia, a discórdia religiosa que eles espalham tão logo acende como consequência as fúrias da guerra. Cadmo, cansado de combater, assiste aos massacres com o olhar frio de um político, mas ele se preserva de tomar parte! Ele contou com o esgotamento de sangue e de coragem que, logo, carrega sob as leis do mais hábil, os últimos combatentes, feliz de reconhecer seu império, e de fundar sob seus auspícios a cidade de Tebas de poderosas muralhas[38].

A Serpente sucumbe, mas, como em Delfos, sem desaparecer; e se os Deuses representados pela árvore e pela pedra Beth-el acabam por triunfar, é com a condição de perpetuar a ideia do réptil representando-o. Vemos também os blocos do tempo de o Dragão imitar, sobre o sol, por uma sábia disposição, ora seu orbe, ora suas dobras, suas ondulações, e ora as fileiras de seus formidáveis dentes.

Esses dentes eram efetivamente representados pelas fileiras de pedras cuja disposição testemunhava, em uma multidão de Dracontia, o encontro e a mistura das duas religiões. Pois elas mesmas eram Beth-el, e, em consequência, de um lado por sua natureza de pedra, e de outro pelo desenho que formavam, elas representavam os Deuses deste culto duplo ao mesmo tempo: o Deus de Jacó tornado Deus dos adeptos do sabeísmo, e esta divindade identificando-se com o vencedor do homem segundo a Bíblia, a serpente infernal!

Tal é a interpretação que, naturalmente, foi oferecida a nosso espírito, meditando sobre a fábula e a história de Cadmo. Acreditamos ser necessário formulá-la em relação aos Dracontia, mas sem ajuntar uma importância capital. A continuação deste capítulo a tornará, sem dúvida, mais atraente, e já observamos que ela se harmoniza com a opinião de Bathurst. Este sábio arqueólogo, pois, diz-nos que a lenda de Cadmo semeando os dentes da Serpente permanece ininteligível se não passamos os olhos sobre as fileiras de pedras paralelas dos Dracontia, que se erguem imitando, literalmente, as fileiras de dentes de uma formidável mandíbula[39].

---
37 - É a história dos Titãs e dos profetas de Júpiter que se repete.
38 - *Hos operis comitês habuit...*
Cum posuit jussam Phoebeis sortibus urbem...
Ovídio, l. III, cap. III.
39 - P. 226. Dracontia.

A fábula de Cadmo tornando-se Serpente, ou do Pelasgo egipto-fenício unindo-se ao culto cabírico do Beth-el o do Dragão, esta fábula, ou melhor, o fato que ela anuncia, repetiu-se, no mais, em vários lugares bem distantes uns dos outros, assim como o atesta a história dos Dracontia. Vemos, até na *Gália* e no seio das *Ilhas Britânicas,* o deus desses templos usar, como *na Palestina* e *na Caldeia,* o nome de Bel, ou de Baal[40], que exprime, ao mesmo tempo, a ideia de Senhor, de Sol, e de Demônio dos quais a Serpente era o emblema. Isto é, até nesses países do extremo Ocidente, onde o Deus supremo era também o Sol representado pelos cones fálicos ou pelas pedras Both-al, vemos a Serpente enlaçar, ao mesmo tempo, com suas dobras, e ligar um ao outro, *com as tradições patriarcais*, o culto do cabirismo que dela se apropriou como o símbolo *colocado em Beth-el.*

Os próprios druidas, isto é, os sacerdotes desses templos, quando enumeravam seus títulos, lembravam com cuidado as seguintes verdades que permanecem cada uma delas incompreensível em seu isolamento: "Eu sou um *Druida*, eu sou um *Arquiteto*, eu sou um Profeta, eu sou uma *Serpente*[41]. O próprio nome desses Pontífices vinha nessas circunstâncias como suporte para os fatos que anunciamos, pois nossa Bretanha os chamava, *e ainda chama*, um sacerdote de Belech. É a mesma palavra que *Bal-ac,* que servia igualmente a denominar o profeta e o Deus, e cujo sentido é o *Sol-Dragão*[42]. Mas o nome de Bal-ac, de Bel ou de Bels, que é a abreviação de Belus, leva-nos, naturalmente, diante dos templos do Dragão, e devemos parar, antes de mais nada, diante do Dracontium de Carn-ac na Bretanha. Aí encontraremos como divindade o Deus Bel, que era o mesmo Deus Sol e Serpente que a Babilônia adorava nos tempos de Daniel[43] e que o profeta envenenou em um bolo, para o grande espanto dos príncipes desta cidade sábia e esplêndida, diante da qual se prosternava o Oriente!

---

40 - *Beel-samen Bel-samin*, senhor do Céu.
41 - De Taliessin, traduzido por Davies, Mythology of the Druids. Bathurst. *Archéolog.*, vol. XXV, p. 220. *Society of the antiquaries of London.*
42 - Bel e dragão sendo uniformemente colocados juntos; e o profeta da religião ófita como uniformemente assumindo o nome de seu Deus. Bathurst, vol. XXV, p. 220. O sentido de Carnac é o monte, ou a montanha da serpente: *Cairn-ac.* – Essas duas palavras tinham o mesmo significado no persa antigo.
43 - Id. Em Delfos, Apolo e a serpente, cujo nome era aquele da Pitonisa.

DRACONTIA – CARN-AC-SERPENTE

Carn-ac está diante de nossos olhos! E de modo algum é a Karnac do Egito, mas a da Bretanha Armoricana. Se nossos passos errantes se aventuram em meio aos blocos deste colossal Dracontium, nós o vemos, em seus monstruosos caprichos, afastar-se das regras que presidem a construção da maior parte dos Dracontia da Grã-Bretanha. Contudo, não nos apressemos em atribuir a dois gênios diferentes a ideia dessas ousadas estruturas, pois numerosas e muito importantes afinidades se manifestam e subsistem de um modo ou de outro, para denotar e acusar entre esses diversos monumentos uma mesma origem religiosa. Sobre o solo francês, Carnac caminha, Carnac avança, e podemos dizer que Carnac serpeia (serpenteia) abrindo suas enormes dobras sobre onze fileiras de pedras paralelas, enquanto que os templos análogos da Grã-Bretanha alinham, em geral, uma ao lado da outra, apenas duas únicas fileiras de Men-Hirs.

Porém, nenhuma surpresa há, já que os Dracontia se apresentam ao exame sob uma suficientemente rica variedade de formas. Ora eles se alongam em majestosas avenidas de pedras erguidas, ora eles as curvam em filas sinuosas, ora eles desenham as fileiras em segmentos de círculo. Ou então o vemos reproduzir a imagem do ovo do Mundo, símbolo unido, pelas ligações mais estreitas, ao signo e à lembrança da Serpente. Às vezes eles representam um círculo completo, que atravessa uma serpente; e, por vezes, seu aspecto é o do círculo solar isolado, que é já por si mesmo a imagem de Cronos, o Eterno, ou do Tempo-sem-limites, representado pelo orbe do réptil mordendo a própria cauda. Em outros lugares, a forma que eles apresentam é a do paralelogramo[44] que a antiguidade greco-romana repetiu no períbolo em muitos santuários. Mas o que acreditamos ser necessário observar, antes de qualquer coisa, é que esses monumentos diferiam uns dos outros por traços de configuração muito proeminentes para que pudéssemos considerá-los como reproduzindo um símbolo *exclusivo* da Astronomia ou do Cabirismo. A opinião mais racional é, segundo acreditamos, que o seu uso se prestava comumente tanto às grandes solenidades políticas, quanto às cerimônias religiosas das nações; mas no tocante a sua antiguidade, não imaginamos nada de mais elevado[45].

---

44 - Bathurst, p. 227.
45 - Ver J. G. Wance, para N. Carlisle, *Archeol.*, vol. XXVIII, p. 236. – Id. Th. Moore, *Irel.*, tomo I, p. 71, etc., id. Bathurst, id. p. 90...

"De forma alguma defenderei, diz Bathurst, que as alamedas de esfinges que precedem o templo da Karnac do Egito tenham sido formadas de pedras brutas, enfileiradas em linhas paralelas, semelhantes àquelas da Carnac na Bretanha, e posteriormente esculpidas no local, ainda que esse fato não represente nenhum aspecto impossível. Pois minha convicção é que todas essas avenidas de pedras (*columnar avenues*) tiveram por *ideia matriz* as fileiras paralelas dos Dracontia, esses edifícios consagrados sob a invocação da Serpente e com o qual se cobriram o solo da Grécia, o solo da Ásia Menor, e talvez até o do Egito, em uma época ainda muito longínqua[46]!..." Mas, na opinião desse especialista, a observação mais bem embasada pela experiência, é que o templo dos Deuses era seu Hierograma, isto é, que o desenho dos edifícios sagrados imitava a forma conhecida desses Deuses, que ela reproduzia sua imagem e sua figura mística.

Acreditamos, contudo, que os Hierogramas em geral e, sobretudo, a figura sagrada da Serpente, tal qual é reproduzida nos Dracontia, ofereciam sempre certa variedade de traços. A mais comum era aquela que representava a Serpente atravessando o círculo ou o globo solar, ou ainda duas Serpentes que seguiam em duas direções contrárias. Athanasius Kircher S.J. (1601 – 1680) remonta até Hermes Trimegisto e, consequentemente, ao Egito, a invenção dessa forma. Ele vê no globo a essência da Divindade da qual a Serpente exprime o poder vivificador, ou a sabedoria criadora, chamando os seres à existência[47].

M. Mahé, notável especialista por seus conhecimentos clássicos, parece atribuir aos druidas a construção do Dracontium de Carnac. Ele observa que os homens que ergueram esse templo eram *adoradores da pedra* (*worshippers of stones*), e que as pedras de Carnac haviam sido levantadas por eles, assim como o foram outros blocos semelhantes em uma série de diferentes lugares em que essas estruturas, a céu aberto, pintavam os costumes e exprimiam os votos do culto. Tal é, diz Bathurst, minha própria crença, e eu acredito, além disso, que "esse monumento era um templo *da Serpente* (*a serpent temple*)." A prova brilha diante de meus olhos nas sinuosidades que descreve; pois elas são, evidentemente, organizadas pelo cálculo e não podem ser o fruto do acaso.

---

46 - *Archeologia*, vol. XXV, p. 222.
47 - Bathurst, 292.

Assim, partindo de *Maen-ac*, local cujo nome significa as *pedras da Serpente*, a avenida toma seu curso rumo ao Norte, e desvia de tempos em tempos em direção ao Nordeste e ao Sul, como que para imitar o comportamento tortuoso deste animal que rasteja sobre o solo. A superfície deste vasto teatro, algo bem notável, oferece frequentemente uma área tão plana e uma que, sem o menor esforço, a arquitetura sagrada teria dado às fileiras de pedras uma direção totalmente retilínea caso tivesse sido proposto seguir a linha reta. E bem! Toda vez, pelo contrário, que essas superfícies apresentam aos blocos que avançam em sua direção sua extensão monótona e nivelada, o desvio das linhas de pedras se multiplica. O monumento imenso que parece, então, animar-se, procura e escala montículos, que, não somente seria fácil evitar, mas que seu local se afasta de sua direção natural. Além disso, sua espessura, a elevação desigual e engenhosamente combinada das pedras que se sucedem, imita um inchaço, a elevação e abaixamento alternados dos músculos da Serpente perseguindo seu caminho tortuoso. Tal é, enfim, este aspecto que, se a aparência da desordem resulta de uma exposição parcial do monumento, tudo ali se torna harmonia e cálculo especializado tanto quanto o olhar abarca toda a cena e aproxima as diversas partes para formar uma vista de conjunto[48].

Um fato bastante significativo ainda para não deixar de assinalá-lo é que, em uma localidade vizinha desse monumento, as festas do carnaval trazem consigo todo ano a execução de uma dança que, em seu idioma, chamam de *o Baile* por excelência. Ora, os habitantes reproduzem no balanço ao qual dão esse nome, as figuras exatas do hierograma dos Dracontia, isto é, os movimentos e o círculo da serpente[49]. Nada de mais simples de conceber, pois, durante um lapso de tempo considerável, as danças haviam sido místicas e haviam imitado aquelas das pedras. Com efeito, as próprias pedras, animadas outrora segundo a crença (εμψυχους), haviam sido Astros, Deuses, Gênios: elas haviam figurado as danças desses seres sobrenaturais, após terem representado, primeiramente, os movimentos harmoniosos dos corpos celestes, ou das Divindades do Sabeísmo. Melhor que isso, o nome *de dança* havia sido como uma denominação *vulgar* da maior parte dos monumentos que deviam às filas de blocos de que estudamos as estranhezas sagradas de suas formas.

---
48 - Ver Bathurst, 223-215, vol. XXV.
49 - Bathurst, 217, 220.

Essas pedras, no princípio, não eram erguidas senão solitariamente e uma a uma; a ideia do Beth-el era vívida então, e o nome do Both-al Céltico nos conservou a lembrança desses primeiros monumentos[50]. Um pouco mais tarde, as pedras vivas se agruparam, depois de terem se multiplicado assim como os Deuses Cabiras do Sabeísmo que elas representavam. Elas compuseram, então, esses templos a céu aberto, esses templos descobertos sem abóboda e sem muro, cuja figura, frequentemente identificada a da serpente, não era senão um desenho demarcado pelos pilares de pedras brutas. E quanto a esses próprios pilares, suas formas lembravam, o mais frequentemente, ora a de uma pirâmide de pé ou de ponta a cabeça, ora a do Falo cônico[51] que, quando das vitórias do Sabeísmo e do Naturalismo sobre a tradição patriarcal, tornaram-se as formas sacramentais das Bétilos Cabiras[52].

Com o passar de muitos séculos, as pedras isoladas ou em grupos deixaram de ser consideradas como Deuses; mas, por muito tempo, a idolatria as havia considerado como pedras vivas para se resignar, repentinamente, a nada ver nelas senão uma matéria inerte. Elas começaram, no início, no espírito do vulgo, por não ser mais do que Gênios, depois em seguida apenas heróis, e apenas gigantes; mas durante muitos anos, e esta opinião não está inteiramente morta, continuamos a imaginar que elas executavam danças. O que se viu nelas, então, não foi mais os corpos harmoniosos da abóboda celeste que o Sabeísmo havia adorado; foram, o mais frequentemente, seres de formas humanas e de proporções colossais, isto é, personagens temíveis por sua força e por sua ciência mágica. Dizia-se, enfim, que uma potência mais formidável ainda que a deles os havia atingido e petrificado, em meio a suas místicas evoluções[53]. Depois de tudo, negar intrepidamente que nenhuma aparição, nenhum fato sobrenatural tenha se realizado pela virtude dessas pedras, é nos tornarmos intransigentes, sem outro auxiliar senão o *eu* de Medeia, contra tradições numerosas e poderosas!

---

50 - Bathurst, que trata apenas dos Dracontia, previu esta verdade, mas ela não a formula senão timidamente: parece provável que, no início, elas eram erguidas sozinhas, p. 189, vol. XXV.
51 - Verpus oriental, circuncisão.
52 - Bathurst (v. XXV), no qual encontraremos várias de nossas ideias, faz parte daqueles que unem a história dos Bétilo ao nome de Jacob. Ler p. 189, 190, 191. – Th. Moore, *Irel.*, tomo I, - *Acad. Celtique*, nº 7, 8, 207, 219, e nº 45, p. 348.
53 - Bathurst, 190, 218. *Acad. Celt.*, nº 15, p. 326, etc.

ALGUMAS LENDAS SOBRE AS SERPENTES DRUÍDICAS, VENCIDAS PELOS SANTOS QUE EVANGELIZARAM AS REGIÕES CÉLTICAS

Se as tradições contemporâneas sobre o estabelecimento do cristianismo nos falaram sobre os deuses carvalhos caindo sob o golpe do machado, ou assentando-se sob o peso dos séculos; se elas nos contaram sobre a pedra Both-al perseguida pelos concílios e pelos soberanos, precipitada em abismos, enterrada, quebrada a marteladas, ou servindo de pedestal e altar à cruz vitoriosa de Cristo, essas tradições não permanecerem nem caladas nem desprovidas de interesse no lugar em que vimos o culto da serpente se misturar simbolicamente ao Both-al e se perder, de algum modo, no culto menos simbólico e mais palpável da pedra.

Entre as lendas dos santos que evangelizaram a Bretanha armoricana, e uma parte das regiões célticas, poderíamos dificilmente recitar alguma em que esses heróis cristãos tenham combatido o grande Dragão, em que eles o enterraram, em que eles perseguiram e destruíram até seus mais temíveis covis, *as serpentes* que cobriam e infestavam o país.

Em Carnac, o vencedor *das serpentes*, ou dos druidas, foi o São Cado, com o qual São Maudet e São Paulo compartilharam os perigos e a glória.

Na Irlanda, sobre este solo onde, há alguns anos, o gosto pela viagem nos havia levado, nossas lembranças fielmente recolhidas nos rememoraram uma antiga tradição que repetia à revelia das pessoas de todas as classes com as quais encontrávamos pelo campo.

Apontando-nos o dedo, as pastagens, cujo risonho e maravilhoso verde faz dessa ilha a poética esmeralda encaixada no seio dos mares, repetíamo-nos com orgulho: elas estão tão certas quanto são belas, nossas pradarias; uma besta venenosa não poderia viver ali! Tocar esta terra, para um réptil, significa morrer! Nossa atmosfera os mata. – Mas de que modo explicas este fenômeno ou este milagre? Uns com o escárnio dos céticos, outros com uma fé ingênua respondiam-nos: é que São Patrício, após ter tomado posse da Irlanda em nome de Deus, abençoou-a; e vês! A partir desse momento, as palavras de sua bênção espantaram as serpentes da ilha; essa estadia seria sua morte!

O vulgo, repetindo esta tradição, perdera o sentido das palavras do santo. Aquele esquecia que o veneno dos répteis era positivamente a infeção desta idolatria cujos sacerdotes, chamados *serpentes*, haviam sido os ministros e os defensores obstinados.

Nos dias atuais, o grito da Inglaterra é ainda São Jorge e o Dragão; mas por que esse grito? Quem o dirá? Eis então: é que o Dragão, esta enorme e temível serpente, compunha-se por todo o sacerdócio idólatra, reinava como em seu forte na Grã-Bretanha, que era um dos centros do poder druídico. É que ela a cobria com suas inumeráveis dobras! A ilha inteira se calava, sujeita ao poder do monstro. Parecia impossível vencê-la e temerário combatê-la. Lamentava-se em vão suas eternas estragos. Mas o santo apareceu; a luta iniciou-se, e logo a crista do orgulhoso Dragão caiu sob os repetidos golpes que lhe desferiu a arma celestial.

O mesmo fenômeno ocorreu entre os gauleses, sobre a nossa França, onde o poder do velho inimigo do homem, incorporado ao druidismo, cujos ministros *eram chamados de serpentes*, não foi abatida senão pelo raio divino que flutuava sob forma de espada nas mãos do líder da milícia celestial, o Arcanjo protetor deste reino. Bastar-nos-á, para sermos compreendidos, citar uma ou duas de suas conquistas; e acreditamos poder nomear sem muita temeridade esta ilha Cônica ou Fálica, cuja pirâmide natural perfura as ondas à porta de Abrantes. Arrancada pelos soldados do Cristo com o poder de Bel, Deus-Bétilo, Sol e Dragão, dominador supremo das serpentes ou dos druidas, ela cessou logo de ser conhecida sob outro nome que o sagrado de Arcanjo Miguel, sob os auspícios de quem o sacerdócio cristão havia conquistado a vitória.

O segundo cômoro, entre aqueles que observaremos, elevava-se ainda em honra do mesmo Deus Bel e fazia parte do imenso templo de Carnac, cujo nome significa a montanha da serpente. Conferindo a este cone *fálico* sua forma sacramental, a arte dos druidas era destinada a medir tão sabiamente suas dimensões e o lugar que lhe assegurava que, de cada Cromlech ou de cada *Both-al* do *Dracontium*, o olho poderia contemplá-lo e adorar, contemplando-o ao lado da figura do Dragão, uma das formas primitivas do Beth-el. Mas o cristianismo vitorioso aplainou o pico do cone simbólico; e, acima das imensas dobras da velha serpente, ele elevou o santuário de São Miguel, vencedor eterno do réptil.

No início do século V, São Marcelo, bispo de Paris, fez com que a nova religião surgisse da reserva na qual ela estava contida até o momento em relação ao antigo culto. Animado pelo espírito de Deus, ele tomou com vigor a iniciativa e lutou corpo a corpo com as crenças do paganismo.

Um dragão monstruoso espalhava o terror nos arredores da cidade[54]. Marcelo diz a si mesmo: Pelo Cristo, eu libertarei o país deste anfitrião temível, contra o qual as armas e a coragem ordinária permanecem impotentes.

Marcelo avança sobre o covil do réptil, ele o lança novamente em seu antro, ele lhe desfere três golpes na cabeça com seu cajado episcopal; depois, abaixando-se, ele o prende com sua estola, ele o arrasta às margens do rio e lhe diz: "Vais se jogar nesta água que corre".

Pela voz do apóstolo do Cristo, o monstro, estremecendo de uma raiva impotente, obedece e desaparece.

Mas a vitória do santo não caiu no esquecimento; e as ruas de Paris viram, durante um longo período de séculos, um enorme dragão de vime figurar processionalmente nas cerimônias das Rogações e lembrar por suas humilhações a última derrota do druidismo[55].

Esses exemplos, que é inútil multiplicar indefinidamente, repetem-nos que, quase em todos os lugares por que se apresentaram os apóstolos da religião cristã, os inimigos que eles tiveram que combater e vencer, foi o Dragão, simbolicamente identificado à pedra Deus, à pedra Both-al; foi a serpente da qual humilharam o orgulho atingindo-a na cabeça, esmagando suas cabeças, dizimando seu sacerdócio.

Assim, as serpentes afugentadas ou vencidas são os sacerdotes do Deus da mentira, identificados à sua Divindade, e, segundo o costume do paganismo, *portanto entre seus títulos de honra o nome do réptil* do qual o gênio do mal havia tomado a forma desde o princípio. Nada de mais comum, quando o cristianismo começou o curso de suas conquistas, senão ver esses sacerdotes-serpentes se esconderem em lugares afastados, nos antros, e procurar as trevas, diante da palavra vitoriosa do missionário; do contrário, é que a mão dos corajosos apóstolos do Cristo os havia atingido e deles havia extraído, convertendo-os, o veneno homicida do erro. A água do batismo afogava esses monstros, ou melhor, os regenerava, prendendo-os, pelos laços da fé, à estola do pontífice[56].

---

54 - Nos burgos e vilarejos, *pagi*, de onde vem a palavra paganismo ou religião dos campos, último nome da idolatria.
55 - As processões simbólicas, em que figuravam monstros desta espécie, eram comuns. Les Cap. Louandre: A Igreja e os bispos de Paris Cartulário de Notre-Dame, etc.
56 - Bathurst, p. 215, 214, 220, 221, vol. XXV. – *Acad. Celt.,* n.º 7, p. 46, nº 8, p. 229. – Ver uma passagem incorreta, mas útil, sobre a serpente, etc., etc.

Mas já é hora, para nós, de nos afastarmos do Dracontium de Carnac, este colosso do qual um tão grande número de pedras foi quebrado e levado por um tão grande número de mãos. Digamos, contudo, que este monumento insigne demonstrava a imensidão de suas tortuosas dobras sobre uma extensão incontestável de oito milhas, e mais provavelmente treze ainda! Porém, qualquer que tenha sido a assustadora dimensão desse comprimento, Bathurst, a quem deixamos a responsabilidade do cálculo seguinte, estabelece que a população inteira do Morbihan, ajudada por todo o exército de César, ao qual uma louca tradição atribui a construção de Carnac, tenha apenas finalizado esta tarefa consagrando doze anos de assíduos labores!

Qualquer que seja a verdade sobre essas apreciações, este Dracontium, que se compõe inteiramente de Both-al druídicos, é o monumento mais grandioso que possamos nomear; e se ele o cede ao templo de Stonehenge, que tantas bocas qualificaram como obra única em seu gênero, é apenas sob a relação entre a elegância e a beleza das formas[57]. Detenhamo-nos, então, e contemplemos esta outra maravilha.

STONE-HENGE, PERTO DE SALISBURY – OLD SARUM

O nome saxão de Stone-Henge transporta-nos sobre as asas do pensamento para a Inglaterra, a algumas milhas da cidade de Salisbury, perto da antiga Sarum, nomeada Sarbiodunum pelos romanos e Scarobirig pela velha raça saxônica. As imponentes ruínas, às quais esse nome liga-se e se adere, são as de um tempo druídico, de um Dracontium de primeira classe, consagrado ao Deus Sol e Serpente. Esse templo, ou esse hierograma, era do número daqueles que figuravam o Dragão passando através de um orbe, e este era a da grande luminária de nosso planeta. Uma avenida que, dos dois lados, partia desse centro, estendendo-se uma milha para além de sua linha sinuosa, retraçava a forma do Deus-réptil[58].

---

57 - Bathurst, vol. XXV, p. 221 a 224.
58 - Bathurst, vol. XXV, p. 196. Está aí tudo o que tomarei de empréstimo a Bathurst sobre esse monumento, que faz parte daqueles que eu examinei.

Nós visitamos as ruínas desse templo colossal e a céu aberto, mas tanta extensão e inutilidades resultariam de sua descrição para que nós nos engajássemos nessa fastidiosa empreitada. Limitar-nos-emos, logo, a dizer algumas palavras sobre o monumento em seu estado atual; e, desde a primeira olhadela, identificaremos os restos de duas elipses formadas por pedras brutas altas e verticais, ou pilares Menhirs. Algumas dessas permanecem ainda unidas e casadas entre si por longos Dólmens colocados em arquitraves, e semelhantes às pedras nas quais as mesas repousam como cimo no pico das druídicas *alamedas-cobertas*.

Outras, ovais, formadas por pedras anãs e plantadas verticalmente, desenham-se no interior da fortaleza traçada por essa elipse, e à frente da qual uma rocha, que jaz horizontalmente, precede o monumento em seu estado de ruína. Ela própria é ultrapassada por um Both-al que se ergue como sentinela isolada. Mas o que impressiona, o que aflige, é ver a maior parte dos Dólmens-arquitraves, ou cavaletes, desse prodigioso edifício, cobrir a terra onde eles foram revirados por mãos bárbaras; as mesmas mãos, sem dúvida, que arrancaram do solo as pedras da avenida, cuja forma era a imagem da serpente. Eis qual é aproximadamente, em sua mais triste e seca expressão, o estado material deste templo, tal qual nossos olhos viram.

Agora, concebemos, dizemo-lo sem que tenhamos que expressar, não é senão pelo lado em que a história nos arrasta a deduções úteis para o nosso tema, que deveríamos atacar Stonehenge, isto é, de todos os curiosos monumentos da Grã-Bretanha, aquele que é, com razão, considerado pelos antiquários como o mais notável por sua antiguidade, como o mais impressionante e o mais augusto por sua grandiosidade de formas e de efeitos.

Mas o que nos resta a dizer depois de nossas observações gerais dos monumentos druídicos e das estranhas e íntimas relações que eles testemunham, neste culto, entre a ideia tradicional da pedra Deus, representada pelo Both-al Fênico-céltico, e a ideia do sabeísmo e da ofiolatria, ou da adoração dos Astros e da Serpente, expressa pelas figuras que desenharam esses Both-al, multiplicando-se? O que dizer, ou melhor, repetir de substancial e de interessante ainda, depois dos estudos e das observações que por tanto tempo nos mantiveram junto do colosso de Carnac?...

Qualquer que tenha sido o número, qualquer que possa ser a variedade das conjecturas emitidas a respeito do monstro de pedra de Stonehenge pelos especialistas e pelos curiosos, acreditamos estar o mais perto da razão não nos atendo a nenhuma opinião exclusiva, e conciliando várias daquelas que parecem não ser produzidas senão, como os guerreiros nascidos dos dentes do Dragão Cadmo, para dirigir golpes mortais umas contra as outras.

Stonehenge nos parece, em verdade, revestir-se, ao mesmo tempo, de certa variedade de aspectos, ainda que o mais proeminente seja o de um templo; é o que denota o hierograma, ou a forma sagrada do edifício, exprimindo que o Deus ao qual ele pertencia era semelhante ao Deus Bel de Babilônia, isto é, que ele era Sol e Serpente. É ainda isso o que testemunham os sacrifícios e os ritos que ali se praticavam efetivamente, e que não deviam se completar senão à sombra de um edifício sagrado. Uma pedra Altar, uma Matzeba, pois, relembra as invocações supremas e as expiações sangrentas; Deus, logo, era ali adorado, e esforçavam-se em abrandá-lo. Ou melhor, ele estava presente, ele estava encarnado na pedra. Com efeito, os arqueólogos, estudando esse templo, ficaram impressionados recentemente por uma observação tão imprevista quanto importante, em razão das relações que ela estabelece. A observação lhes fez constatar que, entre as pedras, uma apenas oferecia um grão de cor escura e enegrecida; isto é, a cor *mais comum dos Bétilos*, aquela que tomou na Índia o corpo da *boa Serpente*, o Deus *Bétilo* e *Sol* Shiva, quando ele absorveu o veneno com o qual a monstruosa serpente Secha, ou Vasouki, acabava de infectar o universo saído do ovo de Brahma.

Em uma palavra, a ciência reconheceu que, entre essas pedras, uma apenas reproduzia, por suas diferentes circunstâncias de aspecto, de posição e de uso, o caráter mais geral das *Bétilos* destinadas à representação do Deus Cabira-Sol. E esta pedra, colocada sob as rigorosas deduções da analogia, é precisamente o que vimos que são na Arábia os mais antigos monumentos do mesmo gênero, isto é, ao mesmo tempo o altar e o Deus! Nenhum assombro ainda se esta vista revivificou no espírito dos especialistas a lembrança da Divindade fenícia de Emese, o poderoso Deus *Bétilo* e *Sol*, que Heliogábalo quis colocar em Roma acima de todos os Deuses conhecidos, e a quem os romanos fizeram com que casasse com o Bétilo da Lua ou Astarte[59].

---

59 - Bétilo muito menos massivo. Th. Moore, vol. I, p. 22, *Irel. – Anal. de Phil. Chrét.*, vol. XX, p. 354, mesma observação admitida. – *Grande Hist. Uni., Angl.*, mesmo fato indicado, vol. XXX, p. 396, = Creuzer e Jacobi, etc.

Uma tradição nos diz, ainda, que as pedras deste edifício foram transportadas sobre o solo inglês do seio da Irlanda, onde gigantes vindos das extremidades da África, isto é, onde os colonos fenícios, as havia trazido primeiro. As ruínas irlandesas dos templos de Dundalk e da planície de Kildare não retiram, pela semelhança marcante de seu plano com o desenho de Stonehenge, nenhum fundamento do sentido dessas indicações populares[60].

Mas o aspecto e o estudo de Stonehenge não retraçam menos vivamente ao espírito a ideia de uma vasta e monumental sepultura que a do templo; e sabemos hoje, pelo estudo, que este Westminster primitivo da antiga Bretanha era conservado pelas obséquias dos homens ilustres. Ele formava como centro numerosas tumbas esparsas ao longe e em círculo: e já a ciência nos disse que esta destinação funerária era uma das características mais comuns das pedras druídicas[61]. Podíamos ainda, é verdade, considerá-lo um anfiteatro consagrado a jogos fúnebres para os quais sabemos que certas épocas e certos falecimentos excepcionais reconduziam. Mas uma de suas apropriações capitais deveria ser a de um local de assembleia oferecido a toda nação convocada para a eleição de seus pontífices supremos, de seus príncipes e de seus chefes de guerra: eleição sancionada pela pedra Deus e oráculo sobre o qual vimos que o uso os fazia subir ou descer[62]. Enfim, era ali que se agitava a discussão dos grandes negócios, e que a justiça possuía seus leitos mais solenes. Para melhor nos preenchermos com esta verdade, é importante não esquecer que entre esses povos, cujo governo assemelha-se tanto a uma teocracia[63] e nos quais a vontade dos druidas foi por tanto tempo a alma

---

60 - Ver Th. Moore, *Irel.*, v. I, p. 39. M. Mac Donald viu, em 1836, a algumas milhas de Kara-Hissar, na antiga Capadócia, cerca de trinta rochas colocadas verticalmente, e ele as compara àquelas do círculo de Stonehenge no condado de Salisbury... No centro do Dek-kan, grandes Índias, encontramos no distrito de Hyderabad, perto de Oupulgatt, fortalezas de pedras brutas erguidas sob o solo em forma de círculo. – Os nativos as chamam de *casas dos gigantes,* ou *Ralcchasas.* Congreve diz ter encontrado muitos Cromlechs semelhantes sobre os Neilgherry, cadeia de colinas vizinhas da grande cadeia dos Ghates... Id. Perto de Outramalour, distrito de Chingleput... Id. Perto do monte Saint-Thomas. *Mém. des Antiq. de Fr.,* vol. XIX, p. 7, Ed. Biot. Os locais de adoração, etc., dos antigos escandinavos, *antes de Odin,* eram um círculo de pedras plantadas na terra. Este bloco, esta mesa, servia de altar. O fogo sagrado ali queimava... *Depping, id.,* p. 228, etc., vol. II.
61 - Wright, J. in Th. Moore, *Irel.*, vol. I, p. 37. Ali se enterrava como em nossas igrejas.
62 - Ver acima.
63 - Veja a obra *Monde avant le Christ, artigo Gaulois* – Vol. Um, ed. Charpentier dos irmãos Lagny, rua Bourbon-le Château, n.º 1, Paris..

dos Estados, os monumentos destinados a essas imponentes reuniões deveriam ter por principal característica a de ser um local sagrado[64].

O nome saxão de Stonehenge, ou de Potência de Pedra, é muito posterior ao nome que lhe davam os antigos bretões. Estes, querendo repetir uma tradição imemorial, não falavam senão como de uma obra-prima acima das forças da humanidade; e, em sua linguagem, eles a chamavam Choir-Ghaur, isto é, o grande Coro, o Coro por excelência, aquele onde o Druida supremo reunia, sob seu olhar imperial, toda a hierarquia inferior dos druidas, ou melhor ainda, o coro, a dança dos Gigantes! Pois os demônios, os Gigantes, os Mágicos eram os únicos seres que puderam conceber e executar essa prodigiosa obra. Todavia, esta última interpretação não pudera ela própria nascer senão no momento da decadência do culto dos Beth-el! Em meio a todas as versões contraditórias, mencionaremos ainda certo alguém que, retomando os fatos anteriores, persistiu durante um lapso de tempo indefinido em considerar esses restos como as ruinas de um monumento que, em sua furiosa energia, as águas do dilúvio haviam visitado.

Bastar-nos-ia, para diminuir a vontade de rir que provoca naturalmente a estranheza de vários desses julgamentos e desses preconceitos, passar os olhos sobre as dimensões colossais dos pilares brutos de Stonehenge. Desde o momento em que nos dermos o trabalho de apreciar a enormidade do peso desses blocos, estimados em trinta a quarenta toneladas cada um, experimentaríamos um momento de estupor (*o peso da tonelada ultrapassando duas mil libras*). O cálculo nos induziria logo a concluir que uma força inferior à de uma atrelagem de cento e quarenta bois não teria sido suficiente para mover tão pesados fardos. E, se acrescentássemos então, ao peso das pedras, as dificuldades de transporte das quais o espírito do calculador força a dar conta, nós chegaríamos a nos convencer que com todos os socorros da arte, a única empreitada de levar sobre o local tais materiais deve se comparar a todos os trabalhos de Hércules. Talvez então teríamos alguma propensão em nos explicar este enigma pela suposição que uma enorme parte da nação

---

64 - Chamemo-los, se nos parecer satisfatório, locais de adoração e não templos, tão logo nos objetem que os gauleses, obedecendo à mesma ideia que os persas, atacaram e destruíram com um furor religioso todos os templos, até a época do estabelecimento dos romanos na Gália. Entre os historiadores que se exprimiam assim, não se tratavam evidentemente senão de edifícios fechados. Isso responde à página 397 da *Grande Hist. Univ. Angl.*, vol. XXX, e a refuta, assim como várias outras passagens do mesmo volume... – Lembrar ainda o palácio do Rei Picus em Virgílio. *Haec illis cúria, templum,* etc.

deveu se reunir, em um dado tempo, para executar tal prodígio, e que ela imprimiu sobre esta obra todo o poder da mão de um povo[65].

Enfim, dizem os autores da grande *Histoire universelle anglaise*, pode-se conceber que esta construção ultrapassa tudo o que já foi produzido, de fato, em relação a estátuas, colunas e maravilhas, por mais gigantescas que elas tenham sido, se excetuarmos as pirâmides do Egito e o colosso de Rhodes[66]. Mas como poderia ter deixado de aumentar o número dessas exceções colocando ao menos o Dracontium de Carnac?

Hoje, apesar de tantas mudanças sofridas pela terra que os carrega, após tantas ruínas de nações, de religiões e de poderes, todas as monstruosas mesas monolíticas do velho templo não recobrem o solo. Quando percorremos Stonehenge, contamos oito blocos transversais repousando altivamente a mais de vinte pés de altura sobre o cone de dezesseis pilares brutos: jugo assustador que se ergue acima da cabeça do viajante e que, no desconhecido em que se envolve ainda o monumento, carrega em si como que um desafio de Esfinge.

Nada ali se encontrava que respondesse as questões prementes em nosso espírito; nada que nos dissesse com autoridade qual força mágica havia carregado, havia suspendido essas rochas, e as mantém nesse eterno nivelamento. Este problema, do qual muitas vezes não sabemos como falar, é talvez um daqueles para os quais a ciência deu muitas soluções diversas e duvidosas para que o consideremos como definitivamente resolvido; ele é ainda, e apesar dos livros escritos para solucioná-lo, um dos ressentimentos da civilização moderna[67]. O orgulho da desconcertada ciência se pergunta, contemplando Stonehenge, qual poder, nesses tempos ditos bárbaros, pois que foram seguidos da barbárie, pôde manejar, sem esforço, o peso dessas enormes rochas. Cada novo especialista passa ao lado do monumento antigo, e, como que para aliviar as dores de sua impotência, joga de qualquer modo suas conjecturas sobre o monte daquelas que as precederam. O especialista se vai, e a incerteza subsiste.

---

65 - *Grande Hist. Univ. Angl.*, vol. XXX, p. 393. Retiro desta obra algumas opiniões que precedem sobre Stonehenge, que eu visitei. Negligencio em extrair os erros e as contradições das quais tento escapar e que existem entre as páginas 362, 383, 390, 379, e depois entre a mesma página 379 e a página 377. Eu me limito a assinalar a falha de especializada crítica da p. 397, vol. XXX. – Mesmo embaraço para explicar o transporte das pedras da Cidadela cicloépene de Cuzco, *o Rodadero*, no Peru. Ler sobre esse tema, *E. de Larandais*. Março, 1850, etc.
66 - Vol. XXX, p. 394, id.
67 - Ver sobre um ponto análogo *l'Acad. Celt.*, nº 8, p. 210.

Pilares e travessias, o olhar que cai sobre esses blocos e que os percorre os vê no estado em que a natureza os produziu, isto é, inteiramente brutos e tais quais os Hebreus os empregaram em seus Beth-el, *porque o Beth-el era a figura daquilo que não foi feito pela mão do homem.* Se, contudo, percebemos que, sobre um único ponto, que o cinzel os raspou, é que o tempo, ou melhor, os bárbaros, traíram o segredo da arquitetura sagrada. Com um simples olhar, o contato dos blocos horizontais com as rochas piramidais parece a tal ponto superficial e incompleto que essas vastas mesas, mantidas equilibradas na esfera em que se desencadeiam furacões, parece oferecer à primeira ventania uma vitória fácil. E, contudo, a queda tardia daquelas que caíram foi a obra laboriosa dos homens; foi necessário o esforço e a arte da mão humana para desnudar os tornos e os encaixes que formavam o elo da antiga aliança[68].

Quanto aos blocos aéreos que parecem ainda hoje ameaçar o solo, vemo-los dormir em paz e sustentar, impassíveis, o ataque dos mais excepcionais furacões. Obra do homem, eles fazem estadia nas regiões dos ventos; a tempestade brame e se esgota descarregando sobre eles sua fúria. As forças da natureza são vencidas por um jogo da arte.

Se isso não nos afastasse de nosso tema, qual prazer não experimentaríamos em descrever a impressão produzida em nós pela vista deste monumento único, pelo aspecto desses colossos de pedra que se erguem grotescamente ao longe, como fantasmas, sobre o cume do planalto cuja imensidão forma o morro deserto de Salisbury! Observá-los ao longe, buscar separá-los pelo olhar, quando, com um passo lento, avançamos no incerto do crepúsculo; contemplá-los, à noite, no momento em que leves névoas arrastam seus véus diante dos sombrios raios do sol mergulhando no horizonte; parar quando um sopro de vento agita, caça e enrola entorno dos blocos de Stonehenge os móveis flocos de vapores que parecem animá-los com seu movimento, em verdade, é

---

68 - Apenas o exame trai o sexo das pedras e o trabalho que elas sofreram. É o que nós vimos e que é descrito por John Rickman, vol. XXVIII, p. 404. *Archeologia, Society of the Antiquaries of London,* 1840. É necessário observar, contudo, que, na grande variedade dos monumentos druídicos, encontramos pedras esculpidas, portando desenhos profundamente gravados. – Citaremos, entre outros, o dólmen do porto Fessan (*Grande route de Nantes à Machecoul,* paróquia de Sainte-Pazanne. *Mém. des Antiq.,* M. Bizeul, vol. XVIII, p. 276). E o interior das pedras druídicas da galeria descoberta na tumba da ilha de Gavrennez (*ilha das cabras*), Golfo do Morbihan. Esta tumba piramidal, esse moleiro ou monte é formado de pedras da grossura de um paralelepípedo. – Eu ofereço uma descrição deles nas notas. Cap. de Fréminville, vol. XIV, p. 1.

assistir a uma dança de fantasmas, a um balé de Cyclopes! São gestos estranhos, são poses solenes, é um lento e grandioso turbilhão. Tudo se move, tudo dança, e o olhar, tanto como o pensamento, atordoa-se. Oh! Sim, com certeza! A imagem que vimos, mas que não poderíamos descrever, seria por si só demais arrebatadora por ter fixado na fronte do antigo Dracontium seu nome vulgar de Baile dos gigantes.

A atenção se deixa, no mais, absorver inteiramente por esse monumento; pois, em todos os arredores, não há nada senão, de um lado do horizonte, uma massa de árvores verdes de copa eriçada, de ramos chorosos e curvados para a terra; fúnebre adorno desta solidão em que plana no ar um silêncio de morte: silêncio às vezes preenchido por terrores incertos, quando o passado ali reinava em espectros... a perder de vista, quando o dia vivifica sua luz, vê-se estender e fugir por todas as partes, em descida insensível, a superfície unida de uma relva rasteira e serrada.

Um dia, como eu me aproximava, só e pensativo, deste templo *Solar da serpente*, uma campainha tocou. Era um rebanho que avançava, rompendo a relva. Logo, eu o vi se misturar às pirâmides dos *men-hirs*. O pastor seguiu. Poucos instantes depois, ele veio de modo indolente estender-se sobre um dos blocos que cobrem a terra. Mas este local de estação, este leito do deserto, esse trono do pastor que balançava despreocupadamente seu cajado, era uma pedra vitimária[69]. E como não se lembrar, sobre este aspecto, que os druidas que, para ungir suas Beth-el, substituíam tão frequentemente *o óleo pelo sangue das vítimas humanas imoladas para a salvação do povo,* falseavam ainda uma das tradições que os Celtas haviam trazido de seu berço, e cujo crime mesmo de seus pastores perpetuava a lembrança?

Segundo essa tradição, um homem deveria perecer para redimir todos os homens. Mas nós nos repetimos, e pode ser necessário dizer novamente que esse Redentor era o Messias, representado pela pedra Both-al estendida sob nossos olhos; era o filho de Deus, senão o próprio Deus; o verdadeiro Deus, sol ou luz, do qual os gauleses adoraram por muito tempo a unidade em seu Hésus.

---

69 - O monumento druídico mais notável na Inglaterra é o *Círculo de Pedras*, na planície de Salisbury, chamado Stonehenge; parece ter sido *o grande templo nacional*. Transcrevo sem comentários esta frase da pequena história da Inglaterra de Goldsmith, Pinnock Taylor, 36ª edição 1844. A vinheta inexata que representa esse monumento também figura um pastor em meio ao seu rebanho, ele parece estar habituado a esta solidão.

Agora que vamos romper sobre o capítulo de Stonehenge, preservemo-nos de omitir a muito importante observação do doutor Stukeley, é "que esta obra não foi construída sobre nenhuma medida romana", e é isso o que ele demonstra pelo grande número de frações que dá, segundo o sistema métrico, a medição de cada parte. Pelo contrário, e imediatamente, os números se tornam redondos se medimos *segundo o antigo côvado que foi comum entre os hebreus, filhos de Sem,* os fenícios e os egípcios, *filhos de Cãm,* e, como vemos aqui, entre os antigos celtas, *descendentes de Japhet*; isto é, a toda a posteridade de Noé estudada em suas épocas primitivas[70].

Nessa conformidade tão precisa de medidas originárias, não vemos acrescentar-se uma presunção, e uma presunção violenta, às provas que proclamam a origem comum do gênero humano? O acaso não é um tão bom matemático para esses feitos. Isso seria demais!

Em relação a Stonehenge, e, consequentemente, dos monumentos análogos, existe ainda uma opinião muito curiosa e muito importante para que nos silenciemos a seu respeito.

Diodoro de Sicília[71] diz que, segundo Hecateu e outros autores que se ocuparam em compilar as antigas tradições, existia no Oceano, *em frente ao país dos celtas, uma ilha maior que a Sicília,* cujos habitantes, *chamados Hiperboreanos*, acreditavam que Leto havia nascido entre eles, e reverenciavam Apolo acima de todos os outros deuses, por meio de hinos cotidianos acompanhados do som da lira. Havia nesta ilha, acrescenta, um magnífico templo *esferoidal*, enriquecido de uma multidão de presentes que lhe traziam os devotos. E esses hiperboreanos possuíam uma grande benevolência pelos gregos, mas, sobretudo, pelos habitantes de Delos!...

Parece difícil ignorar que seja a Inglaterra essa ilha situada em frente ao país dos celtas, e maior que a Sicília. Também não acreditamos ir mais longe ainda reconhecendo os restos do templo esferoidal de Apolo nas ruínas impressionantes de Stonehenge, que encerram linhas orientadas com uma surpreendente precisão astronômica.

---

70 - Observação adminitida pela *Grande Hist. Univ. Angl.,* vol. XXX, p 393. Ao menos para as construções religiosas. Stukeley, Arch.

71 - "Ὑπάρχειν δέ χαί ναόν ἀξιόλογν χατά τήν νησον, τέμενος δέ Ἀπόλλωνος μεγαλοπρεπές χαί ναόν ἀξιόλογν ἀνάθημασι πολλοίς χεχοσμημένον, σφαιροειδῆ τῶ σχήματι. Καί πόλιν μέν ὑπάρχειν ἱεράν τοῦ θεοῦ τούτου, τῶν δέ χατοτοιχούντων αὐτήν τούς πλείστους εἶναι χιθαρίζοντας."
(Diod. Sicul. 1. II. Cap. XLVII.)

– É necessário colocar as pedras, diz outro arqueólogo em relação a outro monumento druídico, na classe dos monumentos funerários, ou considera-los como objetos de culto? A disposição constante dessas pedras em relação aos pontos do Ocidente e do Oriente parece atestar *que elas eram consagradas ao sol, que fora, no mais, o nome sob o qual o invocavam.*

Esta observação sobre Stonehenge chegou ao investigador que citamos há pouco, e ele nos diz: Eu vi com prazer essa observação, indicada por Mone, especialista alemão que publicou uma continuação da Mitologia simbólica de Creuzer, relativa à mitologia e os monumentos religiosos dos povos do Norte.

É de se observar que as célebres doações dos hiperboreanos, dos quais falam Heródoto, Pausanias, *e nós também mais acima*, atravessavam, segundo esses autores, o golfo Adriático. Ora, esse caminho seria de todo absurdo se esses presentes viessem, como supõe Heródoto, dos hiperboreanos da Ásia. Este autor confessa, no mais, que ele não pôde encontrar, na Ásia, senão poucas informações sobre os hiperboreanos, dos quais lhe falaram os profetas de Delos[72].

Sobre este tema do Deus sol, acreditamos dever ainda analisar uma nota bastante curiosa, mas infelizmente incompleta, que nos deu M. de Gaujal, sobre um ídolo gaulês de nome Ruth. Refletindo sobre isso, parecemos, com efeito, encontrar neste ídolo e em seu culto, o Deus sol ou Natureza, o Deus Cabira Beth-el e Falo que acreditamos reconhecer sobre a superfície do mundo inteiro, assim como havíamos enunciado nesta obra.

O culto do ídolo conhecido sob o nome de Ruth devia ser geral; mas os *vestígios* históricos, tradicionais ou monumentais, existem mais geralmente no Rouergue (*Rouargue ou Ruth-ager*) em Rodez; sobre as margens do Sena, em Rouen (*Roth-omagi*), e na Flandres chamada em latim Ruth-enia, etc.

O Deus Ruth parece ter sido o mesmo que Príapo, que o Sol, que Vênus ou a Freya do Norte[73] e ter tido os mesmos símbolos, o touro e o bode, o mesmo culto lascivo e impudico, e a mesma forma alongada que tomava a figura mais ou menos característica do Falo.

---

72 - Mém. des Antiq. de Fr., vol VII, p. 37; vol. XII, p. 16 a 20.
73 - Deuses que identificamos uns aos outros ao longo desta obra, e que são uma mesma divindade considerada sob suas diferentes faces.

A palavra *rut*, aplicada aos quadrúpedes, e a palavra *frai* aos peixes, parece, a M. de Gaujal, ser derivada do nome de duas divindades Ruth e Freya, cuja função principal é de criar, ou engendrar.

Os hindus reconhecem uma divindade composta de três irmãos: Brahma, Vishnou e Rutren. Quando eles representam esta divindade, um pedestal indica Brahma, o vaso que ele carrega é o emblema de Vishnou, e desse vaso sai a coluna que é Rut-ren (*coluna Lingam ou Falo, ver nossa obra.*).

Quando Rutren é representada só, é sob o símbolo do Lingam – ou Falo – que ele é adorado. Rutren, Rudra, Ixora, Iswara, Schiva, Chiven são o mesmo Deus, que toma ainda uma série de outros nomes.

Observemos aqui que o nome de Ruth, nas línguas do Norte (*Indo-germânicas*), é sinônimo de Falo (*ruth em alemão, rod em inglês*, etc., *significam virga*); e que uma das representações do Ruth gaulês era um simulacro colossal de forma alongada, análogo aos Falos monumentos da Ásia.

Eu deveria examinar, diz M. de Gaujal, que parece inclinar para esta opinião, se Ruth, no lugar de ser um ídolo particular e especial, não era uma das divindades adoradas entre os celtas sob o emblema *das pedras brutas*, conhecidas sob os nomes de men-hir, de hirmen, etc., e que, como Ruth, possuíam uma forma alongada...

Quanto a nós, não podemos duvidar que o exame de M. de Gaujal não o conduz à certeza de que este Ruth era um Deus-Sol e Natureza, Cabira e Beth-el, ou *Both-al!* Esse Deus, em seus símbolos e em seus templos, alia, de uma extremidade do mundo à outra, os monumentos da tradição patriarcal ao Sabeísmo e ao Naturalismo; e a pedra o representava em Stonehenge!

O que buscarmos estará ao nosso alcance, seja a Cura, o Elixir da Vida, a Pedra Filosofal e o Santo Graal, a Fé ou a Exaltação Consciencial, como seres conscientes, livres e eternos que somos, temos todo direito de fazermos o que quiser com nosso tempo e rumo nesta encarnação. Nós sempre elencamos, escolhemos o ritmo e a direção que iremos percorrer nesta experiência, mesmo se nada fizermos, ainda assim foi feito algo, ou seja: nada, e isso para nós buscadores é sempre alguma coisa. Submeter nossa Vontade, elevar Templos à Virtude e fazer novos progressos nesta Vida sempre custa mais que ficar na inércia. Buscar a compreensão de si mesmo e conhecer, de fato, o que somos demanda tempo e gasto de energia pura, para se conquistar (adquirir) a visão suficiente e necessária da Vida Real e do Mundo da Vida. Portanto, sejamos prudentes e astutos como as Serpentes, como filhos da Luz, busquemos deixar nossas pegadas marcadas profundamente na areia deste mundo, para que outros possam se servir da Rota no Caminho à Heliópolis, a Cidade do Sol.

TRÊS RELAÇÕES SUBSTANCIAIS NO CULTO DA SERPENTE E DO GRAAL

A primeira relação é de um imbricamento do veneno com o sangue da serpente, normalmente dentro da caixa craneana ou no topo desta. Esta execução na práxis é representada pelas duas forças serpentinas responsáveis pela exaltação consciencial ou iluminação da *kundalini*. Uma única forma ofídica é empregada, mas as duas propriedades, do veneno e do sangue, é resultado em proporção mágica em relação ao canal chamado *pingala* (veneno), aspecto positivo relacionado ao fogo, e o outro canal *ida* (sangue), negativo e "úmido". A relação misturada desses dois elementos, aparentemente opostos, na taça representada pelo crânio, culmina no encontro dessas energias antagônicas no ápice da cabeça. O Elixir da Vida que cura é então formado, anunciando a revitalização do corpo e da mente, trazendo juventude, vida longa e exaltação consciencial de poderes incomensuráveis.

A segunda relação abrange as histórias que envolvem o fato anteriormente explicado, mitos, narrativas folclóricas, parábolas, alegoria, além de fartas simbologias que cruzaram os *œons* de Cronos. Tudo isso para revelar àqueles que buscam a gnose uma sabedoria restauradora, com indicações necessárias e suficientes para descobrir e desenvolvermos, diante dessa compreensão, o sistema de reintegração de homens de desejo em busca do Santo Graal.

A terceira desta relação é a experiência de iluminação, reconhecida, pelos hindus, dentro da tradição oriental, como *kundalini*. Trata-se da "energia serpentina" vinculada à Divindade ou da Emanação Sagrada de toda Criação, que é demonstrada simbolicamente em aspecto de dualidade, positivo e negativo, macho e fêmea, visível e invisível, corpo e mente, consciente e inconsciente, cérebro esquerdo e direito, etc. No ser humano, estes canais elétricos chamados *ida* e *pingala*, que se entrecruzam na coluna vertebral, representam sempre os dois polos opostos, que são representados por duas serpentes entrelaçadas no Caduceu de Hermes. Numa experiência de "Exaltação Consciencial" ou iluminação da *kundalini*, o Ser adquire a conscientização destas duas energias contrapostas que ascendem da base para o topo da coluna vertebral através dos vórtices dos chacras.

Se o evento for de tudo bem superado, as duas forças subirão uníssonas e, em corolário, gerando uma luz pura e radiante no topo do crâneo. Por outro lado, em alguns casos mais naturais, a energia positiva do fogo sobe primeiro através do canal *pingala*, provocando muitas vezes uma impressão de queimação em torno da coluna. Logo após esta sensação desagradável, a energia passiva ascende, extinguindo o fogo, trazendo certo conforto e prazer de paz e luz equilibrando, assim, os chacras num nível de superação prazerosa deste experimento. Mas, se tudo transcorrer corretamente, ambas polaridades se unem no topo da cabeça resultando naquilo que chamamos do despertar da energia cósmica ou iluminação espiritual. Esta prática traz a confirmação da própria transcendentalidade do Ser e proporciona níveis de conscientização superiores e arrojados. A pessoa que passa por esta sensação do despertar da *kundalini* sente-se como se tivesse renascido ou retornado do mundo dos mortos, com uma visão de mundo da vida inteiramente exaltado e transparente diante dos mistérios e arcanos existenciais. As respostas virão de forma mágica, e os segredos da vida e da morte começam a se dissipar. Daí uma compreensão de tudo que é verdadeiro e factual passa a se desvelar diante dos nossos olhos e começamos a produzir aquilo que chamam de milagres; tudo isso e muito mais está nos tratados religiosos da humanidade desde sempre, basta buscar e encontrará, mas não se esqueçam da máxima da tradição: *Saber, Querer, Ousar e Calar*.

ÍNDICE

O GUERREIRO EM COMBATE 7
PRECE 8
"À GUISA DE PREFÁCIO" 9
PRÓLOGO 11
O CULTO DA SERPENTE - O OVO 13
SERPENTE, TRADIÇÕES 17
A SERPENTE, OS DRACONTIA 21
DRACONTIA – CARN-AC-SERPENTE 27
ALGUMAS LENDAS SOBRE AS SERPENTES
DRUÍDICAS, VENCIDAS PELOS SANTOS QUE
EVANGELIZARAM AS REGIÕES CÉLTICAS 31
STONE-HENGE, PERTO DE SALISBURY – OLD SARUM 34
TRÊS RELAÇÕES SUBSTANCIAIS NO CULTO
DA SERPENTE E DO GRAAL 45

PRIMEIRA PARTE 51
   KABBALA E KABBALISMO 51

CAPÍTULO I 53
   INTRODUÇÃO 55
   O AMOR DE DEUS 55
   AMOR E TEMOR DE DEUS NO SÉFER HA-YASHAR 55
   O AMOR DE DEUS SEGUNDO ALGUNS
   TEXTOS DA ANTIGA KABBALA 67
   CONCLUSÃO 115

CAPÍTULO II 119
   EXAMINANDO O SANTUÁRIO 121
   PROLEGÔMENOS 123

47

PERCEBENDO OS QUATRO MUNDOS 153

OS QUATRO MUNDOS DA EXISTÊNCIA
OU REALIDADE 156

CAPÍTULO III 179

REFLEXÃO SOBRE O "QUADRO NATURAL" 181

CAPÍTULO I - TESE DAS RELAÇÕES QUE EXISTEM ENTRE
DEUS, O HOMEM E O UNIVERSO 182

CAPÍTULO II - TESE DAS RELAÇÕES QUE EXISTEM ENTRE
DEUS, O HOMEM E O UNIVERSO 187

CONCLUSÃO GERAL 194

CAPÍTULO IV 195

REFLEXÕES SOBRE ALGUNS SÍMBOLOS
E CONCEITOS KABBALÍSTICOS 197

O SIMBOLISMO DA ESTRELA 197

CAPÍTULO V 211

AS DIVISÕES DA KABBALA PRÁTICA 213

A TEURGIA DAS INOVAÇÕES
E A MAGIA DAS EVOCAÇÕES 215

A DOUTRINA DAS ASSINATURAS (SIGILOS) 216

OS ACESSÓRIOS DA ALTA MAGIA 217

A ESCADA DA PRECE, OU A ESCADA DE JACÓ 220

CAPÍTULO VI 239

O PRINCÍPIO SIMBOLIZADO
PELA SERPENTE 241

A SERPENTE DA SABEDORIA 245

A GUERRA NO CÉU - A QUEDA DOS ANJOS 246

NAHASH, A SERPENTE DO CAOS 249

SAMAEL 252

A SERPENTE DA TENTAÇÃO 252

OS SÍMBOLOS NO DESERTO 254

A ARCA DA ALIANÇA 255
O TABERNÁCULO 257
O TEMPLO DE SALOMÃO 259
O TEMPLO DE ZOROBABEL... 262
O TEMPLO DE HERODES 266
A INTERPRETAÇÃO MÍSTICA DOS TEMPLOS......................... 267

CAPÍTULO VII 271
CONSIDERAÇÕES SOBRE A
PRODUÇÃO DOS NÚMEROS... 273
MEMÓRIAS DO RABI JOSUÉ 282

CAPÍTULO VIII 287
OS MISTÉRIOS DO ALFABETO HEBRAICO 289

CAPÍTULO IX 305
O ARQUEÔMETRO DE SAINT YVES D'ALVEYDRE 307
A DIVISÃO DAS LETRAS DO ALFABETO 313
O PODER DOS NÚMEROS 319
OS QUADRADOS MÁGICOS 323
AS PERMUTAÇÕES DAS LETRAS E DOS NÚMEROS................ 330

CAPÍTULO X 333
A MAGIA NA LEI MOSAICA 335
A TEURGIA DOS NOMES DIVINOS 336
A INVOCAÇÃO DO NOME DO ETERNO 340
MISTÉRIO E ATRIBUTOS DOS DEZ NOMES DE DEUS 343
ENCANTAÇÃO PELOS DEZ NOMES DIVINOS......................... 345
A SHEM HAMMEPHORASCH 350

O AMOR É UNO 361
BIBLIOGRAFIA RECOMENDADA 363
BIBLIOGRAFIA 366
NOTAS SOBRE O AUTOR 378
CONTEÚDO DO VOLUME II 380

PRIMEIRA PARTE
Kabbala e Kabbalismo

CAPÍTULO I

INTRODUÇÃO

O AMOR DE DEUS

ÚNICO

*Quando me chamas
por meu nome,
nenhuma outra criatura
volta para ti seu rosto
em todo o universo
Quando te chamo
por teu nome,
não confundes minha voz
com nenhuma outra criatura
em todo o universo*

Benjamin González Buelta S.J.

AMOR E TEMOR DE DEUS NO SÉFER HA-YASHAR

O *Séfer ha-Yâshâr*, muito provavelmente, deve ter sido composto no final do século XIII, um tratado anônimo de teologia e, sobretudo, de moral[74].

---

[74] - Este título – que é constituído, como frequentemente na literatura hebraica da Idade Média, por uma reminiscência bíblica, nesse caso, 2 Samuel 1,18 – significa, sem dúvida, no pensamento do autor: *Livro da Retidão*.
O conjunto deste texto mereceria um estudo exaustivo que substituiria a visão, a propósito, sólida e útil de Jac. GUTTMANN, *Die ethische Schift Sepher hajaschar und ihre philosophische Anschauungen, MGWJ*, LXIII, 1919, p. 291-314. Não havia edição crítica. Nossas referências dizem respeito à impressão de Frankfurt, 1850, com a qual comparamos o manuscrito hebreu 719 (fls. 60-106) da B.N. de Paris e, ocasionalmente, à edição princeps, Constantinopla, próxima a 1516-18. Não temos condição de trazer uma contribuição útil ao problema do autor. Deixando no reino das sombras o fantasmático *Zerahyâh ha-Yewânî*, que abarrota as bibliografias e os catálogos, também não vemos a menor razão séria para aceitar a tese do rabino J. M. TOLEDANO (na revista hebraica *Hazofeh*, XI, 1927, p. 239) que atribui a obra à

O autor, desconhecido, oferece provas de um extenso conhecimento tanto da literatura rabínica como da literatura filosófica judaica, ainda que ele permaneça bastante sóbrio quanto às citações explícitas tomadas de empréstimo desta última.

O problema a respeito do qual ele quer, acima de tudo, instruir seu leitor é o da *'abôdâh*: como prestar um culto a Deus, um serviço perfeito? A resposta poderia ser dada em apenas uma única palavra: pela fé (*emûnâh*). Mas a fé é, no *Séfer ha-Yâshâr*, uma noção muito complexa, resultante de várias virtudes que se controlam mutuamente e às quais ela, por sua vez, confere uma forma. Podemos dizer, em uma primeira aproximação, que a fé deriva da razão (ou inteligência, *sêkel*), sendo esta um composto de amor, de temor e de sabedoria[75].

Cada uma destas três noções exige uma análise detalhada para a qual o livro de modo algum poupa em materiais.

As definições expostas "Dos pilares do culto, que são em número de cinco: a inteligência, o amor, o temor, a sabedoria e a fé", têm grande complexidade, mas não caberia aqui detalhar.

A inteligência, "fruto da alma", exige cuidados atentos. Quando ela é atualizada, "o homem é chamado perfeito". A inteligência completa faz com que o homem sirva a Deus, ame-o e o tema, pois essas três atitudes, serviço, amor e temor, procedem todas da força da inteligência, como cursos da água, sejam eles numerosos, jorrem de uma mesma fonte. De outro modo, todo amor, temor, ciência (!), na falta da inteligência, não têm nem raiz nem fundamento.

É fácil a distinção entre o amor, o temor e a sabedoria do inteligente e as atitudes de mesmo nome no inepto[76].

Yônâh de Gérone; M. G. SCHOLEM, em seu livro sobre as origens da Kabbala, *Reshit ha-Qabbâlâh,* p. 155 *seqq*. não se pronuncia muito claramente.

75 - *Chokmah;* o seu emprego do termo é bastante ambíguo na terminologia hebraica da Idade Média (já o constatamos traduzindo tal trecho de Jacob Anatolio) e, sobretudo, em nosso texto: é ora a sabedoria (virtude, som sobrenatural, etc.), ora a ciência (conhecimento técnico de tal disciplina positiva); nossas exposições vão, infelizmente, sofrer desta ambiguidade.

76 - A terminologia é ambígua. A "sabedoria" do idiota seria uma contradição de termos se "sabedoria" não conotasse os conhecimentos positivos, notadamente de ordem legal, mas também filosófico, que o idiota pode adquirir mecanicamente obedecendo cegamente às autoridades. No fundo, o critério da sabedoria e de seu contrário é aqui a fé da qual a sabedoria é um dos componentes. Círculo vicioso, sem dúvida, para o lógico, porém tradução mais ou menos hábil da incontestável unidade da vida espiritual.

Comecemos pelo amor. É uma força que liga aquele que ama ao amado. Existem três tipos: o amor inspirado pela utilidade e pela esperança (de alguma vantagem), o amor (que resulta) da associação e da camaradagem, o amor (inspirado) pelas virtudes do amado[77]. Este último é o (único) sólido e autêntico. Além disso, é de sua natureza jamais mudar ou alterar-se porque tem seu suporte e seu vínculo [ligação] nas virtudes do amado e apenas pode mudar com a transformação das virtudes que lhe servem de argumentos. Ora, não tratamos, aqui, das virtudes mutáveis, mas das virtudes permanentes, aquelas do Criador. Com efeito, quando um homem ama alguém por causa de sua inteligência, de sua sabedoria, de sua boa conduta, de sua modéstia e de (suas) outras virtudes, este amor é sólido e não muda porque[78] a causa que o determina permanece intacta. É por isso que dizemos que existe amor sólido e perfeito quando o homem ama seu Deus porque este é todo-poderoso, criador de tudo, compassivo, misericordioso, paciente, etc. Tal amor não termina nunca porque as virtudes de Deus jamais cessam ou mudam. Dos três tipos de amor que enumeramos, apenas este último é permanente; ele constitui o "pilar do amor", enquanto que os dois outros são efêmeros, pois não têm raiz em todo aquele que ama e em todo aquele que é amado.

É necessário saber também que o amor é a síntese das virtudes daquele que ama e das virtudes do amado. A intensidade do amor naquele que ama e leva às virtudes do amado é proporcional às suas próprias virtudes, que são a inteligência sã e a alma pura. Quando aquele que ama possui uma parcela dessas duas virtudes, ele é levado a amar quaisquer pessoas nas quais elas se encontram, pois toda espécie procura sua própria espécie e foge de seu contrário. Eis porque todo homem de inteligência sã e de alma pura sente-se atraído pelo amor de Deus, pois é em Deus que se encontram as virtudes corretas, boas, universais e verdadeiras. Se, então, um homem experimenta a atração pelo serviço de Deus, é um sinal de que ele tem algo em si das virtudes divinas [...]. Pelo contrário, quando vir alguém se afastar do serviço de Deus, esteja seguro de que ele não tem nenhuma das virtudes divinas, mas bem pelo contrário...

Logo, o amor de Deus jorra da alma e da inteligência puras. E desse amor procede o temor.

---

77 - Distinções derivadas da *Ética a Nicômano* que já encontramos em Jacob Anatólio.
78 - O autor quer dizer, sem dúvida, que a permanência das virtudes humanas está nada menos do que assegurada.

Constatamos que para todo homem que ama outro por causa de suas virtudes, este sentimento torna-se um jugo que o obriga a buscar humildemente (assim como fazer) a vontade do amado. Aquele que ama não conhece nenhum repouso, senão apenas quando pensa no serviço [para] o amado e essa pena lhe é muito mais doce que o repouso. Quando ele faz alguma coisa que agrada o amado, ele experimenta uma grande felicidade. Mas se lhe acontece de cometer uma falta ou um erro ou (simplesmente) alguma coisa que desagrade o amado, aquele que ama ficará desolado e envergonhado, ele se sentirá não menos desonrado que os guerreiros que fugiram diante do inimigo[79]. E isto vem da intensidade do amor, que é como um jugo que sujeita aquele que ama ao amado; "o amor é forte como a morte".

> *"Põe-me como selo sobre o teu coração, como selo sobre o teu braço, porque o amor é forte como a morte, e duro como a sepultura o ciúme; as suas brasas são brasas de fogo, com veementes labaredas."*
>
> (Cânticos 8: 6)

O motor de tal amor é – o autor retorna insistentemente a isso – a afinidade entre as virtudes eminentes do amado e as virtudes modestas daquele que ama. Quanto ao dom total que aquele que ama faz de sua pessoa em serviço do amado, ele é consentido porque o primeiro reconhece a superioridade do segundo assim como a discípulo reconhece a superioridade do mestre, e o escravo, a de seu possuidor. Este sentimento de inferioridade é o que gera o temor.

Além disso, aquele que ama sempre espera poder instruir-se por meio das virtudes do amado assim como o discípulo pela ciência e pela doutrina do mestre[80].

Seria desnecessário e insuficiente argumentar comparações entre amor e amizade entre duas criaturas e o amor cujo objeto é Deus. Certamente, não há nenhuma medida comum entre Deus e um homem, quão

---

79 - Reminiscência de 2 Samuel 19, 4.
80 - A esperança inspira sem dúvida o temor porque tememos ver atormentadas as relações com aquele de quem esperamos alguma coisa. Talvez não seja fácil concordar esta atitude com o desinteresse total que deve, de outro modo, caracterizar o amor divino. As considerações que seguem trazem, contudo, uma solução para essa dificuldade. A perfeição do amor levado a Deus reside no objeto, não no humano que ama, do qual são muito evidentes os limites.

perfeito ele for[81]. Mas se os objetos não são comparáveis, o sentimento (o autor diz "a força") de amor é idêntico nos dois casos.

> *Também Deus nos pede unicamente aquilo que podemos, e ele considera que o amamos como deve ser.*

O amor e o temor não se bastam sozinhos. É preciso também a gnose, "pois o amante que não tem nenhuma gnose não conhece as virtudes do amado, sua inteligência, sua sabedoria, suas outras virtudes preciosas. Ignorando suas virtudes, ele não poderia amá-lo, pois a força da ignorância o impede de conhecer as virtudes do amado. O amor do ignorante não é amor"[82].

A intensidade e a autenticidade do amor crescerão, assim, com a ciência daquele que ama. Sem dúvida, quando as virtudes do amado não são eminentes, um pouco de ciência é suficiente para conhecê-las. Mas nesse caso, não se trata de amor perfeito. Ora, o que nos interessa aqui é unicamente o perfeito.

> *Estabelecemos, dessa maneira, que esses três (amor, temor, ciência) estão ligados e nenhum dentre eles é perfeito sem os outros dois; sabemos também que sua base comum é o serviço de Deus, com fé, sem hipocrisia. Devemos dizer, consequentemente, que o fundamento do serviço de Deus é a fé, ainda que a fé e o serviço de Deus, que se implicam mutuamente, procedem dos três.*

Este pensamento é de grande importância para uma compreensão justa com os kabbalistas da Idade Média; é de relevância capital, pois mostra que, se o autor pratica com tanta resolução quanto qualquer um o método das divisões, caro aos pensadores da Idade Média, ele tem uma visão muito clara da unidade da vida espiritual e da interdependência de todos os seus fatores essenciais.

---

81 - Alusão às reservas feitas por Aristóteles em *Ética*.
82 - A última proposição joga alguma luz sobre a penúltima que, isolada do contexto, constituiria um círculo vicioso bastante grosseiro. A sequência mostrará ainda melhor que as distinções anunciadas aqui apenas têm sentido quando vistas sob a perspectiva da unidade da vida de fé.

A sequência imediata mostra igualmente quanto o seu pensamento estava orientado para a unidade.

> *Eu vou revelar-te um grande mistério que concerne ao serviço de Deus. Este serviço é de três graus [...]. O grau inferior é constituído pelo estudo, pelo discernimento, pela experiência da vida e pela longevidade. Eis os quatro pilares da inteligência. Deste grau, que é o mais baixo, o homem eleva-se ao grau do amor, do temor e da ciência, que são como três pilares. Os galhos de uma árvore são numerosos, mas quanto mais nos aproximamos do tronco, mais eles diminuem. Assim, existem criaturas cuja natureza e o modo de ser são tanto mais numerosos quanto mais se afastam do Criador e diminuem na medida em que elas dele se aproximam. É por isso que, no grau inferior do serviço de Deus, os pilares são em número de quatro; no grau imediatamente superior, há três; no terceiro, dois pilares somente: a fé e o serviço. E a partir desses dois, o homem eleva-se ao mais alto nível da conduta[83]: a identificação da vontade de Deus e a comunhão com ele. Considera com atenção como o homem progride de virtudes (mais) numerosas em virtudes menos numerosas até que ele chega a uma que marque o fim, pois não há nada após o um inteligível. E agora que chegamos ao termo visado pelo homem que serve a Deus por amor, digamos o aproveitamento que resulta de todo este (esforço). Deus ama o homem que lhe serve. As Escrituras o proclamam: "visto que foste precioso aos meus olhos, também foste honrado, e eu te amei" (Isaías 43, 4); "e amar-te-á, e abençoar-te-á" (Deuteronômio 7, 13).*
>
> *E amar-te-á, e abençoar-te-á, e te fará multiplicar; abençoará o fruto do teu ventre, e o fruto da tua terra, o teu grão, e o teu mosto, e o teu azeite, e a criação das tuas vacas, e o rebanho do teu gado miúdo, na terra que jurou a teus pais dar-te.*
>
> (Deuteronômio 7, 13)

---

83 - Palavra por palavra: "o dispositivo supremo" (*ha- tekûnâh ha- 'elyônâh*).

O amor que Deus traz ao homem atende a todos os votos deste. Uma vez que é concedido, não é necessário nem mesmo se perguntar se a alma do amado subsiste ou não após a morte: o amor implica a recompensa da qual não convém escrutar os meios[84].

Às noções em jogo na exposição que acabamos de analisar, diversas outras passagens do tratado vêm trazer esclarecimentos e complementos.

A obra *O Sagrado*, de Rudolf Otto, instrui-nos detalhadamente sobre o amor e o temor do qual procura determinar as relações.

Em três "pilares" podemos arquitetar as questões do serviço de Deus[85]. O primeiro é o coração puro e bom.

> *Com efeito, quando o homem é bom com (para) seus semelhantes, ele é "bom" com Deus, assim como foi dito (de Samuel): "e fazia-se agradável, assim para com o Senhor, como também para com os homens.*

(1 Samuel 2, 26)

> *E o jovem Samuel ia crescendo, e fazia-se agradável, assim para com o Senhor, como também para com os homens.*

O segundo é crer que tudo, exceto Deus, é imperfeito. O terceiro: (re-) conhecer que Deus é perfeito. Quando essas três atitudes estão

---

84 - Assim, encontrar-se-ia resolvida, sobre o plano da beatitude ou da união mística, se quisermos, a famosa controvérsia entre os averroístas e seus adversários no tocante à imortalidade da alma individual. A indiferença em relação à felicidade comumente visada como tal é acusada ainda mais no capítulo IX (citado por GUTTMANN, *op. laud.*, p. 305): desde aqui embaixo, os sofrimentos pelos quais um homem se vê infligido são um sinal do amor de Deus com respeito a ele, enquanto que, tranquilo, próspero e resguardado da provação, ele deve considerar que esse amor lhe é recusado. Contudo, enxergamos muito mal como essa passagem no limite operado com a ajuda da concepção talmúdica dos "castigos por amor" e do tema igualmente rabínico da inquietude do justo que teme ter recebido toda sua recompensa desde esta vida se articula em nossos escritos com a doutrina geral do amor.

85 - Serão o amor, o temor e a sabedoria (ciência). Mas a sequência imediata examina a base tripla do amor, empregando esse mesmo termo de "pilares" a outras atitudes espirituais (ver logo à frente no texto), donde alguma confusão. Uma vez mais o método de divisão e de derivação aparece como um artifício de exposição. O amor não se divide mais em diversas atitudes, mas também deriva delas: ele *é* o conjunto indissolúvel do qual elas são consideradas os aspectos.

reunidas no homem, sua alma é naturalmente atraída em direção a Deus e quando ele ama, o culto que ele lhe presta é absolutamente perfeito. Com efeito, do amor procede o temor, pois tudo o que o homem ama, ele teme, a recíproca não sendo sempre verdadeira [...], ora Deus o louvou não com o seu temor (mas com seu amor): "posteridade de Abraão que me amou" e não "que me temeu"[86].

O temor (exclusivo do amor) não é próprio senão dos mesquinhos e dos Gentis, não dos justos aos quais é dirigido, em contrapartida, o "tu me amarás" do Deuteronômio[87].

Dez características próprias do amor que o homem leva a Deus:

1º Amar a lei divina.
2º Deleitar-se com o serviço (culto) de Deus mais que de tudo objeto de deleite.
3º Menosprezar aqueles que menosprezam Deus e amar aqueles que o amam.
4º O amor dos bens deste mundo não deve contar para nada diante do serviço de Deus.
5º Toda pena, toda privação, todo sofrimento será doce se comparado com o amor de Deus.
6º Nenhum compromisso pessoal tomará a dianteira em relação às tarefas de Deus.
7º Proclamar o amor de Deus diante dos homens e glorificá-lo.
8º Não dar ouvidos aos discursos daqueles que querem seduzir (aquele que ama) desviando-o do serviço de Deus.
9º Nenhum acontecimento, feliz ou infeliz, fará com que aquele que ama desista do serviço de Deus.
10º Este serviço não visará a nenhuma recompensa, pois, assim, ele dependeria de alguma coisa (além de Deus).

Quando essas dez qualidades estão reunidas no homem, ele é chamado de amante de Deus e atingiu o auge da piedade. Em outras

---

86 - Os testemunhos do texto divergem um pouco nesta parte, mas seu sentido é claro.
87 - Aqui vemos um tratamento exegético apropriado os textos escriturários que não estão de acordo com esse modo de ver.

palavras, isso presume que ele tenha cumprido os dez níveis conscienciais da sagrada Árvore da Vida mensurado na Kabbala.

Abraão possuía todas essas virtudes, aquelas mesmo prescritas pelo mandamento do Deuteronômio.

O autêntico amor de Deus não permanece sem resposta. *"Segundo o amor em que o homem ama seu deus, Deus o ama de volta. Perguntou-se a um sábio: 'O homem que serve a Deus de todo o seu coração e de todo o seu poder, quando Deus deseja vê-lo?' Ele responde: 'quando este homem rejeita o mundo e suas pompas, quando ele detesta sua vida e deseja a morte, é aí, então, que Deus deseja vê-lo'; dito de outra maneira, quando o homem ama Deus com um grande amor, Deus lhe concede sua afeição"*[88].

Após essa visão sobre o amor de Deus, abordaremos o problema do temor. Esta página é, infelizmente, bastante confusa, e sua falta de clareza não provém unicamente das alterações provavelmente advindas ao longo da transmissão do texto. Eis aqui ao menos a doutrina que parece dela desenrolar-se.

Quando o amor e o temor têm por motivo alguma espera[89], eles não podem durar, pois estão fadados a desaparecer assim que a espera é atendida ou frustrada. Ela não terá sido, desse modo, mais que uma causa acidental cujo efeito não poderia ser permanente. É preciso ater-se aos dez critérios que especificamos há pouco. Eles são ausentes no serviço de Deus inspirado pelo temor e, quando ali os encontramos, é apenas na medida em que o temor procede do amor. Com efeito, o amor de Deus inspira o temor naquele que ama, mas não convém que este seja superior, pois, intensificando-se, ele enfraquece o amor e as virtudes que o caracterizam. Um equilíbrio deve ser mantido, desde então, entre o amor e o temor e é em relação a ele que os homens serão julgados. Também constatamos que as Escrituras e a Tradição qualificam a maior parte dos grandes santos de "tementes a Deus", sendo o temor considerado amor muito intenso. Esta espécie de temor é duradoura, pois ela procede do amor essencial.

---

88 - Talvez poderemos ser mal interpretado quanto ao significado da sentença tomada de empréstimo a alguma coletânea de máximas filosóficas. *"Fica claro que este texto não ilustra o tema do amor mútuo de Deus e do homem, mas aquele da filosofia em busca da morte"*; cf. *Juda ben Nissim*, p. 12, n. 2.

89 - O texto diz "esperança", o que é preciso entender no contexto e o que está em jogo é a luta entre o bem e o mal..

É sem dúvida pela disparidade dos dados subjacentes a este capítulo que em grande parte explica-se sua falta de transparência. Pretendemos manter nosso discurso neste viés sem transigir a primazia do amor desinteressado sobre o temor. Todavia, nos sentimos impedidos pela importância que a Escritura concede a este último, pois que até mesmo um modelo do amor como Abraão é qualificado de "temente" no próprio momento em que iria cumprir o supremo sacrifício do amor. Além disso, recorremos abertamente, no lugar de outros teólogos judaicos, à noção de temor reverencial. O que quer que seja, suas análises não chegaram a esclarecer inteiramente as relações entre o amor e o temor.

Com o amor e o temor que se implicam mutuamente, apesar da subordinação, ou melhor, o caráter secundário desta em relação àquela, a ciência (sabedoria) parece ser o terceiro pilar do serviço divino.

> *Quando a gnose vem se unir ao amor, o sujeito pode obter tudo aquilo que ele deseja e apreender todo objeto de conhecimento[90]. Sem conhecimento, não há amor perfeito, pois o inepto (ignorante), desprovido de sabedoria, pode amar o Criador, mas não saberia fazer sua vontade. Desconhecendo as vias do Senhor, ele interdita o lícito e autoriza o interdito[91]; ele cai, assim, no pecado, sem se dar conta. Seu amor é como um galho sem raiz, como um edifício sem fundação. Mas se, tendo o amor, (o homem) adquire as ciências, ele discernirá os "lugares" do serviço, aqueles em que é preciso acrescentar ou dividir. Ele conhecerá o mistério do serviço divino, suas modalidades e suas vias. Assim é para todo trabalho para o qual o homem fora formado e que ele conhece bem. Desprovido de inteligência, ele não executará satisfatoriamente, pois chegarão momentos em que novos casos que ele não aprendera e que ele não conhecia no tempo de sua aprendizagem apresentar-se-ão. Mas se ele é inteligente, esta eventualidade de modo algum o*

---

90 - Isso quer dizer mais ou menos o seguinte: as condições preliminares da perfeição espiritual encontram-se realizadas. Como sempre, a fraseologia do autor é bastante turva.
91 - Termos técnicos da legislação talmúdica. A ciência é aqui, então é de ordem prática conhecimento raciocinado da lei ritual, enquanto que em outro momento ela é o conhecimento que ama e possui as virtudes sobreeminentes do amado.

> *impedirá, pois, tendo assimilado os princípios, ele saberá sempre depreender as consequências, de modo que compreenderá os novos fatos diante dos quais o obreiro sem inteligência permanece desamparado. Assim, reconhecemos em verdade que, para ser perfeito, o serviço divino deve ser fundado sobre essas três virtudes, o amor e a ciência não podendo unir-se se o temor não lhes for integrado.*[92]

A fé, segundo a visão de Rudolf Otto, deriva das três virtudes que acabamos de examinar, não diretamente, mas, sim, por meio de uma escala intermediária, que é a inteligência, síntese do amor, da ciência e do temor. Em rigor, a fé pode ter como base apenas o amor e o temor, mas, então, ela será imperfeita. Por outro lado, o excesso de "ciência" (no sentido de falsa gnose [Ideologia vulgar]) pode também "adular e minimizar a fé como a sabedoria dos "Epicuristas"[93], dos heréticos e dos filósofos que não creem nos ensinamentos da Santa Torá, por causa de sua gnose corrompida. E quando a esta vêm unir-se o mau coração e os vícios morais, a fé se perde inteiramente. Com efeito, o amor não é minimizado por causa do mau coração, mas em consequência do estudo das más ciências[94]. Ideias perniciosas que corrompem e envenenam a fonte do amor assim nascem[95]. A falta do amor que se alia à má ciência, toda fé sombria. É por isso que digo que o serviço (de Deus) procede da fé; esta deriva, por sua vez, das três virtudes da ciência, do amor e do temor. A essas três associam-se numerosas virtudes: a profissão da unidade divina, o abandono, a humildade, a disciplina moral[96], etc. Nosso atual propósito não sendo o de expô-las, limitar-nos-emos às três

---

92 - Podemos considerar também o amor como uma qualidade por assim dizer inerente à alma, com todo tipo de outras qualidades ou faculdades. Nesse ponto de vista, o problema posto é saber em que circunstâncias o sujeito livre usará de tal faculdade e em que objeto aplicará. Esta questão é estudada num outro contexto, mas sumariamente e sem acrescentar nada à doutrina exposta nas outras partes do tratado.
93 - Na linguagem rabínica, este termo é aproximadamente o equivalente dos "libertinos" do francês do século XVII.
94 - A bondade de coração era um dos pilares do amor. A imperfeição moral diminui a intensidade do amor, a "fonte" deste não é irremediavelmente corrompida senão pelas opiniões heterodoxas que a má ciência (falsa gnose) não deixa de suscitar.
95 - Seguindo a impressão, seria melhor traduzir: "nascem no coração". O sentido permanece, contudo, o mesmo segundo uma ou outra tradução.
96 - As três primeiras são virtudes espirituais frequentemente estudadas (cf. Bahya); o quarto termo é vago.

em questão, que são o essencial. Elas procedem da inteligência, como já dissemos[97]. Logo, iremos expor brevemente a questão da inteligência para retornar, em seguida, às três (virtudes) precedentes, o mistério da fé esclarecendo-se para ti a partir de todas elas.

Na verdade, esta exposição é um pouco superficial, pois, ao abordá-la, a inteligência sendo um composto do amor, do temor e da sabedoria, sem ser, propriamente falando, uma virtude *sui juris*. Sua função própria é servir de princípio de equilíbrio; ela tem por ofício conhecer o lugar correto (*mîshôr*) de modo que nenhuma das três virtudes que ela sintetiza peque por excesso ou por falta.

Resumindo, encontramos aqui, ao mesmo tempo, a ideia, cara a Saadia e a Bahya, da moderação, princípio fundamental da vida espiritual segundo o espírito da Torá, e aquela, sobretudo maimonidiana, mas largamente propagada em toda a teologia judaica, que, sem o justo conhecimento do objeto, não há nem amor nem temor dignos desses nomes.

A doutrina do *Séfer ha-Yâshâr* caracteriza-se, então, pela primazia do amor de Deus sobre o temor, que é, se é possível dizer, um subproduto do amor, ainda que ele o complete em um certo sentido, de todo ainda mal definido. O amor não poderia ser nem autêntico nem operante sem o conhecimento, conhecimento prático, mas raciocinado, da Lei do amado, conhecimento teórico, ou melhor, reconhecimento das infinitas perfeições de Deus. Estaríamos enganados, contudo, falando aqui de amor intelectual no sentido de Maimônides, de Gersónides (Levi ben Gershon (hebraico: לוי בן גרשון), mais conhecido como Gersónides ou Ralbag (1288 - 1344) foi um rabino, filósofo, astrónomo e matemático francês, nascido em Bagnols) e de muitos outros, pois a filosofia é julgada logo de início perigosa, geradora de má ciência, logo, destruidora da fé. Esta, também deixada sem definição precisa, é a atitude geral que engloba todas as virtudes do crente e as ordena no serviço de Deus. Isso quer dizer senão que o destino do homem é servir a Deus com todos os recursos morais e intelectuais de uma alma cujas faculdades convergem para a unidade. Assim se completa a progressão espiritual cujo termo é a união com um Deus que responde ao amor do homem enchendo-o de

---

97 - Tomando o texto ao pé da letra, o autor disse mais ou menos o contrário: é a inteligência que é a síntese dessas três virtudes. Na realidade, estamos novamente diante de uma ilustração da interdependência das virtudes espirituais e de sua convergência em direção à unidade.

dons que tornam inútil toda interrogação quanto aos destinos da alma feliz.

Estamos na presença de um ensinamento que desemboca em uma mística; esta não quer dever nada à filosofia e, se ela tem auxílio da Kabbala, ele é sugerido com uma discrição tal que quase nada o deixa transparecer.

O AMOR DE DEUS SEGUNDO ALGUNS TEXTOS DA ANTIGA KABBALA

Assumindo o risco de estendermos nossos comentários sobre o esoterismo teosófico, comumente chamado de Kabbala judaica, temos consciência de embarcar em uma tarefa ao mesmo tempo indispensável à integridade de nossa busca e muito acima de nossas limitações. Sugerimos ao leitor que busque mais conhecimento sobre a presente explanação, pois este assunto está longe de ter esgotado, por pouco que seja, a matéria e, sobretudo, de não irmos ao fundo dos problemas. Temos, ao menos, o sentimento de que, limitando-nos a uma exposição sincera e a uma interpretação correta e precisa dos textos que conhecemos e compreendemos, graças, mais frequentemente, a uma utilização intensiva de trabalhos especializados, não teremos iludido ninguém a respeito dos resultados limitados e modestos de nosso esforço.

Aos obstáculos inerentes à própria matéria e às lacunas de nossa documentação virão ajuntar-se, doravante, neste ensaio surgirão algumas dificuldades pela complexidade do tema, na exposição, mas não negligenciáveis.

A mística teosófica que vemos surgir a partir da segunda metade do século XII, no Languedoc e se desenvolver no século XIII, no local de sua primeira aparição e adjacências, Provença, Catalunha, Aragão e Castela, apresenta-se com a pretensão de ser a porta-voz da tradição espiritual mais antiga e autêntica; de fato, ela é criadora de valores novos e acrescenta ao pensamento judaico uma dimensão insuspeitada até então.

O que resulta desse estado de coisas é que a complexidade da vida espiritual e intelectual da elite intensifica-se, e a técnica da transmissão do saber evolui em um sentido oposto ao da clareza e da simplicidade. O talmudista é frequentemente associado à mística; a interferência latente, ou mantida secreta do legalismo casuístico com um pensamento íntimo concentrado sobre mistérios indizíveis, convida ora a adivinhar um plano de fundo inconfesso para além dos enunciados aparentemente claros, ora a interpretar, à luz nebulosa de concepções místicas conhecidas, os silêncios ou as reticências de doutores que expressam, ao menos bastante claramente na ocasião, sua vontade de não mais se pronunciar.

A cultura filosófica que tinge ou que impregna tantos espíritos dentre os judeus meridionais destes séculos deixa-se muitas vezes absorver pela especulação esotérica e consente, se podemos dizê-lo, que seus valores idealistas e seu vocabulário técnico sejam transmutados pelos Kabbalistas que os exploraram a fim de forjar as ferramentas conceituais de seu próprio universo interior.

É preciso, enfim, tomar cuidado com a tendência sintética da Kabbala ou, simplesmente, com a vontade e com a necessidade de alinhar-se com a tradição bíblico-talmúdica repensando-a e carregando-a das verdades tornadas novamente conscientes, mas reprojetadas, às vezes, de boa fé, na antiguidade mais distante. Essa tendência engendra uma simbólica indefinidamente variada cujo objetivo, duplo em aparência, é único no fundo: depreender o significado esotérico de todos os dados da Bíblia e da tradição oral, quer se trate de história ou de crenças, de ritos ou de jurisprudência, e representar a conexão do mundo visível com os diversos aspectos do mistério da Deidade. Daí o refinamento da exegese e a especulação muitas vezes paradoxal dos sentidos múltiplos das Escrituras[98]. A distinção dos planos é bastante clara teoricamente, comportando, ao mesmo tempo, variantes. Concretamente, os métodos de interpretação podem interpenetrar-se, a indistinção tendo por ofício cobrir com um discreto véu as verdades julgadas não oportunas de serem desperdiçadas com todo mundo.

Recapitulando esses aspectos proeminentes daquilo que será o clima espiritual do judaísmo após a grande invasão da Kabbala, buscamos também – confessemo-lo – justificar certas derrogações à cronologia e à rigorosa classificação dos autores e das obras das quais iremos ouvir o testemunho a seguir. Certamente encontraremos personalidades nas quais uma ou outra das atitudes mentais opostas, Kabbala suprarracional pura ou racionalismo filosófico intransigente, predomina absolutamente, por assim dizer, levando em conta – não o esqueçamos

---

[98] - Sobre a exegese Kabbalística, ver o estudo recente de G. SHOLEM, *La signification de la Loi révélée dans la mystique juïve* [O significado da Lei revelada na mística judaica] em *Diogène*, nº 14, abril 1956, p. 45-60.

jamais – o fundo comum de cultura bíblico-talmúdica. Na maior parte dos casos, lidaremos, contudo, com tipos mistos: tradicionalistas apenas pintados de filosofia, que fornecem somente alguns termos técnicos cômodos, lugares comuns e esquemas de exposição; literaturas brilhantes que roubam um pouco de todos os domínios de cultura que lhes sejam acessíveis; espíritos levados à especulação metafísica autônoma, profundamente interessados e mesmo influenciadas pela Kabbala, à qual eles se esforçam em atribuir seu lugar exato tanto na crença quanto na pesquisa intelectual; teólogos opositores da filosofia da qual denunciam os abusos e os erros, combatendo o bom combate no terreno do adversário e utilizando suas próprias armas. Entre esses últimos, a Kabbala está presente ao fundo, como uma verdade superior da qual se fala com tanto respeito quanto discrição sem, contudo, engajá-la diretamente na questão.

Um historiador das ideias fracassaria em sua tarefa se quisesse atenuar esta diversidade, sob o pretexto de escapar da dispersão, inserindo à força personalidades complexas em quadros muito rígidos. A análise paciente de casos individuais é o único método que se pode aplicar aqui com alguma chance de sucesso, deixando para depreender posteriormente as continuidades das correntes do pensamento teosófico ora divergentes e indistintas. A relativa independência dos conhecimentos analíticos oferece, ainda, uma vantagem em um domínio tão imperfeitamente explorado quanto à história do pensamento judaico da Idade Média: os setores pouco conhecidos ou mal estudados por nós serão facilmente delimitados e se prestarão, assim, mais facilmente, a necessárias e sucessivas revisões.

Nossas informações são extremamente escassas quanto às manifestações literárias mais arcaicas da Kabbala especulativa. De todo modo, a regra do segredo, escrupulosamente observada até os primeiros anos do século XIII, não favorecia de maneira nenhuma a transmissão escrita da doutrina. À parte de algumas asserções concisas, um pequeno número de frases destacadas e algumas raras alusões indiretas, não nos resta nada dos teósofos do século XII, cujos nomes e obras não esotéricas nos são conhecidos. A compilação designada sob o título de *Sepher ha-Bâhîr*, que carrega também, sem dúvida, fragmentos mais antigos que o terceiro terço do século XII em que ela aparece, não concede um lugar importante ao tema do amor divino sob qualquer aspecto que seja. Pode-se dizer, evidentemente, que a teoria geral das correspondências entre o mundo arquetípico das *Sephiroth* e as outras ordens de ser criaram para a Kabbala um clima de comunhão permanente, logo, de amor, que envolve o mundo visível e o mundo invisível. Isso acordado como uma característica universal da Kabbala, o *Sepher ha-Bâhîr* não faz mais do que apenas uma alusão à aceitação dos sofrimentos por amor, ao longo de uma exortação à vida de renúncias que deve elevar o místico ao grau da união com a Torá, isto é, com a *sephirah Tiphereth*[99]. Veja este assunto, numa linguagem iniciática, em nossa obra *O Templo Maçônico*, Ed. Madras. SP, 2012.

Por outro lado, falando da nona *sephirah, Yesod,* o Fundamento, ou *Saddîq*, arquétipo do Justo daqui de baixo, diz-se que o Justo "*é amado e querido no alto, amado e querido embaixo*"; isso é narrado, em contexto, com outros epítetos laudativos, no papel desta entidade no encaminhamento das almas desde o nível superior de *Tiphereth* até o nível inferior de *'Alârâh*, última das *Sephiroth*[100]. Não ousaríamos concluir, ainda que isso não seja impossível, este texto na presença, no *Sepher ha-Bâhîr*, dentro da asserção do amor cósmico.

Uma colheita consideravelmente mais rica aguarda-nos quando passamos aos autores, do Languedoc e da Catalunha, da primeira metade do século XIII. Dentre os primeiros, nossa documentação muito incompleta permite-nos apenas assinalar dois textos de Asher ben David, membro de uma família de místicos, cujo papel é imenso na constituição e na difusão da Kabbala especulativa[101].

O primeiro é um comentário kabbalístico dos treze atributos de Deus enumerados no Êxodo 34, 6-7 (e também Deuteronômio 6, 4-5). Ao longo de suas explicações, o autor chega a falar em "Ouve, Israel"[102]: "Após 'Ouve, Israel', as Escrituras começam imediatamente (a ordenar): 'Amarás'. Com efeito, quando o homem professa a unidade (divina) de um coração íntegro e com a intenção justa de que se trata, existe amor perfeito e justa profissão de unidade. É a atitude que é nomeada 'culto (serviço) no coração': pelo tempo que a boca e o coração do cren-

---

99 - *Sepher ha-Bâhîr*, ed. R. Margaliot (Margulies), Jerusalém, 1951, § 151, p. 66.
100 - *Ibid.*, § 157, p. 68.
101 - Nesta família, ilustrada por Abraão b. David, adversário de Maimônides, por seu filho Isaac, o Cego, e por Asher b. David, sobrinho e discípulo deste, é consagrada uma notável parte da monografia hebraica de Scholem sobre o início da Kabbala, analisada em *RHR*, 1949, p. 247.
102 - Ms. hebreu 768 da Biblioteca Nacional de Paris, fls. 57-57 vº.

te concordem em 'unificar' Deus pelos nomes dos quais falamos. Este serviço não é como os outros, pois ele depende da intenção do coração e nenhum homem pode servir e julgar se a linguagem e o coração do servidor não são compartilhados. Também o versículo 'Ouve, Israel...' sugere, por uma alusão, que Deus sabe e que ele é testemunha. Com efeito, a última letra da primeira palavra e a letra que termina o versículo, *ayin* e *daleth*[103] são escritas grandes [nas cópias estabelecidas conforme à regra]; isso quer dizer que Deus é testemunha da questão [da sinceridade da profissão de fé], pois ele penetra no íntimo, conhece todos os arcanos e discerne no 'unificador' [o sujeito que anuncia a profissão de fé] se sua intenção é íntegra e justa ou se ele se esquiva e se desvia para outra direção... [Jr. 17, 10 citado como base]."

O segundo texto[104], certamente parecido com o precedente quanto ao conteúdo, sem que seu pertencimento a Asher b. David seja formalmente estabelecido, apresenta-se como uma breve introdução à Kabbala, sob forma de uma epístola. O autor acentua fortemente a importância da gnose ou, como ele diz, o conhecimento dos atributos, isto é, das *Sephiroth*. A religião de Moisés afirma, entre outras coisas (fl. 11), que nos obriga a amar, temer e conhecer a Deus, "o conhecimento dependendo do coração"; vários textos do Pentateuco, dos Profetas e dos Salmos mencionam, provando a presença desta convicção em toda Bíblia. "O serviço de Deus se completa na medida em que a boca e o coração (do servidor) estiverem em uníssono para amar Deus, temê-lo e professar sua unidade com verdade, lealdade e de um coração íntegro".

Esta fraseologia seria banal não fosse o contexto. Com efeito, estaríamos enganados em ver nos dois desenvolvimentos precedentes apenas uma simples repetição de *Bahya* ou de *Maimônides*. O conhecimento é a condição prévia do amor, do temor e da sincera profissão de fé unitária. Mas o conhecimento de que se trata é a gnose iniciática, cujo objeto é formado pelos "atributos", pelas manifestações do Deus desconhecido, pelas *Sephiroth*, enfim, segundo a terminologia mais corrente. E sabemos também que a profissão de fé, "a unificação", significa para o Kabbalista o saber iniciático que discerne a unidade da Deidade através de sua décupla manifestação, ao mesmo tempo em que ela é a atividade espiritual, moral e ritual que contribui para salvaguardar essa unidade na medida em que esta depende do homem em virtude da correspondência

---

103 - Pois a união dessas duas letras pode dar a palavra *'êd*, "testemunha".
104 - Ms. hebreu 767, da mesma coleção, fls. 10 v° -14.

entre todos os níveis de ser.

Do Languedoc passamos à vizinha Catalunha, onde a primeira metade do século XIII viu o desenvolvimento do pensamento Kabbalístico no cenáculo dos teólogos de Girona, em relações estreitas com o grupo de Isaac, o Cego, do outro lado dos Pireneus. Vários autores de Girona nos deterão aqui; primeiramente Ezra B. Salomon[105], que deixou, entre outras obras, um comentário sobre o Cântico dos Cânticos[106].

Além de uma breve glosa sobre VIII, 7 (fl. 64), no qual "amor" é identificado à "ligação" ou "junção" (*debêqût*) com a Presença divina, um longo trecho (fl. 51 *seqq.*) claramente Kabbalístico analisa as relações dos preceitos positivos e negativos com o amor e o temor, mais exatamente com seus arquétipos sephiróticos, os atributos de Graça e de Rigor (*Chesed* e *Geburah*).

"Deve saber que todos os preceitos estão suspensos em dois princípios: preceitos positivos e preceitos negativos. Os primeiros procedem do atributo cujo símbolo escriturário é 'lembrança', os segundos daquele que tem como símbolo 'observância'[107]. Ora, é explicitamente conhecido que esses dois termos correspondem a dois atributos do Santo, bendito seja. Logo, aquele que cumpre e realiza os preceitos do Senhor, procede do atributo do Amor, que é o grau sublime e a qualidade sobreeminente que corresponde aos preceitos positivos. Aquele (por outro lado) que se abstém de fazer algo por temer seu Senhor, procede do atributo do Temor, que é inferior ao atributo do amor como os preceitos negativos o são aos preceitos positivos. Com efeito, o homem que não poupa nem sua pena nem seu bem para cumprir as ordens de seu Senhor, não é comparável àquele que se abstém de perpetrar uma má ação por temor dele. E como Abraão tomou por seu lote o atributo da Graça (*Chesed*)[108], que corresponde à 'lembrança', e como ele conheceu realmente

---

105 - Sobre este autor, ver as observações de Y. Tishby em seu artigo em hebreu *"Les écrits des Kabbalistes R. 'Ezra et R. 'Azri'el de Gérone"* [Os escritos dos Kabbalistas R. Ezra e R. 'Azri'el de Gérone], *Sinaï* VIII, 9-10, 1945, p. 2-6 da tiragem à parte. [Sobre 'Azri'el, após, p. 240.]

106 - Impressão muito incorreta, Altona, 1764 (sob o nome de Moisés b. Nahman); servimo-nos do ms. 225 da Biblioteca Nacional.

107 - Cf. Ex. 20, 8 e Dt. 5, 12 nos quais duas proposições, de outro modo idênticas, lemos, respectivamente, os infinitivos em função dos imperativos *zâkôr* 'lembrar-se' e *shâmôr* 'guardar'. Para o Kabbalista, o primeiro simboliza *Chesed*, o segundo *Geburah*.

108 - A *sephirah Chesed* é arquétipo de Abraão (como *Geburah* o é de Isaac, *Tiphereth*, de Jacob ou de Moisés, segundo o caso, *Malkuth* ou *'Atârâh*, de David) segundo o

o nome do Santo, bendito seja, Deus o chamou 'meu amante', pois o atributo do Amor não pode ser aplicado legitimamente senão após o conhecimento perfeito. É por isso que pensarás que muitos princípios dos preceitos negativos derivam de preceitos positivos, uma vez que a força do atributo de amor reside no atributo do temor, pois que este deriva do primeiro e, de todo modo, aí se encontra implicado.

Deve saber igualmente que esses dois atributos entram na composição da natureza e na constituição do homem. Quero dizer (que encontras no homem como partes integrantes) a virtude elementar e fundamental dos preceitos positivos e dos preceitos negativos (respectivamente), a água e o fogo".

Essas são as duas "inclinações" (*yêser*), o bom e o mau[109], a segunda devendo subordinar-se à primeira. Compreendemos nisso o sentido da velha interpretação: "'de todo teu coração': de tuas duas inclinações". O caráter compósito do homem é o motivo profundo dos preceitos destinados a submeter a inclinação má à boa. No primeiro versículo do Decálogo, estão contidos três preceitos positivos: conhecer Deus, professar sua unidade e amá-lo. Os mesmos são enunciados em "Ouve, Israel...". "O amor é um preceito positivo, assim como é dito: 'amarás o Senhor, teu Deus'. O corolário deste amor é a afeição que é preciso experimentar por todos os amigos de Deus e pelo prosélito. Contudo, o temor está necessariamente incluído no amor", e as páginas que seguem procuram classificar os preceitos sob as rubricas de amor e de temor, com frequentes referências Kabbalísticas.

A conexão da gnose e do amor é não menos claramente marcada por outro Kabbalista de Girona, Jacob ben Shêshet, que escreveu, por volta de 1240, uma refutação, do ponto de vista do esoterismo, de uma obra filosófica de Samuel Ibn Tibbon, tradutor do *Guide des Egarés* [Guia dos Desviados].[110]

Sepher ha-Bâhîr, § 135 [49]; esta especulação tornar-se-á, consequentemente, bem comum da Kabbala.
109 - Todos os planos de ser e de pensamento estando ligados em uma rede de correspondências cujos arquétipos são as *Sephiroth*, temos:
Plano sephirótico: *Chesed*   *Geburah*
Plano religioso: Preceitos positivos   Preceitos negativos
Plano físico: Água   Fogo
Plano biológico e moral: Inclinação boa   Inclinação má.
110 - *Méshîb debârîm nekôhîm* ("Aquele que replica com palavras corretas"); esta obra muito importante permanece inédita infelizmente. Citamo-la, aqui, segundo o manuscrito da Bodleiana, Michael 294. A passagem analisada forma o início do cap. XIX, fl. 52 v°.

Segundo o Talmude (*Berakôt* 4 b), aquele que recita cotidianamente o Salmo 145 tem assegurada a sua salvação eterna. Jacob b. Shêshet, que comentará detalhadamente o salmo em questão, interpreta, assim, a virtude salvadora ligada à sua recitação:

"(A asserção do Talmudista) visa àquele que sabe e compreende este salmo a fundo (*yôdé'a umébîn bô*); cada vez que ele o recita, ele ama ainda mais o Criador, porque ele reflete sobre o que esse texto revela de pródigos impenetráveis e de obras poderosas de alcance universal, assim como de ensinamentos sobre os (*lit.* o conhecimento dos) atributos do Santo, bendito seja".

Já sabemos, e o detalhe ulterior do comentário ensinar-nos-ia, caso necessário, que os atributos" de Deus são as *Sephiroth*, cujo conhecimento pelo místico engendra o amor por Deus.

Um fragmento que fazia parte talvez de um opúsculo intitulado ou (tendo por tema) "*Le mystère de l'Arbre de Science*" ["O mistério da Árvore do Conhecimento"], provém, ao que parece, do mesmo meio sem poder ser atribuído com certeza a um autor determinado[111]. O que quer que seja, ele ilustra, por sua vez, a interdependência do conhecimento e do amor, colocando a serviço de uma especulação Kabbalística muito caracterizada por alguns conceitos, ou melhor, termos filosóficos fortemente desviados.

"(Leitor) inteligente[112], se queres contar entre os perfeitos que amam a Deus com amor real, empregue todos os esforços para conhecê-lo, apreendê-lo e o discernir sob todos os aspectos que puderes. Eu já te instruí em relação às opiniões[113] que (podem) levar a conhecê-lo e a amá-lo: são três formas que parecem (= correspondem) às três faculdades do homem: a faculdade vegetativa (que reside) na fé, a faculdade animal, no coração, e a faculdade intelectiva, no cérebro. De modo semelhante, o estudo conduz aquele que se dedica por amor (a amar) seu Criador segundo a forma da faculdade vegetativa, o que se chama 'o estudo da Torá'. O conhecimento das obras divinas, isto é, a descoberta da sabedoria de Deus em suas obras por meio do exame destas, conduz ao amor divino que corresponde à faculdade animal. Esta operação é comparável à apercepção pouco clara que um ser vivo (!) teria dos traços de seu rosto observando-se na lâmina de uma espada bem polida. Por outro

---
111 - Ver G. SCHOLEM, *Kirjath Sepher* XXIV, p. 253.
112 - *Maskïl*, isto é, iniciado aos arcanos da teosofia.
113 - Diríamos, talvez: atitudes mentais.

lado, o estudo que conduz aquele que a ele se dedica ao amor eterno, é análogo à faculdade intelectiva, que apreende Deus por Deus. (Eu falo do) estudo aprofundado e (da) meditação de seu Nome que se faz por meio (da especulação sobre) as vinte e duas letras do alfabeto sagrado, uma vez que aquele que busca tomou conhecimento da doutrina das *Sephiroth*, desde a primeira até a décima".

Apesar do que a combinação das três faculdades da alma com os três graus de saber e os três graus de amor tem de laborioso e de artificial, a intenção do autor aparece muito claramente. O conhecimento é gerador de amor de Deus. Ora, há, para conhecer Deus, três métodos, solidários sem dúvida, e necessários todos os três, mas hierarquicamente ordenados e, logo, de valor crescente: o estudo da Lei, em estrita conformidade, obviamente, com a tradição rabínica; a consideração das criaturas, que procura uma espécie de visão indireta de Deus; enfim, a meditação mística do Nome, o qual, para o Kabbalista, identifica-se, de alguma maneira, com os outros modos da manifestação divina, a Torá e as *Sephiroth*[114].

***

Originário de Girona e parente próximo de Moisés b. Nahman, Yônâh (Jonas) b. Abraão (morto em 1263/4 em Toledo), formara-se no cenáculo místico do povoado catalão[115]. Contudo, não encontramos nas obras das quais tomamos conhecimento senão apenas um texto, completamente exotérico e bastante banal, concernindo ao amor e ao temor: seu comentário sobre *Abôt* I, 3[116].

> *Não sejais como servidores que servem ao mestre visando receber recompensa". Isto não é um perfeito serviço, pois que o servidor não age em causa de seu mestre, mas a fim de receber recompensa.* "Mas sede

---

114 - Ver o estudo de G. SCHOLEM, A Cabala e seu Simbolismo.
115 - Ver sobre este autor e seu papel na controvérsia sobre o tema de Maimônides, Joseph SARACHEK, *Faith and Reason: The Conflict over the Rationalism of Maimônides* [Fé e Razão: O Conflito sobre o Racionalismo de Maimônides], Williamsport, 1935, passagens marcadas no índice. – Não vimos A. T. SHROCK, *Rabbi Jonah ben Abraham of Gerona, his Life and Ethical Works* [Rabino Jonas Abraão de Girona, sua vida e Obras Éticas]. Londres, 1948.
116 - Impresso em 1848.

como os servidores que servem o mestre visando não ('al menat shelô') receber recompensa". Pode-se objetar a esta lição que não é pedido ao homem que cumpra os preceitos pensando que não será recompensado de modo algum. Seria necessário, então, ler 'não em vista de (shelô' 'al menat) receber recompensa, isto é, o homem não tem de cumprir os preceitos por causa da recompensa, ainda que ele acredite que terá retribuição pelo serviço do qual estará quite. Parece-me, contudo, que a lição vulgata é preferível. Constatamos, com efeito, que tal serviço existe entre os homens. O escravo adquirido por dinheiro é obrigado a trabalhar sem ser remunerado. Do mesmo modo o homem deve servir a Deus em vista de não receber recompensa, mas unicamente em razão da benevolência do qual fora precedentemente o objeto de sua parte e em razão da eminência do Mestre que é digno (de ser servido neste espírito). É o que se chama servir a Deus por amor, como é dito: 'Amará o teu Senhor'. O perfeito serviço sobre o plano humano é o serviço daquele que serve seu amigo por causa da amizade, que data de outrora, de qualquer forma ele sabe que o amigo não lhe concederia recompensa. É de tal amor que o homem deve amar a Deus. Também o texto comentado segue da seguinte maneira: 'e que o temor dos Céus esteja sobre vós'. (Logo, convém) servir a Deus por temor e por amor, como o escravo serve seu mestre por causa da superioridade deste, dizendo que o mestre tem o poder de punir. Ele o servirá, então, por temor, não porque ele teme seu castigo, mas em razão do temor que sente diante da superioridade do mestre, que tem o poder de punir.

Discussão, vê-se, bastante sutil que, todavia, não acrescenta muita coisa às distinções tantas vezes retomadas no passado: serviço sem vistas à retribuição, mas motivado pelas graças anteriormente recebidas, temor reverencial inspirado pela majestade do Mestre, não temor servil do castigo.

***

Enquanto representante muito eminente das disciplinas rabínicas e bem informado sobre filosofia e ciências profanas, Moisés ben Nahman (Maimonides)[117], é também um adepto convicto da Kabbala. Isso significa dizer que a doutrina esotérica subentende sua exegese exotérica e sua teologia, mesmo se não aparece ordinariamente em primeiro plano. Depois, as asserções explícitas desse autor podem conter um conhecimento subentendidos (Sob figura) difíceis de compreender e de apreciar no que tange sua significação exata. O fato é que os desdobramentos de seu *"Comentário sobre o Pentateuco"* que se referem ao nosso tema não escapam, senão por alusões, das vias geralmente seguidas pelos talmudistas e pelos exegetas; ele próprio nos previne, oportunamente, que nem tudo pode ser dito em uma obra destinada ao grande público.

Em seu comentário sobre Ex. 20, 6 (= Dt. 5, 10): "àqueles que me amam e àqueles que guardam meus mandamentos", Maimonides expressa-se assim:

> *Afigura-se pelo sentido óbvio do texto que se trata de uma promessa referindo-se aos mandamentos que acabam de ser anunciados*[118]. *Deus, dizem as Escrituras, agracia, por conta da observância de seus preceitos, àqueles que o amam, isto é, aqueles que dão suas vidas para ele. Trata-se daqueles que confessam exclusivamente o Nome venerado e sua divindade, mas negam e recusam servir todo deus estrangeiro, colocando em risco a vida. Aqueles merecem ser chamados seus 'amantes'. De fato, é o amor pelo qual ele nos incumbe de dar nossas almas, assim como é dito: 'tu amarás o Senhor', etc. Entregarás tua alma e tua vida por seu amor, recusando trocá-lo por outro deus ou associá-lo a uma divindade estrangeira. É por isso que o profeta diz de Abraão: "posteridade de Abraão, meu amante", pois este patriarca deu sua alma (fez [ao menos na intenção] o sacrifício de sua vida) para não prestar um culto idólatra na Ur dos caldeus. Os outros justos são chamados 'observadores de seus preceitos". Muitos explicam que os "amantes"*

---

117 - Por volta de 1195-1270; ver *Introdução*, p. 152 *seqq.*, 232 *seqq.*; *Jüdische Philosophie*, p. 25.
118 - Isto é, a profissão da unidade de Deus e a interdição da idolatria.

> são aqueles que servem por amor, "não em vista de receber recompensa", assim como os qualificaram nossos Sábios. Na Mekilta, encontro a seguinte interpretação[119]: 'A meus amantes', Abraão e seus semelhantes; 'aos observadores de meus preceitos', os profetas e os antigos; R. Nathan diz: aqueles que, estabelecidos no País de Israel, dão sua alma pelos preceitos', etc. Vê-se, logo, que segundo a exegese de R. Nathan, o amor é o sacrifício que se faz da vida para a observância do preceito. É verdade que o sentido óbvio de nosso texto visa apenas ao idólatra que temos a obrigação de recusar em qualquer circunstância, correndo risco de vida. Este mestre estendeu, contudo, a aplicação de nosso versículo a todos os preceitos, pois em tempos de perseguição, devemos morrer por todos, em virtude deste outro texto (Lv. 22, 32): 'e não profanareis o meu santo Nome'[120]. Quanto ao autor anônimo da exegese proposta em primeiro lugar, àquela que narra à primeira das duas expressões à Abraão, e a segunda, aos profetas, seria falso sustentar que, segundo ele, os profetas agiam visando receber recompensa. Na realidade, essa interpretação comporta um sentido esotérico. Abraão fez o sacrifício de sua vida por amor. As Escrituras aludem a este estado de coisas dizendo (Mq. 7, 20): 'a Abraão a benignidade'. Os outros profetas agiam sob a moção do princípio de Rigor (Geburah); compreendas.

A exegese de Maimonides deságua na Kabbala. "Graça" (*Chesed*) é, já o sabemos, o arquétipo *sephirótico* de Abraão. Os profetas cuja missão era principalmente admoestar o povo e anunciar os castigos vindouros dependem, pelo contrário, do aspecto de rigor na divindade: seu arquétipo sephirótico é *Geburah*.

O comentário sobre Dt. 6, por sua vez, não faz senão retomar as interpretações rabínicas; ele discerne também "coração" e "alma", como

---
119 - *Mekilta Bahodesh*, ed. Lauterbach, II, 247; ver *supra*, p. 35.
120 - O Código de Maimônides, *Hilkôt Yesôdey ha-Tôrâh*, cap. V resume as regras da "santificação do nome". O comentário *Kesef Mishneh*, de Joseph KARO, *ad. Loc.*, recenseia as fontes talmúdicas e as discussões exteriores.

a exegese de Abraão Ibn Ezra, mas revertendo os termos; a interpretação de Ibn Ezra é, além disso, igualmente citada por nosso autor, que não a desaprova.

A interpretação de Dt. 11, 22: "a ele vos achegardes"[121], é rica em subentendidos místicos que Maimonides abstém-se, no mais, de explicitar: R. Abraão (Ibn Ezra) glosa: '"no fim, há aí um grande mistério que não há como expor aqui'. O sentido do versículo poderia ser: amai a Deus, seguindo todas as suas vias, até seres dignos de a ele achegardes, no fim; no livro de Josué é dito (23, 7-8): 'e dos nomes de seus deuses não façais menção, nem por eles façais jurar, nem os sirvais, nem a eles vos inclineis, mas ao Senhor vosso Deus vos apegareis, como fizestes até o dia de hoje'. Assim compreendido, nosso versículo seria uma advertência contra a idolatria. O pensamento (do fiel) não deve desviar-se de Deus em direção às divindades estrangeiras, isto é, não deve passar pela sua cabeça que possa existir algo de real nos deuses falsos, mas (ele deve estar convencido) de que tudo isso não é mais do que nada e vazio. Essa recomendação significa exatamente a mesma coisa que esta outra (Dt. 13, 4): 'e a ele servireis, e a ele vos achegareis', a intenção desses textos sendo a de advertir que não se pode associar ninguém ao culto prestado a Deus, mas é necessário servi-lo exclusivamente, pelo coração e pelas obras. Podemos admitir também que a aproximação[122] comporta igualmente que o fiel se lembre sempre de Deus e de seu amor sem que seu pensamento se afaste, em qualquer circunstância, ainda que conversando, no exterior, com os homens, que seu coração não esteja com eles, mas diante do Senhor. Pode acontecer que a alma dos homens, tendo atingido este grau seja 'ligada no feixe dos vivos'[123], porque eles

---

121 - Ver G. SCHOLEM, *Devekuth or Communion with God,* [Devekuth ou Comunhão com Deus] *Review of Religion*, 1950, p. 115-139 (sobretudo p. 116 seqq.); L. GRDET, *Cahiers Sioniens*, 1953, p. 59 seqq.; *Recherches récentes...*, p. 87, n. 3.
122 - Rabi Moshe ben Nachman, ou Nachmánides, (1194-1270) escreve *debîqâh*, o termo mais frequentemente empregado em outros lugares sendo *debêqût*; em rigor, há uma ligeira diferença de sentido: a primeira palavra significa mais "ato de aderir", a segunda "estado de adesão" (de ligação), mas não parece que esta distinção teórica seja estritamente observada nos textos.
123 - Cf. 1 Sam. 25, 29. – O que Nachmánides diz aqui do ideal do constante estar-com-Deus nos é familiar pelo segundo pórtico dos *Devoirs des Cœurs* [Deveres dos Corações] e por *Guide* [Guia] III, 51. É preciso ir mais longe e ver no "feixe dos vivos" uma alusão ao emprego simbólico deste termo entre os Kabbalistas contemporâneos do autor e, notadamente, em 'Azri'el, que o usa para designar *Tiphereth* (cf. *Commentarius in Aggadot*, ed. Y. Tishby, Jerusalém, 1945, p. 5, n. 1). Na afirmativa, tratar-se-ia de uma espécie de comunhão mística realizada desde aqui de baixo e que seria a réplica teosófica da fascinação em Plotino.

próprios tornaram-se um solar para a presença divina, assim como o autor do *Kuzari* o diz alusivamente [...]. Quanto ao final da recomendação de Josué: 'como fizestes até o dia de hoje', eis o que ela significa: quando os israelitas estavam no deserto, a nuvem divina lhes dava sombras, o maná descia do céu, as [codornas] sobrevinham e o poço estava [sem cessar] diante deles; todas as suas necessidades eram supridas milagrosamente pelos céus; também seus pensamentos e suas ações estavam constantemente com Deus. Então, Josué os advertiu que, doravante, essas obras milagrosas tendo cessado após a entrada no País, seu pensamento deveria permanecer constantemente ligado ao Nome venerável e sua intenção dele não deveria desviar-se".

Uma das teses essenciais da tendência Kabbalística à qual pertence Maimonides é a metensomatose, a reencarnação das almas culpadas, que serve como princípio de solução para o problema da teodiceia, singularmente do sofrimento do justo. Esta doutrina anima tanto o comentário de Maimonides sobre Jó quanto o capítulo final (*Sha'ar ha-gemût, Portique de la Rétribution*) [Pórtico da Retribuição] de seu livro consagrado especialmente às leis que concernem à pessoa humana, *Tôrat ha-âdâm*. No *Portique de la Rétribution*[124], ele insiste sobre a obrigação em que se encontra "toda criatura que serve por amor e por temor de buscar com (todos os recursos de) seu espírito a fim de justificar o quanto puder o julgamento (de Deus) e de demonstrar a verdade de sua sentença...". Aqui, ainda, o conhecimento de uma importante verdade esotérica é indispensável à integridade da vida religiosa feita de amor e de temor.

***

Isaac b. Abraão Ibn Latîf, de Toledo (1228-1290), deixou uma obra bastante abundante, mas muito pouco explorada, em parte inédita, em parte impressa nas coletâneas dificilmente acessíveis[125].

Em sua *Sha'ar ha-shamayin (Porte du ciel)* [Porta do céu], o problema do amor de Deus é o objeto de uma visão bastante desenvol-

---

124 - *Tôrat ha- 'âdâm*, impressão de Veneza, 1595, fl. 95 d.
125 - Este autor voluntariamente combina a filosofia (à qual não inova, ao menos pelo que pudemos ver) com a Kabbala; parece, contudo, sob reserva de pesquisas mais avançadas, que ele é uma espécie de autodidata em esoterismo, sem ligação com uma tradição determinada.

vida[126] cujo traço mais visível é seu intelectualismo: ao amor passageiro que tem sua fonte seja nos mútuos bons ofícios, seja na complementaridade dos sexos, seja na afeição parental[127], opõe-se o amor durável e autêntico: o amor intelectual, aquele notadamente que a alma inteligente experimenta em sua causa, uma vez que a demonstração racional gravara no coração a forma do intelecto separado e a noção da existência de Deus. O temor é uma relação de qualidade inferior, ao menos o temor servil, próprio dos homens que não conhecem Deus senão pela tradição e pela rotina. Tal era Jó antes de suas desgraças e do ensinamento direto de Deus tê-lo esclarecido[128]. Fundado sobre o conhecimento intelectual de Deus, o temor é complementar do amor.

***

A obra do impressionante Abraão b. Samuel Abulafia[129] traria sem dúvida mais de um elemento precioso à nossa busca se ela fosse um pouco mais inteligível (no sentido de estar menos hermética). Esperando que seja melhor examinada e que seja terminada a monografia que nos fazem esperar sobre seu extravagante comentário do *Guide des Egarés*, não ousamos analisar senão um único texto[130], que nos pareceu, talvez erroneamente, relativamente claro. Este trecho[131] tende a identificar a profecia (tema caro a Abulafia que se acreditou profeta) e o amor de Deus.

> *A profecia é uma noção intelectual[132]; ela é um amor levado ao 'Senhor, nosso Deus, Senhor Único'. É sabido que aqueles que amam a profecia são amantes*

---

126 - Manuscrito hebreu 982 da Biblioteca nacional, fl. 200.
127 - Distinções provenientes da *Ética a Nicômano*.
128 - Adaptação de *Guide* III, 23, mas com uma mudança de perspectiva: em Maimônides, o caso de Jó não ilustrava diretamente a distinção entre o temor servil e o temor reverencial.
129 - 1240-após 1291. Ver o quarto capítulo de *Major Trends*, p. 119-155.
130 - Que Scholem bem localizou, *ibid.*, p. 138.
131 - Publicado por A. JELLINEK, em *Jubelschrift... H. Graetz*, Breslau, 1887, parte hebraica, p. 85. [Ver *Addenda*]
132 - *'inyan sikhlî*, o que significa: totalmente o contrário de um fenômeno físico; não há aqui nenhum intelectualismo, nenhuma tentativa de reduzir a profecia à razão discursiva, ou mesmo a uma intuição intelectual.

de Deus e são amados diante¹³³ de Deus. Sem sombra de dúvida aqueles são chamados 'sábios' e 'profetas'. Considera, além disso, que 'amantes' têm o mesmo valor numérico que 'profecia', então, há equivalência entre os profetas, os amantes e os amados¹³⁴. Este grau é ele próprio o serviço de Deus por amor... aqueles que profetizam pelo conhecimento de Deus, são aqueles (mesmos) que se encontram em relação de amor mútuo (mit'ahabîm) com Deus.

Dito de outra forma, o amor de Deus, que é o mais alto grau de espiritualidade, é, por isso mesmo, o mais alto grau de intimidade com Deus, o que se traduz sobre o plano religioso pelo dom de profecia e sobre o plano intelectual pelo dom de sabedoria. Mas, na realidade, esses dois planos não estão separados, pois é evidente que o homem perfeito, amante de Deus, profeta e sábio, não é outro senão o Kabbalista que terminou de percorrer o itinerário místico¹³⁵.

***

O ensinamento de Joseph ben Abraão Ibn Giqatilia¹³⁶ não é menos conhecido, sem para isso ter sido suficientemente escrutado. Um estudo mais aprofundado ofereceria, sem dúvida, mais dados à nossa busca do que as muito raras passagens que somos capazes de apresentar no momento.

---

133 - "Diante", para evitar "por", muito direto; este uso é corrente desde os primeiros textos rabínicos.
134 - A soma dos valores numéricos das letras que compõem, respectivamente, as palavras *'WHBYM* (*'ôhabîm* = amantes), *'HWBYM* (*'ahûbîm* = amados) e *NBW'H* (*nebû'âh* = profecia) é 64; por outro lado, *nebî'îm* = profetas tem um valor numérico diferente, logo, a equivalência entre amantes-amados e profetas é apenas estabelecida por um desvio.
135 - Abulafia declara firmemente que "os Kabbalistas são os 'filhos' e discípulos dos profetas" (texto citado em *Major Trends*, p. 381, n. 65. Lembremo-nos, aqui, de que os místicos não-Kabbalistas como Bahya ou Abraão Maimônides viam precisamente nas confrarias proféticas da Bíblia a realização deste ideal ascético que não é mais que uma lembrança para os judeus em exílio.
136 - Sobre este Kabbalista muito importante da segunda metade do século XIII, ver as numerosas passagens de *Major Trends*, marcadas no índice, *s. v.* Gikatila (o nome de família, diferentemente transcrito, é espanhol: Chiquitilla).

Em um livro representativo de sua "primeira maneira"[137], esoterismo feito de uma combinação de noções filosóficas com especulações sobre os nomes divinos através da "mística das letras" e das equivalências numéricas, mas sem intervenção de Kabbala *sephirótica*, o autor destaca, à sua maneira, a conexão afirmada, já o sabemos, por vários teólogos, de uma justa noção da unidade divina, sob seu triplo aspecto de unicidade, de simplicidade e de radical alteridade em relação ao conjunto do ser enquanto criatura, com o amor. A palavra *ehad* ("um") que termina a profissão de fé "Ouve Israel" seguida de "amará", não tem o mesmo valor numérico (1 + 8 + 4 = 13) que a palavra *'ahabâh* "amor": 1 + 5 + 2 + 5)? E esta relação não funda, ao mesmo tempo, a eleição de Abraão e aquela do povo de Israel, qualificadas de "únicas", uma e outra, por textos explícitos das Escrituras (Ez. 33, 24 e Sam. 7, 23)?

Em seguida, em seu tratado de Kabbala sephirótica *Portes de Lumière* [Portas de Luz] (*Sha'arey 'Orâh*)[138], Ibn Giqatilia estabelece uma distinção bastante [clara] entre o "temor interior" (*yir'âh penîmît*), temor reverencial, no nível da segunda *sephirah*, superior ao amor que não é o correspondente simbólico senão da quarta (*Chesed*), e o "temor exterior" (*yir'âh hisônît*), temor do castigo, temor servil. O temor interior foi precisamente aquele de Abraão, que lhe fez aceitar todas as suas provas *por amor*. Os motivos do temor reverencial não são outros para o Kabbalista que aqueles para Maimônides; ele sublinha apenas mais, ou melhor, por meio de procedimentos retóricos mais sustentados, o caráter indispensável desta virtude para atingir o auge da perfeição espiritual e da beatitude:

> *[O homem animado pelo temor interior] teme não ser digno de ser admitido ao Palácio do Rei Supremo, o Santo, bendito seja; tanto quanto esforçar-se, tenderá à perfeição (moral), incitará sua alma ao zelo e a ornará (de virtudes), na esperança de obter graça aos olhos do Senhor e ser admitido para servir no Palácio do Rei.*

Uma vez mais, o temor reverencial e o amor de Deus encontram-se inseparáveis; sua hierarquização é mais uma consequência da

---

137 - *Ginnat'Egôz* (ver sobre esta obra *AHDLMA* 1953, p. 84, n. 1 e 94 *seqq.*), 8 c.
138 - Capítulo IX, sobre a *sephirah Chokmah*, impressão de Offenbach, 1715, 102 b-103 a.

obrigação exegética; são, com efeito, textos bíblicos combinados com uma máxima talmúdica (o detalhe importa pouco aqui) que levam o Kabbalista a corresponder o "temor" a uma *sephirah* localizada mais ao alto que aquela que corresponde habitualmente ao amor e que é também o arquétipo de Abraão, ao mesmo tempo, "temente de Deus" e "amante"[139].

Um terceiro texto do mesmo autor[140] expressa a mesma doutrina, acentuando ainda a solidez da ligação entre o temor reverencial e o amor (falando de "temor interior *misturado* ao amor") e opondo-os ao "temor exterior":

> *É a propósito do temor (semelhante àquele de Abraão) que se tratou na Torá (Dt. 10, 20): 'ao Senhor teu Deus temerás; a ele servirás, e a ele te chegarás', pois aquele que quer chegar a Deus, deve amá-lo de um amor de temor, deve desejar apaixonadamente achegar-se a ele, não sem temor, e temer perpetuamente que o Rei encontre nele algum vício, banindo-o de seu Palácio.*

O *Zohar*[141], por sua vez, retoma os temas, já tão frequentemente tratados, do amor e do temor de Deus, das relações entre essas duas atitudes, também do amor de Deus por Israel manifestando-se nos destinos temporais do povo eleito. Esses comentários não estão traduzidos, ao menos em sua grande parte, na linguagem simbólica que caracteriza esta obra; indicações breves e relativamente claras os vinculam às doutrinas próprias da Kabbala: princípios sephiróticos do rigor e da Graça

---

139 - O autor especifica que o texto (Is., 41, 8) diz bem *'ôhabî*, "meu amante", particípio ativo, não *'ahûbî*, "meu amado", particípio passivo.

140 - Trata-se de considerações sobre os preceitos da Lei (*Kelaley ha-miswôt uma-'alôtam*), apresentadas sob várias rubricas; a passagem traduzida está no artigo *Sâkâr* ("Recompensa"): ms. Hebreu 713 da Biblioteca nacional, fl. 171.

141 - É inútil voltar aqui sobre as indicações bibliográficas evocadas na p. 191, nota 1, senão para reconhecer ainda mais uma vez nossa dívida em relação aos trabalhos de Sholem e à *Anthologie zôharique [Antologia zohárica]* (*Mishnat há-Zohar*) de Tishby, sem os quais não teríamos ousado redigir as poucas páginas que seguem, contudo, bastante imperfeitas. Em razão da densidade e da riqueza simbólica dos textos que serão revistos, tivemos de multiplicar as notas e os esclarecimentos em benefício do leitor que poderia facilmente perder-se tanto na multiplicidade de subentendidos quanto nos métodos particulares de raciocínio e de exegese. Lembramos que o *Zohar* é habitualmente citado segundo os três tomos e a foliação da primeira edição de Mântua.

ou o "lado" do mal. Os textos mais numerosos e mais significativos são, contudo, aqueles em que o *Zohar* trata o amor sob seus aspectos na vida interior da Divindade, em diferentes níveis sephiróticos, com as incidências e as repercussões que não deixam de provocar no mundo visível as flutuações sentimentais, se podemos dizer, no seio do mundo divino.

À primeira categoria pertence uma página do prefácio do *Zohar* (I, 11 b-12 a) em que se iniciam, para continuar até quase ao final do prefácio, comentários Kabbalísticos que concernem a uma série de preceitos vinculados por meio de exegeses apropriadas de certos versículos do primeiro capítulo da Gênesis. Prolongando as especulações do *Midrash*, a Kabbala interpreta a primeira palavra da Bíblia, *"be-reshit"*, dando à palavra *reshit* (começo, início) o sentido principal de "princípio". Valendo-se de tal explicação, o *Zohar*, nas palavras do Rabi Simon bar Yohaï, discerne na palavra com a qual inicia a Revelação "o preceito primordial chamado 'temor do Senhor', a prova é que 'princípio' é identificado em outras passagens bíblicas [Sl. 111, 10 e Pv. 1, 7] com o temor de Deus. Logo, 'Temor' é 'princípio', pois que é também a porta pela qual se entra na Fé, e graças a esse preceito o universo inteiro subsiste. O 'temor' apresenta três aspectos (literalmente: 'divide-se em três lados'); dois dentre eles não possuem raiz digna deste nome, e o terceiro, é a raiz do temor. Certo homem teme Deus para que seus filhos vivam e não morram de modo algum, ou porque ele tem medo que seu corpo ou sua fortuna sejam lesados. Está aí o motivo permanente de seu temor de Deus, o qual não possui, por conseguinte, raiz autêntica. Outro teme Deus por medo do castigo em outro mundo e na *geena*. Mas nenhuma dessas duas atitudes constitui uma raiz (autêntica) do temor. Há temor autêntico quando o homem teme seu Senhor porque ele é mestre soberano, raiz e princípio de todos os mundos diante do qual tudo é considerado coisa nenhuma [cf. Dn. 4, 32], e quando ele coloca sua vontade no lugar chamado 'Temor'[142]. Rabi Simon, nesse momento, cai em lágrimas e diz: Infeliz eu se falo, infeliz também se não falo. Se falo, os pecadores aprenderão como servir seu Senhor; se não falo, os companheiros [os

---

142 - Isto é, ele concentra sua meditação sobre este aspecto da Divindade cujo nome simbólico é "Temor": a quinta *sephirah*, *Geburah* ou *Pahad* (além disso, "Temor", como "porta de entrada", é também *Malkuth*, décima *sephirah*, limiar do mundo divino e princípio diretor dos mundos extradivinos.

iniciados] frustrar-se-ão com meu ensinamento[143]. No lugar que, embaixo[144], corresponde ao Temor de santidade, encontra-se um temor ruim: ele bate, ataca e acusa; ele é o chicote para castigar os pecadores[145]. Ora, naquele que 'teme', por causa da punição e da acusação, não pode residir de modo algum o Temor de Deus, chamado Temor procurador de Vida. Pelo contrário, aquele sobre o qual pesa esse temor ruim e que se vê objeto do castigo, não tem parte no Temor de Deus. É por isso que o lugar chamado 'temor de Deus' é também chamado 'princípio de conhecimento'. Eis a razão pela qual o preceito de temer Deus está incluído na primeira palavra da Torá. O temor de Deus é a raiz e o fundamento de todos os outros preceitos da Lei. Quem guarda o temor, guarda tudo; quem não o guarda, não guarda nada dos preceitos da Torá, pois o temor é a porta (de acesso) a todos. É por isso que foi escrito: 'pelo princípio, que é o temor, Deus criou os céus e a terra'. Aquele que transgride esse temor transgride todos os preceitos da Torá, e o transgressor é atingido pelo chicote maléfico [...]"[146].

"O segundo preceito é aquele ao qual o preceito de temor está indissociável e perpetuamente unido: o Amor. O homem deve amar seu Senhor com uma perfeita dileção. Esta perfeita dileção é o 'Grande Amor'[147]. A isto se refere o convite dirigido a Abraão (Gen. 17, 1):

Anda em minha presença e sê perfeito'; perfeito em dileção. É o sentido da palavra: 'haja luz'; a perfeita dileção chamada 'Grande amor'. Aqui se encontra o preceito de que o homem ama seu Senhor como convém...

---

143 - Isso imita uma passagem talmúdica na qual, contudo, o ensinamento em voga é uma questão de direito cujo conhecimento poderia favorecer as manobras de indivíduos pouco escrupulosos. Está claro que não se deve compreender que "Rabbi Simon" quer impedir os pecadores de vir a se arrepender, mas que ele tema colocar à disposição daqueles uma gnose por si mesma eficaz e salvadora.
144 - No domínio do mal, "cascas".
145 - O sofrimento é mal e sublinha, a este respeito, o domínio das "cascas", da hierarquia das "sephiroth do pilar esquerdo", como o chamam outros Kabbalistas; mas, ao mesmo tempo, ela se integra na economia geral da providência enquanto castigo merecido dos culpados.
146 - Segundo diversas exegeses kabbalísticas que definem ainda a ideia suficientemente destacada pelo trecho traduzido: quem quer que abandone a atitude fundamental de temor reverencial está entregue, irremediavelmente, aos poderes do mal.
147 - *'ahabah rabbah*, expressão tomada de empréstimo à liturgia.

Aí intervém R. Eléazar, filho de R. Simon, segundo personagem da fabulação zohárica, expondo o seguinte:

> *O "Grande Amor" é o amor integral que reúne os 'dois lados' [o Bem e o mal], a não ser por aliá-los, ele não merece esse nome. Sobre esse tema, sabemos que o termo 'amor de Deus' traduz duas atitudes (literalmente: 'é explicado por dois lados'). Certo homem ama Deus porque goza de riqueza e de longevidade; seus filhos o cercam, ele domina todos os seus inimigos e todos os seus empreendimentos são bem-sucedidos[148]. Mas se o contrário acontecesse, seu Deus fizesse girar em detrimento daquele a roda do estrito julgamento, aquele homem o detestaria e não o amaria de modo algum. Também tal amor não é um amor que possui raiz. O amor apenas merece ser qualificado de perfeito se o amante ama seu Senhor pelos 'dois lados', no julgamento[149] e na benevolência, quando seus empreendimentos são bem-sucedidos; assim o sabemos: 'mesmo se te toma a alma'. Tal é o amor perfeito que simboliza a luz criada primordialmente, que apareceu inicialmente e foi ocultada em seguida. Quando ela foi ocultada, o estrito julgamento surgiu e os dois lados integraram-se um ao outro para que houvesse perfeição. Tal é o amor como ele deve ser[150] [...]. Mas é certo que não se pode nunca esque-*

---

148 - Literalmente: "suas vias estão organizadas"; poderíamos também traduzir: "nada atrapalha o equilíbrio harmonioso de sua vida".

149 - Isto é, quando ele é o objeto de seus rigores. "Julgamento" designa a prisão e sua execução, logo, o sofrimento e a desgraça.

150 - Segundo a lenda rabínica (*Genèse-Rabba*, 3, 6, p. 21 *seqq.*) retomada, aqui, pelo *Zohar*, a luz criada inicialmente, no primeiro dia, foi em seguida ocultada e reservada para iluminar os justos no mundo vindouro, o mundo atual não tendo à sua disposição senão a luz dos corpos celestes, criados no quarto dia. Este tema associa-se, aqui, a outro (*ibid.*, 12, 15, p. 112 *seqq.*), segundo o qual Deus, havendo tentado criar sucessivas vezes o mundo unicamente pelo princípio de misericórdia ou pelo princípio de julgamento, constatou que a criação não poderia subsistir sobre a base de um único princípio de governo. Ele aliou os dois, então, a fim de assim estabilizar o universo. Logo, não seríamos capazes, tal é a conclusão do *Zohar*, de levar a Deus um amor perfeito sem aderir, com o mesmo ardor, aos dois princípios que mantêm o mundo, quaisquer que sejam os efeitos de sua respectiva ação sobre o destino individual do crente.

cer o temor ao cumprir qualquer preceito que seja; com ainda mais razão, quando se trata do preceito de amor, o temor deve estar presente. Assim como o amor liga-se a um dos 'dois lados', o lado bom, que confere riqueza, longevidade, filhos e subsistência, do mesmo modo o temor ali deve estar alerta e temer que o pecado venha a perturbar. As Escrituras afirmam nesse sentido (Pv. 28, 14): 'feliz o homem que sempre teme', pois assim o temor é incorporado ao amor. Por outro lado, o temor não deve estar menos alerta naquilo que concerne 'ao outro lado', o rigoroso julgamento. Quando o homem constata que o rigoroso julgamento se abate sobre ele, que ele provoca ao temor, que ele teme seu Senhor como convém, que não endureça seu coração. A continuação do texto citado aplica-se nesse caso: 'e que endureça seu coração, acaba no mal'; ele sucumbe a este 'outro lado' chamado 'mal'. O temor encontra-se, logo, unido aos 'dois lados' e reunido a eles. Está aí o amor perfeito como ele deve ser.

Apesar dos desvios e das adaptações produzidas no sentido Kabbalístico, o texto que acabamos de expor é de um caráter teosófico relativamente superficial (discreto). A doutrina de amor que ele expõe é, em suma, aquela dos textos clássicos do rabinismo muitas vezes retomados[151]; suas inovações consistem principalmente em situar o julgamento, ao menos sob determinada relação, no domínio extradivino do "outro lado", do mal radical e subsistente; ainda é necessário dizer que este serve, no fim das contas, aos anseios divinos.

Contudo, vários outros textos vão mais longe, fazendo do amor uma força sobrenatural que opera no seio da divindade, nos diversos níveis de sua manifestação suprarracional, e também, por afinidade e correspondência entre o mundo humano e o mundo divino, entre a alma

---

151 - Sob esta rubrica alinham-se também os comentários do gênero que lemos no *Zohar Hadash*, periscópio *Ki tabo'* (cf. *Mishnat ha-Zohar*, I, p. 25 *seqq*.): o amor de Deus por Israel manifesta-se até mesmo em meio às ameaças e às sanções mais rigorosas. – De um modo geral, a aliança entre o amor e o temor (*rehimu* e *dehilu* no aramaico artificial do *Zohar*) é o acompanhamento indispensável de qualquer ato religioso. Basta lembrar aqui esse fato que não constitui em si, de forma alguma, uma inovação da Kabbala.

santa e purificada e Deus; a perfeição religiosa e mística não é, segundo uma tese fundamental da Kabbala, a condição do desenvolvimento harmonioso da própria vida divina?

Enfim, é necessário pensar na onipresença, no *Zohar*, do tema nacional, da esperança e da redenção de Israel, da reunião dos desgarrados. Como todo o resto, a redenção se realiza simultaneamente no Céu e sobre a terra. O arquétipo da Comunidade de Israel é a Presença divina, a *Shekinah*, última *sephirah*, que encontraremos constantemente nos textos que devemos estudar.

Para representar essas relações múltiplas, o *Zohar* toca um teclado simbólico rico e variado: anatomia, se podemos dizer, do Homem Primordial cujos membros figuram as *sephiroth*[152]; a fisiologia do amor carnal e do beijo, o amor tranquilo dos esposos e o amor tormentoso dos amantes, o amor paternal e maternal. É evidente que a exegese do Cântico dos Cânticos possui um lugar eminente em meio a todos esses comentários. O autor do *Zohar* explora, transpondo-os segundo sua própria perspectiva, tanto a interpretação rabínica que vê no poema a figuração alegórica das relações entre Deus e a Comunidade de Israel quanto a interpretação filosófica que o considera a projeção lírica da busca mútua da alma humana e do Intelecto divino.

Todos esses pontos de vista interferem, todos esses temas, todos esses símbolos interpõem-se e se entrelaçam, enredam-se o mais frequentemente no *Zohar*, que é a obra do mundo mais propensa a derrotar os analistas metódicos e os rígidos classificadores. A classificação que propomos dos fragmentos apresentados aqui tem apenas valor indicativo; isso nos impedirá talvez de perder o chão, mas restringiríamos o acesso à realidade do *Zohar* tomando-o por outra coisa que não uma comodidade de exposição.

Comecemos por um texto sobre o temor e a alegria[153].

> *Por um lado, está escrito, (Sl. 2, 11): 'Servi ao Senhor com temor, e alegrai-vos com tremor'; por outro lado (Sl. 100, 2): 'Servi ao Senhor com alegria; e entrai diante dele com canto'. Estes dois versículos se contradizem (aparentemente). Mas eis o ensinamento (que*

---

152 - O que contribui à existência de um exuberante simbolismo erótico. Ver *Major Trends*, p. 226-229, com as notas.
153 - *Zohar* III, 56 a-b.

> *soluciona a contradição). 'Servi ao Senhor com temor' significa que o temor de Deus deve preceder qualquer ato que o homem quiser realizar para seu serviço. Em razão deste temor (inicial), o que acontecerá em seguida é a realização em alegria dos mandamentos da Torá. É por isso que está escrito (Dt. 10, 12): 'que é que o Senhor teu Deus pede de ti, senão que temas o Senhor teu Deus?' 'Alegrai-vos com tremor' significa que o homem não deve se entregar a uma felicidade excessiva neste mundo, ao menos não por causa de coisas profanas. Convém, contudo, alegrar-se com as palavras e com os mandamentos da Torá. Consequentemente, o homem cumprirá com alegria os mandamentos: "servi ao Senhor com alegria".*

Segundo seu significado literal, esse comentário não possui necessariamente alcance teosófico e alia-se muito bem, quanto à ideia da primazia do temor são considerados como valores simbólicos dos termos em questão. Segundo a Kabbala, significa, porém, que o "temor de Deus" é a última *sephirah*, *Malkuth*, e sobre ela que deve se concentrar primeiramente a intenção do adorador. A exegese esotérica de Lv. 16, 3 (é o contexto de nosso fragmento) revela que, para abordar o rito mais solene do Templo, aquele do Dia das Expiações, o Sumo Sacerdote deveria se colocar sempre nesta atitude espiritual[154].

Talvez estaríamos bem inspirados tomando o mesmo caminho em nossas análises. Abordemos, então, o exame das relações de dileção e de amor que a meditação teosófica se compraz em tecer entre a última *sephirah* e os aspectos da divindade que lhe são superiores.

Muitos esclarecimentos preliminares impõem-se aqui e uma página do *Zohar*, figurando mais adiante no mesmo periscópio, concede a oportunidade de apresentar[155].

O texto de base é Levítico 18: as uniões proibidas; em linguagem bíblica, a "nudez" a qual está proibida de ser descoberta. A passagem do

---

154 - Com efeito, este texto visto literalmente: "com esta (*be-zot*) Aarão penetrará no Santuário"; o pronome demonstrativo no feminino (que vale aqui, para o gramático, o neutro das línguas que possuem essa categoria) simboliza para o Kabbalista *Malkuth*. Logo, é concentrando sua intenção sobre a *sephirah* inferior, limiar do mundo divino, que o sumo sacerdote inaugura a celebração da liturgia mais santa, e o místico seu itinerário em direção às profundezas da Deidade.
155 - II, 77b (III, 7b indica os mesmo temas, mais brevemente).

Zohar que nos interessa está ligada mais especialmente ao vs. 12: "a nudez da irmã de teu pai não descobrirás", mas, na verdade, o essencial da exegese apoia-se sobre 20, 17: "quando um homem tomar a sua irmã... torpeza é (*Chesed*)".

As entidades Kabbalísticas que intervêm aqui são as *sephiroth Chokmah*, *Binah*, *Tiphereth* e *Malkuth*, simbolizadas, respectivamente, pelas quatro letras do Tetragrama: *Yod*, *He*, *Vau*, *He*. Note-se que o Nome indizível compreende duas vezes a letra *he*. A continuação das letras indica, para o Kabbalista, um escalonamento hierárquico; falamos de *He* superior e de *He* inferior.

Chokmah e *Binah* formam um casal conjugal: *Pai* e *Mãe*; de sua sizígia é originada a *sephirah Tiphereth* que a Mãe "aleita", isto é, comunica-lhe o fluxo proveniente do nível Sephirótico superior. *Tiphereth*, entidade masculina, filho de *Chokmah* e de *Binah*, está unida ("unido" enquanto parceiro masculino) a *Malkuth*. Contudo, esta união não se realiza nem dura senão sob certas condições: ela deve notadamente ser sustentada pelo fluxo de bondade e de clemência cujo princípio é a *sephirah Chesed*, "atributo da graça". Quando essas condições não são preenchidas, a Princesa (ou a Dama, *matrona*) é separada do Rei, seu Esposo, e, partindo a unidade Sephirótica, isto é, a unidade divina, encontra-se rompida[156]. Ora, o verdadeiro motivo dessa ruptura, cuja cessação do fluxo benfazejo no interior da divindade é somente um efeito, é a maleficência dos pecadores em nosso mundo; a união não será restabelecida a não ser que o mal seja radicalmente extirpado daqui de baixo. Mas o auge do mal é o exílio, a dispersão atual de Israel, cujo grande responsável é Esaú ou Edom[157]. A restauração da unidade divina, logo, não ocorrerá senão após o julgamento e a destruição de Edom.

Essas preliminares permitirão seguir a sequência das ideias do texto zohárico, ou melhor, auxiliarão a esclarecer seu criptograma teosófico.

---

156 - Ver *RHR*, 147, 1947/8, p. 132 *seqq.*, 148 *seqq.*
157 - Edom, para os Rabinos, identifica-se com Roma, o império pagão que destruiu o Templo, depois com o império cristão e todos os estados que lhe sucederam, e também com a Igreja e a religião cristãs, pois que, evidentemente, o político e o espiritual de forma alguma se separam. Também não esqueçamos que Esaú é o genro de Ismael, ancestral dos árabes, logo, arquétipo do Islã e dos estados muçulmanos. Tais são os laços que unem os dois inimigos e opressores do judeu da Idade Média.

"A letra *He* superior[158] concebeu em amor e em dileção, pois nunca o *Yod* está separado dela. Ela concebeu e gerou o *Vau*. Depois, este ergueu-se diante da Mãe, que o amamentou. Quando o *Vau* emanou, a companhia que lhe foi destinada emanou ao mesmo tempo que ele. A Graça (*Chesed*) veio e surgiu junto dele. Ela os separa (a Mãe e o Filho). Troncos começaram a brotar do baixo para o alto, ramos estenderam-se, alargaram-se e a letra *He* inferior constituiu-se. Seus ramos cresceram em direção ao alto multiplicando-se, até o momento em que se juntou à árvore superior. Então, *Vau* e *He* se uniram. Quem foi o autor desta união? *Chesed*, que os uniu em conjunto"[159].

"Por outro lado, a união do *Yod* com "a" *He* superior não depende de *Chesed*. É do Fluxo que depende(m) sua união e dileção, ainda que eles não se separem nunca[160]. *Yod* está ligado a *He*, *He* a *Vau*, este a ("a segunda") *He* que se liga ao todo (= ao conjunto das *sephiroth*): tudo não é mais que uma só ligação e uma coisa só, para sempre inseparável[161]. Também aquele que aí provoca a separação destrói, por assim dizer, o mundo, ao que denominamos 'denudação de tudo'[162]. E, futuramente, o Santo, bendito seja, reinstalará a Presença em seu lugar e tudo encontrar-se-á em uma só união, assim como está escrito (Zc. 14, 9): 'naquele dia um será o Senhor, e um será o seu nome'. E se te

158 - Para tornar mais claro, atribuímos a cada entidade a marca gramatical do gênero exigido pela doutrina.
159 - Temos aqui um bom exemplo da intrepidez da exegese Kabbalística. Em Lv. 20, 17, trata-se, segundo o sentido mais óbvio, da união proibida, porque incestuosa, do irmão e da irmã. Essa união é qualificada de *Chesed*, que significa a "vergonha, infâmia". Mas essa mesma palavra conota, por homonímia (verdadeira ou falsa, pouco importa) a graça, a bondade e serve para designar a quarta *sephirah* dos Kabbalistas. Ora, *Tiphereth* e *Malkuth* são irmão e irmã. Sua união conjugal, indispensável à harmonia do universo, tanto mundo divino como terrestre, não pode acontecer senão por este "atributo de graça", única habilidade para comunicar o fluxo benfazejo das *sephiroth* superiores. Compreendemos agora por que o versículo de Levítico simboliza, nos antípodas do sentido literal, a sizígia Sephirótica inferior: "quando o Irmão e a Irmã se unem, é (pelo efeito da) Graça".
160 - Novo exemplo de transmutação de um dado tradicional: a palavra traduzida por "Fluxo" é *mazzala*, "estrela" (no sentido astrológico: boa ou má), que pela interpretação "etimológica", o *Zohar* compreende como originada da raiz NZL "jorrar", "expandir-se". O fluxo perene que circula entre as *sephiroth* superiores não está sujeito à interrupção, logo, a sizígia superior jamais se desfaz. O estilo empregado inspira-se em um adágio talmúdico conhecido (*Mo'ed Qatan* 28a): "vida, posteridade, subsistência: a coisa depende não do mérito, mas da estrela".
161 - Ligação das quatro letras do Tetragrama: YHVH um.
162 - Inversão do tema da denudação: há pouco, união do irmão e da irmã sob o signo da Graça; agora, o pecado despe brutalmente o Todo, rompe a unidade do mundo divino.

interrogas: não há nada neste momento? A resposta é: não, pois nesse momento não haverá um pecador do mundo. Com efeito, a Princesa está afastada do Rei, e eles não estão de modo algum unidos. A Mãe suprema está (ela também) longe do Rei e não o alimenta, pois o Rei sem a Princesa não está ornado da coroa da Mãe como outrora estava[163]. Quando ele estava unido à Princesa, ele estava ornado de muitas coroas que brilhavam com clarões santos e superiores, assim como está escrito (Ct. 3, 11): 'saí, ó filhas de Sião, e contemplai ao rei Salomão com a coroa com que o coroou sua mãe no dia do seu desposório e no dia do júbilo do seu coração'. Foi quando ele se uniu à Princesa que a Mãe suprema o coroou como convém. Ora, nesse momento, como o Rei não está com a Princesa, a Mãe suprema retira sua coroa, recusando-lhe o eflúvio dos rios; não se encontrando mais em uma ligação única, sua unidade está, por assim dizer, desfeita. Mas quando a Princesa retornar a seu Palácio, quando o Rei se ligar a ela em uma união conjugal indissolúvel, então tudo estará unido em conjunto, sem separação. A essa união refere-se o texto de Zacarias. 'Naquele dia', quando a Princesa retornar ao Palácio, tudo se encontrará como um, sem separação. E, então, cumprir-se-á esta profecia de 'Obadyah ([Abdias], vs. 21): 'e subirão salvadores ao monte Sião, para julgarem o monte de Esaú; e o reino será do Senhor' [...]. A Princesa não entrará alegremente no palácio de seu Esposo antes que o reino de Esaú seja julgado e atingido pela punição por ter causado tudo isso. Em seguida, (somente) ela se unirá ao Rei e será completa a alegria. Primeiro, 'subirão salvadores', depois, 'o reino' será do Senhor. Que é o 'reino'? É a Princesa, sobre quem está escrito: 'o reino será do Senhor'[164]. E uma vez que seus desposórios estiverem consumados, tomará seu (completo) sentido (o vs. de Zacarias): e o Senhor será rei sobre toda a Terra; naquele dia um será o Senhor, e um será o seu Nome"[165].

---

163 - "Coroa" ou "diadema" (*'atarah*) é um dos nomes simbólicos da décima *sephirah*.
164 - "Realeza", nome simbólico da décima *sephirah* (*Malkuth*); YHWH, de *Tiphereth*.
165 - Sobre nosso plano terrestre, o reino de Deus será realidade uma vez abolidas as forças adversas da falsa crença e após a reconstrução do Templo, consecutiva à reunião dos exilados. Mas a esta redenção visível corresponderá a restauração da Presença divina, arquétipo da Comunidade de Israel, em nível superior ao qual ela decaiu no momento, o restabelecimento definitivo de sua união conjugal com seu Esposo, ele próprio privado de sua coroa, de sua comunhão com os aspectos superiores da divindade, em consequência do distanciamento de sua Esposa (que é, em certo sentido, esta "coroa"). Não esqueçamos, enfim, que a "Realeza", décima *sephirah*, conta dentre seus nomes simbólicos com o da "terra". O versículo de Zacarias anuncia, desde então,

O texto que acabamos de traduzir pode ser aproximado de outro exposto sobre a restauração última, que se encontra na parte do *Zohar* dita *Ra'ya Mehemna*[166].

O reestabelecimento da unidade no seio do pleroma Sephirótico é abordado ali do ponto de vista do arrependimento, *teshubah*: a conversão, o retorno (tal é o sentido etimológico do vocábulo hebreu) do pecador a Deus é, ao mesmo tempo, símbolo e instrumento do Retorno, da apocatástase Sephirótica cujo princípio é *Binah*, terceira *sephirah*[167]. Esta é, já o dissemos, a Mãe suprema; seu filho é *Tiphereth*, esposo de *Malkuth*. Todas essas relações são simbolizadas também pelas letras de seu nome dispostas na ordem desejada: BN YH, 'filho de YH', *Yod* unido a *He* sendo o símbolo, nós o sabemos, da união permanente de *Chokmah* e de *Binah*.

A unidade do mundo divino estava outrora assegurada pelo culto do Templo. Desde a sua construção, não resta, com exceção dos sacrifícios expiatórios, senão a confissão dos pecados cujo arquétipo Sephirótico é *Malkuth*.

Sob outro ponto de vista, exposto por meio de uma exegese por demais complicada para ser resumida aqui, os valores simbólicos das letras que formam o Tetragrama revelam, quando as confrontamos, os fatores necessários para levar a bom termo a obra de reunificação do Nome.

Eis o esquema dessas relações:

Y (masculinidade)	V	H (feminilidade)
Temor	Estudo da Torá	Amor
Preceitos negativos		Preceitos positivos[168]

---

a restauração total do reino de Deus sobre a terra e, ao mesmo tempo, a reunificação integral e definitiva dos aspectos da divindade que foram deslocadas e separadas pelo pecado e suas consequências trágicas: a dominação do império ímpio sobre a terra, a destruição do Templo e a dispersão de Israel.

166 - III, 122 a-124 (periscópio *Naso'*, Números 4, 21 – 7, 89). – Sabe-se que esta parte do *Zohar* não é da autoria de Moisés de Leon, mas muito ligeiramente posterior à maior parte da obra.

167 - Que, por esta razão, é igualmente simbolizada pelo quinquagésimo ano, o do jubileu, ano de libertação dos escravos e de reintegração dos antigos proprietários em sua herança. Se *Binah* é o princípio do Retorno, é porque a procissão diversificada dos seres começa a partir dela.

168 - Encontramos uma especulação um pouco semelhante em Ezra. Notar que a relação do temor com a masculinidade e do amor com a feminilidade parece bem ser imposta aqui pelas necessidades momentâneas da exegese: geralmente, é o princípio

Temor, Amor, Torá operam conjuntamente a reunificação das Quatro Letras.

Voltando ao tema do arrependimento, o autor constata mais à frente que há vários tipos de arrependidos.

Os homens expressam o arrependimento de diversas maneiras, todas corretas, sem, contudo, serem equivalentes.

Certo homem, completamente ímpio durante toda a sua vida, transgressor de numerosos preceitos negativos, termina por arrepende-se e confessar seus pecados. Depois disso, ele não faz nem o bem nem o mal. O Santo, bendito seja, seguramente lhe perdoa, mas ele não merece elevar-se ao grau do Arrependimento superior.

Outro, após ter retornado de seus pecados e de tê-los visto expiados, caminha (doravante) na via do dever religioso e entrega-se com toda a sua força ao temor e ao amor do Santo, bendito seja. Ele também merece aceder ao grau do Arrependimento inferior, simbolizado pelo último *He* do Tetragrama.

E outro, enfim, após contrição e penitência, ocupa-se da Torá, em temor e amor do Santo, bendito seja, não para receber recompensa. Este homem merece (aceder ao grau Sephirótico simbolizado por) *Vau*, filho de *Yod* e de *He* (sua mãe), que se chama, por esta razão, *Binah*. Tal penitente faz com que *Vau* retorne para junto de *He*, o que *significa* a palavra 'retorno'[169]. E jamais *He* e *Vau* repousam sobre o homem que não possui temor e amor, os quais são *Yod* e *He*, Temor e Amor (arquétipos). Deles procedem a Torá e os preceitos, que são o Filho e a Filha[170]. E é porque os israelitas observam a Torá e os preceitos que foram chamados 'filhos' do Santo, bendito seja" (cf. Dt. 14, 1).

A continuação do texto explica que temor e amor é uma questão de consciência ("as coisas encobertas", Dt. 29, 28), o estudo da Torá e a prática do mandamento sendo, pelo contrário, "as coisas reveladas" (*ibid.*). E outras exegeses vêm novamente dizer como, por essas atitudes

---

feminino que, na Kabbala, é a fonte do temor, do rigor, etc.

169 - As letras que formam essa palavra em hebreu podem ser reagrupadas de modo a significar: *Vau* significa *He*; *T Sh W B H = T Sh B W H*. Trata-se, sem dúvida, da reunião de *Tiphereth* e de *Malkuth*. Mas como vimos, essa reunião confere atividade à Mãe, que não mais transmitiu o fluxo ao Filho desde a separação deste com a Filha; assim, o "retorno" interessa os dois *He-s* ao mesmo tempo.

170 - É necessário lembrar-se aqui de que Filho = *Tiphereth* é o arquétipo da Lei escrita, e Filha = *Malkuth*, da Lei oral (tradição rabínica), os dois juntos formam a Torá e os preceitos.

internas e esses comportamentos revelados, assim como, se necessário, pelo arrependimento, o fiel se liga às *sephiroth* e coopera em sua unificação.

Os papéis complementares da masculinidade e da feminilidade estão claramente marcados em uma página da *Idra Zula*, esta parte do *Zohar* que se apresenta como um condensado final de toda a doutrina mística do livro[171]:

"Quando o Antigo Santo, o Oculto de todos os ocultos [*Kether*] quis se dar uma estrutura[172], ele estruturou (o) todo (sob as formas complementares do) homem e (da) mulher[173]. Quando o homem e a mulher foram mutuamente integrados, somente subsistiram enquanto homem e mulher[174]. E quando esta Sabedoria, que tudo integra, procedeu do Antigo Santo e recebeu dele sua luz, ela não a recebeu senão sob o aspecto dos dois sexos[175], pois Sabedoria (*Chokmah*) expandiu-se e produziu Discernimento (*Binah*). Homem e mulher vieram (assim) a existir: *Chokmah*, Pai, *Binah*, Mãe. Eles foram pesados com a mesma medida[176]; tudo subsiste pelos dois sexos e não subsiste senão por eles. Este princípio (*Chokmah*) é Pai de tudo, pai de todos os pais[177]. (*Chokmah* e *Binah*) juntaram-se um ao outro e resplandeceram um através do outro. Unindo-se, reproduziram, e a fé se propagou[178] [...]. Que ainda é necessário saber sobre *Binah*? Quando *Yod* e *He* juntaram-se (*Binah*), concebeu e deu à luz um filho, donde seu nome[179]. Eles se juntaram e o Filho está neles. Por sua estrutura existe a perfeição de tudo, a integração de tudo: Pai e Mãe, Filho e Filha[180]".

---

171 - *Zohar* III, 290 a (cf. *Mishnat ha-Zohar*, I, p. 191 *seqq.*).
172 - Manifestar-se pela emanação.
173 - O texto diz sempre "macho e fêmea".
174 - Isso parece significar que a unidade dos aspectos do divino permanecendo salvas, as Sephiroth emanadas, logo, outros além de *Kether*, portam todas as características que sublinham simbolicamente a masculinidade e a feminilidade, segundo o caso.
175 - Procedendo já de *Kether*, *Chokmah* continha *Binah*, que a segue na ordem da emanação.
176 - O equilíbrio do universo estabelece-se graças à complementaridade dos dois sexos dos quais as duas Sephiroth em questão são os arquétipos.
177 - Arquétipos sephiróticos dos três Patriarcas: *Chesed* (Abraão), *Geburah* (Isaac), *Tiphereth* (Jacob).
178 - O universo sephirótico (o "mundo da emanação") constituiu-se. A pleroma das *Sephiroth* é "fé" ou "mistério da fé", pois é superior às estruturas que a razão pode compreender por seus próprios meios.
179 - Simbolismo explicado acima.
180 - A Filha, *Malkuth*, está "integrada" no Filho, *Tiphereth*, como a Mãe o está no Pai. – A conclusão do comentário insiste sobre o caráter profundamente esotérico das

Com as *sephiroth* inferiores *Tiphereth* e *Malkuth*, os pais, *Chokmah* e *Binah*, sustentam as ligações que as relações análogas observáveis no mundo visível permitem a tradução em símbolos: os pais enchem seus filhos de presentes, mas, enquanto a mãe prefere o filho, a afeição particular do pai dirige-se, sobretudo, à filha.

Assim, para não destacar mais que um exemplo dentre vários, em um comentário[181] em que os símbolos empregados sugerem que a união de *Tiphereth* e de *Malkuth* ocorre somente quando esta, a "Princesa", a "Filha", recebe presentes da casa do Pai (pois os presentes de *Chokmah* são misericórdia), e não quando ela recebe da Mãe (pois *Binah* comunica o rigor; ora, a predominância deste atributo provoca a separação entre *Tiphereth* e *Malkuth*, assim como, aqui embaixo, ela causa calamidades e, sobretudo, o exílio de Israel).

O amor levado pelo Pai à Filha é tal que acaba por despertar o ciúme da Mãe.

É nesse sentido que o *Zohar*[182] exagera sobre o incidente das "mandrágoras" (Gn. 30, 14 *seqq.*). Raquel (*Malkuth*) diz a Lia (*Binah*): "dá-me das mandrágoras de teu filho" (*Tiphereth*). A filha, especifica o *Zohar*, que se deixa, nessa como em outras passagens, levar muito conscientemente por correntes de símbolos muito complexos, está só, sem ter nada propriamente, em meio a seis rapazes (as seis *sephiroth* inferiores) ricamente providos pelo Pai. Este não menos deixa de conceder a sua filha única uma atenção e uma ternura particulares que suscitam as protestações da Mãe.

De outro ponto de vista, o amor recíproco do Pai e da Mãe é de natureza a favorecer a união do Filho e da Filha.

Tal é o tema ilustrado na homilia sobre Ct. 1, 12: "Enquanto o rei está assentado à sua mesa, o meu nardo exala o seu perfume"[183].

"'O Rio'[184] sai do Éden para regar o Jardim (Gn. 2, 10). Este Rio transborda de diversos lados quando de desposórios perfeitos este Éden se une a ele pela vereda que permanece desconhecida no alto e embaixo, assim como foi dito (Jó 28, 7): "essa vereda a ave de rapina

---

revelações feitas aqui por R. Simon bar Yohaï "na plenitude do amor e do temor que iluminavam seu coração".
181 - Periscópio *Emor*, III, 100b.
182 - I, 156b, em uma das digressões no corpo do texto que figuram sob a rubrica *Silrey Torá* ("Mistérios da Lei").
183 - Periscópio *Aharey Mot*, III, 61 b-62 (cf. *Mishnat ha-Zohar*, I, 212 *seqq.*).
184 - Literalmente "um rio", mas o emprego do artigo definido e de um nome feminino facilita a compreensão da exegese que segue.

a ignora"[185]. O Pai e a Mãe coabitam em pleno acordo[186], sem nunca se separar. Então, jorram fontes e riachos que ornam o Filho Santo (*Tiphereth*) com todas essas coroas (de efusão). Sobre isso, foi escrito (Ct. 3, 11): "a coroa com que o coroou sua mãe". Nesse momento, esse Filho toma posse da herança de seus Pai e Mãe e goza deste deleite e dessas delícias. Quando o Rei superior (*Tiphereth*) está assentado em meio às delícias reais, ornado de suas coroas, aplica-se o versículo: "enquanto o rei está assentado à sua mesa, o meu nardo exala o seu perfume". É *Yesod*[187] que produz as bênçãos a fim de que o Rei Santo consuma seus desposórios com a Princesa. Então, as bênçãos são propagadas através de todos os mundos; tanto os seres superiores como os inferiores encontram-se saciados.

O fim desse trecho nos conduz a um tema desenvolvido em uma página já traduzida do *Zohar*. O desenvolvimento da meditação teosófica (ousaríamos dizer a lógica do sistema) leva a simbolizar as relações entre *Tiphereth* e *Malkuth*, que são, sob um aspecto, irmão e irmã, pela união sexual do amante e da amada, conclusão de que o *Zohar* não hesita a chegar, tornando ainda mais complexo o paradoxo, apoiando-se nesta especulação ousada sobre a exegese esotérica das leis bíblicas concernindo às uniões incestuosas. Esse mesmo tema é esboçado mais brevemente em III, 7b, em que, além disso, é destacado que a união de *Tiphereth* e de *Malkuth* ("o Santo, bendito seja", e "a Comunidade de Israel") é o arquétipo da relação especial que une Deus a seu povo eleito no mundo visível.

As atividades exercidas por esses dois casais de entidades ocorrem paralelamente, mas sobre dois níveis diferentes. O Pai e a Mãe engendram as *sephiroth* (mundo da Emanação) e lhes comunicam o fluxo pelo qual elas subsistem; o Rei e a Princesa são genitores das almas (mundo da Criação); é deles que os seres infradivinos recebem a efusão

---

185 - Esta vereda, esta via de penetração aberta à efusão, é o aspecto feminino de *Binah*, que faz desta entidade o local de passagem da emanação e seu ponto de partida em direção às sete *Sephiroth* inferiores, arquétipos estruturais do Universo. "Rio" simboliza, logo, a terceira *sephirah*; "Éden", a segunda; "jardim", todas as entidades inferiores.
186 - O termo *re'ata*, empregado aqui e muito frequentemente em outros momentos no *Zohar*, é muito rico de sentido: ele conota a bondade, a afeição, o fato de se comprazer em alguém ou em alguma coisa.
187 - "Fundamento", nona *Sephirah*, tendo por símbolo o órgão masculino da geração, ligação entre os sexos.

a partir da qual vivem[188].

As relações no interior de cada um dos dois casais são representadas por meio de símbolos muito diversos comandados pela diferença essencial que a teosofia do *Zohar* percebe entre os dois planos, superior e inferior, da vida divina.

Se a união do casal Pai e Mãe é o amor conjugal pacífico, definitivo, que não conhece a separação, aquela do Rei e da Princesa enfrenta crises: separações, rupturas temporárias, figuradas pelos períodos menstruais da mulher. Após essas interrupções, a retomada das relações se faz com um ardor renovado. Em consequência, se a Mãe suprema é simbolizada por imagens como aquela do pássaro protegendo seu ninho ou da ama de leite amamentando[189], os amores de destinos cambiantes do casal inferior encontram sua expressão figurada nas peripécias sentimentais cantadas pelo Cântico dos Cânticos.

Um texto muito importante que expressa tal dualidade pode ser lido na *Idra Zula* (III, 290 *seqq.*). Sobretudo nesta página, destinada a desvelar os aspectos essenciais da terceira *sephirah*, multiplicam-se como sempre os temas e os símbolos dos quais já revelamos um certo número: o Éden e o Rio que dele parte para regar o Jardim, Pai e Mãe, Filho e Filha, as letras do Tetragrama que lhes correspondem. Há, então, do ponto de vista sob o qual nos colocamos agora, casais sephiróticos sobre dois planos: são, segundo a terminologia do *Zohar*, duas "ordens" (*tiqquna*)[190], uma "primeira" (*Tiqquna qadma'ah*) e uma "segunda" (*t. tinyana*)[191]. No *Cântico dos Cânticos*, Salomão revela alusivamente o

---

188 - Essas ideias são bem brevemente indicadas em I, 209 e II, 223b.
189 - O leite simboliza, por sua brancura, a misericórdia: uma das atividades da Mãe que aleita é a de atenuar o rigor do Julgamento: II, 122b (*Mishnat ha-Zohar*, I, p. 188 *seqq.*).
190 - Já encontramos esse termo em outra passagem do *Idra Zula*, traduzida acima. A tradução que propomos é uma aproximação pouco satisfatória tanto quanto muitas outras que poderíamos tentar: "arranjo", "dispositivo", "organização" ou "estrutura".
191 - É colocando-se sob um ponto de vista ainda diferente, também legítimo, mas que não satisfaz todos os textos, que um Kabbalista tão importante quanto Juda Hayyat (cerca de 1500) coloca no plano superior de união, inseparável, *Binah* e *Tiphereth*, e no inferior, intermitente, *Tiphereth* e *Malkuth*, a impureza desta sendo causada pelos (pecados de) Israel. Ver seu comentário sobre *Ma'areket ha-elahut*, Zolkiew, 1778, 5d. Com efeito, em um sentido, *Tiphereth* permanece constantemente ligado às *Sephiroth* superiores. Vimos, contudo, que segundo textos *zoháricos* totalmente explícitos, sua ruptura temporária com *Malkuth* provocava, ao mesmo tempo, a supressão do fluxo que lhe vem normalmente da Mãe. Nossa lógica não possui acesso a esse domínio em que os aspectos inumeráveis de uma realidade misteriosa escapam continuamente à rede de símbolos na qual a meditação do teósofo esforça-se a tomá-los.

mistério dessas duas ordens. O texto 1, 15 se refere à primeira: "eis que és formosa, ó meu amor" (*Ra'yati*), enquanto que a palavra *Kallah*, "noiva", ou melhor, "jovem casada", empregada em outros lugares (p. ex., 5, 1), designa o elemento feminino do segundo casal.

"*Kallah* é a entidade feminina de baixo. Aqueles que afirmam que os dois termos (*ra'yah* e *kallah*) referem-se a esta enganam-se, pois a primeira letra *He* [do Tetragrama] não é denominada *kallah*. A última letra *He* vê-se, por outro lado, atribuir esse nome em determinados momentos. Com efeito, frequentemente ocorre que seu parceiro não se junte a ela e a solte. A esses períodos (de solidão) reporta-se o texto (Lv. 18, 19): 'e não chegarás à mulher durante a separação da sua imundícia'. No momento em que a mulher tornar-se pura novamente e que o homem queira se juntar a ela, ela é chamada *kallah*: ela vai verdadeiramente (a seu esposo) como uma jovem casada. Quanto à Mãe, sua associação com o Pai não é nunca rompida: juntos eles saem, juntos eles permanecem; jamais um se separa do outro, jamais um deles deixa seu parceiro".

Esta diferença entre as respectivas relações no interior dos dois casais é traduzida em outros lugares[192], e ainda mais vívida, por uma exegese de Ct. 5, 1: "comei, amigos, bebei abundantemente, ó amados".

"Amigos" simboliza o casal superior, "amados", o casal inferior.

"(As entidades do) lugar superior que, para sempre inseparáveis, residem na unidade e na alegria, são chamadas 'amigos'. É o que simboliza o texto (Gn. 2, 10): 'e saía um rio do Éden'. O Éden e este Rio não se separam nunca; sempre coabitam em amizade, unidade, alegria. 'Bebei abundantemente, ó amados': são as entidades inferiores que, em certos momentos, portam o nome de amados [...]. Mas, pois, que a palavra *dodim* (amados) conota o amor, por que 'os amados' são (exclusivamente) as entidades inferiores? É porque esse termo é propriamente empregado àqueles que se desejam mutuamente sem se encontrar sempre. Por outro lado, aqueles que sempre se encontram, sem se perder de vista nem se separar, portam o nome de 'amigos'. Estes estão incessantemente em amizade e em união, aqueles ora desejam-se (ora se deixam). Quando os 'amados' encontram-se, há o cumprimento de tudo, pois a Comunidade

---

192 - III, 4ª. – Contexto geral: consagração do Tabernáculo, considerado como celebração do casamento místico entre Deus e Israel e, correlativamente, entre as potências sephiróticas que formam casal marital.

de Israel encontra-se cheia de bênçãos. Então, há alegria em todos os mundos"[193].

Para retratar a união dos amados, o *Zohar* utiliza símbolos que, sem hesitar, tomam de empréstimo das atitudes corpóreas e até mesmo dos processos fisiológicos, tais como os concebemos até então, que intervêm quando do encontro dos amantes.

Um desses tipos de símbolos é o beijo. A aplicação desse gesto nas relações espirituais era sugerida aos místicos judeus não somente pelo Cântico dos Cânticos, mas também pela concepção rabínica segundo a qual certos justos, e notadamente Moisés, tiveram o privilégio de serem isentos dos tormentos da morte e do abandono desse mundo em um estado de quietude e de doçura inefáveis, "por um beijo" divino.

Eis dois textos do *Zohar*[194] que desenvolvem esse simbolismo:

> *"Beije-me ele com os beijos da sua boca" (Ct. 1, 2). A Comunidade de Israel diz: "beije-me ele com os beijos da sua boca". Por que o texto emprega essa expressão? Esperaríamos (alguma coisa como) 'que ele me ame'. Na verdade, 'beijos' significa adesão de espírito a espírito. É por isso que o órgão corpóreo do beijo é a boca, ponto de saída e fonte da respiração[195]. É também pela boca que damos os beijos de amor, juntando (assim) inseparavelmente espírito a espírito. É por isso que aquele cuja alma sai 'pelo beijo', adere a um outro espírito, a um espírito do qual não se separa mais; esta (união) é chamada de 'beijo'[196]. Dizendo: "beije-me ele com os beijos da sua boca', a Comunidade de Israel demanda esta adesão inseparável de espírito a espírito [...]"[197].*

---

193 - A décima *sephirah* é preenchida pela efusão vinda de planos sephiróticos superiores, o que é precisamente a consumação de seu casamento místico com *Tiphereth*, o Santo, bendito seja. Ao mesmo tempo, Deus está em perfeita harmonia com a comunidade terrestre de Israel e, por essas duas harmonias concordantes, aquela do Universo encontra-se cumprida.
194 - Periscópio *Mishpatim*, II, 124b e 146 a-b (cf. *Mishnat ha-Zohar*, I, p. 211 *seqq.*).
195 - A mesma palavra (*ruach, ruha*) designa, em hebreu e em aramaico, o sopro e o espírito.
196 - O beijo é adesão de espírito a espírito. Daquele, logo, que morre da morte dos justos, por 'beijo' divino, podemos dizer que seu espírito aderiu (uniu-se) ao espírito divino.
197 - Seguem variações, ora muito bonitas, sobre esse tema, que seria muito longo

O segundo texto retoma e aprofunda o mesmo tema:

> *"Beije-me ele com os beijos da sua boca". Com que intenção o Rei Salomão introduziu palavras de amor entre o mundo superior e o mundo inferior[198] e começou a exaltar seu amor por meio desse convite ao beijo? O sentido de 'beijo' já foi explicado, e é o seguinte: <u>não há amor que una espírito a espírito senão pelo beijo</u>. O beijo é dado pela boca, que é a fonte do espírito e seu ponto de saída. Quando os lábios dos amados se encontram, seus espíritos se juntam, tornam-se um e, então, o amor é um [...]. O beijo de amor propaga-se em quatro espíritos[199]. Esses quatro espíritos se unem para formar apenas um, e eles estão no interior do Mistério da Fé[200]. Eles sobem nas quatro letras, eles são as quatro letras às quais são suspendidos o Nome santo, os seres superiores e inferiores, assim como o louvor (que se exprime pelo) Cântico dos Cânticos. Essas quatro letras são aquelas que formam a palavra 'amor'[201]. Essas letras são uma Carruagem superior[202]. Elas são associação, adesão (coesão), perfeição do Todo. Essas quatro letras são espíritos, espíritos de amor e de alegria, graças aos quais todos os membros do corpo se encontram sem nenhuma dor[203].*
>
> *Quatro espíritos (intervêm) no beijo e (o espírito de) cada um (dos dois amantes) está contido no (espírito do outro). Sua implicação mútua faz deles um só espírito*

---

traduzir aqui.
198 - *Tiphereth* e *Malkuth*. – Podemos compreender tanto "porque se serviu do vocabulário amoroso", quanto "porque representou a relação de que se trata como uma questão de amor".
199 - União recíproca do espírito (ou sopro, mas tudo repousa precisamente sobre esta indistinção semântica) de cada um dos dois parceiros.
200 - Há correspondência entre a relação de amor no mundo visível e o amor que circula no seio da Deidade (que é o Mistério da Fé).
201 - O Tetragrama (que expressa o Todo divino) é composto por quatro letras; do mesmo modo a palavra HBH, lida *ahabah*, "amor".
202 - "Carruagem" (*merkabah*): "manifestação da Divindade" (cf. a "Carruagem" de Ezequiel).
203 - Sempre a mesma doutrina geral: a harmonia do universo depende da unidade do amor entre os aspectos da divindade.

> *e, então, todos os quatro se unem em perfeição, em uma só junção; eles se derramam um no outro e se integram um ao outro. Quando esses quatro espíritos se propagam, nasce deles um só fruto, que é o espírito único integrando os quatro espíritos. Ele sobe, atravessa os céus até que, em sua ascensão, ele se estabeleça junto de um Palácio chamado Palácio de Amor. É o Palácio do qual todo amor depende, e este espírito é chamado Amor. E quando ele sobe, ele incita esse Palácio a se juntar no alto [...]*[204].

A reciprocidade dos sentimentos e do desejo nos dois parceiros é indispensável à perfeita harmonia de suas relações. Mas o mecanismo destas é a tal ponto delicado que o caráter da união é muito diferente segundo a iniciativa do impulso amoroso venha do parceiro ou da parceira.

Quando a iniciativa vem da mulher, a relação de amor é marcada de ternura; no caso contrário, quando a mulher apenas responde à solicitação amorosa do homem, a relação de amor não está isenta de severidade e de rigor. Este estado de coisas relaciona-se ao fato de que o princípio masculino representa ordinariamente na Kabbala o aspecto misericordioso, e o princípio feminino, o aspecto rigoroso da divindade. Por outro lado, e isso é uma visão paradoxal, a relação de amor recebe seu caráter do parceiro que, na união, desempenha o papel passivo.

O que quer que seja, eis um texto que ilustra claramente essas ideias[205].

> *Na hora em que o Santo, bendito seja, encontra-se com a Comunidade de Israel*[206]*, quando está com ela e a Comunidade de Israel suscitando, primeiro, a afeição (re'uta) para si o atrai com grande desejo e dileção, então ela se enche [do fluxo que vem] do lado direito*[207] *e muitos seres se encontram desse lado no mundo. Mas*

---

204 - A unir-se aos escalões superiores. – A continuação faz intervir uma especulação sobre as letras que compõem a palavra *'ahabah*, sobre o tema da ascensão perigosa nos Palácios celestes e sobre o amor das *Sephiroth* superiores pelas inferiores. Logo voltaremos ao conceito dos "Palácios" e, notadamente, do "Palácio de Amor".
205 - III, 45 a-b (tradução parcial, *Mishnat ha-Zohar*, I, p. 211).
206 - *Tiphereth* une-se a *Malkuth*.
207 - A união é consumada sob o signo da Misericórdia.

quando é o Santo, bendito seja, que primeiro suscita a dileção e o desejo, ela própria respondendo a isso posteriormente, e não ao mesmo tempo, então tudo se encontra do lado da feminilidade, o lado esquerdo toma seu impulso e muitos seres surgem e se lançam do lado esquerdo em todos os mundos. É o que expressa o texto escriturário: 'quando a mulher joga semente, ela dá luz a um macho'[208]. Com efeito, sabemos que o mundo inferior é semelhante do mundo superior; um é a imagem do outro. Logo, é segundo esta regra que Deus determina o sexo da criança, a fim de que a afeição exista no mundo. Felizes os justos, pois eles sabem afeiçoar-se ao Rei Santo[209]. *Sobre isso, foi dito (Dt. 4, 4):*

Porém vós, que vos achegastes ao Senhor vosso Deus, hoje todos estais vivos.

O grande tema da colaboração dos justos para com a unificação das forças divinas no amor é magnificamente desenvolvido sob a forma de comentário místico em Ct. 8, 6-7:

Põe-me como selo sobre o teu coração, como selo sobre o teu braço, porque o amor é forte como a morte, e duro como a sepultura do ciúme; as suas brasas são brasas de fogo, com veementes labaredas. As muitas águas não podem apagar este amor, nem os rios afogá-lo...[210]

A Comunidade de Israel não quer nem deseja com perfeição o *Santo, bendito seja*, senão pelas almas dos justos. Com efeito, estas suscitam o jorrar das águas inferiores em direção às (águas superiores)[211]. Então, há perfeição de deleite e de desejo em uma adesão única, a fim de produzir frutos.

---

208 - Sentido acomodatício fundado sobre a crença talmúdica (*Berakot* 60 b), segundo a qual o sexo da criança concebida é o oposto do sexo do genitor que ejaculou primeiro quando da união: "quando é o homem que ejacula primeiro, a mulher dará luz a uma menina; caso contrário, a criança será um menino".
209 - Dito de outro modo, cooperar com a unificação das *sephiroth*, sendo esta determinada (fundamentada) com a harmonia do Universo.
210 - I, 244 b-245 b (cf. *Mishnat ha-Zohar*, I, p. 213-217).
211 - Ver a seguir.

Considera-se que, com efeito, tendo consumado a união, quando recebeu o que queria, ela diz: 'põe-me como selo sobre teu coração'. Por que como um selo? Quando o selo se fixa em algum lugar, deixa sua marca mesmo quando é retirado, ainda que (em verdade) não se ausente porque sua impressão e sua imagem permanecem inteiras lá. Foi assim que se falou da Comunidade de Israel: eis-me unida a ti; mesmo se sou arrancada de ti quando em exílio, põe-me em teu coração como um selo para que minha imagem permaneça inteira em ti [...][212]. 'Pois o amor é forte como a morte', forte (penoso) como a separação do espírito vital com o corpo [...][213]. 'Duro como a sepultura é o ciúme'. O amante que não é ciumento não merece este nome; ele não é um perfeito amante se não for ciumento. Daí aprendemos que o homem deve nutrir ciúmes em relação à sua mulher a fim de estar ligado a ela em amor perfeito, porque, animado por esse sentimento, ele não olhará para outra mulher.

Que significa "duro" como a sepultura? Como a sepultura é dura aos olhos dos pecadores condenados a descer até ela, assim o ciúme é duro para o amante ciumento (que teme) separar-se (do objeto) de seu amor. Ou ainda: quando os pecadores, no momento de se precipitarem na sepultura, ouvem-se anunciar os pecados [que motivam sua danação], e isso lhes causa grande sofrimento, do mesmo modo o ciumento fica atormentado[214] e faz diversas projeções; é aí, então, que se encontra unido pelo laço do amor.

"Suas brasas, brasas de fogo, chama divina". *Quem* é "chama divina"? É a chama que se acende e sai da Trombeta[215]. Quem é, então, esta chama? É à esquerda[216]. A isto se refere o texto (Ct. 2, 6): "sua mão esquerda esteja debaixo da minha cabeça". É ela que ilumina a chama de amor da Comunidade de Israel pelo *Santo, bendito seja*. É por isso que "as muitas águas não podem apagar este amor". Pois, no momento em que advém a direita, que é a água[217], longe de apagar a chama acesa pela esquerda, ela a torna mais ardente. A continuação do versículo nos

---

212 - Mesmo tema, com uma exegese ainda mais desenvolvida de Ct. 8, 6, no periscópio *Mishpatim*, II, 214 a.
213 - Isso é ilustrado pelos tormentos da agonia.
214 - Literalmente: "exige de si contas de seu pecado", mas isso significa, sem dúvida: "rumina seu ressentimento".
215 - A "trombeta" (*shofar*) é símbolo de *Binah*, pois segundo Lv. 25, 9, o início do jubileu, cujo arquétipo é *Binah*, deve ser anunciado pelo som desse instrumento.
216 - *Geburah*, princípio de rigor, cuja "raiz" está em *Binah*.
217 - *Chesed*, atributo da graça, simbolizado pelo braço direito no corpo e pela água, entre os elementos.

ensina: "e a sua mão direita me abrace". Eis como é necessário compreender "as muitas águas não podem apagar este amor", e todo o resto é correspondente [...]²¹⁸.

Em geral, é o homem que procura a mulher e desperta, nela, o amor. Aqui [Ct. 8, 6], vimos que é a mulher que desperta [= toma a iniciativa do] amor e procura o homem. Ora, segundo as convenções do mundo, é desonroso, para uma mulher, procurar o homem. Na verdade, estamos aqui diante de uma coisa oculta, coisa superior (conservada) no tesouro do Rei²¹⁹.

Existem três Almas. Elas se elevam para graus superiores conhecidos. Sendo três, elas são quatro²²⁰. Uma é a Alma suprema que não pode ser apreendida e, se até mesmo o Tesoureiro do Palácio não a pode conceber, ainda menos pode o (Tesoureiro) inferior²²¹. A Alma suprema é a Alma de todas as almas; ela está oculta, não se manifesta nunca e permanece desconhecida. Ela se envolve de um brilho de pérola²²² em meio a um clarão²²³. Ela deixa cair suas pérolas gota a gota²²⁴, ligando-se todas juntas como os membros de um único corpo. A Alma suprema entra nelas e manifesta sua obra por meio delas. A Alma e as pérolas formam

---

218 - Dito de outra forma, esse simbolismo é válido sobre todos os planos do ser: amor carnal, amor entre Deus e Israel, amor na ordem sephirótica.
219 - O texto tem um sentido esotérico: é preciso entendê-lo sobre o plano superior das *sephiroth*.
220 - Conclui-se que essas três (quatro) almas são, de baixo para cima: a alma pura dos justos, *Malkuth*, que se desdobra enquanto integrar em si *Tiphereth*, seu esposo, enfim a Alma suprema, *Ain Soph*, a deidade oculta em seu mistério *ultrasephirótico*.
221 - *Ain Soph* permanece inapreensível até mesmo para *Chokmah*. O "Palácio supremo" é *Binah*, "residência" de *Chokmah* (cf. *Zohar*, I, 15 a-b). O "Tesoureiro inferior" é *Yesod*, nona *sephirah*, que desempenha, sob certos aspectos, o mesmo papel em relação a *Malkuth* que *Chokmah* em relação a *Binah*. – Havíamos traduzido, na falta de melhor opção, por "pensar" o verbo *et'orar*, cujo sentido é extremamente fugidio na língua do *Zohar*: "ser excitado", "agir sob um impulso" e, quando o contexto convém, "fazer de alguma coisa o objeto de uma operação mental".
222 - "Antes do começo da emanação, *Ain Soph* envolve-se da luz primordial de *Kether*, luz designada como 'brilho de pérola', pois ela é incolor" (nota de *Tishby*). Incolor porque ainda não modalizada pela misericórdia e pelo rigor como nas *sephiroth* seguintes.
223 - "*Kether* forma uma espécie de halo em torno de *Ain Soph*" (*Tishby*).
224 - Derrama as *sephiroth*. A palavra empregada aqui não é a mesma que na frase precedente, mas talvez não seja necessário buscar uma rigorosa terminologia mineralógica no *Zohar*. *Margela*, que lemos aqui, designa a pérola, mas também a pedra preciosa, no idioma rabínico. *Bedolah*, empregado inicialmente, tem o mesmo sentido na Bíblia (Gn. II, 12, etc.), ao menos segundo os lexicógrafos e os exegetas judeus da Idade Média, os quais o autor do *Zohar* certamente seguiu.

apenas uma só coisa, sem separação entre elas. Eis (para) a Alma suprema, oculta para todos. (Há) outra Alma (entidade) feminina, oculta em meio a seus exércitos[225], para os quais ela é a alma. Esses exércitos constituem um corpo que serve para esta Alma manifestar sua obra para o universo inteiro, assim como (na ordem visível) o corpo é o instrumento da alma com o qual ela obra[226]. E as ligações (que unem essas entidades) são semelhantes aquelas que existem no plano superior[227]. Enfim, outra Alma, as almas dos justos[228] que procedem dessas Almas superiores, aquelas do (princípio) feminino e do (princípio) masculino[229]. É a razão pela qual as almas dos justos são superiores a todos esses exércitos e a todos esses acampamentos do alto[230].

Podemos objetar aqui: as almas dos justos são mais elevadas (hierarquicamente) que os dois lados[231], por que elas descem para este mundo e por que sobem? – Uma parábola responde a essa questão. Um rei teve um filho. Ele o enviou para um vilarejo para ser educado e instruído nas regras do Palácio até que crescesse. Quando o Rei soube que seu filho crescera e que completara sua educação, o que, por amor a seu filho, ele fez? Ele enviou a Princesa, mãe (do jovem príncipe), para procurá-lo e fazer com que venha ao Palácio onde se orgulha dele todos os dias. Da mesma forma o *Santo, bendito seja*, gerou um filho com a Princesa. Este filho não é outro senão a alma santa, de origem celeste.

---

225 - *Malkuth* envolto pelas forças do mesocosmo, as entidades que constituem a "Carruagem" da visão de Ezequiel e os anjos, que formam um mundo inferior àquele das *sephiroth*, mas superior ao mundo visível.
226 - A décima *sephirah*, Presença divina, governa o mundo visível. As forças do mesocosmo são os instrumentos de sua ação governante e providente.
227 - As *sephiroth*, cuja união forma um corpo orgânico por meio do qual age o Deus desconhecido.
228 - A terceira (que é a quarta, ver acima) na ordem descendente.
229 - *Tiphereth* e *Malkuth*, cuja união forma a décima (terceira) alma na ordem ascendente.
230 - As forças do mesocosmo constituem o "mundo da criação", inferior ao "mundo da emanação", aquele das *sephiroth*. A alma do justo, originada da sizígia de duas entidades sephiróticas, faz parte, pelo contrário, ao menos sob esta relação, do mundo superior.
231 - Os "dois lados" parecem simbolizar aqui *Tiphereth* e *Malkuth*. A lógica talvez esteja enganada aqui, pois a alma humana originada de *Tiphereth* e *Malkuth* não deveria ser superior a seus genitores. Mas não se pode esquecer que o mundo divino é um, apesar da diversidade dos modos e aspectos de sua manifestação, logo, as "localizações" não devem ser tomadas ao pé da letra. É preciso considerar também que, pela meditação e pelo êxtase, aguardando a partida do corpo, a alma pura do justo, isto é, do gnóstico iniciado, é capaz de elevar-se ao nível da terceira, talvez até mesmo da décima *sephirah*.

Ele a envia ao vilarejo, nesse mundo de baixo, para ser instruído nas regras do Palácio real. Assim que ele sabe que o jovem príncipe completou sua formação nesse vilarejo e que é tempo de trazê-lo de volta ao Palácio, o que, por amor a seu filho, ele faz? Ele delega a Princesa para junto do filho e o faz vir ao Palácio. A alma não sobe deste mundo antes que a Princesa venha por sua causa e a introduza no Palácio do Rei, onde a alma permanecerá para sempre. Apesar disso, é de costume que os habitantes do vilarejo chorem porque o Filho do Rei se separa deles. Contudo, um homem inteligente que ali se encontrava diz: por que chorais? Não é ele filho de rei? Não lhe convém permanecer entre vós, mas no palácio de seu pai. Da mesma forma Moisés, que era um homem perspicaz[232], quando ele viu os habitantes[233] chorarem por isso, disse-lhes (Dt. 14, 1): "filhos sois do Senhor, vosso Deus; não vos dareis golpes". Com efeito, se todos os justos soubessem disso, eles estariam alegres no dia em que fosse o momento de deixar este mundo. É uma honra suprema que a Princesa venha por causa deles e os conduza ao Palácio do Rei que se alegra deles todos os dias, pois o Santo, bendito seja, não se deleita senão das almas justas[234].

Considere bem que o amor da Comunidade de Israel em relação ao *Santo, bendito seja*, são as almas dos justos que o suscitam, pois elas procedem do lado do Rei, do lado do Homem[235]. Esta impulsão indo, logo, do homem à mulher suscita nesta o amor e a dileção e, então, a mulher se liga de amor com o homem. Da mesma forma, o desejo que a mulher experimenta em projetar as águas inferiores em direção às águas superiores é (apenas um efeito da ação) das almas justas[236].

---

232 - Iniciado nos mistérios esotéricos.
233 - O vulgo.
234 - Por que essas manifestações veementes de luto, enquanto que a alma apenas retorna a sua pátria celeste?
235 - *Tiphereth*, arquétipo masculino.
236 - O desejo que o princípio de feminilidade carrega em se unir de amor com o princípio da masculinidade é a própria obra das almas justas que procedem deste. Consequentemente, mesmo no mundo sephirótico, a iniciativa da relação amorosa vem do homem; a questão levantada acima se encontra, assim, resolvida. – A imagem do encontro dos líquidos seminais na união (que interfere nas especulações sobre as águas superiores e inferiores, cujo ponto de partida é Gn. 1, 7) é familiar ao *Zohar*; ela intervém também um pouco antes da passagem traduzida aqui (I, 244 a), combinada com outros temas: o sacrifício que provoca a união sephirótica, a união e a harmonia realizadas pela cooperação dos profetas, cujo arquétipo é a Graça, e dos levitas, que simbolizam o Rigor, o que a esquerda e a direita refletem em Ct. 2, 6.

Felizes os justos neste mundo e no mundo futuro, pois sobre eles são fundados tanto os seres superiores como os seres inferiores. É por isso que as Escrituras proclamam (Pv. 10, 25): " *o justo tem fundamento perpétuo*". O mistério do todo é que o Justo é tanto o fundamento no alto quanto no baixo[237]. A Comunidade de Israel é integrada pelo Justo do alto e pelo Justo do baixo; um Justo de cada lado a recebe como herança. E é o sentido (místico) do versículo (Sl. 37, 29): " *os justos herdarão a terra, a Terra em sentido pleno*"[238].

A desolação da Presença afastada de seu Esposo e a sua entrada em graça obtida pelos justos são descritas em uma página que comenta o texto de Ct. 1, 5 *seqq*.: *"Eu sou morena, porém formosa..."*[239].

Quando a Amante leva um grande amor a seu Amado, o tormento [da separação] de amor que ela não pode suportar é motivo para que ela se diminua até que não pareça mais do que um pequeníssimo ponto, que é a letra *Yod*[240]. (É então que) ela diz: " Eu sou morena", pois esta letra, *Yod*, não contém um espaço branco como as outras letras. Logo, eu sou morena (e meu tamanho está reduzido a este ponto) que não tenho lugar para que entre sob minhas asas[241]. " Como as tendas de Quedar", é o *Yod* que não contém o branco[242]. " Como as cortinas de Salomão", é a letras *Vau*. É por isso que "não olheis". Não olhes em direção a mim, pois (não) sou (mais que) um pequeno ponto.

Que fazem, então, seus valentes guerreiros, seus exércitos? Eles rugem como leões vigorosos, assim como foi escrito (Sl. 104, 21): " os leõezinhos bramam pela presa"[243]. O Amante do alto ouve essas vozes,

---

237 - A nona *sephirah*, *Yesod*, "Fundamento" e, logo, "Justo", e o Justo de baixo, estão em união com a Presença.
238 - "Os justos", no plural. – "Terra": *Malkuth*.
239 - Periscópio *Balaq*, III, 192 (cf. *Mishnat ha-Zohar*, I, p. 85 *seqq*.). Para a inteligibilidade do que segue, é preciso se lembrar da maior parte dos simbolismos explicados anteriormente e, notadamente, Salomão = *Tiphereth* = letra *Vau* do Tetragrama.
240 - *Malkuth* é, sabemos, o segundo *He* do Tetragrama. Exilado e dolente, esta letra, de tamanho normal, retrai-se até não ser mais do que um pequeno ponto preto, que evoca a forma da letra *Yod*, a menor do alfabeto hebraico.
241 - "Entrar sob as asas da Presença divina" é uma locução rabínica (antecedente bíblico: Rute 2, 12) que significa: "colocar-se sob a proteção da Providência Divina". A Presença exilada não pode mais desempenhar suas funções providenciais.
242 - *Quedar* significa, etimologicamente, "negro", "sombra".
243 - Pois os mundos inferiores e, notadamente, os justos, são privados de sua subsistência, o fluxo sephirótico, que *Malkuth* abandonado e rebaixado em sua solidão não lhes transmite mais.

esses rugidos de leão dos valentes guerreiros do exército, e sabe, assim, que sua Amante persevera como ele no amor, ao ponto que nada se compara a sua figura e a sua beleza. Então, após as vozes, rugidos dados pelos valentes da Amante, (ele), o Amigo, o Amante sai de seu Palácio carregado de muitos donativos e presentes, perfumes e especiarias. Ele vem para perto de sua Amante e a encontra morena, pequena, sem forma nem beleza. Ele se aproxima dela, toma-a em seus braços, cobre-a de beijos até que ela reviva um pouco graças aos perfumes e às especiarias. E, pela alegria em (ver) seu Amante perto dela, ela se restabelece, ela retoma seus ornamentos e se torna bela novamente: como outrora, ela é (de novo) a letra *He*. Ora, este restabelecimento, os "fortes heróis" o operaram, pois com sua força e sua valentia, eles lhe restituíram sua forma e sua beleza. O Salmista ensina isso quando diz (Sl. 103, 21): *"Bendigam ao Senhor, todos os seus exércitos, vocês, seus servos, que cumprem a sua vontade".* Eles a *cumprem*, no sentido pleno[244]. Eles restauram esta palavra e lhe transformam em sua figura primitiva. Restaurada e novamente bela como outrora, (ela fala e) seus valentes com o resto de seus exércitos levantam-se para escutar o que ela diz. Ela se coloca como um rei em meio a seus exércitos, e é o sentido pleno de "quem cumpre sua palavra". É assim que ocorre também no mundo visível. Quando os pecadores (multiplicam-se) em uma geração, a Presença se esconde; ela se faz tão pequena que, de toda sua forma, não aparece mais do que um único ponto. E quando chegam os "fortes heróis", os justos de verdade, eles *cumprem*, por assim dizer, esta Palavra. Ela retoma, pouco a pouco, sua luz, e torna-se novamente *He*, como outrora, em sua forma e em sua beleza.

O *Zohar* vai ainda mais longe, representando o Justo terrestre em face da Presença e do Esposo desta como um rival feliz que desperta no marido o ciúme e lhe faz desejar sua mulher. Em relação a Gênesis 6, 18: "mas contigo estabelecerei minha aliança", palavra divina dita a Noé, "homem justo", o *Zohar* expressa-se assim[245]:

"Quando há um justo no mundo, a Presença não o deixa de forma alguma e o justo a deseja. Então, o desejo do alto se dirige a ela com

---

244 - *Malkuth* é também (não podemos nos estender sobre este simbolismo aqui) a palavra de Deus. Quando, sob seu aspecto de Presença, ela se acha em exílio, as ferventes orações dos mundos inferiores agem sobre as potências sephiróticas, notadamente sobre *Tiphereth*, e a Esposa retornada em graça torna-se novamente o que ela fora outrora.
245 - I, 66 b.

amor como o desejo do homem pela mulher quando ele é ciumento por sua causa. É assim que é necessário compreender o texto interpretado: 'mas contigo estabelecerei minha aliança': é por causa de ti que o desejo foi despertado"[246].

Não contente em transmutar em símbolos teosóficos as preliminares psíquicas e físicas da união amorosa, o *Zohar* não hesita em pintar, com as cores de um realismo por vezes cru, a união de *Tiphereth* com *Malkuth*, com a ajuda de traços tomados de empréstimo dos processos biológicos do comércio carnal. Os valores simbólicos dos fatores que aí intervêm permanecem constantes: a união de *Tiphereth* com *Malkuth*, condição indispensável da harmonia no Universo, do triunfo do bem e da salvação de Israel, é consumada quando essas duas *sephiroth* aderem estreitamente uma a outra e quando aquela que representa o princípio de masculinidade derrama pelo canal da nona *sephirah*, *Yesod*, o esperma, o transbordar vindo dos planos sephiróticos superiores, no seio daquela que representa o princípio de feminilidade[247]. O simbolismo do casamento é quase exclusivamente empregado para traduzir as relações intrasephiróticas. O *Zohar* disso não usa senão uma só vez para expressar em linguagem esotérica a *debequt*, a união do homem perfeito com o divino: em I, 21 b-22 a, em que é exposto que Moisés se uniu em vida à *Shekinah*, no mais, após ter posto fim à sua vida conjugal com sua mulher[248].

---

246 - O verbo empregado no versículo significa erigir"; "aliança" designa frequentemente na linguagem rabínica a parte do corpo na qual é impresso o signo da aliança de Abraão.

247 - Ver, entre outros, I, 162 a-b (necessidade do contato estreito dos parceiros); II, 128 b-129 a (o desenvolvimento da liturgia, notadamente a recitação das Dezoito Bençãos com as orações que os enquadram, inicia e conduz a sua consumação a união sephirótica); III, 247 a-b (o esperma deve ser produzido por todas as partes do corpo, senão a mulher não frui dele; dito de outro modo, todas as *sephiroth* devem contribuir à substância de *Malkuth*, da qual depende, por sua vez, aquela dos mundos extradivinos); 296 a-b (fim da *Idra Zuta*, que retorna sobre este tema com muitos outros); cf. também *Major Trends*, p. 403, n. 76.

248 - Ver *Major Trends*, p. 226 *seqq*. e 403, n. 72. Como quase sempre no *Zohar*, a passagem contém, além do tema em questão, vários outros temas intercalados cuja análise exigiria comentários excessivos. Basta lembrar aqui que existe correspondência mística entre Moisés e *Tiphereth*, esposo sephirótico da Presença. Por outro lado, *Tiphereth* é igualmente o arquétipo de Jacó entre os Patriarcas. Assim a Presença (que é também Raquel) encontra-se com dois maridos! Contudo, para demarcar a superioridade de Moisés sobre Jacó, a passagem do *Zohar* especifica que a Moisés foi concedido a união neste mundo, enquanto que Jacó apenas será admitido no outro.

Os textos apresentados precedentemente ilustraram, muitas vezes, as relações da Presença divina com, ao mesmo tempo, as *sephiroth* superiores e os mundos inferiores. Não deixaremos de perseguir esse tema através do *Zohar*. Digamos simplesmente que o tema da mulher separada de seu marido – seja porque ela segue voluntariamente seus filhos no exílio, seja porque ela deve compartilhar de seu castigo – é ainda um aspecto, e não o menos importante, do amor de Deus em relação a Israel, amor que torna o divino solidário para com os sofrimentos de seus bem-amados e que tem mesmo por consequência a diminuição de um aspecto da divindade[249].

Resta considerar um último aspecto do amor de Deus, que foi, por vezes, tratado nos textos que acabamos de passar em revista: o amor que Deus leva aos justos (ou, sobre o plano psíquico, às almas puras) em razão de seus méritos.

Na perspectiva hierárquica do *Zohar*, essa relação de amor está localizada nesse mundo intermediário entre as *sephiroth* e o mundo visível que formam os "Palácios" (*hekalot*)[250]. Estes correspondem, por um lado, às *sephiroth*; por outro, às moradas diversas do paraíso terrestre, eles próprios constituindo o Palácio superior.

O "Palácio de Amor" (*hekal 'ahabah*) é o quinto e corresponde, na ordem sephirótica, a *Chesed* ("Graça"). Contudo, o fato é que, na descrição a ele consagrada no *Zohar* sobre o primeiro periscópio do Pentateuco (I, 44 a-b), o aspecto de amor divino não é muito especialmente destacado, contrariamente ao segundo quadro geral dos *Hekalot*

---

249 - Excelente análise em *Mishnat ha-Zohar*, I, p. 228-231. – As raízes desta concepção estão em parte imersas, já o sabemos, na tradição talmúdica, em parte em um fundo de gnosticismo. Podemos nos perguntar se o comentário que o *Zohar* lhe faz não procede também do desejo de se opor á concepção cristã de engajamento, sob a moção da caridade, de uma parte do divino no ser criado.
250 - Sobre os *hekalot*, transposição na ideologia própria do *Zohar* das etapas da ascensão da alma descritas nos antigos textos místicos, ver, além de *Major Trends*, passagens marcadas no índice s. v. *Hekhaloth tracts* [tratos Hekhaloth], a visão em *Mishnat ha, Zohar*, I, p. 419-421, e a tradução anotada, *ibid.*, 423-440, de *Zohar*, I, 41 a-45 b, e um dos dois comentários principais consagrados a este tema no *Livre de la Splendeur* [Livro do Esplendor]. Existem sete Palácios, que servem de locais de manifestação às *sephiroth*, de *Yesod* a *Binah*, em ordem ascendente, e que correspondem, por outro lado, aos sete céus sobre o baixo mundo. Como todos os níveis de ser, os Palácios contribuem para a obra da unificação das *sephiroth*; através deles passam, com efeito, se as condições necessárias são preenchidas, as orações de Israel. – Lembremos somente de uma fala que afirma haver também "Palácios de impureza" que correspondem às "*sephiroth* da esquerda" e à geena material.

no Êxodo (periscópio *Pequdey*, do qual ofereceremos um excerto a seguir). Aqui, é na descrição do sexto Palácio, que corresponde a *Tiphereth* e denominado *Hekal ha-Rason*, "Palácio da Afeição" (I, 44 b-45), que encontramos certos elementos da doutrina de amor do *Zohar*. Esse Palácio é, com efeito, o lugar mesocósmico do "beijo"; aí vão unir-se à alma de Moisés, morto "por beijo". O "espírito" que possui seu lugar neste Palácio é um "espírito de amor, espírito de união que transborda o amor por todos os lados"[251].

No periscópio *Pequdey* (II, 253 b), lemos sobre o tema do quinto Palácio, entre outras coisas, o que segue:

"Neste Palácio encontram-se duas luzes atribuídas a mil miríades (de seres) tendo por nome 'vinhas' e a mil miríades tendo por nome 'romãs'[252]. Todos subsistem (*ou* perseveram) em dileção. São aqueles que instauram o amor entre Israel aqui embaixo e o *Santo, bendito seja*, no alto. Todos despertam o amor e subsistem (perseveram) em amor. Quando o amor lança-se do baixo para o alto e do alto para o baixo[253], esse Palácio se enche de grandes bens, de grandes graças, de grandes misericórdias. Então, o amor do baixo está no interior do amor do alto, um junto ao outro. Daí partem as duas atribuições e elas têm por nome 'amor', como o Palácio. Tomam conta constantemente de todos aqueles que professam, em amor, a unidade de seu Mestre e dão, em amor, sua vida para ele. (As duas atribuições) sobem e testemunham no alto. E todos aqueles que trabalham piamente no mundo, as obras sobem e entram nesse Palácio, ali se ornam de coroas e sobem para se coroar no Amor supremo. É o sentido do texto (Sl. 108, 5): *'exalta-te sobre os céus'*[254]. A esse Palácio aplica-se o versículo do Cântico dos Cânticos (8, 7): *'as muitas águas não podem apagar este amor...'*".

---

251 - No comentário paralelo mais extenso (periscópio *Pequdey*, II, 253b-255 a), o tema do beijo é naturalmente retomado; ali é explicado, além disso (254 b), que o sexto Palácio é também o "Paraíso", domínio da contemplação extática cuja provação, segundo o Talmude, R. 'Aqiba foi o único a sofrer vitoriosamente, o que, em seu caso, traduz-se pela junção com a "direita", *Chesed*, plano sephirótico do amor de Deus; é por isso que esse Doutor sofreu o martírio sob o signo do amor, pois entregou a alma pronunciando o *Shema'*, logo, justo ao chegar a "tu amarás...". – Cf. também I, 38 a-39 b, em que a ordem de correlação entre Palácio e *sephirah* é um pouco diferente.
252 - Em I, 44 b, há também "mandrágoras". Já vimos um texto concernente ao papel desse fruto reputado como afrodisíaco.
253 - Quando circula a dupla corrente de amor entre os inferiores e os superiores.
254 - As obras de graça exaltam seus autores no nível da *sephirah Chesed*, que ocupa, na hierarquia, um degrau mais elevado que o "Céu", *Tiphereth*.

O tema do amor que Deus leva à alma purificada está ligado, além disso[255], à lei que regula o destino da jovem vendida por seu pai como serva (Ex. 21, 77-11).

O pai é Deus, que entrega sua filha, a alma celeste, ao homem de carne. "Ela não deve sair como saem os escravos": ela não deve deixar este mundo maculada de pecados, mas livre, pura e brilhante. Inocente, ela será protegida pelas legiões angélicas ao longo de sua perigosa subida em direção à morada celeste. Culpada, ela será capturada pelas legiões e arrastada na geena para ser atormentada.

Eis um excerto desse comentário[256].

> *Mas se a desposar com seu filho, fará com ela conforme ao direito das filhas [livres]". Considere que cuidado o homem deve ter para não se afastar do (bom) caminho neste mundo. Se o homem observa uma conduta meritória aqui embaixo, se ele guarda a alma como convém, ele é aquele de quem o Santo, bendito seja, compraz-se e do qual se glorifica todos os dias diante dos servidores íntimos. Vede (disse-lhes) este filho santo que eu tenho no mundo de baixo, eis como ele age, eis como suas obras são boas. E quando a alma (confiada a tal homem) sai do mundo (corpóreo) isenta de máculas, inocente, pura, o Santo, bendito seja, ilumina-o com várias[257] luzes e proclama todos os dias a respeito dele: esta alma aqui pertence a meu filho; que ela seja conservada[258] para o corpo que ela deixou. É o sentido do versículo: 'mas se a desposar com seu filho, fará com ela conforme ao direito das filhas'. Que significa 'conforme ao direito das filhas'? Há aqui um mistério mantido pelos Sábios: em um rochedo sólido, em um firmamento oculto, existe um palácio que tem por nome Palácio de Amor. Lá estão escondidos tesouros inefáveis[259]; todos os beijos de amor*

---

255 - Periscópio *Mishpatim*, II, 96 b *seqq*.
256 - II, 97 a-b, sobre Ex. 21, 9.
257 - Como muitas vezes na língua do *Zohar*, tal qualificação marca mais a intensidade do que a multiplicidade numérica.
258 - Em vista da ressurreição gloriosa.
259 - Literalmente: "esses tesouros", isto é, conhecidos não pelo sentido ou pela razão, mas em virtude de uma iniciação ou de uma intuição mística.

> *do Rei²⁶⁰ ali se encontram. Quando o Rei entra neste Palácio sobre o qual foi escrito (Gn. 29, 11) 'e Jacob beijou a Raquel'²⁶¹, ele ali encontra a alma santa. Seguindo, ele a beija, a toma em seus braços, leva-a com ele e se compraz dela. É o sentido de 'conforme ao direito das filhas, fará com ela', como um pai faz com uma filha que lhe é cara: ele a beija, toma-a em seus braços e a enche de presentes. É assim que o Santo, bendito seja, faz todos os dias com a alma pura: 'conforme ao direito das filhas, fará com ela'. Um texto [de Isaías 64, 4] o diz: 'nem com os olhos se viu um Deus além de ti que trabalha para aquele que nele espera'²⁶². Assim como a Filha completa o 'fazer' no mundo o Santo, bendito seja, completará para ela um outro 'fazer' no mundo vindouro. O mesmo verbo, 'fará com ela', é um assunto que não entraremos em pormenores, pois demandaria uma grande digressão, dentro do contexto delimitado.*

CONCLUSÃO

Demarcamos, claramente, ao final da busca que agora se completa, o espírito no qual compreendemos conduzi-la para não nos sentirmos embaraçados diante da necessidade de uma recapitulação geral em que os resultados obtidos dificilmente evitariam o uso de um julgamento de valor.

Sob reserva das lacunas e das deficiências de nossa reflexão, as quais nunca tentamos dissimular, acreditamos ter circulado por entre os textos e os problemas. Pudemos seguir o caminho da ideia de amor divi-

---

260 - *Tiphereth*.
261 - Jacob é *Tiphereth*, Raquel é *Malkuth*. O texto simboliza, logo, sua união, que é o arquétipo do encontro da alma pura com Deus.
262 - A explicação filológica do versículo, no mais difícil, seria talvez diferente; o contexto do *Zohar* postula a exegese que o decalque acima tenta conferir. – Lembremos, ainda, que a possessão da alma superior (*neshamah*; ver, sobre os graus da alma segundo o *Zohar*, *Major Trends*, p. 240) é, sob um aspecto, a recompensa da perfeição religiosa e, sob outro, o instrumento da mais alta união mística: os amantes (ou amados) de Deus, cheios de seus dons (segundo Pv. 8, 21), são aqueles que possuem "a alma superior a santa"(*nishmeta qadisha*): *Zohar* I, 206 a.

no, em duas vias, e, subsidiariamente, da virtude complementar, da parte do homem: o temor reverencial sempre distinto, na verdade, do temor servil e do pavor animal, apesar da ocasional insuficiência vocabular.

Dois traços fundamentais parecem caracterizar o amor divino segundo a crença Judaica: a iniciativa vem de Deus, mas a causa formal e a causa final, se é possível nos expressarmos assim, é Israel. No fundo, o amor divino é idêntico à eleição e ele é, desde esse momento, perfeitamente claro porque se inscreve, a título de preceito positivo, na constituição desta eleição, na regra da aliança que não é outra senão a Torá de Moisés. Segundo a palavra, é *ordenado* ao homem amar a Deus, coisa propriamente incompreensível para uma mentalidade impregnada de autonomia moral. Contudo, aos olhos tanto do israelita antigo como de seu descendente judeu, a dileção mútua forma a própria trama da aliança fora da qual não há, entre Deus e o homem, senão relação de dependência servil ou afrontamento ilusório na falsa magia.

Regra imposta, mas livremente aceita, o amor, como todos os outros preceitos sem exceção, é vivido e cumprido em um espírito de alegre obediência. Alegria do crente à qual corresponde, do outro polo, aquela de Deus, que certamente se compraz com sua criação, no homem eminentemente, mas, acima disso, em seu povo Israel. E é assim que, em seu desenvolvimento temporal, a relação entre Deus e a nação eleita é uma "história de amor" para a qual não faltam peripécias, exaltadas pelos Kabbalistas no plano mesmo da vida interior da Deidade, que fazem parte quase inelutavelmente de uma tal história.

Observamos o quanto era difícil separar, sobretudo na antiguidade bíblica, assim como no longo do período talmúdico, o aspecto coletivo, comunitário do amor de seu aspecto individual. Como seria de outra forma, a partir do momento em que o amor é ato de obediência e parte de um conjunto de disposições que não podem ser traduzidas em prática senão no seio de um grupo homogêneo animado por um mesmo ideal espiritual e submetido voluntariamente a uma mesma disciplina. Alguns textos, contudo, parecem afastar-se desta atitude, acentuando-se mais claramente o amor da alma individual, da alma do justo em relação a Deus, sem falar das provas raras e rudimentares do amor cósmicos.

Sobre alguns pontos, o aporte filosófico e místico da Idade Média marcará não uma mudança profunda, pois a constante mais inabalável do amor divino no judaísmo permanecerá sendo sempre o amor de obediência do povo eleito e agraciado da Torá, estatuto de sua aliança com Deus, mas certo deslocamento das perspectivas.

Estendendo uma tradição cujas raízes estão imersas na Bíblia e cujos temas maiores são a adesão a Deus, a imitação de seus atributos morais e, mais tarde, a concepção de um gradual progresso na perfeição espiritual, vários autores elaboram, então, doutrinas do amor de Deus que oferecem aspectos mais especulativos, mais místicos e, resumindo, mais intelectuais que as cogitações dos antigos rabinos. Em consequência, o caráter do amor tende a se tornar, em alguns, mais individual que comunitário, sem que, no mais, o comportamento concreto do sujeito encontre-se modificado: o espírito de abnegação, de esquecimento de si, a disponibilidade mesmo ao martírio permanece intocada como a fidelidade cotidiana à regra da vida.

Não é menos verdade que, nos meios mais impregnados da filosofia Greco-árabe, a identificação do amor de Deus com o conhecimento metafísico, termo último do itinerário intelectual do Sábio, parece querer criar uma espécie de privilégio em favor de uma elite restrita. Contudo, é necessário dizer que, deixando de lado certos excessos frequentemente apenas verbais de epígonos e de literatos, os pensadores de grande classe como Maimônides e Gersênides nunca perderam o contato, seja pelo preço de certo ilogismo, com as fontes vivas da fé, ao ponto de constituir, mesmo em teoria, uma espécie de mandarinato exclusivo de intelectuais que seriam os únicos amantes autênticos de Deus. Constatamos, no mais, que a concepção de uma relação de dileção possível entre o homem e Deus, que não é difícil à perspectiva tradicional, implicava, pelo contrário, ultrapassar de certo modo a ideologia aristotélica sobre a qual nossos teólogos judeus apoiam-se, por sua vez, para encontrar, no grau supremo em Deus, os motivos da amizade esclarecida pela *Ethique [Ética]* do estagirita.

Em outros teólogos, que simplesmente colocam ao serviço de seu fideísmo o instrumento conceitual, as fórmulas gerais e o léxico vulgarizado da filosofia, a ponta do intelectualismo é quebrada enquanto a sabedoria geradora de amor não for a metafísica racional, mas, sobretudo, a Lei estudada em casuística e observada em seus menores detalhadas.

Outro componente, bastante novo, da especulação medieval é a noção de amor cósmico cujas origens gregas são patentes. Mas há, ainda, aqueles entre nossos autores que souberam lhe dar a expressão literária mais bem-acabada (entre outros, Juda Halevi, cuja doutrina de amor divino está nos antípodas do amor intelectual dos filósofos), ligando-o a temas bíblicos e combinando-o, não sem certa felicidade, com a angelologia tradicional.

A constância do tema do amor através do tempo aparece como pareada a sua difusão universal na Diáspora, em todos os níveis do ensinamento e na maior parte dos gêneros da literatura religiosa: obras de teologia, tratados de espiritualidade ou de moral, comentários escriturários, sermões, poesia litúrgica e mesmo códigos rituais e jurídicos, no Oriente e no Ocidente, entre os sefarditas e os asquenazes; racionalistas, tradicionalistas e místicos fazem dele o objeto de suas discussões e de suas meditações, e ele tem seu lugar na exegese dos dissidentes caraítas.

Assim, podemos ter como certo que o amor de Deus foi *semper et ubique* uma doutrina cardeal do judaísmo de todas as tendências, na Antiguidade como na Idade Média. E se, procurando despi-lo de todas as vestimentas acessórias devido às contingências da história e livrá-lo dos modelos nos quais o enquadraram as leis da vida do espírito, tentarmos uma definição geral do fenômeno religioso estudado neste livro, podemos talvez formulá-la assim: o engajamento total do judeu solidário a seu grupo em relação ao Deus criador do Universo, doador da Lei e redentor de Israel.

CAPÍTULO II

EXAMINANDO O SANTUÁRIO

O homem cria, por seus próprios pensamentos, as condições sob as quais vive e percebe o mundo a sua volta. É a causa de tudo quanto possa lhe acontecer e mais, o pensamento e os sentimentos são os poderes criadores de Deus em ação.

A∴A∴K∴

Nosso conhecimento das ideias e das coisas pode expressar-se pelas palavras: *Nome* e *Forma*. O nome é, por assim dizer, a soma de todos os atributos da coisa que o leva. A forma é o primeiro atributo se apresenta à nossa percepção, por ser a visão um sentido de maior alcance e extensão. Toda palavra que se ouve ou se lê, evoca no banco de memória de mente alguma imagem, assim como toda percepção de algum objeto evoca o nome do mesmo. Se já for conhecido e, por outro lado, se não for algo conhecido desperta logo o desejo de saber sobre tal objeto ou a necessidade de nomeá-lo ou inventar uma maneira de identificá-lo. Por exemplo, quando ouço a palavra abacaxi, aparece em minha mente a imagem dessa fruta, a imagem mental estimula e nos faz recordar o seu nome. Se o nome que ouço ou leio, é abstrato, posso evocar alguma imagem simbólica já conhecida, ou um composto de imagens armazenadas pela experiência, lembranças de vários atos da vida nos quais se manifestaram as qualidades boas ou más expressadas por tal nome.

A palavra tinteiro pode evocar em mim uma grande variedade de imagens, sendo que tem tinteiros de formas e tamanhos e de grandes variedades; porém, isso não afeta de maneira alguma a nossa compreensão desta palavra, porque seu significado é o de recipiente para tinta. Ao fazer menção do tinteiro há uma necessidade de conhecer sua forma exata, é muito fácil descobri-la, com aquilo que se pode distinguir dos muitos tinteiros das mais variadas formas. Sucede o mesmo com os substantivos concretos, porém com os abstratos não ocorre desta maneira, porque estes nos exigem maior desenvolvimento das faculdades mentais, certo adiantamento intelectual, moral ou espiritual, pelo qual é preciso ter ou haver tido alguma experiência própria do atributo expressado pelo nome abstrato.

Por outra parte, o apego a uma personalidade, a um dogma religioso ou científico ou às palavras especiais cristalizadas na mente impede a compreensão de palavras novas que já são sinônimos das conhecidas. Expressões mais exatas dos conceitos que se têm, sejam conceitos mais elevados, mais transcendentais ou transcendentes, aqueles que lançam luz sobre muitos problemas da vida, até agora insolúveis para a grande maioria. O fundamentalismo, a intolerância, o orgulho, a vaidade, o amor próprio são as nuvens que obscurecem as mentes, impedindo o reconhecimento na multiplicidade manifestada da Humanidade, a expressão mais ou menos exata de uma ideia em diversas formas. Isso explica o antagonismo que há entre muitas escolas, instituições, organizações religiosas, seitas e, ainda dentro de muitas delas, segundo o apego das formas e o pouco desenvolvimento intelectual, moral e espiritual de seus partícipes.

Nossas reflexões deste capítulo têm como intenção investigar o sentimento oculto de várias passagens das Escrituras hebraico-cristãs à luz da Teosofia ou Tradição Universal, na qual se baseiam todos os sistemas filosófico-religiosos da Humanidade. Chamar a atenção, provocar os leitores que amam realmente a Verdade (Deus), sobre todas as coisas e a seu próximo (a Humanidade) como a ti mesmo, a examinar e formar conceitos mais elevados, acerva do Universo e do Homem, e assim até solucionar por si mesmo certos problemas da vida, que até agora eram considerados insolúveis. Não se trata de converter ou convencer ninguém à crença ou à uma opinião inflexível, senão apenas indicar algumas "Chaves de ditas Escrituras, contribuindo, desta maneira, por mais imperfeitas que possam parecer a princípio, mas que poderão servir de direção para seguir mais adiante com seus próprios esforços de pesquisas e entendimento. O verdadeiro conhecimento das coisas não se adquire andando de meca em meca ou de igreja em igreja entre as mais diversas opiniões alheias, senão formando opiniões próprias, por meio da experiência direta e da reflexão sobre o fenômeno. Aquele que ama realmente a Verdade, a busca incessantemente onde quer que possa encontrá-la, porque acredita que a Verdade há de estar em todas as partes, como Base de todas as coisas, ainda que no fundo do erro, do engano e da superstição. Por conseguinte, aquele que busca a Verdade, busca-a 'comprovando tudo e retendo aquilo que for bom', como aconselha São Paulo. No amor à Verdade não cabem prejuízos, ódios, rancores, ambições pessoais nem qualquer outra forma de egoísmo, pois a Verdade não admite "*outros deuses diante de si*".

PROLEGÔMENOS

Sabemos que o Dois é o reflexo do Um, ou seja, sua imagem; quer dizer, que o *Microprosopus* é a imagem do *Macroprosopus*. Isso se acha corroborado em São Paulo, o qual disse (Colossenses 1, 15), que o Filho é "imagem de Deus Indivisível, primogênito de cada criação (fundação ou construção)". Encontra-se nesse versículo um ensinamento teosófico perdido para o Cristianismo moderno, devido a uma tradução errônea da expressão *pases ktiseous*, πάσης Κτίσεως, a qual não significa "toda criação", como dizem algumas versões, nem "toda criatura", como dizem outras, senão *cada criação*, porque o adjetivo tem aqui sua significação distributiva, como se não acompanhasse o artigo definido. Existe uma série infinita de criações, sendo cada criação causa e efeito ao mesmo tempo – efeito de criações precedentes e causa de criações subsequentes –, pois a Deidade se manifesta infinitamente, como está dito.

Assim, este Universo é um composto ou uma série de causa e efeito, sendo cada ser, cada ação, cada coisa, simultaneamente, causa e efeito. Se não tem fim essa série, é evidente que tampouco pode ter tido princípio; porque assim como podemos adicionar cifras à direita de um número, assim também podemos adicionar à esquerda. Por mais vasto que seja o número que imaginamos, podemos logo conceber outro muito maior, e depois outro muitíssimo superior, e assim *ad infinitum*, com o qual chegamos ao conceito de que um número é susceptível de incremento infinito em qualquer que seja a direção. Apliquemos este raciocínio à sucessão das causas e seus efeitos. Se remontarmos (muito atrás, no passado) dos efeitos das causas no passado e chegarmos à primeira causa, reconheceremos que esta não é mais que a primeira da série, e que há de existir outra causa completamente inacessível para nossa mente, porque é absolutamente infinita. Sucedem o mesmo se seguirmos mentalmente as causas e seus efeitos no rumo do futuro, porque, ainda que chegássemos a imaginar um efeito final, haveríamos de reconhecer que tal efeito final não poderia ser diferente dos efeitos anteriores, e que é também forçosamente causa e efeito por sua vez. Por conseguinte, o número de causas e efeitos é infinito em qualquer direção, a Grande Causa sem Causa, o Absoluto, abarcando todas as causas relativas e seus efeitos.

Se a série atual (quer dizer, este Universo) há de ter um fim, é preciso que tenha tido um princípio, porque só o relativo pode ter um fim, e, portanto, um princípio. Sem dúvida, há que considerar que o princípio e fim de uma série não podem ser princípio e fim num sentido absoluto (o qual seria uma contradição de termos). Porque ao raciocinar como fica indicado acima, reconhecemos invariavelmente um *Mais Além da Causa* e um *Mais Além do Efeito* – e qual Efeito não é mais que o segundo aspecto da Causa baseada na eternidade que é infinitamente a Causa sem Causa, o Absoluto. "Conseguintemente, o princípio e o fim de uma série não podem limitar mais que esta série; porém, sendo esta em sua totalidade uma Causa Efeito, que abarca uma vastíssima multiplicidade de causas-efeitos, é forçosamente o efeito de uma série anterior e será a causa de uma série subsequente. Sendo o Relativo procedente do Absoluto, tem em si uma capacidade eterna para manifestar-se: e sendo limitado em sua manifestação – naquilo que chamamos de espaço e tempo" –, esta manifestação tem que ser periódica, porque o limitado no espaço tem que ser também no tempo. Se a existência relativa não estivesse de toda a eternidade na Existência Negativa Absoluta, jamais chegaria a manifestar-se, quer dizer, que não poderia haver tal existência relativa. Por conseguinte, a *Causa sem Causa* contém em si eternamente a *Causa Efeito Periódica*; no Zero está eternamente o Um, que é a Causa da infinita multiplicidade de séries numéricas. A Causa Efeito é a Lei Suprema de toda manifestação, segundo a qual se ajustam os efeitos às suas causas, respectivamente, em todos os planos do universo. Nessa Lei de Ação e Reação, a qual as pessoas não fazem ideia do seu pleno significado, e, aliás, talvez nem tenham esta acepção, encontra-se na expressão de São Paulo, pois a "Providência Divina" é absolutamente impessoal. Essa Grande Lei rege a Infinidade de Universos desde um átomo até um sol.

Sendo eternamente periódica a manifestação da Causa Efeito, podemos considerar a "criação" como sinônimo da palavra *manifestação*, e parece que está empregada neste sentido no Apocalipse (III, 14): "Estas coisas diz o Amém, a testemunha fiel e verdadeira, o princípio da *criação* de Deus" (*he arché tes ktiseou tou Theou*, ή άρχή της κτίαεως Θεοῦ). *Amn*, אמן, segundo os lexicógrafos, quer dizer "verdadeiro", e certamente"; porém, aqui tem um significado oculto como se vê na expressão "Testemunha Fiel e Verdadeira"[263]. Esta palavra foi tomada dos Caldeus, seu significado é a afirmação da existência em nós por legado do "Senhor" assexual (sem sexo). O Amém é o Espírito Universal, o Christos, o Sétimo princípio na constituição do homem. É também o "Nome" pelo qual Jesus operava maravilhas, e o qual comunicou a seus discípulos com o mesmo propósito, como vemos no Evangelho de São Lucas (X, 17): "E os setenta e dois (discípulos) voltaram muito contentes, dizendo: Senhor, até os demônios nos obedeceram por causa do teu nome". Compreende-se desde logo que a palavra *Amém*[264], tal como a

---

263 - Na linguagem esotérica, Amém quer dizer "*o culto*", Manetho Sebennites diz que esta palavra significa aquilo que está oculto, e sabemos por Hecataeus e outros que os Egípcios a empregavam para invocar o seu Grande Deus de Mistério, *Ammôn* (ou *Ammás*, o deus oculto), para que se manifestasse neles. O famoso hieróglifo Bonomi chama com toda exatidão a seus adoradores "*Amenoph*", e o Sr. Bonwick cita um escritor que diz: "*Ammon*, o Deus oculto, permanecerá sempre oculto até que sejam inúteis os deuses remotos antropomorfizados e revelados". *Jehovah Adonay* é uma nova forma do Deus *Amoun* ou *Ammôn* com a cabeça de carneiro o qual era invocado pelos sacerdotes sob o nome de *Amém*.

264 - *Ammón* ou *Amoun* é muito mais antigo que *Amoun-Ra* e se identifica com *Baal*... *Amoun-Ra* era o Sol Espiritual, o "Sol da Justiça" etc., pois "o Senhor Deus é um Sol". Ele é um Deus de Mistério, e os hieróglifos de seu nome se invertem muitas vezes. Ele é o *Pan*, esotericamente o Todo Natureza e, por conseguinte, o Universo, e o "Senhor da Eternidade". *Ra*, segundo declara uma inscrição antiga, foi "produzido por Neith, mas não engendrado". Aquele chamado *Ra* sugere "produzido por si mesmo", e criou a bondade por um olhar de seu olho fogoso, assim como *Set-Tifón* criou o mal com o seu

vemos escrita, nada mais é que um substitutivo, porque a palavra sagrada é de natureza espiritual, e, portanto, não deveria ter sido escrita nem pronunciada em público.

O conceito de um Deus pessoal, único, extra cósmico e omnisciente tem sido a causa de não poucos absurdos lógicos. Basta estudar o terrível problema do Mal à luz de dito conceito para se ver obrigado a reconhecer que semelhante entidade seria forçosamente a única causa do Mal, por mais que se diga que o Mal se originou com a queda de Lúcifer e de seus Anjos, pois por sua omnisciência deveria de saber perfeitamente, que o referido anjo se converteria de "bom" em "mau" e, por isso mesmo, poderia muito bem ter se abstido de criar semelhante entidade, sem a qual não existiria o Mal. Este é o raciocínio lógico que poderia ter alguém que fosse dotado de juízo da "bondade" e dos demais atributos do Deus pessoal, caprichoso, parcial, vingativo e cruel e, por conseguinte, muito limitado, da letra morta das Escrituras hebraicas, e tal raciocínio produziu a maior parte com ou sem razão e por isso foram chamados de "ateus" pelos cristãos demasiadamente zelosos e apegados em seus pontos de vistas em particular[265]. Ainda que a imensa maioria dos cristãos não tenha conhecimento claro acerca da constituição humana e da *Lei de Causa e Efeito*, pela qual toda existência tem sido forçosamente sua causa, em outras existências anteriores e há de ter seus efeitos em outras subsequentes, não careceriam, sem dúvida, de lógica natural, pois as presenças de grandes calamidades, desgraças, cataclismos, só

---

olhar perverso. Como *Ammón-Ra*, é "Senhor dos mundos entronizado no disco do Sol e aparece no abismo do céu". Num antiguíssimo hino, este nome está escrito: "Amén Rá". A ele se dirige esta invocação: "Senhor dos tronos da terra... Senhor da Verdade, pai de todos os deuses, fazedor do homem, criador das bestas, Senhor da Existência, Iluminador da Terra, quem voga tranquilamente no firmamento... todos os corações se abrandam ao contemplar-te, soberano da vida, da saúde e da força. Adoramos teu espírito que nos fez"; etc., etc. Em Bonwick's, *Egyptian Belief*, chama *Ammón Ra* de "esposo de sua mãe" é filho dela. Os judeus sacrificavam *cordeiros* ao deus "com a cabeça de carneiro", e o *cordeiro* da teologia cristã é uma reminiscência disfarçada do carneiro.

265 - Quando consideramos as diversas acepções da palavra "Deus" e seu sinônimo "Causa Primeira", o termo "ateu" resulta ser de significação muito duvidosa. Não é um necessariamente ateu por não crer num Deus pessoal, único e extracósmico, pois todo o mundo só admite que não tenha efeito sem causa, ainda quando haja quem diga que o universo se deve ao *acaso*, porque esta palavra não pode significar mais que uma *causa desconhecida*, cujo conceito é, por assim dizê-lo, uma homenagem involuntária rendida ao Deus Impessoal como aspecto do Absoluto. Na realidade, *não existem ateus*, pois todos os homens têm um desejo inato de conhecer a causa das causas, especialmente de sua própria existência.

dizem que *"tal é a vontade de Deus"*. Reconhece, assim, inconscientemente, a operação de uma só Lei cuja essência é o equilíbrio e a qual não pode manifestar-se senão pelos contrários, ou seja, pares de opostos. Isso se verifica na doutrina kabbalística, segundo o *Siphra (Sepher) D' Tznioutha* (Livro do Mistério Oculto) e do *Siphra Yetzirah* (Livro da Formação), e podemos dizer da Bíblia também quando se penetra mais além do véu da letra morta. A linguagem de Isaías é bastante clara e eloquente quando diz: *"Eu formo a luz e creio nas trevas; eu faço a paz e creio no Mal*, ובורא רע, *ubore rarg*; eu, YHVH, *faço todas estas coisas"* (Isaías, XLV, 7).

Como disse o filósofo Hegel, uma coisa não pode existir senão por meio de seu contrário: a coisa e seu contrário têm que originar-se juntamente, e isso eternamente, como os complementos de uma unidade. Isso corrobora com a doutrina da Kabbala, segundo a qual o Bem e o Mal não são dois poderes contrários e autônomos, senão que estão sob o poder da Suprema Deidade Absoluta.

Diz Isaac Myer[266] em sua *Qabbalah*: "A Divindade tem duas bases essenciais para sua existência: a Necessidade e a Liberdade; porém, acima de tudo está Sua independente autonomia, Sua Harmonia. Para manifestar a Verdade, necessitamos ter dúvida. A destruição é regeneração; o Mal é essencial para a existência do Bem, assim como para sua regra fixa. O erro é necessário para manifestação da Verdade. A corrupção da morte nos dá a imortalidade. Nós nos apoiamos no que resiste. O escudo de Satanás detém o golpe da lança de Miguel, impedindo a destruição deste; Satanás é tão necessário para fazer ressaltar nos contrastes da bondade de Miguel como uma base é necessária para sustentar uma coluna. O Satanás do Gênesis e de Jó não é uma falácia. Todo o universo descansa sobre duas forças opostas que produzem o equilíbrio e a harmonia do Todo e assim o sustenta. As forças opostas centrípeta e centrífuga produzem aquele movimento harmonioso que é o caminho de todas as estrelas e de toda a vida no universo; essas energias opostas estão em toda a física, em toda a religião, em toda filosofia, em todo intelecto, e estão em todas as partes exceto na Deidade, a qual é inteira e perfeita harmonia. Os antigos gregos representam essas forças por *Eros*, Desejo ou Amor, e sua oposição por *Anteros*, ou Aversão. Na ciência, temos o fenômeno da polaridade, no coração o movimento arterial e ve-

---

266 - MYER, Isaac. Solomon Ben Yehudah Ibn Gebirol – *Qabbalah – The Philosophical Writings*. Ktav Publishing House, Inc. New York, 1888.

noso, e também na lei espiritual de simpatias e antipatias. Também nos discípulos de Zaratustra, ainda que lhes suponham ter tido por deidades a Luz ou o Bem e a Obscuridade ou o Mal, tinham, todavia, uma deidade superior na qual ambas se dissolviam e descansavam, a qual era conhecida sob o nome de *Zervane Akerane* ou Tempo Ilimitado. A harmonia está representada pelo círculo, pela serpente, emblema de Satanás como da Sabedoria, com seu rabo na boca. No universo físico, é o éter Luminiferous, o calor vital, o azoto eletromagnético. É o fluído ambiente que penetra, atravessa e vivifica todas as Coisas, o raio desprendido da glória do sol, fixado pelo peso da atmosfera e cristalizado pela tração central a nossa terra. Nas palavras do erudito Yehudah-ha-Levi (A.D. 1140):

"Não existe vida alguma sem movimento, nem movimento sem inspiração, nem inspiração sem luta, nenhuma luta sem oposição; as oposições são essenciais em todas as partes, porém, o Poder Divino concilia todas as oposições"

(Sepher Khozari, Parte IV, 25).

    A multiplicidade abarca todos os graus possíveis de espiritualidade e de materialidade entre os dois polos do ser, o Espírito e a Matéria, ao que, como fica dito, são inseparáveis, por cuja razão não pode haver unidades exclusivamente espirituais e outros exclusivamente materiais, porque o fato é que os dois polos se encontram em cada unidade da vastíssima Multiplicidade. Na Multiplicidade, como num todo, o mesmo ocorre em cada parte dela, isto é, notamos a existência de dois aspectos contrários. Sem esses contrários não poderia haver manifestação alguma, como já dissemos antes. A barra imantada nos oferece um exemplo perfeito da manifestação tanto universal quanto em cada uma de suas partes. Em todo ímã encontramos uma extremidade que atrai e outra que repele, por ditas extremidades se chamam de polo positivo e polo negativo. Ademais, a parte central do ímã é indiferente, quer dizer, que nem atrai e nem repele, por isso se chama de ponto neutro. Agora, se cortarmos uma barra imantada no seu ponto neutro, encontraremos que os dois pedaços são ímãs perfeitos, cada qual tendo seu polo positivo e seu polo negativo, como também continuará tendo seu polo neutro. Se repetirmos esta operação com os dois fragmentos, encontraremos em cada pedaço do metal um ímã perfeito, sucedendo sempre o mesmo com cada divisão subsequente, até que nós seremos obrigados a continuar com a operação mentalmente, chegando, desta maneira, ao átomo, o qual tem que ser um "ímã" também. Por conseguinte, os átomos do polo positivo são positivos e negativos, e os do polo negativo são, por sua vez, negativos e positivos; só que aqueles não se manifestam no aspecto negativo, nem estes no aspecto positivo: naqueles predomina o aspecto positivo e nestes o aspecto negativo devido ao lugar que ocupam. O mesmo pode dizer-se a respeito do ponto neutro, o qual não se pode isolar, assim como não se podem isolar os polos positivo e negativo.

Cada coisa tem vários aspectos contrários segundo nos afeta ou segundo percebemos, porque tem uma pluralidade de "pares opostos", como, por exemplo, positivo e negativo, tração e repulsão, amor e ódio, masculino e feminino, luz e trevas, calor e frio, verdade e falsidade, virtude e vício, ação e reação, prazer e dor, bem e mal. O Ponto Neutro em todos esses pares contrários de oposições é constantemente indiferente e invariável em todas as coisas, em todos os seres, em todo o Universo Manifestado. Em todo o Universo Manifestado, o Ponto Neutro é, por um lado, o Uno que permanece Imanifestado em meio da Dualidade Espírito-Matéria e por outra parte é o "*elo*" que une o Espírito com a Matéria. Em cada unidade da vastíssima Multiplicidade é o que escapa constantemente à nossa análise das coisas; a "*coisa-em-si*", a qual não é senão a Substância Divina inseparável da Ideação Pré-Cósmica.

Nossa classificação das coisas em boas e más é arbitrária, pois depende da impressão agradável ou desagradável que produzem em nós. Pela experiência que adquirimos, reconhecemos que existem coisas "más", que são boas em certas ocasiões, e outras que, ainda que boas, segundo nosso conhecimento destas, podem ser más em certas circunstâncias; isso quer dizer que as coisas são boas ou más segundo o uso que se fazem delas. O que chamamos de bem e mal não é mais que o predomínio de um dos polos ou aspectos; ainda há ocasiões em que vemos uma coisa produzir efeitos contrários: o bem-estar para uns e sofrimentos para outros. Isso sucede diariamente com os elementos. Por exemplo, o fogo que nos presta inumeráveis serviços pode se converter em terrível agente destruidor nas mãos do imprudente ou do malvado. A água de um caudaloso rio que fertiliza uma vasta região onde milhares de famílias gozam das melhores terras fertilizadas e irrigadas, de modo que, sem tal rio, nem teriam como sobreviver; mas quando vem uma enchente destroçando tudo e todos com a fúria destruidora daquele antes caudaloso manifesta-se de outra maneira totalmente antagônica. O vento favorável para uns navegantes é forçosamente desfavorável para aqueles que navegam em sentido contrário. Enfim, todos os objetos que nos rodeiam têm suas qualidades "boas" ou "más", e se pode fazer um uso "bom" ou "mau" deles, sendo que assim, por serem diferentes as coisas, é forçosamente bem provável que umas sejam mais úteis ou mais nocivas que outras em circunstâncias adversas.

Por conseguinte, não existe no Universo Manifestado nem "bem absoluto" nem "mal absoluto", mas, sim, "bem relativo" e "mal relativo". Sim o "mal" não se poderia manifestar no "bem". O Bem Absoluto está no Uno, no *Logos* Imanifestado, ou seja, "no Deus". Isso é sem dúvida o que Jesus quis dar a entender quando disse ao jovem que lhe chamava de "Mestre bom": *"Por que me chamas bom? Não há bom senão um só, que é Deus"* (São Mateus XIX, 17; Lucas, XVIII, 19). É evidente que naquela ocasião Jesus empregou a palavra "bom" num sentido absoluto, e não num sentido relativo, como o fez em sua parábola acerca do dono de um vinhedo a qual representa dizendo ao trabalhador descontente: "É mau teu olho porque eu sou bom?" (São Mateus XX, 15).

Assim como em uma folha de papel não se pode destruir um lado sem destruir ao mesmo tempo o outro, assim também é impossível separar o polo positivo do polo negativo, pois a existência de um depende da existência do outro; quer dizer, os dois lados são aspectos do Ponto Neutro, o qual não se manifesta, porém produz a manifestação dos dois polos. O Deus, o Bem Absoluto, é, portanto, o Ponto Neutro Abstrato que produz a diferenciação de "bem relativo" e de "mal relativo". Como vemos, o Deus Impessoal é infinitamente superior a qualquer Deus pessoal, o qual é forçosamente dual, porque seus atributos são positivos e negativos, como, por exemplo, *Jehovah*, ou *Yahveh*, o Deus exotérico dos Judeus.

Lê-se no catecismo oculto:

- Que é aquilo que sempre é? – Espaço, o eterno *Anupadaka* (sem pai)

- Que é aquilo que sempre foi? – O Germe da Raiz.

- Que é aquilo que está sempre indo e vindo? – O Grande Alento.

- Então existem três Eternos? – Não, os três são Unos. O que sempre é, é Uno, o que sempre foi, é Uno; o que está sempre saindo e chegando a ser, é também Uno; e isto é Espaço.

- Explica, oh discípulo! – O Uno é um Círculo não interrompido (Anel) sem circunferência alguma, pois não está em nenhuma parte e está em todas as partes. O Uno é o Plano do Círculo, que manifesta num Diâmetro somente durante os períodos de Evolução. O Uno é o Ponto Indivisível não encontrado em parte alguma e percebido em todas as partes durante aqueles períodos. É a Vertical e a Horizontal, o Pai e a Mãe, a cúspide e a base do Pai, os dois extremos da Mãe que não chegam em realidade a parte alguma, porque o Uno é o Anel, assim como também os Anéis que estão dentro daquele Anel (Estes Anéis são precisamente as "rodas" de que fala o profeta Ezequiel). É Luz nas Trevas e Trevas na Luz; o Alento "que é eterno". Procede de fora para dentro, quando está em todas as partes, e de dentro para fora, quando não está em nenhuma. Estende-se e se contrai (expiração e inspiração). Quando se estende, a Mãe se difunde e se espalha; quando se contrai, a Mãe retrocede e se concentra. Isso produz os períodos de Evolução e de Dissolução. O Germe é invisível e ígneo; a Raiz (o Plano do Círculo) é fria, porém durante a Evolução, sua vestidura é fria e radiante. O Alento quente é o Pai que devora a progênie dos Elementos de múltiplas faces (heterogêneos) e deixa os de só uma face (homogêneos). O Alento Frio é a Mãe que os concebe, forma-os, os dá a luz e os recebe de novo em seu seio para voltá-los a formar novamente na Aurora (do Dia de Brahma, ou período de Evolução[267]).

O Grande Alento ou Movimento Abstrato Absoluto é o Uno, que vibra constantemente "da Invariabilidade à definição", ou seja, da Passividade à Atividade e vice-versa. É a Lei de Causa e Efeito, pela qual evolucionam e se desenvolvem os Universos, e é também a Vida que os anima. O Deus Impessoal é, pois, a Grande Lei que rege o Universo, por isso é a Base de todas as leis espirituais, mentais, psíquicas e físicas; sendo assim, estas não são senão aspectos da Grande Lei de Causa e Efeito. Não só cada unidade da vastíssima Multiplicidade é, por sua vez, causa e efeito, senão que todas suas relações com as demais são também causas e efeitos ao mesmo tempo. A vibração rítmica do Grande Alento é a Harmonia Divina pela qual se ajustam os contrários em suas inumeráveis relações. Em seu aspecto moral a Grande Lei é a Lei de Retribuição infalível; porém há de se ter em conta que é *impessoal*, por

---

267 - Assim como a manifestação do Universo é periódica, também é periódica a atividade de cada unidade da Multiplicidade, como o átomo e como a alma, porque tem períodos (ou ciclos) de desenvolvimento material e de Evolução Espiritual.

cuja razão não se pode dizer que premeie ou castigue, senão no sentido metafórico, pois a cada causa lhe segue o efeito que lhe corresponde com rigorosa exatidão. Neste sentido, corroborou o Apóstolo São Paulo: "Não os enganeis; Deus (quer dizer, O Deus, a Grande Lei de Harmonia) não pode ser burlado, porque tudo quanto o homem semear terá que colher" (Gálatas, VI, 7).

Disse Mme Blavastsky, na Doutrina Secreta, vol II, p. 259: a Lei de Causa e Efeito existe desde a Eternidade e nela está verdadeiramente, pois é a mesma Eternidade; e como tal não se pode dizer que atua, porque é intrínseca à própria Eternidade. Não é a onda que leva o homem, mas, sim, a ação pessoal do infeliz que marcha deliberadamente e se coloca sob a ação impessoal das leis que governam o movimento do oceano. A Lei de Ação e Reação (chamada de *Karma* em sânscrito) não cria nada nem designa nada. O homem é aquele que imagina e cria as causas, e a Lei Kármica ajusta seus efeitos, cujo ajustamento não é um ato, senão uma harmonia universal tendendo sempre a tomar sua posição original, o mesmo que um ramo, o qual dobrado a força, responde com vigor correspondente. Sucede-se que se desloca o braço que tratou de dobrá-lo fora de sua posição natural, poderíamos dizer que foi o ramo quem rompeu nosso braço, ou que foi nossa própria imprudência a causa de tal acidente?

Pelo que temos visto sobre o bem e o mal, ou seja, do uso ou do abuso das coisas, é evidente que o homem predestina sua própria sorte, quer dizer, que se premia e se castiga a si mesmo no curso de sua evolução para seu aperfeiçoamento. O Deus é Amor, porém em sentido absoluto, porque, nos planos da manifestação, aquilo que se chama amor não é senão o contrário do ódio. O Deus Impessoal, "que faz com que o sol se levante sobre os bons e os maus e chova sobre os justos e injustos" (Mateus, V, 45), não cessa jamais de ajustar os efeitos às causas[268]. Por conseguinte, o homem é o árbitro de sua própria sorte, pois não só tem que trabalhar sua própria "salvação", como também tem o poder para fazê-lo porque "tudo pode Aquele (no Cristo) que lhe fortalece" (Filipenses, IV, 13). Como temos visto, na Tradição Ocidental, o Cristo "*é tudo e está em tudo*", é o Divino Espírito de Sabedoria, o Princípio Uni-

---

[268] - A "paciência", ou melhor dizendo, a invariabilidade da Lei, nos proporciona infinitas oportunidades para harmonizarmos perfeitamente com Ela, pois o Homem tem para sua Evolução uma infinidade de etapas de existência no curso das quais adquire os graus de experiência necessária para alcançar a Autoconsciência.

versal. "Trabalhai vossa própria salvação com temor e tremor, porque o Deus (O Deus Impessoal), a Grande Lei de Harmonia é o que excita em vós (*ho energon em humin*, ὁ ἐνερνών ἐν ὁμίν) tanto o querer como o trabalhar a causa da satisfação." (Filipenses, II, 12, 13). A expressão "com temer e tremor" quer dizer com prudência e circunspecção, porque o homem é em si mesmo o agente da Lei Impessoal.

O aspecto moral da Grande Lei de Causa e Efeito, ou seja, a Lei de Retribuição, encontra-se claramente exposto em várias partes do Novo Testamento. Encontra-se também nas mais diversas seitas com conceitos estrambóticos e práticas pueris. Perde-se um tempo precioso em enfatizar as umas e outras, em vez de aplicar-se a seu desenvolvimento moral e espiritual, devido ao qual não são poucos os membros que deixam de ter todo interesse em sua igreja. O mal consiste, sem dúvida, em que só apegarem-se a letra morta das Escrituras apesar da oportuníssima advertência de São Paulo, que diz (II Coríntios III, 6): *A letra mata, mas o Espírito vivifica*; dando a entender, assim, que é preciso não confundir o espiritual com o material, a ideia com a palavra.

Muitos dizem que a fé somente basta para salvar-nos. Muito bem, porém, antes que estiveres prestes a dormir preguiçosamente com a agradável ilusão de que tens "fé", porque aceitais toda a *letra* morta da Bíblia e crês piamente na interpretação mais ou menos material que se ampara nela, deverias examinar por vós mesmos e tratar de compreender o que significam as palavras "fé" e "crença".

A "crença" é meramente um ato mental, e a mente não dá fruto (I Coríntios XIV, 14). A "fé" é um poder espiritual (I Coríntios XII, 9), a "crença" consiste em aceitar como verdadeiro qualquer fato real ou alegado, ou qualquer opinião, sob a evidência do testemunho, ou qualquer proposição sob a prova que resulta do raciocínio. A "crença" é algo além do conhecimento das aparências de uma coisa. A "Fé", pelo contrário, é a convicção íntima da verdade de uma coisa, por meio da percepção espiritual. Não se baseia em conhecimentos superficiais, ou seja, em conhecimentos acerca das aparências, tampouco em crenças, senão que é um raio de intuição que parte do divino no homem e lhe ilumina (Gálatas V, 22; I Tessalonicenses V, 23). A fé a que se refere São Paulo não é, por certo, uma mera crença preguiçosa em palavras, senão que é a fé *que trabalha por meio do amor* (Gálatas V, 6). Esta é a verdadeira fé em Cristo, e o grande apóstolo não fez mais que repetir aquilo que Jesus havia ensinado (Mateus VII, 21, 24, 26): "Nem todo o que me diz: Senhor,

Senhor! entrará no reino dos céus, mas aquele que faz a vontade de meu Pai, que está nos céus...". "Todo aquele, pois, que escuta estas minhas palavras, e as pratica, assemelhá-lo-ei ao homem prudente, que edificou a sua casa sobre a rocha..." "E aquele que ouve estas minhas palavras, e não as cumpre, compará-lo-ei ao homem insensato, que edificou a sua casa sobre a areia...". São Tiago (II, 14, 26) explica a *fé sem trabalho* (a mera crença) e a *fé com trabalhos* (a verdadeira fé) de uma maneira tão clara, que só uma mente apegada ao material não pode compreender a diferença que existe entre as duas. A *fé sem trabalho está morta*, pois de que serve a teoria sem a prática? De que serve repetir como um papagaio o mandamento que disse Jesus: *Amais uns aos outros*, se não põe em prática tais ensinamentos?... Em São João IV, 20, vê-se claramente a diferença entre a teoria e a prática.

São Paulo faz também alusão a mera crença em I Coríntios XV, 2: "... *se não é que crestes em vão*"; quer dizer, a menos que vossa fé tenha sido tão somente intelectual, e não tenha trabalhado por meio do amor. "Tu crês que em Deus é um só. Muito bem, também o crês em demônios e tremem! Mas, queres saber, oh homem vazio, que a fé sem trabalho é morta?" (São Tiago II, 19-20).

Muitos cristãos apegados à letra morta não compreendem o que diz São Paulo, em Hebreus XI, acerca da fé. Deveriam compará-lo com Gálatas II, 11, 16, e com Gálatas V, 6. As obras legais não são mais que as práticas exteriores, como, por exemplo, a circuncisão. Os ritos e as cerimônias são meramente símbolos, que por si só não têm nenhum valor. É a letra que mata, e, portanto, padecem de um lamentável erro aqueles que se apegam cegamente a elas, cifrando nelas suas esperanças para uma vida futura. Importa, pois, distinguir entre as obras legais e as *obras de amor*, os frutos da verdadeira fé.

Todos aqueles que esperam salvar-se somente pela "fé", ou seja, pela "crença", só lhes vale repetir *o sangue do Cristo nos limpa de todo pecado*, imaginando-se que apenas com a crença nestas palavras serão credores da salvação. Ao tomar esta frase literalmente não é outra coisa que apegar-se ao material e perder de vista o espiritual. Os ensinamentos do Divino Mestre são incompreensíveis para os "carnais" (São João VI, 52, 60), os quais acreditam que devem sua salvação ao sangue material de Jesus. Sem dúvida, a linguagem de Jesus, falando como Cristo, o Homem Divino, é a de todas luzes metafóricas na passagem a que nos referimos. Veja São João VI, 48: *"Eu sou o pão da vida... Este é o pão que desceu do céu* para aquele que há de comer, não morra... Eu sou o pão vivo que desceu do céu... o pão que os darei é minha *carne*... A menos que comais a carne do Filho do Homem e bebeis do seu sangue, não tereis *vida* em vós. Aquele que come minha carne e bebe meu sangue tem *vida eterna*... Aquele que come minha carne e bebe meu sangue, em mim mora e eu nele."

É preciso ser muito carnal para não compreender que esta linguagem é altamente mística; porém, Jesus mesmo corrige o erro que padecem os carnais, pois disse aos seus ouvintes escandalizados: "O *espírito é o que dá a vida; a carne de nada aproveita*; as palavras que vos tenho falado são espírito e vida."

A palavra "sangue" na linguagem mística é sinônimo de "vida"; não a vida meramente física, segundo entenderia um materialista, senão a essência da vida, o Deus interior no homem (Coríntios III, 16-17). O sangue místico do Cristo pelo qual somos salvos, não é outra coisa senão o segredo dos Cristos, por meio do qual se transmutam do material ao espiritual, ou seja, o segredo *da purificação interior por meio do Amor*.

Assim como o sangue material é a vida do corpo físico, assim também o sangue de Cristo é a Vida Divina, o princípio imortal divino, o puro é o incorruptível Espírito. No Sangue de Cristo, no Amor Divino, se purifica a alma daquele que regenera e se converte no Filho de Deus, passando do material ao espiritual "por meio de seu Espírito no Homem Interior" (Efésios III, 16).

A expressão *"o Sangue de Cristo nos limpa de todo pecado"* quer dizer que o pecado é impossível para aquele que é perfeito em amor..., porque o amor é de Deus, e todo aquele que ama é engendrado de Deus, e conhece a Deus. Aquele que não ama não conhece a Deus, porque *Deus é Amor*... Se nós amamos uns aos outros, Deus está em nós, e seu amor é perfeito em nós (I. S. João IV, 7, 12).

Aqueles que se aferram a fé preguiçosa (na mera crença intelectual), deveriam estudar aquilo que disse São Paulo em Coríntios I, XIII: *"Ainda que eu falasse as línguas dos homens e dos anjos, e não tivesse amor, seria como o metal que soa ou como o sino que tine. E ainda que tivesse o dom de profecia, e conhecesse todos os mistérios e toda a ciência, e ainda que tivesse toda a fé, de maneira tal que transportasse os montes, e não tivesse amor, nada seria"*, etc.

No texto grego a palavra *amor* é ἀγάπη, ágape. A Vulgata latina traduz esta palavra por Caritas, e as demais versões a traduzem geralmente por *amor*, exceto neste capítulo, cujo termo significa realmente *amor*, e não aquilo que se entende hoje em dia por caridade, ou seja, o dar um pouco do supérfluo que se tem.

Aqueles que adoram a letra morta deveriam fixar-se nisto: se tivesse toda a fé... e não tivesse *amor*, nada sou", e não esquecer que, ao falar de fé, é preciso ter presente a fé de que falou São Paulo, a saber: "a fé que *opera* por meio do *Amor*" (Gálatas V, 6). Nada sois se não produzir *obras de amor*; de nada serve vossa fé preguiçosa.

Qual a diferença entre as obras legais e as obras de amor a que se refere São Paulo? Lede o Sermão da Montanha. Ali tereis a lei de Cristo (Gálatas VI, 2) – a lei de Amor – claramente exposta. Entre outras coisas disse o Divino Mestre: "Haveis ouvido que foi dito: Amarás, ἀγαπήσεις (*agapeseis*), a teu próximo e aborrecerás teu inimigo[269]. Mas eu vos digo: Amai, ἀγαπάτε *(agapate)*, a vossos inimigos, bendizei aqueles que vos maldizem: *fazei o bem* aos que vos aborrecem e orai por aqueles que vos perseguem."

Para que o Mestre vos deu esta Lei de Amor? "Para que sejais filhos de vosso Pai que está nos céus" (Mateus V, 45). De que pode servir o mero crer nestas palavras? Não vos enganeis: *"Não amemos de palavra nem de língua, senão com obra e de verdade"* (I São João III, 18).

"Guardai-vos dos ídolos" (Id., V, 21); quer dizer, guardai-vos do pecado da idolatria, o qual consiste em materializar as verdades espirituais, dando uma interpretação física àquilo que pertence ao reino do Cristo, cujo reino não é deste mundo. Enquanto vos apegais à letra morta e ficardes consumidos na carne, cometeis o pecado da idolatria, pois equivocais o espiritual com o material.

Oxalá que em cada igreja, em cada seita cristã, levante-se uma voz na linguagem de Jesus e de São Paulo exclamara: "Não vós enganeis: Cristo não tem nada a ver com a 'carne', pois 'a carne de nada aproveita. '". Ele é o espírito que vivifica. Não cometeis o abominável pecado da idolatria esperando vossa salvação da "carne". "Examinai-vos a vós mesmos, se permaneceis na fé; provai-vos a vós mesmos. Ou

---

[269] - Não existe semelhante preceito no Antigo Testamento. Esta citação de Jesus, se a fez realmente, há de ter sido uma referência a um conceito popular, sendo assim que o "próximo", para a grande maioria, era tão somente um amigo, ou um compatriota ou até mesmo um correligionário. O doutor da Lei, que perguntou a Jesus: "Quem é meu próximo?", tinha, sem dúvida, presente este conceito popular. Porém Jesus, por meio de sua parábola do Bom Samaritano (Lucas X, 30,37), ensinou que se deve amar ao próximo, ou seja, a todos os homens, sem distinção nem exceção.

não sabeis quanto a vós mesmos, que Jesus Cristo está em vós? Se não é que já estais reprovados" (II Coríntios XIII, 5). Buscai em vosso coração o verdadeiro Adam, e o verdadeiro tentador, e vereis em vós o grande Drama da Queda, o Desterro, a Encarnação, a Paixão e a Crucificação. Vencei o velho homem para que se efetue em vós a Ressurreição, a Ascensão e a vinda do Espírito Santo.

Por certo, tudo que precede será incompreensível para os "carnais". Ainda que se arroguem ignorantes, recebem irreverentemente o título de "cristãos" (aqueles que se acham revestidos de Cristo), não sendo sequer dignos de chamarem-se "cristãos" (aqueles que aspiram a imitar o Cristo). Os "carnais" (idólatras e adoradores da letra que mata), pois, não pertencem à Igreja espiritual do Cristo, a qual se compõe dos "chamados: *de fora*" (*ekkletoi*), quer dizer, os chamados da vida mundana a Vida Superior pelo Espírito Santo que se manifesta neles.

Os "carnais", aterrando-se na "letra que mata" e na sua "fé morta", imaginam-se ignorantemente que são credores do perdão de seus pecados, porque acreditam ou aceitam cegamente na letra da Bíblia. Semelhante conceito da Justiça Divina é uma monstruosa blasfêmia e tem sido a causa de infinita maldade. Porque muitos, em vez de procurarem dominar suas paixões e praticar a Lei do Amor, não têm escrúpulo em "*crucificar*" constantemente o Cristo em seu coração, fiando que "*Deus há de perdoar seus pecados*", por mais numerosos que possam ser, com um simples arrependimento destes, até mesmo na hora da morte invocando o nome de Jesus. Dão-se malandramente a interpretação de certos textos de modo favorável ao conceito de salvação cômoda, desatendendo o fato de que a Bíblia contém frequentemente; "*Suas cartas contêm algumas coisas difíceis de entender, as quais os ignorantes e instáveis torcem, como também o fazem com as demais Escrituras, para a própria destruição deles*" (II Pedro III, 16). Permanecem surdos à advertência de São Paulo: "*Não os enganeis*; Deus não pode ser burlado, porque tudo quanto o homem semear terá que colher!" (Gálatas VI, 7). "Porque *cada qual levará sua própria carga*" (Id, 5) "*Obrai vossa própria salvação*" (Filipenses II, 13). Esta linguagem é muito clara, porém os "carnais" não querem levar sua própria carga, nem obrar sua própria salvação; isso é demasiadamente trabalhoso. É muito mais cômodo repousar preguiçosamente no seio de sua "fé na letra que mata", pois não encontrou nela o modo de "*burlar a Justiça Divina*"? Eles, sim, podem dizer: Senhor, Senhor e com isso entrar no Reino dos Céus. Em vão disse Jesus: "O Filho do Homem há de vir... e dará a cada um conforme a suas obras" (Mateus, XVI, 27); em vão o repetiu São Paulo: "Deus... recompensará a cada um conforme a suas obras" (Romanos II, 6); os "carnais" contestam que isso não lhes concerne, pois "o Sangue de Jesus os limpa de todo pecado". Em vão São João prediz o Juízo Final (Apocalipse, XX, 12): *"E vi os mortos, grandes e pequenos, que estavam diante de Deus, e abriram-se os livros; e abriu-se outro livro, que é o da vida. E os mortos foram julgados pelas coisas que estavam escritas nos livros, segundo as suas obras"*. Os "carnais" dizem que todos seus pecados estão carregados na conta de Jesus, o qual já pagou por eles. Porém, lhes direi, Deus é perfeitamente justo e não faz mudanças (Números XXIII, 19; Malaquias III, 6). Se os contestarão, Deus não muda, porém, como para Ele nada é impossível, pode mudar se quiser. Este é o fruto da "letra que mata".

A ignorância que prevalece acerca da constituição do homem e sua relação com Deus é a causa de muita confusão a respeito do perdão dos pecados. Este perdão não impede a ação da Justiça Divina (Mateus, IX, 1; Marcos, V, 26; S. João, V, 14), pois em seu sentido inferior anuncia que terminou o castigo de um pecado da colheita de uma má semeadura – (Gálatas VI, 7). Em seu sentido superior, é uma graça espiritual superior pela qual se une o homem com seu Deus e fica livre da escravidão do pecado. Observe que esta graça não é recebida senão por aquele que ama muito, porque aquele que ama a Deus com *todo seu coração, com toda sua alma, com todo seu entendimento e com todas suas forças, e também a todo seu próximo* (todos os homens sem exceção) *como a si mesmo"*, já não pode pecar contra o Deus nem contra os homens. Porém, não se pode alcançar o Amor Divino senão submetendo-se feliz à Justiça Divina, a qual é a constante infalível relação de causa e efeito. Por isso Jesus disse: *"Se perdoais aos homens seus erros, vosso Pai Celestial vós perdoará também; porém, se não perdoar aos homens seus erros, tampouco vosso Pai perdoará vossos erros"* (Mateus VI, 14, 15). O mal não se vence com o mal, senão com o bem; a harmonia não pode restabelecer por meio da discordância.

Se ler no Apocalipse (XIII, 10): *"Se alguém leva em cativeiro, em cativeiro irá; se alguém matar à espada, necessário é que à espada seja morto. Aqui está a paciência e a fé dos santos."*

Se não perdêssemos de vista a Lei de Ação e Reação, pela qual colhemos aquilo que semeamos, compreenderíamos que não sofremos por parte de alguns irmãos sem causa alguma, por mais que esta não nos seja patente, e que, ao invés de sentir rancor e desejos de vingança, devemos sofrer pacientemente ao colhermos por meio de tais irmãos conforme a Lei de Ação e Reação. O maior erro quem podemos padecer é acreditar que temos outros inimigos além de nossas paixões egoístas; pois tais irmãos que nos fazem sofrer, não são em realidade mais que agentes inconscientes da Lei de Ação e Reação, e por isto mesmo nos dão a oportunidade de reparar nossos erros passados. Se aceitarmos com resignação as tribulações pelas quais temos que passar, e para as quais nós somos predestinados, ficamos livres de suas causas; mas se não aceitarmos (se não perdoarmos a nossos irmãos seus erros, as relações dos nossos), não ficamos livres das causas, as quais estão em nós mesmo, e as quais nos ligaram mais fortemente, e por isto teremos que voltar a sofrer seus correspondentes efeitos até que tenhamos aceitado como justa retribuição. Além do mais, temos que passar necessariamente por certas experiências sem as quais não poderíamos adquirir conhecimento nem evoluções espirituais. Nestas experiências se encontram postos a prova nossa paciência, nossa humildade, nossa tolerância, nosso amor... Enfim, todas nossas virtudes. Disto podemos deduzir que teremos que sofrer através de nossos irmãos, é a colheita merecida do mal que semeamos, ou alguma experiência pela qual tenhamos que passar, uma lição que tenhamos que aprender, talvez por não ter aprendido antes.

O Pai Nosso, da Revista Teosófica *Sophia*, 1904, Madrid.

O conceito de uma só existência corpórea para a Alma é causa para a qual temos retorcido de várias maneiras no versículo do Apocalipse anteriormente citado: "*Se alguém mata com espada, é preciso que ele seja morto à espada...*" Tem quem toma isso como uma insatisfação de pena de morte que manchou tantas páginas da história civil e eclesiástica de nossa tão decantada civilização europeia, apesar do mandamento divino: "Não matarás", promulgado por todos os grandes Mestres da Humanidade. Sem dúvida, é muito evidente para aquele que pensa livremente, sem prejuízo algum, que um mal não pode ser desfeito com outro mal, um crime não pode ser reparado por meio de outro crime, por mais que seja decretado "legalmente". A sentença de qualquer tribunal humano não é o término de uma má ação. É tão só uma complicação da mesma, da qual resulta que a vingança judicial, conforme o versículo do Apocalipse citado dá lugar a uma *vingança* interminável. Não se pode negar que, entre os cristãos, prevalecem as disposições egoístas das leis do povo judeu, e que tem uma marcada preferência pelo Levítico, quando se trata de seguir os preceitos do Divino Mestre, como encontra no Sermão da Montanha.

A Lei de Justiça Retributiva tem, como todas as coisas no universo manifestado, dois aspectos, sendo o aspecto inferior a reação correspondente à toda a ação, em cujo caso o efeito é igual à causa e da mesma natureza que esta. Conforme este aspecto da Lei, disse *Jehovah*, o Deus exotérico dos Judeus: "Amarás a teu próximo e odiarás a teu inimigo" (citado por Jesus em Mateus V, 43). Porém, Jesus ensinou a seus discípulos o aspecto superior da Lei de Justiça Retributiva, dizendo-lhes: "Não resistais ao mau; mas, se qualquer te bater na face direita, oferece-lhe também a outra", etc. (Mateus, 39, 41) e "Amai a vossos inimigos" (Id., 44). A Lei de Amor sem distinção nem exceção é o aspecto superior da Grande Lei. É um processo de alquimia espiritual, por meio da qual se converte em bem, pois, ao devolver o bem pelo mal, impedimos toda reação de nossa parte, isto é, transmutamos dentro de nós mesmo causas más em causas boas. Por conseguinte, os santos e demais seres exaltados sofreram com paciência, e isso porque compreendiam claramente e intuitivamente que se manifestava neles a Justiça Divina, na qual não se pode haver a menor sombra de erro, quer dizer, apesar do grau de perfeição que tenha alcançado, teriam que sofrer a consequência de pecados cometidos em vidas passadas.

Um episódio bíblico de *"Elias João Batista"* é um notabilíssimo exemplo da operação da Lei de Ação e Reação e que, ao mesmo tempo, arroja uma torrente de luz sobre o obscuro problema da existência, obscurantismo para todo aquele que não toma como base de seu próprio sistema filosófico o conceito da Suprema Lei de Causa e Efeito.

IHVH, O TETRAGRAMMATON – JEHOVAH NÃO É O ALTÍSSIMO – OS QUATRO MUNDOS DA KABBALA – OS ÆONS OU EONES, OS ELEMENTOS E OS ÁTOMOS OU ALMAS – SATANÁS É UM DOS MÚLTIPLOS ASPECTOS DE JEHOVAH – JEHOVAH COMO DEUS DA GERAÇÃO – CAIN E O DEUS MARTE – SIMBOLISMO DA SERPENTE E DO DRAGÃO

A palavra IHVH, vulgarmente pronunciada como Jehovah, abarca diversos conceitos. Na Kabbala, Jehovah é um aspecto de Binah, Inteligência; o outro é de um Elohim, as sete últimas Sephiroth, ou seja, Jehovah Tzabaoth. Os Judeus se abstêm de pronunciar tal palavra, substituindo-a por Adonay, ou fazendo uma breve pausa. Na Kabbala, somente se designa essa palavra pelo número de suas letras, a saber, o Tetragrammaton. Num outro sentido, o Tetragrammaton abarca todas as Sephiroth menos a primeira, a Coroa, o Macroprosopus, o qual é também o Microprosopus. De todo modo, Jehovah não era mais que uma potência de terceira ordem, e não como um "Deus Superior", ainda que para uns poucos. Padres instruídos da Igreja, os quais (Orígenes, Clemente de Alexandria, ou até mesmo os Rabbis) confessavam que a Kabbala e a Bíblia eram livros secretos. Basílides, o gnóstico, o qual Clemente de Alexandria descreve como "um filósofo que se entregou à contemplação das coisas divinas", e o qual afirmava haver recebido todas suas doutrinas do Apóstolo Mateus e de Pedro por meio de Glauco, ensinava que "havia um Deus Supremo, ABRASAX, por quem foi criada a Mente. Da Mente precedeu o Verbo; do Verbo a Providência (ou melhor, a Luz Divina); logo, a Virtude e a Sabedoria em Principados, Poderes, Anjos, etc. Esses anjos criaram os 365 *Æones*, sendo o último dos quais o Deus dos Judeus".

É um fato muito notável aquele que não se fala e nem faz menção do nome de Jehovah (ou Yahveh, IHVH, etc.) no Novo Testamento; isso é uma prova tácita que para os primeiros cristãos Jehovah não era O Deus (acima de todos os outros), o Pai de quem falava Jesus. Em Deuteronômio (XXXII, 8, 10), temos uma prova de que Jehovah não era o Altíssimo (O Deus sobre todos), pois se diz que "em repartindo o Altíssimo (*rgel'yon*, עליון) herança das nações, quando fez separar-se dos filhos de Adam ia fixando os limites dos povos conforme o número dos filhos de Israel, porque a porção de Jehovah é seu povo; Jacó é sua especial possessão". De acordo com isso, Jehovah não é mais que um daqueles deuses e senhores, dos quais falava São Paulo em I Coríntios (VIII, 5, 6): *"Porque, ainda que haja também alguns que se chamem deuses, quer no céu quer na terra (como há muitos deuses e muitos senhores). Todavia para nós há um só Deus, o Pai, de quem é tudo e para quem nós vivemos; e um só Senhor, Jesus Cristo, pelo qual são todas as coisas, e nós por Ele."* Nessa passagem o grande Apóstolo do Cristianismo afirma a existência dos deuses cósmicos, os quais não podem ser confundidos com o Pai (O Deus sobre todos), o qual é Uno e indivisível.

Segundo a Kabbala, existem quatro mundos, ou divisões do Universo, a saber: O Mundo Arquetípico ou das Emanações (das *Sephiroth*), chamado de *Oulam Atziluth*, do qual procede o Mundo Criativo (*Oulam Há-Briah*), também chamado de *Khorsis* (Trono). Do segundo mundo procede o terceiro, *Oulam Há-Yetzirah*, Mundo Formativo ou das Formação, e, deste, procede o quarto, *Oulam Há-Assiah*, o Mundo Ativo, ou seja, o mundo Material. As dez Sephiroth do Mundo Arquetípico se refletem no Mundo Criativo, encontrando-se, todavia, puríssimos e mais limitados. O Mundo Formativo e dos Anjos, ainda menos refinado em substância, está sem "matéria". O Mundo da Ação é este mundo material composto dos elementos mais grosseiros que os outros mundos. No Mundo Criativo há dez Arcanjos; no Formativo há dez Anjos e no Ativo há dez ordens de Demônios e dez Arquidiabos. Na visão de Ezequiel, tais mundos estão simbolizados como segue: a "Aparência de um Homem" é o Mundo Arquetípico, o "Trono" é o Mundo Criativo, o "Firmamento" ou expansão é o Mundo Formativo, e a "Terra dos Viventes" é o Mundo Ativo ou Material.

Visão de Ezequiel

Nesses quatro mundos abarcam-se todos os planos de consciência ou planos da Natureza, os quais são sete, como veremos mais adiante. A palavra *Oulam* (*rgolam*, עילם)[270] está empregada no parágrafo anterior em sua quarta acepção, quer dizer, no sentido de "mundo". Outrossim, sucede com a palavra grega "*Æon*", αἰών[271], em algumas passagens do Novo Testamento. Diz São Paulo (Hebreus 1, 2): "Deus... nos falou por um Filho... por meio de quem fez também os mundos (*aionas*, αἰώνας) (XI, 3) "Por fé entendemos que os mundos (*aionas*) foram constituídos pela palavra de um Deus."

Nos ensinamentos de São Paulo se acha expressadas em termos kabbalísticos-gnósticos. Ele conhecia evidentemente o sistema judaico da Kabbala metafísica, pois vemos que identificavam o Cristo com a "Imagem do Deus", ou seja, com Metatron[272] ou "Mensageiro". "Por Ele foram criadas todas as coisas nos céus e na terra, visíveis e invisíveis, ora sejam tronos, ou domínios ou principados ou poderes" (Colossenses I, 16). Em Efésios (VI, 12), fala-se de poderes do Mundo Ativo: "Não temos que lutar contra carne e sangue, senão contra os principados, contra as potestades, contra os cosmocratores das trevas deste mundo (ou plano), contra as hostes espirituais de iniquidades nos céus". Está todavia encoberto nosso evangelho para aqueles estão perdidos, nos quais o deus deste mundo (plano ou século) cegou os entendimentos daqueles que não creem, para aqueles que lhes ameaça a luz do evangelho da glória de Cristo, que é a imagem de "Deus".

Em Efésios II, 2, fala-se de um *Æon*, αἰών, no sentido gnóstico de anjo, pois diz: "Andastes num tempo conforme o *Æon* deste mundo (ou planeta, corpo celeste, *Kosmos*, κοσμος), conforme ao príncipe da

---

270 - Oulam significa tempo desconhecido, oculto (o verbo Oulam quer dizer ocultar), tempos antigos; tempo futuro longo, século, vida; mundo, universo. Veja "*Dictionnaire Hébreu-français*" por MM. Sander et Trenel. Diz o profeta Daniel (Cap. II, 20): "*Seja bendito o nome de Ehoha (nome divino da sexta-Sephirah, Tiphereth, Beleza, o Microprosopus) desde um Oulam até um outro Oulam*"; quer dizer, um período de manifestação até outro.

271 - Æon (αἰών) quer dizer período de tempo, vida, idade, geração, longo espaço de tempo (eternidade absoluta evidentemente). No Novo Testamento significa em espaço de tempo claramente definido, uma era, período de dispersão, esta vida atual, neste mundo. Ademais, segundo a filosofia gnóstica, significa procedentes da Essência Divina e seres celestiais, gênios e anjos. Na Eternidade Absoluta não pode ser atribuído: é o Absoluto. Disso sabiam perfeitamente os antigos filósofos.

272 - Metatron é o reflexo direto da primeira Sephirah, Kether, no Mundo Criativo (veja em nossa obra *Secretum, Manual Prático de Kabbala Teúrgica* e *Maçonaria, Simbologia e Kabbala*).

potestade do Ar, o espírito que opera nos filhos da desobediência." Em outras passagens, fala-se dos elementos (*stoicheia*, στοιχεία), considerados como "deuses" entre as massas ignorantes e como demônios entre os fanáticos, os quais, por mais intelectuais que sejam, são incapazes de compreender o espírito da sentença filosófica, *in pluribus unum*. Para o filósofo hermético, são forças relativamente "cegas" ou "inteligentes", segundo trata com seus princípios[273].

Dizia Platão que os elementos eram aquilo que "compõe e decompõe os corpos compostos". "O Fogo, o Ar, a Água e a Terra eram tão somente a vestidura visível, os símbolos das Almas ou Espíritos animadores invisíveis; os Deuses Cósmicos a quem o homem ignorante e sensível rendia culto... Por sua vez, as subdivisões fenomenais dos Elementos *noumenos*, eram animados pelos chamados elementais, os "Espíritos da Natureza" de graus inferiores[274].

No Antigo Testamento, o Deus dos Judeus aparece como o Deus dos quatro Elementos: ora fazendo chover, ora impedindo a chuva. "Eu sou *Jehovah* no meio (ou no interior) da terra" (Êxodo, VIII, 22) "Ao sopro de teus narizes se amontoaram as águas" (Idem, XV, 8). "Jehovah teu Deus, é um fogo consumidor" (Deuteronômio IV, 24). Há um grande número de expressões análogas a estas, por isso torna-se ocioso e desnecessário citar outras; sendo assim, basta procurar que encontrarão muitas evidências neste sentido.

Os antigos filósofos sabiam que não existia mais que um só elemento na Natureza, do qual procedem os sete elementos principais, os quais abarcam a grande multiplicidade de subdivisões conhecidas até então por nomes de deuses e de deusas. Sabiam ademais que somente quatro dos sete elementos principais haviam manifestado. Enquanto o quinto elemento, o éter, não está completamente manifestado ainda, seu *noumenno* é o "Omnipotente Pai Éter, a sínteses dos demais"[275]. Os Deuses Cósmicos, como deuses do Fogo, do Ar, e da Água, eram Deuses Celestes; porém, como deuses da região inferior, a qual não era outra coisa que a terra, eram deuses infernais. Diz São Dionísio o Areopagita, comentando o dito por São Paulo sobre os muitos deuses e senhores no céu e na terra: "E ainda tem (de fato) os chamados Deuses, porque parece que há realmente vários Deuses; contudo, apesar disso, o Deus

---

273 - *"Doutrina Secreta"*. M.me Blavatsky, volume I, p. 431.
274 - *"Doutrina Secreta"*. M.me Blavatsky, volume I, p. 430.
275 - *"Doutrina Secreta"*. M.me Blavatsky, volume I, p. 430.

Princípio e o Deus Superior, não deixa de ser essencialmente uno e indivisível"[276].

É muito evidente que os discípulos de Jesus acreditavam que os Elementos eram dotados de certo grau de inteligência, pois lemos no Evangelho de São Lucas (VIII, 25): "E ele (Jesus), se levantou e ameaçou ao vento e a tormenta, que cessaram logo, e seguiu-se a calma." Eles reconheciam, sem dúvida, o mesmo que os antigos filósofos, que as forças físicas são todas biológicas em sua essência. "Os físicos modernos, ao tomar dos antigos sua Teoria Atômica, esqueceram um ponto, o mais importante da doutrina... ao adotar os átomos físicos, omitiram o fato significativo desde Anaxágoras até Epicuro, o Lucrécio romano e, por último, até Galileu, todos esses filósofos acreditavam mais ou menos em átomos animados, e não em partículas invisíveis da matéria 'Bruta'". Segundo eles, o movimento rotatório foi gerado por átomos maiores (leia-se Átomos mais puros e divinos), que impeliam a outros para baixo lançando-se simultaneamente os mais rápidos para cima[277].

O significado Esotérico disso é a curva sempre cíclica de Elementos diferenciados para baixo e para cima, por meio de fases intercambiadas de existência, até que cada um alcance seu ponto de partida ou origem. A ideia era metafísica tanto quanto física, abarcando sua interpretação oculta dos Deuses ou Almas, em forma de Átomos, como causas de todos os *efeitos* produzidos na Terra, por causa das *secreções* dos corpos divinos[278]. Nenhum filósofo antigo, nem sequer os kabbalistas judeus, dissociavam o Espírito da Matéria, ou a Matéria do Espírito, pois entendiam claramente que um estava imbricado no outro. Todas as coisas tinham sua origem no Uno, e procediam do Uno, tinham finalmente que voltar ao mesmo[279].

Disse Valentino em seu Tratado Esotérico sobre a Doutrina de Gilgul[280]: "*A luz é converte em calor e se consolida em partículas ígneas, as quais se convertem em partículas frias e duras, esféricas e lisas. E a isto se lhe chama de Alma aprisionada em sua envoltura de matéria*".

---

276 - "*Concerning Divine names*", Darboy, 364.
277 - As palavras "acima" e "abaixo" são termos metafóricos, pois no Universo não existe "acima" nem "abaixo". Poderia dizer que os átomos partem do centro para chegar à periferia e depois retornam ao centro.
278 - Platão emprega no *Timaeus* a palavra "*secreções*" dos Elementos turbulentos.
279 - "*Doutrina Secreta*", volume I, p. 534.
280 - גלגל, Gilgal, quer dizer *roda*, *círculo*. Seu plural é *Gilgulim* e esotericamente se reflete na manifestação das almas.

Por isso vemos que, entre os antigos, os termos Átomo e Alma eram sinônimos. Muitíssimos sábios judeus acreditavam e acreditam na doutrina das "Almas vertiginosas", *Gilgulim*, cujo significado esotérico está exposto acima. É importante observar que, para os Iniciados judeus, a Terra Prometida não era meramente a Palestina, senão o Seio do Uno Eterno, simbolizado pelo seio de Abraham, ou seja, o mesmo Nirvana dos sábios budistas e brahmanes[281].

"Não injuriarás aos Deuses" – disse o Deus de Moisés (Êxodo XXII, 28); e o Apóstolo São Judas censura em termos enérgicos aos que incorrem em tão grave falta: "Estes sonhadores contaminam a carne, e depreciam as potestades, e difama glórias. No entanto, o Arcanjo Miguel, quando contendendo com o Acusador (ou caluniador, o Diabo), disputava a respeito do corpo de Moisés, não se atreveu a pôr um pleito de difamação, e disse: O Senhor te repreenda! (vers. 8, 9).[282]

Satanás, em hebraico *Satã*, שָׂטָן, significa *adversário*. É o símbolo dos opostos na Natureza, da luz na escuridão, a bondade na maldade. Ainda o bem no adversário do mal, era costume em épocas relativamente modernas considerar a Satanás como uma "personalidade do mal", aplicando a esta o nome de "Adversário". No entanto, há no Antigo Testamento duas passagens notáveis, pelas quais se vê claramente que Satanás era um dos múltiplos aspectos de *Jehovah*. Encontra-se em II Samuel (*Secundum Regum*, segundo a Vulgata), Cap. XXIV, vers. 1 que: "*E a ira do SENHOR se tornou a acender contra Israel; e incitou a Davi contra eles, dizendo: Vai, numera a Israel e a Judá.*" Comparemos isso com o que se refere em I Crônicas XXI, 1: "*Então Satanás se levantou contra Israel, e incitou Davi a numerar a Israel.*" Segundo isso, pode-se inferir que Satanás era a "ira" de *Jehovah*.

Refere-se no Livro dos Números (Cap. XXI, que estando os Judeus num deserto em que não havia água, se queixaram, por qual (vers. 6) *Jehovah* enviou entre o povo serpentes ardentes (*há n'chashim há s'raphim*, הַשְּׂרָפִים הַנְּחָשִׁים), as quais mordiam o povo. Arrepiando-se este, e ao rogar por ele Moisés, Disse-lhe *Jehovah* (vers. 8): "Faça uma serpente ardente (*saraph*, שָׂרָף) e ponha num pau alto e sucederá que toda pessoa mordida quando a olhar viverá" (vers. 9). Fez, pois Moisés uma serpente de bronze (*n'chash n'chosheth*), e a pôs sobre o pau alto. Os *Seraphim* ou serafins eram símbolos de *Jehovah*, assim como de to-

---

281 - Nirvana quer dizer extinção de desejo, aniquilamento das ilusões.
282 - Veja II Pedro II, 10, 12.

dos os criadores, segundo Isaías (VI, 2), cada um deles tinha seis asas, o qual quer dizer que cada um produzia seis filhos, ou seja (semelhanças), pelo qual eram sete com seu criador. Agora observe-se que a palavra *n'chosheth*, נְחֹשֶׁת, significa cobre, bronze e também "partes vergonhosas", e *n'chash* נָחָשׁ Bronze ou serpente, pelo qual o bronze é o símbolo do princípio feminino, ao passo que o fogo (*s'repha*, שְׂרָפָה, incêndio, fogo) é o símbolo do princípio masculino. É evidente que a serpente de bronze era um símbolo fálico, e que sem dúvida esta foi a razão pela qual o rei Ezequias mandou destruí-la (II Reis, liber Regum quartum, XVIII, 4), chamando-a de pedaço de bronze (*n'chushtan*, נחשתן). Dá para notar que, até os dias de hoje, os filhos de Israel queimam incenso para este ídolo, e que Ezequias "aderiu-se a Jehovah"; "guardando seus mandamentos que havia prescrito *Jehovah* a Moisés", e, por outro lado, que *Jehovah* havia quebrado o mesmo segundo mandamento, aquele de não ter ídolos (Êxodo XX, 4), ao mandar a Moisés fazer a serpente de bronze e permitir que rendesse culto a este ídolo até os dias de Ezequias. Este não é o único caso, sendo assim que "*Jehovah*" mandou Moisés fazer dois querubins de ouro (Êxodo XXV, 18).

    No quarto capítulo do Gênesis (vers. 1), diz-se que o homem conheceu a sua mulher, a qual concebeu e pariu a Cain e disse: "E conheceu Adam a Eva, sua mulher, e ela concebeu e deu à luz a Cain, e disse: Alcancei do SENHOR um homem." Isso quer dizer que *Jehovah* é Cain. A partícula *eth*, את, poderia aqui também significar *com*; porém neste caso temos outra face do símbolo, porque segundo os rabinos "Cain foi engendrado por *Samael*" (o qual é um dos *Elohim*) "ou Satã". O Tetragrammaton é um de seus múltiplos significados, quer dizer macho-fêmea (*Yah-Hovah*), a letra *yod,* י, o *membrum virile cum testes*, é o símbolo do princípio masculino. O caráter de *Jehovah* como Deus de geração se encontra a cada passo na mera letra do Antigo Testamento, aparecendo ora abaixo o aspecto masculino, ora o feminino. Em Gênesis (III, 15), disse *Jehovah*: *Elohim*, a serpente, depois de *maldizê-la*: "E porei inimizade entre ti e a mulher, e entre a tua semente e a sua semente; esta te ferirá a cabeça, e tu lhe ferirás o calcanhar", *hua y'shuphcha rosh v' attah t' shuphennu,* (הוא ראש ואתה ישופף תשופנו)[283]. A expressão "nos morderás" indica claramente a feminilidade de *Jehovah Elohim*,

---

283 - Se traduzirmos somente *"lhe morderá o calcanhar"*; como está no texto hebraico, o sufixo é da primeira pessoa do plural נו *nun*. Se fosse a terceira pessoa do feminino singular, deveria ser ה *he*.

quando, ao indagar o significado possível da palavra *calcanhar*, encontramos um eufemismo para expressar as partes genitais femininas, como se vê a todas as luzes em Jeremias, XIII, 22 e Naum, III, 5. Esse uso da palavra calcanhar provém da postura de uma mulher sentada no solo à maneira oriental. No citado versículo, *Jehovah* está identificado em Eva, pois *Hovah* é Eva. Na Kabbala, Adam Kadmon (o Primeiro Adam) é o Homem Arquetípico, ou seja, o Terceiro *Logos*.

Abel era do sexo feminino (e também hermafrodita), o qual se pode ver pela expressão "sangue" em Gênesis, IV, 10; porque Abel e Cain não são senão faces de *Jehovah*. Isso quer dizer, todavia, que fica muito evidente que Cain corresponde ao Deus Marte, chamado Artes, Αρτης, pelos Egípcios, cuja palavra em Caldeu ou Hebraico Arets, ארץ, ou seja, ARTS sem pontos masoréticos. Ralston Skinner, em *Source os Measures,* afirma que, segundo parece, a palavra *Mars* (Marte) não é tanto uma pessoa como um termo generalizado para as fases cósmicas de produção e destruição, ou nascimento e morte. O *sangue* era a *vida*, e derramar sangue era tanto o tipo da concepção como o da morte ou matança. É por isso que os Egípcios consideravam este Deus como o Princípio Gerador, o qual combinava em si mesmo na origem de todas as coisas: o céu, a terra e a humanidade. Parece que o atributo de Deus da Guerra, que lhe foi dado depois, tem uma ideia secundária derivada da ideia de concepção. Agora bem, a raiz DAM, דם, se deriva da palavra ADAM, אדם, que é substantivo e verbo. A palavra *Adam-h,* אדמה, quer dizer terra fértil. O Verbo *Adam,* אדם, ser cor de sangue", faz no particípio *hifil M'ADIM* מאדים, ou seja, *Madim*; isto é, Marte[284].

O *Adam* do primeiro capítulo do Gênesis (chamado na Kabbala de *Adam Kadmon,* o Primeiro Adam) não é definitivamente um ser físico, senão um Ser Andrógino como Hoste dos *Elohim*; é a síntese das *Sephiroth* e, portanto, o Ser Celestial. Os kabbalistas fazem menção de quatro "Adões", a saber: o primeiro, o Santo Adam Perfeito (sombra que desapareceu, dos *Reis de Edom*), produzido pela Divina Imagem; o segundo é o Adam Protoplásmico Andrógino do futuro, o Adam terrestre separado; o terceiro Adam é o homem "feito de pó" (o primeiro Adam inocente); e o quarto é o suposto antecessor de nossa raça, o Adam caído. Entretanto, o Adam Andrógino – o Primeiro Adam –, ao dividir-se em homem e mulher, vem a ser *Yah-Hovah*, por um lado, e por outro,

---

284 - Veja Norks Wörterbuch.

macho e fêmea, quer dizer, o *Jehovah* bissexual[285]. *Jehovah-Cain*, por sua vez, é a parte masculina do homem dual. Adam, o qual, ao separar-se de Eva, cria nela o Abel, a primeira mulher natural derramando o sangue da virgem. Observe-se que Abel é *Hebel*, הבל, palavra que, por substituição, vem a ser *Chebel*, הבל, isto é, conceber, e também *dores de parto*. Há um fato muito interessante que prova que *Cain* e *Abel* não são senão permutações de Adam e Eva, ou melhor, que Adam seja dual em sua origem. Está no Gênesis Capítulo V, sobre as gerações de Adam (vers. 1), e o dia em que "Deus" criou a Adam, a semelhança de "Deus, que lhe fez; varão e fêmea... e chamou seu nome de Adam..." (vers. 2). "E viveu *Adam* cento e trinta anos, e engendro um filho a sua semelhança... e lhe pôs o nome de Seth" (vers. 3). Não se faz menção alguma de Cain e Abel, pois, na verdade, Seth é o primeiro *homem*, mas não como indivíduo, senão como raça, sendo assim que antes a humanidade era hermafrodita. Por conseguinte, Seth é filho de Adam exotericamente, e de Cain e Abel esotericamente. Eva, ao dar a luz a *Cain Jehovah,* simboliza a separação sexual da humanidade. Cain derramando o *"sangue"* de Abel simboliza a primeira união e concepção fisiológica. O nascimento de Enos (Enosh, אנוש), filho de Seth, é o primeiro parto, pelo qual se diz que "então começou a (ou começou a usualmente) chamar-se do nome de *Jehovah* (quer dizer, de *Jah-Hovah*, varão e fêmea, ou seja, homens e mulheres, a raça cujo tipo é Seth)". Note-se que a palavra *Enosh,* אנוש, significa também homem (como espécie, generalizadamente), os mortais.

Desta maneira, o *Adam Kadmon* do Gênesis, o *Protogonos* (em Grego: Πρωτογόνος, "Primeiro nascido"), o Ser Andrógino, não é, de toda forma, um ser físico, mas, sim, a síntese das dez *Sephiroth*, e abarca a Hoste dos *Elohim*, dos quais *Jehovah* é uno. É evidente que os animais dos quais se faz menção no primeiro capítulo, não são animais literalmente, são os signos do Zodíaco e demais corpos siderais. O princípio do Gênesis se se refere à Manifestação Universal e depois se trata generalizadamente do sistema solar, do planeta Terra. O Pentateuco é principalmente uma coletânea de fragmentos cosmológicos mais ou menos alegóricos, como dá a entender São Paulo em I Coríntios X, 11.

A serpente é um símbolo de múltiplas significações, e tais se encontram em todas as antigas cosmogonias. Representava o Espírito dos "Deuses" exalando fogo e luz sobre as águas, ou seja, na matéria

---
285 - *"Doutrina Secreta"*, volume II, p. 419.

cósmica a fim de animá-la. A serpente, com a ponta da cauda na boca, formando um círculo, simboliza a forma esférica dos corpos e também a Eternidade com períodos cíclicos. O Infinito e a Imortalidade. Tem muitos outros significados ocultos e diversos aspectos. A Serpente é também o Dragão. É o Dragão da Sabedoria, o Uno de cada Universo, como *Logos* e como *Logoi*; pois, assim como a serpente se despoja periodicamente de sua pele, de igual maneira volta a manifestar-se numa multiplicidade de formas, e o homem deixa periodicamente seus veículos físicos para voltar a tomar outros depois de certo tempo de "repouso". Disse Jó (XXVI, 13): *"Pelo seu Espírito ornou os céus; a sua mão formou a serpente enroscadiça."* (*nachash bariah* נָחָשׁ בָּרִחַ), a qual é também é o Leviatã, ou seja, o Dragão da Sabedoria, o Princípio Inteligente, a Mente, no homem.

Temos visto que a Luz Absoluta, a qual é também obscuridade; procede da luz infinita, a qual é matéria. O Espírito é a mesma Luz Absoluta, a base radical desta luz material. Aquilo que se chama Luz Astral nada mais é que a Substância Divina diferenciada em Espírito e Matéria, simbolizada pela Serpente ou Dragão, num de seus múltiplos aspectos. O Primeiro Arcanjo, ou seja, Lúcifer, o qual gera a Vida e a Luz, é na realidade o Verbo, pelo qual se manifesta o Pensamento Abstrato Divino. Em todos os símbolos da antiguidade, a Serpente ou Dragão era em todos os aspectos um símbolo divino, e jamais um símbolo do mal absoluto, conceito que era desconhecido, e o qual, como temos visto, é antifilosófico.

Disse Eliphas Levi Zahed[286], em seu *Histoire de la Magie,* Librairie Felix Alcan, Paris, 1922 (p. 196-197), que Lúcifer (a Luz Astral) é uma força intermediária que existe em toda a criação; serve para criar e para destruir, e na queda de Adam foi uma intoxicação erótica que converteu sua geração em escrava desta Luz fatal... Cada paixão sexual que domina nossos sentidos, é um torvelinho dessa Luz que trata de arrastar-nos para o abismo da morte. A loucura, as alucinações, visões, êxtases, são todas as formas de uma excitação perigosa devido a este fósforo interior[287]. Finalmente, a luz é, pois, da natureza do fogo, cuja uso inteligente esquenta e vivifica, porém, seu excesso causa efeito contrário, dissolve e aniquila.

---
286 - Este pseudônimo *Zahed* não é outra coisa senão o nome do insigne Kabbalista francês traduzido para o hebraico, quer dizer, (o abade) Alphonse Louis Constant.
287 - Fósforo é o sinônimo de Lúcifer, aquele que traz à Luz. Por meio da razão, o homem já pode descer abaixo do nível animal ou elevar-se ao plano angelical.

Isso que disse o grande Kabbalista cristão contém muita verdade, ainda que altamente metafórico. Em outra passagem disse que, para os Iniciados, o Demônio não é uma pessoa, senão uma Força criadora do Bem ou até mesmo do Mal; com o qual quer dizer, sem dúvida, que é a Lei de Ação e Reação. Segundo os Kabbalistas, o verdadeiro nome de Satanás é *Jehovah* invertido, ou como podem dizer, *Deus est Demon inversus*; pelo qual, como temos visto, *Jehovah* e *Satanás* são os dois aspectos da Lei. Por aquilo que faz a Luz Astral, importa ter presente que tem dois aspectos, o mesmo que tem todas as coisas que nascem e morrem nela. Diz H.P. Blavatsky em *Ísis sem Véu*:

> *A Luz Astral ou Anima Mundi é dual e bissexual. A parte masculina (ideal) da mesma, é puramente divina e espiritual: é a Sabedoria, é o Espírito, ao passo que a parte feminina (o espírito dos nazarenos) encontra-se manchada, no sentido da matéria, é na verdade matéria, e, portanto, já é má. É o princípio de vida de cada criatura vivente, e proporciona a alma astral, o perispírito fluídico aos homens, animais, aves do ar e a todas as coisas vivas. Os animais possuem tão somente o germe latente da alma imortal mais elevada. Esta última se desenvolve somente depois de uma série de evoluções inumeráveis: a doutrina de tais evoluções se encontra contida no axioma kabbalístico: Uma pedra se converte em uma planta; uma planta num animal; um animal em um homem; um homem num espírito, e um espírito num Deus.*

Aquilo que se chama queda do homem não é outra coisa que o princípio de sua evolução que por meio da experiência que ele mesmo teria que adquirir nos diversos planos do Universo. O Anjo "Caído" lhe conferiu o inapreciável dote da Mente, por meio da qual deixou de ser autômato espiritual, abrindo-se lhe os olhos, com o qual cumpriu o Anjo sua promessa. Na Mente do homem, verifica-se a luta entre o bem e o mal, entre o Tentador e o Redentor, o Verbo e Lúcifer, os quais são unos e devem ser sempre considerados sob os dois aspectos. O homem não tem que buscar fora de si a causa de seus males e sofrimentos, pois ele mesmo lavra seu próprio destino, já se apegando ao material, já reconhecendo sua natureza divina pela qual tem que dominar a matéria. A sede de sensações que experimenta o homem quando domina nele a mentalidade inferior, é o que produz, conforme a Lei de Ação e Reação, o torvelinho que lhe arrasta para cima ou para baixo. A paixão sexual é a mais perigosa para o homem, pois por ela chega a cometer o pecado contra o Espírito Santo. Os efeitos desta paixão, ou seja, o *"esmagamento da cabeça"*, no sentido fisiológico da maldição fulminada contra a serpente, são patentes nos consultórios de psiquiatras, quando em casos mais graves nos hospitais e manicômios.

Em todas as cosmologias antigas se fala de guerras no céu. Essas guerras não são senão as diversas lutas que se tem travado para que o homem evoluísse até seu estado atual, e, portanto, foram processos espirituais, cósmicos e astronômicos. Trata-se muito pouco dessas guerras na Bíblia. No Apocalipse diz-se tão somente que:

> *E houve batalha no céu; Miguel e os seus anjos batalhavam contra o dragão, e batalhavam o dragão e os seus anjos; Mas não prevaleceram, nem mais o seu lugar se achou nos céus. E foi precipitado o grande dragão, a antiga serpente, chamada o Diabo, e Satanás, que engana todo o mundo; ele foi precipitado na terra, e os seus anjos foram lançados com ele. (XII, 7, 9)*

Os anjos "caídos" são, em primeiro lugar, os protótipos dos homens "caídos" e, em segundo lugar, são esses mesmos homens. A "queda" não é outra coisa que os múltiplos efeitos da manifestação da Lei de Ação e Reação, pelas quais a Consciência Divina se manifesta em diversos veículos em todos os planos do Universo. São Judas fala destes anjos, cujo lugar foi falado mais no céu, pois disse que o Senhor (a Grande Lei) *"E aos anjos que não guardaram o seu principado, mas deixaram a sua própria habitação, reservou na escuridão e em prisões eternas até ao juízo daquele grande dia"* (vers. 6). As prisões a que se faz referência são a série de veículos físicos e suprafísicos nos quais ditos anjos terão que encarnar antes de chegar ao Nirvana. Por isso, os *Elohim* vêm a ser os *B'ne Elohim*, ou seja, os Filhos dos *Elohim*, chamados os Filhos de "Deus" em Gênesis VI, 2: *"Viram os filhos de Deus que as filhas dos homens eram formosas; e tomaram para si mulheres de todas as que escolheram."* Os *"Filhos dos Deuses"* são os raios da Mente Divina que ilumina ao homem produzindo nela a Consciência de si, ou a Autoconsciência.

Não é possível por um simples estudo entrar em complicadíssimos detalhes sobre tão vasto assunto. Para isso seriam necessários vários volumes. Contudo, o que fica dito acerca de Satanás, o Dragão e a Serpente certamente ajudará a alguns a compreender certas passagens obscuras da Bíblia.

PERCEBENDO OS QUATRO MUNDOS

Quando um kabbalista olha o mundo, nada vê em separado. O Universo é somente uma peça, como um corpo. É um sistema entrelaçado de níveis e elementos que configuram um todo. Além disto, o kabbalista percebe que a parte invisível da Existência é seu principal componente, e que esta dimensão invisível governa, sobretudo, o que acontece nestas esferas mais densas e mais físicas.
Zev Bem Simón Halevi

Os kabbalistas chamam Deus de Ain Soph, que significa "Sem Final". Este Deus que não tem princípio nem fim, este Deus Infinito, criou o universo e tudo que existe nele, incluindo nós (...).
Rabino Wayne Dosick

Quando pensamos nos *Quatro Mundos de Existência* ou de *Realidade*, na verdade, estamos falando de quatro níveis de consciência. Somente uma consciência expandida (exaltada) lhe permitirá escalar (subir) a escada desde o nível inferior até os mais altos.

A priori falamos na existência de pelo menos quatro níveis distintos de consciência no Universo, com muitos subníveis, que abarcam toda a existência. Basta refletir um pouco nestas breves palavras e logo encontraremos relações com aquilo que apreendemos na vivência de nossas experiências místicas.

Existe um processo, uma evolução natural ao empreendermos nossa encarnação, e o sucesso ou não desta empreitada vai demandar exclusivamente dos exercícios que elencarmos para cumprir nossa verdadeira missão. Basta lembrar que, entre uma batida e outra do nosso coração, ou entre uma respiração e uma aspiração, temos o poder da escolha e da decisão do que fazer com nossas vidas. Basta ressaltar que nestes Mundos de Existência há uma função na nossa Senda espiritual, que envolve tudo e todos na criação por meio dos nossos atos. É importante saber que o Eterno cria tudo. Necessitamos buscar uma maneira de realizar nossa ascensão consciencial a qualquer preço, e, nesta tarefa, que não é simples, só nos resta seguir no rumo daquele Porto que buscamos consciente ou inconscientemente. Este é o Jogo da Vida, este é o rumo que devemos seguir...

Já vimos que estamos dentro do Ser Infinito, imbricado uns nos outros, sem distinção de qualquer natureza, e mais cedo ou mais tarde nossa consciência despertará para essa realidade. *A priori* nos encontramos mergulhados no mundo material, o plano dos Discos. Nossa missão nos cobrará um pouco mais, chegará uma hora em que não mais teremos satisfação com todo ouro que conquistamos neste plano inicial e buscaremos – seja pelo amor ou pela dor – os outros planos criados pelo Ser Infinito. Aprenderemos muitas lições antes que chegue este momento; um momento cheio de amor puro, livre de dissipação e absolutamente puro.

Estamos, necessariamente, num desses degraus da escada que estende da Terra até ao Ser Infinito. Essa escada vai de um lado ao Outro; inclusive, uma vez que nos damos conta de onde nos encontramos, vemos os degraus que percorremos e aqueles que ainda terão de ser escalados. Simplesmente não somos conscientes do amor que penetra em nossa vida na Terra. Estamos rodeados por esta corrente de amor e alguns de nós já nos demos conta da existência desta Natureza transcendente e transcendental. O fato é que todos, todos os homens, sem exceção, mais dias ou menos dias entenderão e darão conta desta realidade.

Independentemente da altura total desta escada e da quantidade de degraus, que poderão variar de acordo com a intensidade e do trabalho, cada um terá que desempenhar com seu próprio esforço. Resta dizer que é uma escalada que tem por objetivo a Iluminação e reintegração ao nosso estado edênico, o qual foi perdido um dia, por nossa única culpa e exclusiva responsabilidade. Sabemos que somos livres juízes do nosso destino, podemos escolher levar uma vida de aparências e tão somente arraigada às formas materiais, mas basta um pouco de reflexão, olhando para dentro, e encontraremos outro mundo, cheio da Luz da Realidade.

Ao descrever estes místicos Quatro Mundos kabbalísticos, constataremos que somos responsáveis pela nossa própria ascensão. Receberemos ajuda, mas a decisão de realizar ou não o movimento final é somente nossa. Lembremos que a Luz ao final do processo te ungirá de um amor que se estende muito mais além de qualquer descrição, do ponto que partiste e faz muito tempo...

Quando deixamos este mundo da matéria, tal como temos feito repetidas vezes, nas encarnações anteriores se desenvolve nosso estado de consciência. Inclusive nosso aprendizado da série de lições, em cada experiência encarnada, é uma forma natural desta ascensão na escada evolutiva e nada fica perdido. São necessárias várias encarnações e muitas estadas concretas em nossa realidade individualizada que perdurará do Outro Lado, para poder experienciar e avaliar uma expansão contínua da consciência em ação. *Esta é a razão pela qual existe o Universo*! Podemos e devemos amadurecer como entidades morais, cheias de amor e doadores de amor!

Ambos os lados do Universo, o material e o espiritual, estão estruturados de tal forma que nos permite evoluir quando e se desejamos ou tomamos esta decisão. Devemos estar abertos para "descobrir" e seguir o caminho cheio de amor ao longo das encarnações. É uma estrada que podemos percorrer alegremente ou podemos evitá-la como quisermos, por pura prevaricação ou imaturidade, optando pelas múltiplas tentações que são encontradas no caminho de Heliópolis, a Cidade do Sol.

Nestes quatro níveis de consciência, ou Quatro Mundos – distintos entre si, e ao mesmo tempo uma só estrutura – vemos indícios de uma vibração metodológica kabbalística, que nos propõe, incita-nos a percorrê-lo e perscrutá-lo para nosso próprio deleite e evolução espiritual. Neste outro lado, ou melhor, nesta percepção de consciência alterada e mística, encontraremos uma realidade completamente espiritual em consonância com nossos interesses e experiências terrestres e materiais.

OS QUATRO MUNDOS DA EXISTÊNCIA OU REALIDADE[288]

Assiah: nosso mundo de ação e materialização

Neste nosso universo físico, de acordo com a Kabbala, encontramo-nos em *Assiah*. Temos a água, o solo e toda a Terra. Temos todo um sistema solar, que nos proporciona uma existência material neste planeta. Podemos dizer que é um lugar de alegria e tristeza, ao mesmo tempo. É um lugar onde podemos encarnar para cumprir nosso *tikun Olan* e para desenvolvermos nosso amadurecimento espiritual. Aqui a dualidade é total e está presente e manifestada em todos os aspectos da vida; podemos encontrar tanto o bom quanto o mal, a dor e a inspiração, etc. etc., seguindo um caminho cheio de amor e responsabilidade para todas as criações do Ser Infinito que nos deu uma total liberdade para seguirmos numa ou noutra direção.

Yetzirah: o mundo da formação

Na continuação encontramos num mundo que não podemos perceber através dos olhos físicos. Neste ambiente deparamos com as leis da natureza, que governam a razão, as emoções inclusive a música. Neste mundo supõe-se um passo para cima no domínio físico. Os anjos aqui se encontram para ajudar-nos a tomar as direções que procedem da consciência em *Briah*.

Briah: o mundo da criação

Num patamar mais sutil, ascendemos para os ideais que se encontram no Mundo da Formação. Podemos experimentar este domínio por meio de uma profunda meditação. Encontra-se logo abaixo de *Atziluth* e da vontade do Ser Infinito. Aqui a Vontade Divina se aplica na firme criação das ideias e ideais. Nesta seara encontramos os arcanjos, aos quais foi designado a tarefa de executar a vontade, a força que procede de *Atziluth*. Neste plano é onde meditamos conscientemente sobre as realidades espirituais e sobre o lugar que ocupamos no Plano Divino.

Atziluth: o mundo das emanações

Este é o mundo que se encontra fora do Ser Infinito. Tem que realizar uma ascensão considerável para partir desde *Assiah* e chegar a *Atziluth* e, por esta razão, necessitamos tanto de tempo quanto de energia para con-

---

288 - Veja em nosso *Maçonaria, Simbologia e Kabbala.* URBANO Júnior, Helvécio de Resende (Ali A´l Khan S∴ I), Ed. Madras, S.P. Brasil, 2010.

segui-lo. Esta realidade é demasiadamente rica para nossas almas, dado o ponto de amadurecimento que nos encontramos, porém, finalmente chegaremos a experimentá-la. Neste estado que nos encontramos é apenas um sonho de uma gloriosa realidade a qual podemos perceber a Vontade do Ser Infinito, que se pressente por meio de uma intuição expandida (exaltada). Quando chegarmos aqui, compreenderemos plenamente o *devekut* e finalmente conhecemos a paz e a unidade.

Não era necessário precipitar nem atrasar a criação deste mundo, porque cada um dos mundos foi criado depois do mundo que se encontra por cima dele. Todos os mundos foram criados, expandidos e desenvolvidos por uma sucessão de feitos um atrás do outro, em momentos diferentes; cada um deles mais tardio que o anterior, até que chegou o momento de criar este mundo. Neste sentido, este mundo se criou no momento certo, adequado, após da criação dos mundos superiores que se encontram acima dele.

QUEM SOU EU – DESIGUALDADE DOS SERES E AÇÃO PERPÉTUA DA LEI DE CAUSA E EFEITO – REENCARNAÇÃO – VOZ DA CONSCIÊNCIA. PROCESSO DA MORTE – RODA DOS NASCIMENTOS – OSSOS SECOS. ANÁSTASIS (RESSURREIÇÃO) E METEMPSICOSES – JESUS "FILHO DE DAVI", OU DAVI REDIVIVO – ELIAS E JOÃO (O BATISTA) – REENCARNAÇÃO DA ALMA DE ELIAS EXPLICADA POR JESUS, SEGUNDO O PITIS SOPHIA

Qualquer que seja o objeto de nosso pensamento, buscar o porquê de sua existência é um estudo de *causa*, e considerar suas propriedades com os seus resultados é um estudo de *efeito*. Todo conhecimento é, por excelência, um conhecimento mais ou menos imperfeito de *causa* e *efeito*, e se impõe desde logo o axioma incontrovertível: *Não há efeito sem causa e nem causa sem efeito*. Ainda quando a causa não perceba os efeitos produzidos, não podemos negar tal causa, pois tudo que podemos fazer é confessar que ignoramos tal fenômeno.

Todo homem que faça a pergunta: "Quem sou?" tem que considerar, como temos visto, seu corpo físico com seus sentidos, sua natureza passional, intelectual e espiritual. Tem que considerar também o meio em que se nasceu; as circunstâncias em que se encontra; suas faculdades físicas e mentais; seus pensamentos habituais ou acidentais, suas palavras e suas ações. No entanto, não pode fazer estas considerações, senão observando ao mesmo tempo a todos os seres que lhe rodeiam, pois somente assim pode apreciar devidamente suas circunstâncias e suas faculdades, as quais lhe pareçam favoráveis ou desfavoráveis. Encontram-se, então, inumeráveis diferenças e cada uma das quais tem forçosamente sua causa correspondente e produz uma enorme variedade de sucessos nos quais ele desempenha um papel mais ou menos importante, ou dos quais seja meramente apenas uma testemunha. Reconhece de imediato que cada ser existe em virtude de uma causa particular, ou por um conjunto de causas forçosamente anteriores ao nascimento. É evidente que tudo isso é por sua vez causa e efeito. Tem-se que admitir que ditas causas anteriores ao nascimento fossem ao mesmo tempo efeitos de causas-efeitos precedentes, e que, portanto, deveriam manifestar-se sob alguma forma. É notório que prevalece hoje em dia, entre os cristãos, a opinião de que a desigualdade que caracteriza os membros da família humana se deve à "vontade inescrutável de Deus". Porém, por mais divina que se queira considerar a uma entidade caprichosa, a qual os homens, em sua ignorância, acreditam ser a sua imagem e semelhança, aceitem o conceito grandioso da Majestosa Lei de Causa e Efeito; que inspira aos homens que amam a Verdade sobre todas as coisas e os ajuda a transcender os limites materiais e a satisfazer amplamente sua mente e seu coração. O Deus é a mesma Lei de Causa e Efeito, e ao atribuir-lhe algum capricho não é nada menos que uma monstruosa blasfêmia.

Assim como nem se destrói nem se perde a matéria, assim também se conserva a força infinitamente. Como temos visto, a Vida e a Substância, que tomam uma variável multiplicidade de forças pela ação da Vida, são as bases da manifestação Universal. Não há forma sem vida e nem vida sem forma, ou, em outras palavras, não existe matéria sem força, nem força sem matéria. Neste sentido, basta notar a diferença que existe entre a energia puramente física e a energia mental, para reconhecer que o corpo físico não é outra coisa que um instrumento. Por meio deste corpo físico, uma entidade inteligente, que o ocupa manifesta suas faculdades, capacidades, virtudes e vícios, adquire conhecimento de si mesma e das demais entidades, por meio de suas relações com elas. A permanência da pura consciência do eu e a impermanência das moléculas do corpo físico demonstra que o eu não depende do corpo físico para sua própria existência. Este traz consigo as causas originadas de um estado anterior, nas quais se juntam àquelas que se originam ao estado atual, cujas causas modificadas de diversos modos e graus produzem agora e seguirão produzindo efeitos correspondentes, não só no estado atual, como também no subsequente; pois o nascimento e a chamada morte não são barreiras intransponíveis para a ação perpétua da Lei de Causa e Efeito, senão que são como tudo, causa e efeito ao mesmo tempo.

É um fato incontrovertível que todos os homens nascem desiguais de todos os pontos de vista – físico, social, intelectual, moral e espiritual; e não só nascem desiguais como também morrem desiguais. Assim como a desigualdade no nascimento há de ter uma causa em um ou mais estados anteriores, assim também a desigualdade na morte há de ter efeitos correspondentes em estados diversos subsequentes. Como podemos observar na existência atual, cada homem adquire experiência gozando e sofrendo, com o qual cresce mais ou menos lentamente seu conhecimento de si mesmo e dos demais seres, e o corpo físico é o instrumento, por meio do qual adquire tais experiências, seja produzindo impressões em outros seres, seja recebendo impressões deles. O corpo físico é, portanto, um instrumento necessário para expressão do grau de consciência de uma entidade inteligente e para seu progresso, por mais lento que possa parecer ser. A imperfeição do eu ao nascer, e sua imperfeição ao morrer (ainda quando tenha feito grandes progressos intelectuais e espirituais), prova que o corpo físico está muito longe do progresso do "eu" que gostaríamos de ter alcançado, e que é, portanto, apenas um só centímetro de uma vasta série de quilômetros, na qual se dá a evolução individual. Cada homem chega à existência atual com um capital de virtudes e vícios adquiridos em existências anteriores, e por meio de muitos corpos físicos.

> *Para exemplificar esta realidade, mesmo que não se tenha uma convicção da evolução através da reencarnação, não podemos negar a evolução genética; aquele legado que recebemos de nossos parentes do passado; basta olhar nesta direção e voltando o relógio cem anos, duzentos, quinhentos, mil, dois mil, cinco mil e certamente chegaremos a mesma reflexão de onde viemos geneticamente falando; através destes ancestrais cometemos todo tipo de uso e abusos, que não teríamos coragem nem mesmo de citá-los e nem seria preciso, pois neste sentido são inumeráveis e abomináveis os crimes que foram executados.*

Na existência atual, dito capital sofre diversas modificações, seja de crescimento ou de diminuição; por meio do corpo físico atual, tais modificações hão de seguir efetuando-se nas existências subsequentes nos corpos mais ou menos favoráveis.

A necessidade do corpo físico para a expressão e o progresso de uma entidade na existência atual é prova da necessidade de corpos físicos em existências anteriores e posteriores.

O reaparecimento de uma entidade num novo corpo físico, neste plano físico, é o que se chama "Reencarnação", ou seja, Reincorporação. Só a consideração da existência físico-mental, com suas inumeráveis diferenças, traz à luz o conceito da *Lei de Causa e Efeito*. Basta, para isso, demonstrar a lógica da doutrina da Reencarnação; a vasta literatura dessa doutrina demonstra que, em todas as épocas e em todas as sociedades, tal doutrina foi parte integrante de vários e grandes sistemas filosófico-religiosos, ou das opiniões objetivas de grandes pensadores, teólogos, filósofos e cientistas. A objeção da qual não se tem memória de encarnações passadas e, por esse motivo não ser possível existir, cai por terra ao considerar-se a debilidade da memória, pela qual se fazem muitos sucessos na vida atual e se esquecem os detalhes dos mesmos, principalmente quando nossa idade terrena já está mais avançada. Se o momento do nascimento e grande parte da infância se encontram (para a grande maioria) numa completa obscuridade, é muito natural que as recordações de nossas existências anteriores estejam profundamente ocultas no recôndito de nosso ser, sendo-nos, desta forma, inacessível por motivações de apego à vida material, com suas formas sempre variáveis. Porém, se grosso modo não temos lembranças de alguns eventos e detalhes particulares de alguma existência anterior, temos faculdades e aptidões especiais, as quais são, segundo a Lei de Causa e Efeito, os resultados de múltiplas experiências acumuladas e assimiladas, e voltam a manifestar-se agora, crescendo por meio de novas experiências. Aquilo que chamamos *a priori* de "voz da consciência" é na realidade uma espécie de memória geral, e o mesmo poderia dizer-se de nossas aptidões para as ciências, as artes e quaisquer outros ofícios.

Por aquilo que sabemos sobre a *Constituição Septenária do Cosmos e do Homem*, evidencia-se que o estudo de si mesmo facilita o entendimento, não somente da Reencarnação do homem, senão também da reincorporação de todos os seres no vastíssimo processo de evolução. Isso requer diversos e numerosos veículos, adequados aos múltiplos graus de desenvolvimento de cada unidade de vida-consciência e ao plano que funciona nas diversas fases de sua atividade.

Aquilo que se chama nascimento não é, pois, outra coisa que "reencarnação", e a morte é o processo contrário, ou seja, "desencarnação", e como disseram muitos místicos, o nascimento neste mundo inferior é morte num mundo superior, e a morte neste mundo é nascimento num outro. Conseguintemente, a morte, no sentido vulgar da palavra, não é outra coisa que uma troca de campo de atividade para uma entidade consciente, ao mesmo tempo em que abandona o veículo físico, por meio do qual tenha colhido algo que não havia semeado em existências precedentes e que tenha de outra forma, semeado para existências futuras.

A morte desorganiza o corpo denso, funcionando então a consciência no duplo etéreo. Durante alguns momentos o homem vê como num panorama todos os sucessos da vida que acaba de transcorrer, assim como tudo que tenha pensado e dito, seus efeitos, seus ódios, seus êxitos e seus fracassos. Sua tendência principal determina o plano em que há de funcionar principalmente sua consciência durante a existência *post-mortem*. Despois destes breves instantes e que durante os quais se vê em si mesmo tal como é, rompe-se a conexão entre o corpo denso e o duplo etéreo, e algumas horas depois, trinta e seis ou mais, o homem passa ao plano astral, deixando por completo seu corpo etéreo, o qual irá se desintegrando à medida que o corpo denso se desintegra. Então o corpo astral se reorganiza na ordem em que estão os diversos graus da matéria astral, ou seja, conforme os sete subplanos, o mais tênue dentro e os mais densos fora, formando, assim, sete cascas nas quais se encontra a entidade humana por um tempo mais ou menos longo, despojando-se de uma casca após a outra, até ficar livre da última. Logo, a entidade passa ao plano mental, atuando em seu veículo mental, no qual se repete o mesmo processo, ficando finalmente livre do corpo causal, que é seu veículo direto onde goza do grau de consciência que alcançou até então. A grande maioria dos homens atuais se encontra apenas desperta no subplano inferior, por estar, todavia, na infância da vida individual.

Como o crescimento do corpo causal se dá por meio da prática das virtudes baseadas na Fé, na Esperança e no Amor, e as paixões egoístas não afetam dito crescimento; estas não são assimiladas, senão que, depois que o homem se despoja de seus veículos inferiores, fica como germens latentes no corpo causal até a seguinte manifestação ou reencarnação. Assim, as faculdades mentais juntamente com os germens da vida passional que haviam retirado do corpo mental ao desintegrar-se o corpo astral, e depois no corpo causal ao desintegrar-se o corpo mental, voltam à atividade ao soar a hora de uma nova manifestação, atraindo os graus de matéria do plano mental inferior e do plano astral correspondente. Então a entidade começa a ligar-se com o novo corpo físico, que está em gestação e que há de completar a personalidade na qual há de manifestar-se por um período e num meio, ou em diversos meios ambientes, conforme as causas originadas em existências passadas.

Encarnação e desencarnações são as duas fases alternativas da manifestação cíclica das Almas – é a significação esotérica da *Doutrina de Gilgul* diz o *Zohar*: "Todas as almas estão sujeitas à revolução (metempsicoses, *a'lin b'gilgulah*): porém, os homens não conhecem os caminhos do *Santo, Bendito seja Ele,* e ignora o modo em que serão julgados em todos os tempos, e antes que vieram a este mundo e quando o tiver deixado etc."

Na Epístola do Apóstolo Tiago (III, 6) encontramos a expressão *ho trochós tes genèseos*, ὁ τροχός τῆς γενέσως, "Roda do Nascimento". Várias versões modernas têm como "curso da vida" entre outras expressões, todas as quais são incorretas. Só a Vulgata a traduz corretamente. *Rota nativitatis*, pois γενέσις, gêneses, quer dizer nascimento, geração, e *trochos*, τροχός é uma *roda*. Tal expressão, evidentemente é uma referência do Apóstolo na Doutrina de Gilgul, ou seja, a Metempsicoses.

No Antigo Testamento há várias passagens baseadas na transmigração das almas. Assim o Livro da Sabedoria (*Vulgata editiones*), cap. VIII, vers. 20, lemos a notável declaração: *Puer autem eram ingeniosus et sortitus sum animam bonam. Et cum essem magis bônus, veni ad corpus incoinquinatum.* Na versão dos Setenta se lê: παίς εὔψυης, *Pais euphues* (*criança que cresce bem, de bem natural, bem nascida*). "No entanto, eu era uma criança de bem natural, e por sorte me encaixo em numa alma boa. E como era muito bom vim num corpo sem mácula." Essa declaração é inequívoca, pois, naquilo que diz, dá a entender que havia crescido em virtude e em inteligência no curso de outras existências anteriores, e que, em razão do grau que havia alcançado (havendo chegado a ser uma criança felizmente nascida; pode significar, sem dúvida, *Iniciado*), havia recebido uma alma adequada a seu adiantamento e com corpo sem defeitos como instrumento próprio para sua expressão em sua encarnação atual. Além do mais, distingue de sua alma e de seu corpo, sendo a alma, como já vimos, *nephesh*, נפש, alma primordial, o princípio passional com o princípio vital.

Ezequiel, na sua visão do vale cheio de ossos secos, profetiza por ordem de *Jehovah* dizendo: "*Oh ossos secos! Ouça a palavra de Jehovah*" Assim disse *Jehovah* a estes "ossos secos": "*É aqui que eu farei entrar o espírito em vós e vivereis. E colocarei sobre vós nervos, e farei crescer sobre vós carnes, e os cobrirei de pele, e porei em vós espírito para que vivais.*" Nessa passagem, vemos que se trata da ressurreição dos *ossos secos* e não da carne, pois dá para entender claramente que não ficava nada da carne nem dos nervos e nem da pele que haviam coberto antes daqueles ossos. Não é, pois, a ressurreição dos corpos como estavam antes de sua morte, senão a de algo que havia permanecido e que agora se reencarna devido a reaparição do espírito. Nessa alegoria, temos uma alusão direta da reencarnação, a qual é tanto mais patente quanto consideramos que a palavra עצם, *ghezem*, *osso*, significa também *força, essência*, com a mudança dos pontos *massoréticos*, sendo então עצם, *ghozem*. Neste caso, tais ossos, ou seja, as *forças* são os germens latentes das paixões que se voltam a manifestar nas encarnações subsequentes.

No capítulo XVI do mesmo livro, o profeta Ezequiel disse, falando das abominações de Jerusalém: "*Mas farei transformar o cativeiro delas no cativeiro de Sodoma e suas filhas, e o cativeiro de Samaria e suas filhas, e o cativeiro de teus cativos em meio deles* (vers. 53), *a fim de que leves teu vitupério e te enchas de confusão por causa daquilo que tenhas feito; pelo mesmo que foi um consolo para elas*" (vers. 54). "*Assim tua irmã Sodoma e suas filhas voltarão a seu antigo estado; e Samaria e suas filhas se voltaram a seu antigo estado; e tu e tuas filhas voltarão a vosso antigo estado*" (vers. 55). "*Tua execrável maldade e tuas abominações, tu mesma tens que levá-la*" (vers. 58), porque disse *Jehovah* ao Senhor: "*Farei contigo conforme aquilo que tenhas feito, tu que desprezou o juramento ao quebrar o pacto*" (vers. 59). Aqui fica clara a Lei de Ação e Reação. Os pecadores terão que sofrer o mesmo que fizeram sofrer a outros e, para tal expiação, hão de voltar a seu estado, isto é, à existência física, num corpo físico adequado e no meio que corresponde a cada qual. Ezequiel era kabbalista, como temos visto, e conhecia evidentemente a parte esotérica da *Doutrina de Gilgul*, ou seja, a metempsicoses.

Existe uma grande dificuldade de alta transcendência naquilo que não pensaram aqueles que acreditam de pés juntos na ressurreição do corpo físico e no seu translado para o céu. Neste sentido, disse São Paulo que: "*carne e sangue não podem herdar o Reino de um Deus, nem a corrupção herda a incorrupção*" (I Coríntios XV, 50). Com esta declaração, o Apóstolo contesta satisfatoriamente a todas as objeções fisiológicas que oferecem os críticos burlões. Seria desejável que os cristãos que acreditam em semelhante ressurreição refletissem seriamente em tais objeções a fim de não voltar a incorrer em tamanho absurdo, o qual não é outra coisa que a estúpida apoteose de um crasso materialismo, resultado do apego à letra morta.

É preciso distinguir entre *anástase* ou ressurreição (dentre os mortos) e *metempsicoses*. A ressurreição da qual fala o apóstolo São Paulo não é senão aquela dos que "morrem em Cristo", isto é, daqueles que venceram sua natureza inferior e assim chagaram a ser conscientes de sua imortalidade. Eles não têm que renascer em corpos físicos corruptíveis, porque ressuscitam em corpos espirituais e são imortais. "*Semeia-se* (o raio do corpo causal) *em corrupção* (nos veículos inferiores transitórios), *é ressuscitado em incorrupção* (volta à essência permanente); *semeia-se em desonra, é ressuscitado em glória; se semeia em debilidade, é ressuscitado em poder; semeia-se em corpo psíquico* (o veículo que põe a alma humana unida ao princípio passional em relação com o mundo físico no qual tem que adquirir múltiplas experiências), *é ressuscitado o corpo espiritual* (havendo o Pensador dominado por completo ao princípio passional, reveste a vestidura espiritual) (I Coríntios XV, 42-44). Como se vê, somente os Santos tomam parte nesta ressurreição, da qual falou Jesus dizendo que "*os que serão considerados dignos de alcançar aquela vida* (ou ciclo, *æon*, αιων) e a ressurreição dentre os mortos (*tes anastáseos ek nekrôn*, τής άνστάσεως έκ νεκρών), nem se casaram, nem se dão ao matrimônio (isto é, não são deste mundo), *porque não podem jamais morrer, pois são iguais aos anjos, são*

Filhos de Deus, sendo filhos da ressurreição" (Lucas XX, 35-36). A expressão *não podem jamais morrer* é muito significativa, pois a pluralidade de mortes às quais Jesus se refere implica necessariamente a pluralidade de existências no plano físico e, por conseguinte, uma pluralidade de encarnações. Desta maneira, aqueles que não conseguem nascer de cima (*anothen*, άνωθεν, São João, III, 7), não ressuscitam dentre os mortos, senão que estão sujeitos à reencarnação em corpos físicos, enquanto aqueles que chegam a ser veículos dignos para a manifestação do Christos, são para sempre conscientes em todos os planos da evolução humana, ainda quando se reencarnam no plano físico com o objetivo de ajudar aos seus irmãos mortos, ou seja, carnais, porque aqueles que terminaram sua evolução espiritual podem, se quiserem, renunciar o dito Nirvana em prol de seus irmãos que erraram e que sofrem.

É muito notável o fato de que, apesar do testemunho dos Evangelhos e demais livros do Novo Testamento a respeito da crença na reencarnação, a Igreja no quinto Concílio Ecuménico (o qual se deu em Constantinopla em 553) anamatizou dita crença, condenando, assim, aquilo que o Divino Mestre nunca havia censurado, nem no mínimo detalhe[289]. E não somente Jesus não condenou a Doutrina da Reencarnação, como também seus ensinamentos repousam nela, dando-lhe (Ele) uma ênfase muito peculiar. A pergunta que Jesus faz aos seus discípulos: "*Quem disse que aos homens que sou eu?*" (São Mateus XVI, 13; São Marcos VIII, 27; Lucas IX, 18), e as respostas que dão eles se baseiam na reencarnação, corroborando, assim, no fato de que a Doutrina da Reencarnação era conhecida e aceita entre as multidões, as quais diziam que Jesus era João, o Batista, ou Elias ou Jeremias, ou um dos profetas. James Morgan Pryse (14 Nov. 1859 – 22 Abr. 1942), autor de uma obra de grande importância. *Reencarnação no Novo Testamento*, demonstra que Jesus era o Rei Davi, assim como João o Batista era Elias. A respeito da resposta que Pedro deu ao Mestre – "*Tu és o Christos* (o Ungido), *o Filho de Deus Vivo*" – Disse assim:

A pergunta de Jesus equivalia a: "De quem dizes que sou a reencarnação?" Se a resposta de Pedro se referia tão somente a aparição do Messias, seria evasiva e não mereceria o encômio que recebeu, pela

---

[289] - No Novo Testamento se censura a idolatria e a bruxaria (I. Cor., 14; Gal, V, 2; Apoc. XXI, 8), o culto à natureza (Gal. IV, 9-10, *stoicheia*, στιχεία, quer dizer, os espíritos da natureza, aos sarcófagos (Rom. VIII, 5, 8; Gal. III. R.), o literatismo Cor. III, 6) e o materialismo (Mat. XXII, 23; I Cor. XV, 16, 19). Seria muita presunção um cristão censurar aquilo que Jesus não censurou ou aquilo que ele aprovou.

agudeza mental. Nem seriam certas as palavras de Jesus[290], pois "carne e sangue" na pessoa de André[291] haviam revelado a Pedro, anos antes, que Jesus era o Ungido, e este fato não era mais um segredo, senão um assunto de fama pública[292]. Sem dúvida, o significado da resposta de Pedro foi muito claro: é uma asserção de que Jesus era o Rei Davi... A anunciação de Jesus pelo Anjo Gabriel à Maria é assim (Lucas I, 31-32): "E eis que em teu ventre conceberás e darás à luz um filho, e pôr-lhe-ás o nome de Jesus. Este será grande e será chamado filho do Altíssimo; e o Senhor Deus lhe dará o trono de Davi, seu pai..." Como Gabriel era um anjo, pôde-se-lhe desculpar a ele que falara como mistagogo (do grego, μυσταγωγός; transliterando, *mystagogós*; traduzindo, "condutor de mistérios"); porém, na linguagem dos mortais, aquilo que quis dizer é bastante claro.

Nas obras místicas, é uma figura comum de direção ao fazer referência a um homem como "filho" de uma de suas encarnações precedentes, a qual é seu "pai", no sentido de que o passado produz o presente. Em conexão com isso, é curioso notar que, enquanto Mateus dá a genealogia de Jesus desde Abrahão até "José, marido de Maria, de quem nasceu Jesus" (Mateus I, I-16), mostra claramente que José não era o pai de Jesus (Id. I, 18, 20, 25): e Lucas, o qual dá uma genealogia um pouco diferente, remontando até Adam mesmo, fala de Jesus o filho "reputado" (*enomizado*) de José, e mostra que de fato não era seu filho (Lucas I, 34). Disso que a genealogia de José não prova nada pelo que faz a Jesus, e a menos que tenha de considerar os evangelhos como grosseiramente levianos em não encontrar e ver tão fatal equívoco de evidência, é preciso conceder que não estavam tratando de provar que Jesus descendia em linha direta de Abrahão por mera herança física, em outras palavras, que tratavam da genealogia das almas e não dos corpos. Supõem-se que todos estes descendem de Adam.

Tomadas juntamente as duas anunciações ficam fáceis de entender. Assim como João haveria de vir na presença de Deus "no Espírito e Força de Elias", assim também se há de dar a Jesus o "Trono de Davi", quer dizer, que ele há de ocupar o lugar de Davi no mundo espiritual, já que o Espírito ou o Eu verdadeiro de Davi havia de reencarnar-se nele.

---

290 - *"Bem-aventurado és tu, Simão Barjonas, porque to não revelou a carne e o sangue, mas meu Pai, que está nos céus."* (Mat. XVI, 17).
291 - São João I, 41-42.
292 - Marcos III, 11; Lucas IV, 14, S. João IV, 39-42; VII, 41.

Paulo emprega a palavra Trono precisamente neste sentido, "falando das coisas dos céus e das coisas da terra, as coisas vistas e as coisas não vistas, ora sendo Tronos ou Dominações, ou Primeiros Princípios ou Autoridades" (Colossenses I, 16), de onde sem dúvida se refere às "Hierarquias de seres espirituais"[293].

Depois de analisar os versículos que se referem à personalidade de Jesus, diz do autor Pryse[294]: "É, portanto, lógico deduzir que, pelas palavras 'Tu és o Ungido, o Filho do Deus Vivo', Pedro aplicava (atribuía) a Jesus, com peculiar ênfases, o título de Davi, o Rei Guerreiro, ele que era 'o Ungido de Deus de Jacó', o agradável salmista de Israel, com o qual Deus havia 'feito um pacto por todos os *Æons*' (II Samuel, XXIII, 1-5), e que Jesus, seu discípulo, viu cumprida a promessa feita por Deus nos tempos antigos (Atos XV, 16). 'Depois dessas coisas voltarei e reedificarei a queda da tenda de Davi[295]; e reedificarei suas ruínas e voltarei a levantar'"[296].

É o caso mais notável de reencarnação e da operação da Lei de retribuição na Bíblia, é o da individualidade que no tempo dos reis Acabe e Acazias existiram na personalidade de Elias, o profeta, e no tempo de Jesus, na personalidade de João, o Batista. A notabilidade deste caso é, para os cristãos, o fato de que Jesus mesmo deu testemunho dele.

O rei Acazias, havendo-se enfermado em consequência de uma queda, enviou mensageiros para consultar Baal-zebube, deus de Ecrom, a fim de saber se iria sarar de sua enfermidade. Então o anjo de *Jehovah* disse a Elias que se levantasse e fosse encontrar a estes mensageiros e lhes dissesse: "*Será por não haver Deus em Israel que vós foi a consultar ao Baal-zebube, deus de Ecrom? Por isso, assim disse Jehovah: Da cama aonde subiu, não descerás, senão que seguramente morrerás.*" Elias cumpriu sua missão e logo se foi. Os mensageiros voltaram logo ao rei referindo-se o que havia sucedido, isto é, seu encontro com o desconhecido e as palavras que lhes havia dito. Ao perguntar-se o rei o traço (tipo) do homem, contestou-lhe que era "um varão peludo e trazia um cinto de couro preso a seus ombros". Então disse o rei: "É Elias Tesbita e enviou um capitão com cinquenta homens, o qual subiu ao monte onde estava o profeta." Disse o capitão ao profeta: "Varão de Deus, o rei

---

293 - Veja a obra citada.
294 - Veja a obra citada, p. 34.
295 - "Nossa casa terrestre da tenda" – o corpo físico (II Coríntios, V, 1).
296 - Amos IX, 1.

disse: Desce." Contestou Elias dizendo: "Pois bem: se eu sou varão de Deus, desça fogo do céu e te consuma a ti e seus cinquenta." Com efeito, desceu fogo do céu e lhe consumiu a ele e a seus homens. O rei voltou a enviar outro capitão com seus cinquenta homens, os quais tiveram a mesma sorte que aqueles primeiros. Um terceiro capitão foi enviado com seus cinquenta homens. Ao chegar ante Elias, ajoelhou-se e implorou que tivesse piedade deles. Então o anjo de *Jehovah* disse a Elias que baixara sem temor. Elias foi, pois, ver ao rei e lhe repetiu sua mensagem, e o rei morreu conforme a palavra de Jehovah[297].

Antes disso, no reinado de Acab, pai de Acazias, Elias desafiou a quatrocentos e cinquenta profetas de Baal, com o fim de provar que *Jehovah* era Deus. Pediu ao povo que levassem novilhos, um para os quatrocentos e cinquenta profetas de Baal e outro para ele. Eles prepareriam seu novilho e o colocariam sobre a lenha, mas sem pôr-lhe fogo, devendo tão somente invocar a Baal a fim de que este respondesse por meio do fogo. E faria o outro tão só invocando a *Jehovah*. O povo havia aprovado; prepararam-se os dois sacrifícios. Como era de se esperar, Elias logrou seu propósito, e todo o povo caiu de joelhos exclamando: "*Jehovah*, é o Deus!" Então disse Elias: "Prendei os profetas de Baal; que não se escape um só deles. E eles os prenderam e baixando-os, Elias, à torrente de Cisón, degolou todos ali"[298].

Por isso vemos que o profeta Elias quebrou o mandamento: "Não matarás"; e que ademais, no caso das duas companhias de cinquenta homens, havia abusado de seu poder mágico. Seu desenvolvimento espiritual não correspondia a seu desenvolvimento psíquico, pois era fanático, intolerante e colérico, e assim caiu na magia negra, sorte inevitável de todos os taumaturgos que não lograram vencer suas paixões. A retribuição tinha que chegar tarde ou cedo, qualquer que fosse o bem que Elias tinha feito. Havia matado à espada, e, segundo o dito pelo Mestre Jesus, deveria morrer pela espada, pois a Lei de Ação e Reação é infalível. Por outro lado, abusando de seu poder, deveria necessariamente perder alguma parte do mesmo. Isso é precisamente o que sucedeu a dita individualidade na pessoa de João, o Batista.

Pois bem: considerando que João, o Batista era o precursor de Jesus, o Cristo, e que numa ocasião lhe reconheceu como tal, parece estranho que não lhe seguisse e que chegara a duvidar de que Jesus fosse

---
297 - Veja-se II Reis 1-15. (Segundo a Vulgata *Regum quartus*).
298 - Veja I Reis XVIII, 18-40.

quem haveria de vir. O fato é que o *eu* pessoal (isto é, a pessoa chamada Jesus) estava confuso e obscurecido num estado de vigília, isto é, em sua consciência físico-mental, e então não poderia reconhecer Jesus o Cristo, senão num estado estático, porque não podia relacionar o mundo material com o mundo espiritual. Este obscurantismo mental era o resultado do abuso que havia feito de seu poder do *eu* pessoal (Elias); poder que dimanava do *Eu Superior* manifestado em ambos, e se compreende por que João, o Batista, não tinha consciência de que era a reencarnação do Eu Superior, que havia animado a Elias. É oportuno aqui citar algumas passagens do escritor James Pryse, o qual dá uma tradução exata dos textos que esquadrinhou.

"João I, 19-23."

E este é o testemunho de João quando os Judeus lhe enviaram de Jerusalém sacerdotes e Levitas para perguntar-lhe:
"Quem és tu?"
E ele admitiu, e não negou, e admitiu.
"Eu não sou o Ungido"[299]
E eles lhe perguntaram:
"Quem, pois (és tu)? És Elias?"
E ele disse:
"Não sou".
"És tu o Vidente?"[300]
E ele respondeu:
"Não."
Portanto, lhe disseram:
"Quem és? A fim de que possamos dar uma resposta aos que nos enviaram. Que diz de ti mesmo?"
Ele disse:
"Eu (sou) a voz de um que clama no deserto." "Endereçada na senda do Mestre, como disse Isaías, o Vidente."

---

299 - Gr. *Christos*, lavado, ungido com azeite (depois do banho); o Messias ou um Ungido pelo Alento (*pneuma*) ou Alma do Mundo. O Christos é o *Avatar* ou manifestação periódica (*epiphancía*) da Deidade na Terra. Assim em II Timóteo 1, 8, 10: "Deus... tem manifestado agora por meio da *Epifania* de nosso Salvador, Jesus Ungido, o qual destruiu a Morte e tem iluminado a Vida e a Imortalidade."
300 - Isaías XI, 3.

Aqui há, aparentemente, uma negação de que João, o Batista, era Elias, porém; na verdade, é tão somente um dos muitos jogos de palavras que contém o quarto evangelho. Elias em grego é *Helias*, e João alude à pergunta que se faz, tomando-a no significado de "É o Sol?", pois a palavra grega *helios* não se diferencia de *Helias*. Agora, metaforicamente, Christos é o Sol, e era natural que João fizesse esta negação como mera repetição da anterior: "Eu não sou o Ungido" Porém, ele dava uma resposta evasiva, ficando indicado pelas palavras enigmáticas: "E ele admitiu, e não negou, e admitiu", as quais vão seguidas de negações aparentes a tudo que lhe foi perguntado. Era perfeitamente natural que Jesus entendesse mal a pergunta, já que fosse o propósito ou de outra maneira, como aparece por uma passagem de Malaquias, na qual tem a predicação da vinda de Elias, e na qual João e seus interlocutores haveriam de estar presentes. Nesta predição se faz referência ao salvador em termos do simbolismo solar: "Porém, para vós que temeis meu nome, se levantará o Sol de Justiça com saúde em suas asas" (IV, 2); e imediatamente a isso segue a profecia de Elias que viria primeiro. Poderia tomar facilmente a pergunta como querendo dizer: "É o Sol de Justiça?".

Pela outra pergunta, "És o Vidente?", é provável que se faça referência a Jeremias, ainda é possível que seja Isaías.

Por mais seguro que estivesse Jesus de sua missão[301], sem dúvida, não poderia identificar ao Messias a quem viria anunciar. Mateus e Lucas lhe representam, ainda depois de ser arrojado na prisão, enviando dois de seus discípulos a Jesus para perguntar-lhe se era o Ungido. A seguinte passagem do quarto Evangelho parece estar em conflito com isto:

São João, I, 29-37.

29. No dia seguinte, João viu Jesus que vinha a ele e disse: Eis o Cordeiro de Deus, que tira o pecado do mundo. 30. É este de quem eu disse: Depois de mim virá um homem, que me é superior, porque existe antes de mim[302]. 31. Eu não o conhecia, mas, se vim batizar em água, é para que ele se torne conhecido em Israel. 32. (João ha-

---

301 - "*Vós mesmos me sois testemunhas de que disse: Eu não sou o Cristo, mas fui enviado diante dele.*" (S. João III, 28).
302 - O "protótipo".

via declarado: Vi o Espírito descer do céu em forma de uma pomba e repousar sobre ele). 33. Eu não o conhecia, mas aquele que me mandou batizar em água disse-me: Sobre quem vires descer e repousar o Espírito, este é quem batiza no Espírito Santo. 34. Eu o vi e dou testemunho de que ele é o Filho de Deus. 35. No dia seguinte, estava lá João outra vez com dois dos seus discípulos. 36. E, avistando Jesus que ia passando, disse: Eis o Cordeiro de Deus. 37. Os dois discípulos ouviram-no falar e seguiram Jesus.

Vê-se que aquilo que precede é inconsistente com a narração dos demais Evangelistas, os quais mostram que João duvidava se Jesus era ou não era o Ungido. Toda a passagem acima citada do Evangelho de João é completamente mística e algo vago em João; como purificador pela Água, afirmava que havia visto a Jesus, o Purificador de Espírito, porém o único meio que tinha para identificar-lhe era a atmosfera magnética, ou *aura* que lhe rodeava. Essa *aura*, a qual se faz aqui referência sob a imagem de uma pomba, é a "Glória" (*doxa* em grego: δόξα) tão frequentemente mencionada no Novo Testamento, e, como não é visível para a vista física, é claro que João falava de uma visão que havia tido. Não obstante, suas declarações confiadas, a respeito de Jesus, não trataram de chegar nem perto dele. Seus dois discípulos, pondo fé implícita em suas palavras, foram a Jesus com confiança e permaneceram com ele. Porém, João não lhes apontou de propósito: eles o viram falar consigo mesmo, e pela narração, parece que estava num estado estático ou de transe, e não plenamente consciente daquilo que lhe rodeava. Por isso deixara de conhecer a Jesus em seu estado consciente de vigília. Por conseguinte, se lhe representa aqui o mesmo que nos Evangelhos sinópticos, como um psíquico natural, um Vidente não educado e, portanto, incapaz de relacionar aos dois mundos, o material e o espiritual. O Eu interior subconsciente de João era na verdade "o Espírito e Poder de Elias"; porém, seu eu exterior estava confuso e obscurecido. Sua incapacidade para identificar Jesus se descreve quase sarcasticamente:

Mateus XI, 2-15.

Tendo João, em sua prisão, ouvido falar das obras de Cristo, mandou-lhe dizer pelos seus discípulos: 3. Sois vós aquele que deve vir, ou devemos esperar por outro? 4. Respondeu-lhes Jesus: Ide e contai a João o que ouvistes e o que vistes: 5. os cegos veem, os coxos andam, os leprosos são limpos, os surdos ouvem, os mortos ressuscitam[303], o Evangelho é anunciado aos pobres[304]...[305] 6. Bem-aventurado aquele para quem eu não for ocasião de queda! 7. Tendo eles partido, disse Jesus à multidão a respeito de João: Que fostes ver no deserto? Um caniço agitado pelo vento? 8. Que fostes ver, então? Um homem vestido com roupas luxuosas? Mas os que estão revestidos de tais roupas vivem nos palácios dos reis. 9. Então por que fostes para lá? Para ver um profeta? Sim, digo-vos eu, mais que um profeta. 10. É dele que está escrito: Eis que eu envio meu mensageiro diante de ti para te preparar o caminho[306] (Ml. 3,1). 11. Em verdade vos digo: entre os filhos das mulheres, não surgiu outro maior que João Batista. No entanto, o menor no Reino dos céus é maior do que ele. 12. Desde a época de João Batista até o presente, o Reino dos céus é arrebatado à força e são os violentos que o conquistam[307]. 13. Porque os profetas e a lei tiveram a palavra até João. 14. E, se quereis compreender, é ele o Elias que devia voltar[308]. 15.

---

303 - Em grego, *egerthenai*, ser despertado, animado. Na versão Autorizada, faz-se muito pouca referência entre este verbo e *anastenai*, levantar-se, ser levantado; sem dúvida, a diferença de significado se observa cuidadosamente nos escritos do Novo Testamento. Como Lucas, VIII, 54. 55: "E acenando-lhe a mão, chamou (a) dizendo: "Menina, desperta e seu espírito voltou, e se levantou imediatamente."

304 - Em grego, *makarios*, livro do destino ou morte, por sempre jamais bendito, emancipado (da vida terrena).

305 - Literalmente "será escandalizado por mim", sendo as palavras evidentemente irônicas. O verbo empregado significa cair-se numa armadilha, ou laço, e se deriva de *skandalon*, ressorte de armadilha, gatilho de armadilha.

306 - Os *circuli*, ou grupos de pessoas que conversam.

307 - Malaquias, III, 1; Marcos, I, 2; Lucas, I, 76.

308 - As palavras são ambíguas e se podiam traduzir assim: "O Reino dos Céus foi tomado por assalto, e os ladrões estão lá saqueando." Sem dúvida, isso não concorda com o contexto ou com a passagem paralela em Lucas (XVI, 6), na qual se lê: "A Lei os Videntes (estavam) até (os dias) de João; desde aquele tempo no Reino de Deus proclamando como boa nova, e cada uma entram nele com violência." Talvez se queira dizer que os escritores das Antigas Escrituras eram tão somente Videntes naturais e não

Quem tem ouvidos, ouça.

O caráter e as peculiaridades de personagens de João são precisamente os de Elias. Não só têm os mesmos traços de caráter, como também a mesma aparência física. Assim se descreve Elias como "um homem peludo com uma tanga de cinto de couro"; e do precursor se diz que "João andava vestido de pelos de camelo, e com um cinto de couro em redor de seus lombos"[309]. O mesmo homem em ambas encarnações: é grande, violento, ossatura proeminente, aparência de selvagem, sem dúvida, divinamente iluminado em seu interior, proclamando de uma maneira ruidosa sua mensagem e, contudo, reticente e misterioso. Como Elias, abusou de sua Vidência e poder mágico, e desprezando a ordem do rei, mandou que descesse fogo do céu, que matou as duas bandas de soldados que vinham prender-lhe; como João, sofreu por essa má ação, pois obscureceu sua Vidência, e *Nêmesis* (em grego: Νέμεσις - 'vingança', 'castigo') lhe perseguiu na pessoa do lascivo Herodes, que mandou lhe decapitar.

Por esse obscurecimento parcial e perda de poder fica demonstrado a incapacidade de João para discernir por si mesmo se Jesus era o Messias ou não. Encarcerado – injustamente, pelo que fazia nesta encarnação, mas com perfeito senso de justiça em vista das más ações da encarnação anterior – envia seus discípulos a Jesus para obter informação. Mas Jesus, em vez de dar uma resposta positiva, meramente íntima que João deveria conhecer-lhe pelas suas maravilhas taumatúrgicas, apesar de encontrar-se sua visão espiritual obscurecida, diferente de seu precursor. E, como se quisesse dar maior ênfase a esse ponto, disse aos circunstantes, e não aos mensageiros de João, que este, como seu *precursor*, é "mais que um Vidente", porém, explica que João é tão somente um Vidente natural ou psíquico, e, portanto, inferior a um Vidente Iniciado. Pois João, o Elias dos tempos antigos, agora humilhado e impotente[310] por causa do cruel abuso que fez de seu poder, não tinha força para arrebatar "o Reino dos Céus". A última frase, *basileia ton ouranon*, a qual é peculiar em Mateus, denota a Vidência divina, pois aqui *basileia* não quer dizer "reino", mas, sim, o "poder de reinar", e "os

Iniciados.
309 - Marcos I, 6.
310 - S. João IX, 41.

céus" são as sete regiões do Espaço, ou sete "Céus" (mundos astrais), segundo se indica pelas sete hierarquias de Anjos no Apocalipse, e pelo uso que São Paulo faz da palavra *ouranos* na seguinte passagem (II Cor. XII, 2-4): "Conheço um homem em Cristo que há catorze anos (se no corpo, não sei, se fora do corpo, não sei; Deus o sabe) foi arrebatado ao terceiro céu. E sei que o tal homem (se no corpo, se fora do corpo, não sei; Deus o sabe) foi arrebatado ao paraíso; e ouviu palavras inefáveis, que ao homem não é lícito falar." Pois o olho aberto[311] do Vidente vem a ser uma "janela no Espaço", e o Vidente entra à vontade em qualquer dos mundos espirituais. Aqui se representa João como o último dos grandes Videntes antigos, porém, sofrendo o castigo de seus pecados, é impotente para entrar no círculo dos Iniciados. Tem um grande efeito de eloquência na declaração de Jesus no tocante a este homem caído, não reconhecido, desprezado e perseguido: "Se queres receber-lhe, ele mesmo é Elias"[312].

Disse bem o Sr. Pryse: tem um grande efeito de eloquência nas palavras "Se quereis receber-lhe", pois com elas o Divino Mestre expressava toda sua compaixão por João. É possível que os ouvintes formassem um conceito muito elevado acerca do precursor desde o ponto de vista taumatúrgico, pelo qual não podiam reconhecer-lhe em João, o Batista, sendo assim que este não fazia maravilhas. Jesus, ao afirmar que João era Elias, apelou ao mesmo tempo à compaixão de seus ouvintes, aludindo à Lei de Retribuição, conforme a qual se encontrava paralisado em João o poder antigo de Elias. Difícil era fazer uma declaração mais enfática, e é evidente que nem todos os ouvintes de Jesus compreenderiam sua alusão da Lei de Retribuição, pela qual exclamou:

Aquele que tem ouvidos para ouvir, ouça!

Essa expressão, como todas de Jesus, é de grande importância. Significa que somente aqueles que têm certo grau de desenvolvimento e de conhecimento do esoterismo da Doutrina de *Gilgul*, podiam compreender aquilo que dizia o Mestre. O vulgo, da antiguidade como os de hoje, só iria confundir a individualidade com a personalidade[313], e mui-

---

311 - Mateus VI, 22; Lucas, XI, 34; XXIV, 31.
312 - Veja em James Pryse, *Reencarnação no Novo Testamento*. p. 13-20.
313 - Tenha em conta que *pessoa* quer dizer máscaras, e que, portanto, sua personalidade é uma das numerosíssimas máscaras ou veículos, por meio dos quais se manifesta uma individualidade, com o objetivo de adquirir experiência, a fim de alcançar a

tos, ademais, acreditariam literalmente que Deus vigiava os pecados dos pais sobre os filhos, os quais, como o têm-se visto, não sucede senão no sentido alegórico. Agora, como os ensinamentos de Jesus eram exotéricos e esotéricos, é evidente que não poderia contestar tudo claramente; nem todas as perguntas que seus discípulos faziam em público eram respondidas abertamente; por isso o uso de parábolas e alegorias. Isso explica por que no caso do cego de nascimento deu a seus discípulos uma resposta evasiva – evasiva para os profanos, mas não para seus discípulos. Dito caso fica relatado como segue no Evangelho segundo São João (IX, 1-3):

> *E, passando Jesus, viu um homem cego de nascença. E os seus discípulos lhe perguntaram, dizendo: Rabi, quem pecou, este ou seus pais, para que nascesse cego? Jesus respondeu: Nem ele pecou nem seus pais; mas foi assim para que se manifestem nele as obras de Deus.*

Com isso quer dizer: as ações de seu Ego consciente em uma vida anterior, cujo resultado se manifestava então num corpo físico privado da vista, conforme a Lei de Retribuição, Ação e Reação. É evidente que a personalidade não era a causa de sua própria cegueira, condição que era a consequência de alguma falta na experiência precedente da individualidade em outra personalidade. A personalidade cega era, portanto, o resultado de dita falta e não a causa da mesma. Enquanto os pais carnais de dita personalidade não eram responsáveis pela cegueira de seu filho, porque cada um tem que sofrer as consequências de suas próprias faltas em conformidade com a Justiça Infalível da Grande Lei da Impessoalidade. Certamente que em alguns casos os pais têm alguma culpa a respeito da condição física de seus filhos; porém, isso não exonera necessariamente a estes, sendo assim que recebem os veículos físicos que lhes correspondem, conforme aquilo que tenham semeado nas experiências anteriores.

Em *Pistis Sophia*, o evangelho tem provavelmente o mesmo direito que os do Novo Testamento a ser reconhecido como canônico, se lê a seguinte declaração de Jesus a respeito da reencarnação da alma de Elias:

---

autoconsciência de sua própria imortalidade e de sua unidade com a Causa Única da Manifestação Universal.

> *Sucedeu que, quando passei por meio dos governadores do æons, eu olhei abaixo o mundo dos homens, por ordem do primeiro mistério; falei a Elizabeth, mãe de João, o Batista antes que a tivesse reconhecido, arrojei nela um poder que eu havia recebido da mão do pequeno Iao³¹⁴, o bom, o qual está no meio, a fim de que ele pudesse predicar antes que eu e preparar meu caminho na água da remissão dos pecados. Este poder está, pois, no corpo de João.*

Além disso, na região da alma dos governadores, destinada a recebê-la, encontrei a alma do profeta Elias, nos *æons* das esferas, e lhe reconheci, percebendo que era sua alma também. Pelo traje da virgem da luz que ela a deu a seus recebedores, eles a trouxeram à esfera dos governadores e as colocaram no seio de Elizabeth. Por conseguinte, o poder do pequeno *Iao,* que está no meio, e da alma de Elias, o Profeta, estão unidos no corpo de João, o Batista. Por isso deveria estar em dúvida quando lhe disse: João disse "eu não sou o Cristo" e me disseste: "está escrito nas Escrituras que quando o Cristo virá, Elias verá antes que ele e preparará seu caminho". E quando me disse isso, os respondi: "Elias, na verdade, já veio, e já preparou todas as coisas segundo estão escritas: e eles fizeram como ele tanto quanto quiseram." E quando observei que não entendias o que eu havia falado, a respeito da alma de Elias que estava unida com João, o Batista, contestei-os claramente e

---

314 - A respeito da palavra hebraica *Yaho*, disse Mᵐᵉ Blavatsky em seu *Theosophical Glossary* o que segue: Primeiro demonstra que a palavra é equivalente à letra grega *Iao*. *Yaho* é um nome místico antigo e muito velado da deidade Suprema, enquanto que *Yah* é uma abreviação posterior, a qual contendo *a priori* um ideal abstrato veio finalmente a ser aplicada e unida a um símbolo fálico, o *lingam* da criação. Tanto *Yah* como *Yaho* eram "nomes de mistérios" hebraicos derivados de *Iao*; porém os Caldeus tinham um *Yaho* antes que os judeus o adotassem, e, para eles, segundo explicam alguns Gnósticos e Neoplatônicos, era a mais alta e excelsa deidade concebida *sentada num trono acima dos sete céus* e representando a *Luz Espiritual* (*Atman*, o Universal) cujo raio era *Nous*, o qual era o próprio Demiurgo Inteligente do Universo de Matéria e o Manas Divino no homem, sendo ambos Espírito. A verdadeira clave disso é comunicada somente aos Iniciados; era que o nome de *Iao* era "triliteral e sua natureza secreta", como o explicavam os Hierofantes. Os fenícios também tinham uma deidade suprema cujo nome era triliteral e sua significação era secreta, este era também, *Iao*; e *Y-há-ho* era uma palavra sagrada dos Mistérios Egípcios, a qual significava "a deidade única e eterna e oculta", na natureza e no homem; isto é, a "Ideação Divina Universal, e o *Manas* humano ou "Ego Superior."

cara a cara com as palavras: "Se quereis receber-lhe, João o Batista é Elias que, disse eu, havia de vir"[315].

Não é meu propósito tratar dos erros que se têm propagado a respeito da *reencarnação*. Se o leitor deseja fazer um estudo minucioso desta doutrina, poderá consultar as diversas obras que citamos – especialmente a do Dr. Jerome Anderson, *Reicarnation, a study of the Soul*. Nossas reflexões no presente escopo foram o bastante para chamar a atenção do cristão amante da Verdade e diligente esquadrinhador das Escrituras, esta doutrina fundamental do Cristianismo que, ao desaparecer dos Mistérios Menores, perdeu-se para o mundo cristão em geral, ainda que, no particular, sempre houve filósofos que se dedicaram a estudar e penetrar nela.

---

315 - Veja em *Pistis Sophia*, a *Gnostic Gospel* (With extracts from the books of the Savior appended) originalmente traduzido do grego para o copta e pela primeira vez para o inglês da versão de Schwartze em latim do único Coptic M.S. conhecido e verificado pela versão francesa de Amélineau com uma introdução por G.R.S. Mead, B.A.M.R.A.S., p. 11-13.

CAPÍTULO III

Reflexão sobre o "QUADRO NATURAL"

(TABLEAU NATUREL des rapports qui existente entre Dieu, l'homme et l'univers – Louis-Claude de Sant-Martin)

O Quadro Natural, das relações que existem entre Deus, o Homem e o Universo, por Louis-Claude de Saint-Martin, chamado o Fil∴ Desc∴ (Filósofo Desconhecido), é uma obra superior que trata da natureza do Homem e de suas relações com o Universo e com Deus.

Estudamos muitas vezes esta obra e vimos as dificuldades que surgem para aquele que quer penetrar no seu sentido mais pleno. Depois de traduzir tal obra pensei, prestarei um serviço àqueles que desejam conhecer a filosofia de L. C. de Saint-Martin, expondo, sob forma de teoremas, as ideias principais e essências de cada um dos capítulos da obra.

Entendi também que em cada tese, ou Arcano Simbólico, de cada capítulo pode ser identificado (apontado) para aqueles que desejam meditar sobre temas úteis na evolução dos caminhantes que seguem na direção a Heliópolis, a Cidade do Sol.

Disponibilizaremos esta obra traduzida no nosso *site* (www.tiphereth777.com.br) àqueles que desejarem aprofundar no assunto.

Capítulo I

Tese I

A Primeira Causa da qual provêm as Verdades fecundas e luminosas, para multiplicar aos nossos olhos os raios de sua própria luz, onde está escrita todas estas verdades em tudo o que nos circunda, na força vivente dos elementos, na harmonia de todas as ações do Universo e, sobretudo, no caráter que constitui o homem.

Argumento – Se colocarmos a nosso redor muitos objetos instrutivos, foi para que nos faça meditar sobre suas funções e ao compreender isso, com relação a Primeira Causa, constitui a finalidade principal, quer dizer, de aproximarmos dela e reunirmos os dois extremos.

Tese II

Demonstração – O Homem, para dar existência a uma obra material, procede por atos que são, por assim dizer, as Potências Criadoras.

As Potências Criadoras do Homem trabalham interiormente e de maneira invisível; são fáceis de distinguir por suas categorias sucessivas e por suas diferentes propriedades.

Estas faculdades invisíveis são muito superiores à sua obra e são completamente independentes dela porque, tendo o poder de destruí-la, de não a fazer, de continuar sua existência, se esta obra chegar a perecer, as Potências Criadoras que lhe deram vida ficam, em relação a ela, o que eram antes e durante sua existência.

Tese III

As Potências Criadoras do Homem não são somente superiores a suas produções, mas são superiores e estranhas a seu corpo, porque trabalham na calma completa de todos os sentidos do Homem, que não o são sem seus órgãos e inteligências internas.

Tese IV

As Potências Criadoras trabalham por deliberação e têm, impulsionada pela Vontade, um real poder sobre os sentidos. Estes, sendo um poder passivo, trabalham por impulso sobre as faculdades invisíveis, e esta ação consiste em absorvê-las para executar a obra ou a produção material concebida por elas.

Tese V

Comparações – Vejamos: os resultados materiais mais perfeitos, como aqueles de Natureza física, são produto de Potências Criadoras superiores a estes resultados. Esta ideia, por sua vez simples e vasta, nos demonstra uma ideia fecunda e, às vezes, luminosa que reside no seguinte axioma:
"*Quanto mais perfeição tem uma obra, tanto mais nos seduz para realizá-la*".

Tese VI

Sendo os fatos ou obras da Natureza, materiais como os Homens, os órgãos físicos da Natureza Universal (correspondentes aos sentidos no homem) que procedem na execução desses fatos ou obras, não conhecem as Potências Criadoras que lhe criaram ou que mesmo os dirigiram, porque as obras, os sentidos e o corpo do homem não conhecem aquelas Potências Criadoras que nós sabemos existir nele.

Tese VII

Assim, a Obra Universal das Potências Criadoras, a Natureza, poderia não ter existido ou poderia perder a existência que recebeu, sem que as faculdades que as produziram nada perdessem de seu poder, como as faculdades invisíveis do Homem ficam em relação a sua obra as quais eram antes e durante da existência desta.

Tese VIII

Conclusão – Repetimos, pois que o Universo existe pela ação de Potências Criadoras invisíveis na Natureza; estas faculdades têm uma existência necessária e independente do Universo.

Tese IX

Desta comparação e desta demonstração resulta que o Homem é um Ser superior porque serve, por faculdades que lhes são próprias, para demostrar a existência do Princípio ativo, invisível, que produz o Universo e cria suas leis. Concluímos que o Homem leva em si o Princípio do Ser e da Vida.

Tese X

Segunda Demonstração - O Homem se encontra, sem dúvida, em uma dependência absoluta de suas ideias físicas e sensíveis, porque ele não pode ter nenhuma ideia de objeto sensível se este não lhe comunica suas impressões. Comparativamente, as ideias conduzem o homem a ideias secundárias e, por uma espécie de indução, o conhecimento dos objetos presentes lhe fazem formular conjecturas sobre objetos distantes.

Tese XI

Ademais das ideias sensíveis, o homem possui outra classe de ideias, que são aquelas de uma lei, de uma Potência que dirige o Universo, as da Ordem que a ele preside e, enfim, as da Harmonia que parece engendrar e conduzir tudo.

O homem, ainda que não pudesse criar uma só ideia, tem, sem dúvida, a de uma força e de uma sabedoria superior de todas as leis, aquilo que está na base de toda harmonia: o sustém e é o centro de onde emanam e terminam todas as Virtudes dos seres.

Tese XII

Dado que estas últimas ideias, absolutamente diferentes das primeiras (físicas e sensíveis) não podem ser produzidas pela ação de reflexo dos objetos que nos circundam, e dado que nenhuma ideia, no homem, pode despertar-se sem uma intervenção externa, resulta que o Homem se encontra num estado de dependência, seja naquilo que se refere a suas ideias intelectuais, seja naquilo que se refere a suas ideias sensíveis; das quais não é dono e muito menos autor, porque está obrigado a aguardar que reações externas ou superiores intervenham para fazê-las nascer.

O homem não pode ocupar-se de um objeto qualquer e estar seguro de alcançar a meta sem ser desviado dela pela influência de mil ideias estranhas e regras penosas e importunas que lhe perseguem, obstaculizando e impedindo seus mais agradáveis deleites intelectuais.

Tese XIII

Conclusão – Havendo demonstrado que o Homem e a Natureza possuem faculdades invisíveis e imateriais (Potências Criadoras) anteriores e necessárias à produção de suas obras, e havendo estabelecido, por outro lado, que o Homem está subordinado, por suas ideias físicas, sensíveis ou intelectuais, a uma influência externa ou superior, resulta incontestavelmente que existem Potências de uma ordem muito superior às suas e as da Natureza, faculdades intelectuais pensantes análogas às do Homem, e que produzem nele os movimentos de seu pensamento.

Tese XIV

Não obstante, o Homem, ainda passivo, em suas ideias sensíveis e intelectuais, possui, sem dúvida, a faculdade de examinar as ideias que lhe são apresentadas, de julgá-las, de adotá-las ou rechaçá-las e de atuar depois, de acordo com suas escolhas, com a esperança de alcançar, um dia, o deleite do pensamento puro.

Tese XV

A liberdade é um atributo próprio do homem e pertence ao seu Ser, porém a Vontade, escrava da natural tendência, aspectos e influências das coisas externas, obriga-lhe mais de uma vez a atuar sem poder fazer uso de sua liberdade, dado que as causas de suas determinações lhes são estranhas.

Tese XVI

A liberdade, no homem, deve ser considerada sob dois aspectos: como Liberdade Princípio e como Liberdade efeito.

A Liberdade Princípio é a verdadeira fonte de nossas determinações: é essa faculdade que existe em nós de aceitar ou recusar uma lei que nos é imposta; é, no fim, a faculdade de ficar fiel à luz que é incessantemente oferecida.

A Liberdade Princípio se manifesta no homem mesmo quando este se torna escravo de influências estranhas a sua lei; desta forma é que, antes de decidir, ele compara os diferentes impulsos que o dominam, submete seus costumes e suas paixões e escolhe aquela que mais lhe aprouve.

A Liberdade Efeito é aquela que unicamente se dirige, segundo a lei estabelecida, da natureza, intelectual do Homem. Ela supõe a independência e recusa toda ação, força ou influência contrária a essa lei.

O homem que possui a Liberdade Efeito não admite senão sua própria lei, e todas suas determinações e atos são o efeito desta lei que o guia. E, assim, ele é verdadeiramente livre, pois não sofre nunca nenhum impulso estranho, a não ser que deriva de sua vontade.

Tese XVII

A Força pensante Universal, superior às faculdades do Homem e da Natureza, demonstrada pelo estado passivo no qual se encontram estes dois últimos, difere muito daquela dos outros seres, porque ela mesma cria sua lei e possui inteira liberdade, não podendo ser obstaculizada por nenhum impulso estranho.

Tese XVIII

Esta Força Pensante Universal é o Princípio supremo, fonte de todas as Potências, seja daquelas que vivificam o Pensamento no Homem, seja daquelas que engendram as obras visíveis da Natureza material. Este Ser, termo final para o qual tudo tende, é Aquele que os homens chamam geralmente de Deus.

Examinando profundamente as faculdades e virtudes deste Ser, se reconhecerá que ele é o Bem em essência. Não se pode penetrar mais na Natureza deste Ser. Porque, para consegui-lo, teríamos que conhecer alguns de seus nomes.

Capítulo II

Tese I

O Universo, ainda que ofereça um espetáculo majestoso de Ordem e de Harmonia, manifesta signos de desordem e confusão, classificando-se, assim, numa condição das mais inferiores.

Tese II

O Universo não está em relação com Deus; é um ser a parte, é estranho à Divindade e não contém nada de Sua essência; ele não participa em nada de Sua perfeição e, por conseguinte, não está compreendido na simplicidade das leis da Natureza divina.

Tese III

O Universo não está em relação direta com Deus, como nossas obras não estão conosco. Sem dúvida, o Universo não é nem desconhecido nem indiferente à divindade, porque ela se ocupa de cuidar de sua conservação e governá-lo.

Tese IV

Este acúmulo de desordem e deformidade, de simpatias e antipatias, de similitudes e diferenças, provém do fato de que os corpos gerais e particulares da Natureza não existem senão pela subdivisão e mescla de seus princípios constitutivos; a morte destes corpos não é senão o desprendimento de seus princípios constitutivos e seu retorno à unidade particular de cada um deles. Tudo se devora na Criação, porque tende para a Unidade de onde tudo saiu.

Tese V

As mesclas das quais a natureza física está formada não têm relação com o caráter constitutivo da Unidade Universal, porque a imperfeição inerente às coisas temporais prova que elas não são nem iguais nem co-eternas com Deus, a qual unicamente pertence à perfeição da vida. Somente os homens que se enganam sobre estes assuntos podem confundir o Universo com Deus.

Tese VI

Demonstração - Efetivamente, se a vida ou o movimento fosse o princípio essencial da matéria para formar um mundo, não seria necessário empregar a matéria e o movimento, pois empregando um teria-se necessariamente o outro.

Tese VII

Na ordem intelectual, é o superior aquele que alimenta o inferior, contrariamente à ordem física, na qual o inferior alimenta o superior.

Efetivamente, é o princípio da vida aquele que alimenta em todos os seres a existência que lhes é dado. É desta fonte primitiva da Verdade que o homem intelectual recebe continuamente suas ideias e a luz que o guiam. Pelo contrário, no corpo material do homem, o ventre alimenta a vida de todos os órgãos que lhe são superiores como os pulmões, o coração e o cérebro, assim como a Terra mantém sua existência por suas próprias produções: o esterco por um lado e, por outro, as chuvas, os serenos, as nuvens, que são suas próprias emanações e que a fertilizam, caindo novamente sobre sua superfície.

Tese VIII

No Princípio supremo tudo é essencialmente Ordem, Paz e Harmonia; assim que a confusão que reina em todas as partes do Universo, esta desordem aparente ou real, é o efeito de uma causa inferior e corrompida. Esta causa inferior trabalha fora do princípio do bem, e é nula e impotente a respeito da Causa Primeira e inferior; por consequência, ainda que trabalhando parcialmente nos mundos criados, não se pode nada sobre a essência mesma do Universo material.

Tese IX

É impossível que estas duas Causas (Causa superior: o Bem, e Causa inferior: o Mal) possam coexistir fora da Classe das Coisas temporais, porque, desde que a Causa inferior tenha deixado de ser conforme a lei da Causa superior, perderia toda união com ela.

Tese X

A Causa superior trabalha em relação ao homem, da mesma forma que a Causa inferior, deixando-o perder diariamente a extensão de suas faculdades quando, por atos inferiores e afecções vis, afasta-se dos objetos que convém a sua natureza.

Tese XI

No Universo, a Causa inferior e o homem, submetidos à lei, não fazem senão particularizar aquilo que, por essência, devia ser geral, ou dividir as ações que deviam ser unidas, ou conter num ponto aquilo que devia circular incessantemente em toda a economia dos seres e, enfim, não fazem senão voltar sensível àquilo que já existia no princípio imaterial.

Tese XII

Argumento – Se pudesse distanciar-se das envolturas grosseiras do Universo, encontrariam-se os gérmens e as fibras princípios dispostos na mesma ordem que suas produções. É daí que os observadores se extraviaram anunciando que pertence essencialmente ao Universo invisível e principiante como pertencente ao Universo visível.

Tese XIII

Trabalhando na Causa inferior no espaço tenebroso no qual está limitada, tudo aquilo que se encontra no dito espaço, sem exceção, está exposto à sua influência. A Causa inferior não pode nada sobre a Causa primeira nem mesmo sobre a essência do Universo, mas pode combater seus agentes insinuando sua ação desordenada dos Seres particulares para aumentar sua desordem.

Tese XIV

A Causa inferior pode opor sua ação àquela da Causa superior, e o Mal pode existir na presença das coisas divinas sem que estas participem dele.

Tese XV

Axioma – O Ser Criador produz sem sessar Seres fora de si como os princípios dos corpos produzem sem cessar e fora deles sua ação.

O Ser Criador é Uno e Simples em sua essência; ele não pode produzir compostos ou Seres compostos.

Tese XVI

Axioma – Os Seres criados são igualmente simples e não compostos e, por conseguinte, não podem nem se dissolver nem se abater como as produções materiais e compostas.

Tese XVII

Relação – Assim a Corrupção, a Desordem e o Mal se manifestam nas produções materiais mediante a alteração da forma que as constitui, assim também a corrupção das produções imateriais as faz cessar de ser na lei que as governa.

Tese XVIII

Argumento – A corrupção dos Seres imateriais não pode prover da mesma fonte que as produções materiais, porque a lei contraria que trabalha sobre os seres compostos não pode trabalhar sobre os seres simples.

Tese XIX

As produções imateriais, em sua qualidade de seres simples, não podem receber nem ação desordenadora nem mutilação de nenhuma força estranha. Disso resulta que existem algumas que podem corromper-se, não somente elas que têm sido a causa de sua corrupção, mas que ainda foram o órgão e o agente.

Tese XX

Observação – O homem, para cumprir um ato, é impelido por um motivo, e seu ato é dirigido para o objeto. O motivo pode ser verdadeiro ou falso, pois isso depende da força do argumento do homem e do grau de sua pureza. É no motivo, pois, em que se pode residir o Mal e não no objeto. Não tem, pois, que confundir o objeto com o motivo; um é externo e o outro nasce no homem.

Tese XXI

No Ser Intelectual livre, não podendo a corrupção nascer sem que ele mesmo produza o gérmen e a fonte, resulta claramente que o

Princípio Divino não contribui em absoluto ao mal e à desordem que podem nascer em suas produções, porque, sendo mesmo a pureza, não pode participar do mal e porque, enfim, como ser simples, é impassível a toda ação externa.

Tese XXII

As maiores desordens que a Causa inferior ou os Seres livres e corrompidos podem produzir na ordem física, não podem estender-se senão sobre objetos secundários e não sobre os princípios primeiros. Sua desordem e confusão não podem alcançar senão os frutos e produções da Natureza física e nunca suas afirmações fundamentais que não podem ser quebrantados senão pela mão que os tenha estabelecido.

Tese XXIII

Relação – A Vontade do Homem dispõe de alguns movimentos de seu corpo; mas não tem gerência sobre as ações essenciais de sua vida animal, da qual é incapaz de reprimir as necessidades. Se o homem atenta contra sua existência, pode interromper seu curso aparente, mas não poderá nunca impedir o princípio gerador de dita existência nem a lei inerente a este princípio.

Tese XXIV

Relação – Da mesma maneira, o Grande Princípio envia para o homem suas influências intelectuais, e se elas são interceptadas ou algum obstáculo desvia seus efeitos, aquele que envia estas influências salutares conserva sempre a mesma atividade e não fecha nunca sua mão benfeitora.

Tese XXV

O Mal não pode ser tampouco atribuído à natureza física, porque esta não pode nada por si mesma, dado que sua ação provém de seu princípio individual, o qual é sempre dirigido e animado por uma força separada dele.

Tese XXVI

Conclusão – Dado que o Mal não pode encontrar sua origem nem em Deus nem na Natureza física, estamos obrigados a atribuí-lo ao Homem ou a qualquer Ser que se encontra, como ele, numa classe intermediária.

Tese XXVII

Relação – A Natureza física trabalha sob a supervisão de uma inteligência superior e é, por isso, que possui uma marcha ordenada.
O homem também, fazendo o bem, marcha para a luz e a ajuda da inteligência superior que o guia; se faz o mal, não é possível atribuí-lo senão a ele mesmo.

Tese XXVIII

Não se pode conhecer a natureza essencial do Mal; para compreendê-la seria preciso que fosse verdade, mas, então, cessaria de ser Mal porque a Verdade e o Bem são a mesma coisa.

Tese XXIX

O Mal tem, como o Bem, seu peso, seu número e sua medida. A relação entre Mal e Bem, em quantidade, é de nove a um; em intensidade é de zero a um e, em duração é de sete a um.

Tese XXX
CONCLUSÃO GERAL

Chegamos, pois, a esta conclusão:

1º - O homem pode convencer-se da existência imaterial de seu Ser e de seu Princípio supremo.

2º - O homem não pode confundir a matéria e a corrupção com a vida imperecedoura do Ser que não tenha começado nunca e com ele participam somente em suas produções imediatas por direito de origem.

Para se ter uma visão ampla, geral e esclarecedora da obra *Quadro Natural*, sugiro a leitura das obras abaixo relacionadas:

A Crítica da Razão Pura
A Crítica da Razão Prática
Crítica do Juízo - do filósofo Immanuel *Kant*

Fenomenologia do Espírito - de Georg Wilhelm *Hegel*
Fenomenologia da Percepção - de Maurice *Merleau-Ponty*

CAPÍTULO IV

REFLEXÕES SOBRE ALGUNS SÍMBOLOS E CONCEITOS KABBALÍSTICOS

O SIMBOLISMO DA ESTRELA

Andar na senda do meio é encontrar o segredo final de momento a momento. É final porque desvenda o mistério da vida em cada momento sucessivo. Só na senda do meio se opera o grande milagre, o milagre de uma mente aferrada àquilo que não tem existência nem subexistência. Nesta senda a mente está livre de todos os confinamentos psicológicos dos puxões do passado e do futuro. E é só uma mente livre que pode trilhar a senda, porque ela pode tornar-se um instrumento para a expressão do impulso da vida.

Rohit Mehta – *Procura o Caminho.*

O símbolo da Estrela é, em primeiro lugar, o arauto do nascimento do Salvador, e, secundariamente, o reconhecido símbolo da Esperança. O exame destas duas ideias mostrará serem elas sinônimas. Diz-se que ao passar um candidato pela primeira grande Iniciação, simbolizada pelo nascimento do Cristo, brilha uma estrela sobre sua cabeça, visível a todos os que tiverem alcançado o mesmo estágio de evolução. Assim a estrela anuncia um novo nascimento, o qual é também o sinal de esperança para toda a humanidade, pois cada filho do homem que transpõe o portal da Iniciação, arrasta após de si todos os homens a um passo a mais na meta; aponta o caminho que todos podem seguir; dá a todos os homens uma viva segurança na sua própria divindade.

Quem foram os que viram e reconheceram a Estrela?

Primeiro, os Sábios; aqueles que, tendo passado pessoalmente pelo portal, vieram apresentar as boas vindas ao novo Iniciado. Como no passado, assim se dá ainda hoje: os Sábios, tendo visto a Estrela no Oriente, reúnem-se para ir saudar o "menino" nascido no meio deles.

Segundo: a Estrela foi vista pelos pastores, símbolos dos guardiões e amantes da Humanidade. Assim, em nossa Ordem nós podemos esperar achar muitos pastores, que estão dedicando as suas vidas ao serviço do gênero humano, esforçando-se para auxiliar os seus irmãos tanto quanto podem, e que se juntam aos Sábios para saudar com amor e ternura o nascimento d'Aquele cuja sabedoria só pode trazer paz às almas dos homens. E é destarte que em nossas vidas a Sabedoria e o Serviço devem ser sempre oferecidos nos Seus pés.

Quais são as condições do Nascimento de Cristo? Não havia nenhum cômodo para Ele nas albergarias de Belém, e, assim, Ele nasceu numa Caverna, simples e vazia; Ele estava desamparado, pobre e débil; Ele não tinha nenhuma beleza que nós Lhe desejaríamos, e julgado do ponto de vista humano, Ele era exatamente contrário a tudo que indicasse ser de um Rei. Nós também devemos renunciar toda riqueza da terra, grandezas materiais, dons mentais, antes que o Cristo possa nascer em nós. Os corações dos homens estão cheios de outros hóspedes, não restando nenhum cômodo para o Rei dos Reis.

Consideremos agora a estrela de cinco pontas, que é o Símbolo particular e especial da nossa Ordem. Podemos tomar estas cinco pontas como típicas das cinco grandes Iniciações, através das quais deve o homem passar antes que alcance o estágio do homem Perfeito. O cinco parece ser o símbolo especial da nossa Humanidade. A estrela de seis pontas, ou o triângulo cruzado, marca a descida do Logos, o renascimento do espírito divino no homem; a estrela de sete pontas representa o homem perfeito, o Cristo triunfante; mas a estrela de cinco pontas parece simbolizar a humanidade no processo da evolução. Tem-se dito que devemos ser cuidadosos no usar as nossas estrelas com a ponta simples para cima; e a razão disso é que as duas pontas que se dirigem para baixo representam a nossa natureza dual, que luta entre o bem e o mal; em que todos nós nos encontramos envolvidos. As pontas que se estendem horizontalmente representam os braços estendidos sobre uma cruz, e representam essa crucificação que deve ter lugar antes que o inferior seja transmutado no superior; uma vez transposto esse estágio, o homem caminha para a verdade pela uni-pontuda devoção, simbolizada pela ponta superior da nossa estrela.

Não se deve, todavia, esquecer de que somos nós próprios que devemos nos tornar as estrelas de cinco pontas da nossa Ordem, e, para isso, podemos encarar nossos cinco sentidos como pontas da estrela a serem oferecidas no sacrifício diário a serviço do Mestre.

No *Bhagavad Gita* está escrito: "Alguns vertem como sacrifício a audição e outros sacrificam os sentidos no fogo dos sentidos; outros vertem o som e outros objetos sensoriais no fogo dos sentidos como sacrifício".

Quão diferente seria as nossas vidas se resolvêssemos não mais ouvir nada que não pudéssemos oferecer ao nosso Senhor no sacrifício, nunca ver nada a não ser por meio dos olhos do Amor, e assim também como todos os outros sentidos! Então nos tornaríamos realmente estrelas brilhantes nas trevas deste mundo, anunciando o nascimento do Senhor de Amor e Compaixão.

E Deus disse: "*Haja luz*"[316].

Em hebreu, o verbo dizer אמור não significa apenas proferir um discurso. Ele exprime igualmente uma manifestação da vontade. "Ele disse e houve luz".

Basta apenas o ato do Verbo divino para realizar o ato da criação. Este Verbo criador, este Logos de São João[317], é o ponto de partida, a pedra angular de todas as religiões assim como da própria Criação. "*Deus disse e houve*".

Julgando a Criação deste ponto de vista, compreendemos qual a importância atribuída pelos antigos ao Verbo Criador.

Seus alfabetos sagrados eram baseados neste princípio e o hieróglifo de cada letra, tanto quanto possível, representava graficamente as forças criadoras em suas diversas aplicações.

Infelizmente, o homem mergulhado na matéria perdera a lembrança da língua primitiva criadora e desta não podemos estudar senão seus reflexos nos textos sagrados antigos.

---

316 - Gênesis 1, 3.
317 - Evangelho de São João 1, 1.

A memória desta língua criadora ou *Adâmica* era ainda viva nos milênios das antigas civilizações, e os eleitos destes tempos longínquos perseguiam sua restituição. Os resultados obtidos eram de pouco valor, pois seria necessário, antes de mais nada, liberar o homem da matéria em que estava enterrado e que lhe fizera esquecer sua predestinação e seu papel divino.

Nossas línguas contemporâneas, filhas da Era atual, estão ainda mais distantes dos idiomas sagrados e apresentam um caráter puramente fonético. A letra perdeu seu sentido de hieróglifo-força e não é mais que um som qualquer sem harmonia com a natureza.

É por esta razão que é necessário decifrar as escrituras antigas para chegar a descobrir uma parte do véu do problema da Criação.

Os fragmentos do Conhecimento estão espalhados na maior parte dos textos da antiguidade.

Os ensinamentos mais completos nos são dados pela Kabbala hebraica, veículo dos princípios da antiga sabedoria através do declínio das velhas civilizações.

A Criação é exposta no Gênesis[318]. Este livro é fundamental, mas não oferece senão clarões muito velados que necessitam de comentários.

Encontramos estes últimos na Kabbala, tradição inicialmente oral e, mais tarde, escrita, para evitar que ela se perca. Todavia, adotaram-se algumas disposições de ordem criptográfica de maneira a impedir o domínio oculto aos profanos. De modo que, superpondo-se os dados da Kabbala aos do Gênesis, podemos alcançar certa luz sobre a questão que nos ocupa.

Segundo o *Sepher Yetzirah* (S.Y.)[319] ou o *Livro da Criação* que faz parte da Kabbala, a língua sagrada era composta de 22 letras, número adotado pelos hebreus para seu alfabeto.

Cada letra não era apenas o signo de um som fonético, mas representava, ao mesmo tempo, o hieróglifo de forças criadoras da ideia que ela expressava.

As 22 letras hebraicas dividem-se em três grupos: três mães, sete duplas, doze simples.

---

318 - Traduzido e comentado por Fabre D'Olivet, *Langue Hébraïque Restituée,* II.
319 - Traduzido por Chanc. Leiningen e por Enel.

A primeira letra do alfabeto é *"aleph"*, letra em quase todos os alfabetos conhecidos.

A última letra é *"Tau"*. *Aleph* e *Tau* são o A e o Ω, o começo e o fim.

O número que corresponde ao *Aleph* é a Unidade. Como a Unidade contém em potência todos os números até o infinito, A contém em potência Ω. Mas Ω contém A em realidade, pois que ele é o fim.

Assim, א = ת e A = Ω[320].

O *Tau* é a vigésima segunda letra do alfabeto sagrado, mas no antigo Tarô ela corresponde a Zero, Zero é o infinito, ou melhor, o indefinido. Junto de *Aleph* – unidade estende-se ao infinito (I + 0 + 0... + ∞).

A letra criadora do alfabeto sagrado é *Yod*.

Yod, em número, representa 10 ou א + ת, A + Ω.

Ele é colocado no centro do alfabeto, no qual simboliza o *Aleph*, que é, por si mesmo, o centro do equilíbrio.

O *Aleph* e o *Tau* emolduram todas as letras, todas as palavras, todas as ideias.

O א une-se ao ת para criar o infinito.

Porém, é sobre o *Aleph* que se equilibram as duas letras mães que formam o ternário espiritual – base da Criação inteira e de toda religião.

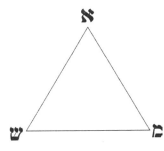

Ternário divino equilibrado no começo (em princípio, em *arché* ou arqué (ἀρχή; origem) sobre o א.

O equilíbrio é o ponto de partida neste triângulo e não o resultado.

Como *Aleph* é o Verbo – princípio Criador, primeiro movimento da Vida, o *Tau* é realização definitiva da Vida, sua penetração no mais profundo da Criação – o Verbo encarnado.

É por esta razão que o símbolo da Cruz, antigo símbolo do Tau egípcio, é tão justamente apropriado ao Cristo – o Verbo encarnado[321].

A l e p h, segundo o *Sepher Yetzirah*, simboliza o ar אר[322], é o princípio masculino, ativo.

Aleph encerra sinteticamente todas as letras do alfabeto e em

---

320 - Em samaritano essas duas letras são escritas de maneira idêntica a א = ת.
321 - *"E o Verbo era Deus"* (São João 1, 1).
322 - É a raiz caldaica אר ou איו.

particular as duas outras letras mães – graficamente representa as primeiras manifestações da Criação.

O Verbo ׳ (ar) percute a matéria inerte – (água) e a tira de seu estado passivo; ׳ primeiro choque, primeira manifestação da Vida.

Deste choque nasce o fogo ׳ ׳³²³.

Por outro lado, podemos expressar o *Aleph* por quatro *Yod* o que dá origem à cruz – o *Tau* – Verbo encarnado – manifestação definitiva na matéria e nos elementos.

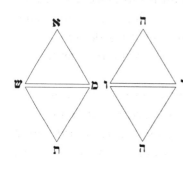

É a passagem do Ternário Divino ao quaternário físico, o segundo ה do nome de *Tetragrammaton*.

Quaternário de realização no mundo material, em que o *Aleph* se manifesta como *Tau* ת após ter penetrado todas as fases simbolizadas pelas 21 letras.

A letra מ, princípio feminino, passivo, símbolo da água seguindo o S. Y.³²⁴

Hieroglificamente ela representa o ato do Criador, quando Ele separou as águas do alto das águas de baixo para criar o firmamento e os mares³²⁵.

Enfim, o caráter passivo da terceira letra mãe ש, masculina e dedutiva, simboliza o fogo³²⁶.

O hieróglifo conservou a ideia das línguas de fogo que se elevam da superfície das águas após o choque inicial. Assim como vimos, essas três letras mães formam o Ternário Divino, a Trindade da religião cristã. É a primeira lei universal que está estreitamente ligada à segunda – aquela do equilíbrio. "As três mães, seu traço essencial – a taça da retidão, a taça da culpabilidade e a lei que estabelece o equilíbrio entre elas", diz o S. Y.³²⁷

מ e ש são criadas de א e equilibradas por א a Unidade, o *arché*. No

---

323 - Sepher Yetzirah.
324 - É a raiz מא a matéria passiva, coisa da qual e pela qual tudo se faz: é a água. Por outro lado, MA expressa a mulher, a mãe. É a primeira palavra articulada pela criança em quase todas as línguas. Observação eufônica curiosa, em francês: *mer* e *mère* [mar e mãe].
325 - Gênesis 1, 7. *Et dividit aquas ab acquis, quæ superius sunt quæ inferius*.
326 - É a raiz אש, é o som sibilante do fogo.
327 - S. I. Cap. VI, 3.

corpo humano (microcosmo) ש rege a cabeça, é o "fogo sagrado" o *Aish* (איש)[328], princípio intelectual que constitui o homem[329].

O מ rege o abdome com seus órgãos e os membros. É a fábrica do organismo que age passivamente. Ele recebe do exterior os nutrientes e os fazem assimilar pelo organismo inteiro para assegurar a vida animal e vegetal do ser. Ao mesmo tempo, מ rege os órgãos da relação com o mundo físico e distingue esta parte do organismo da qual e pela qual tudo se faz.

Enfim, א mantém o equilíbrio entre ש e מ. Esta letra governa o tronco, o ritmo da respiração e da depuração do sangue – a Vida do Ser.
Como já o lembramos, א é o signo do ar אר.
Sem ar, sem vida.
A figura ao lado representa este Ternário (microcosmo) que se desenvolve em quaternário no mundo material. O fogo se ergue para o alto, a água cai no baixo, e o ar ocupa o meio entre eles (S. Y. VI. 3)
A terra é criada da água (S. Y. III. 3).
O quarto elemento, a terra, desenvolveu-se mais tarde quando o Universo criado em princípio, em *arché*, desenvolveu suas forças cósmicas: o Astral, que foi em seguida projetado na matéria pelo homem universal אדם.
O ternário divino criou o quaternário (realização) e por 9 אדם se manifestaram as doze pontas dos quatro trígonos 3/4 = 9/12.

Nestas relações materiais, o homem é tingido de verde (terra). O esquema acima dá a ideia em síntese da passagem do ternário Divino figurado pelas três letras mães do Tetragrama יהו ao quaternário da Criação. É a intervenção do segundo *He* ה concorrendo à formação do nome completo יהוה[330].

---

328 - Esta raiz se formou de אש fogo e אי centro preciso de atividade. (Ver Fabre D'Olivet, *Langue Hébraïque Restituée*)
329 - S. I. Cap. II, 1.
330 - O macrocosmo e o microcosmo constituem elementos semelhantes. Eis o que diz o Gênesis: "*Adam fora criado por Deus para trabalhar a substância adâmica, elemento homogêneo similar a Adam*" (Fabre D'Olivet, *Langue Hébraïque Restituée*, cap. II, 5).

Os signos do Zodíaco e os planetas inscrevem-se nos quatro trígonos do macrocosmo colorindo-se reciprocamente de suas respectivas influências.

Antes de seguir adiante, insistamos ainda sobre este ponto fundamental da criação do qual tudo é deduzido.

Três em Um – é a Trindade cristã, é o ternário de base de toda a criação.

א é *Um*, é o princípio masculino, ativo. Ora, a este princípio masculino opõe-se o princípio feminino, passivo, que existe no princípio da própria Unidade. É a criação da mulher – companheira do homem que fora feita da costela de Adam, assim como o diz o Gênesis (versão da Vulgata e da Septuaginta).

Porém, convém observar que este texto não oferece senão o sentido exotérico e mítico da Bíblia. Por outro lado, se procuramos o sentido figurado vemos que não se trata de maneira nenhuma de uma costela.

Naqueles tempos, Adam não havia ainda se refugiado na matéria e não era revestido de um corpo carnal. É da substância anímica do homem universal que o Criador fez nascer uma nova faculdade destinada a se tornar a companhia do homem Humanidade. Esta faculdade era *Aishah*[331], a potência volitiva do ser intelectual. *Aish* que caracterizava Adam e o colocava para fora e acima do todo ato criador.

Até aí, o homem permanecera no isolamento e não podia completar o trabalho predestinado por Deus. E eis que na entidade adâmica apareceram o homem e a mulher espirituais. O *"mais"* e o *"menos"*.

Mas, segundo a lei universal, dois antípodas devem se equilibrar. É por isso que o equilíbrio desses dois antípodas estabelece-se em sua união simbolizada pela letra ו imagem do nó que reúne, que liga todas as coisas[332].

O estudo do microcosmo conduz-nos à compreensão do macrocosmo. Além disso, os sábios contemporâneos começam a descobrir em certos domínios, não sem espanto, que os antigos às vezes tinham razão. Recentemente um artigo do Dr. Lavezzari, publicado em *Homeopatia Francesa* (6 de junho de 1927), confirma nossos dizeres. O autor, analisando as diferentes funções do corpo humano, demonstra que elas estão em perfeita analogia com as do Universo.

331 - אישה que foi extraído de שיא pelo Criador (é o desenvolvimento da raiz אש fogo, pois ainda não se tratava do homem de fogo – o homem intelectual; o ה não havia ainda entrado em ação). É essencial nos darmos conta do desenvolvimento dessas palavras. A primeira coloca o י princípio criador do Universo, enquanto que a segunda desenvolve o pensamento acrescentando ה (signo feminino), o que nos dá o יה o binário espiritual.

332 - Fabre D'Olivet, *Langue Hébraïque Restituée*, I. A letra 7.

Assim se completa no homem o mistério dos mistérios. O ser se torna o reflexo exato de seu criador, o – יהו – o Ternário Divino encarnado.

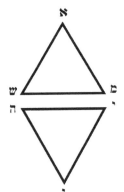

A diferença entre o equilíbrio das três letras mães e aquele do nome IEV consiste em que o primeiro é realizado na Unidade – início – Ternário Divino originado da Unidade – Trindade de acordo com o Cristianismo. Por outro lado, o segundo se resolve em realização por divisão: de איש nasce אישה, e seu equilíbrio resulta de sua união por ו

Ternário Divino involutivo equilibrado no homem – espírito encarnado. A figura do Selo de Salomão resulta da reunião desses dois triângulos.

Esta figura é interpretada como segue à esquerda:

> *O Princípio inicial que contém em potência tudo o que fora criado se manifesta na Vida pela oposição de polos contrários que se equilibram em um encontro para realizar a evolução e o retorno à Unidade.*

As sete letras duplas da língua hebraica são derivadas diretamente do Ternário e regidas pelas mesmas leis que o regem.

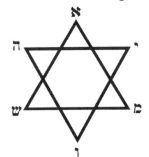

Elas são consideradas como dois ternários (três em um) equilibrados sobre o *Tau*.

"Das sete, três contra três e uma que instala o equilíbrio entre elas"[333].

Essas sete letras representam a gama universal que está na base de toda criação (7 planetas, 7 cores, 7 notas da gama, 7 dias da semana, etc.). A descoberta de certos planetas além daqueles de que tratamos não muda em nada esta lei criadora. Esses planetas são considerados como pertencentes às gamas superiores ou inferiores, assim como o infravermelho e o ultravioleta em relação as 7 cores do espectro.

---

333 - S. Y. VI, 5.

A Kabbala fixa a ordem dos planetas da seguinte maneira: Saturno, Júpiter, Marte, Sol, Vênus, Mercúrio, Lua; diferente da ordem adotada pelos babilônicos, ptolomaicos e pelo Talmude: Sol, Vênus, Mercúrio, Lua, Saturno, Júpiter, Marte.

Essas duas teorias são as mesmas, mas elas não partem do mesmo astro.

Aqueles que conhecem as horas planetárias empregadas na magia sabem que, ao longo da semana, todos os planetas passam sucessivamente na primeira hora sempre conservando sua posição[334].

A estrela abaixo oferece a sucessão exata dos planetas tanto para as horas como para os dias.

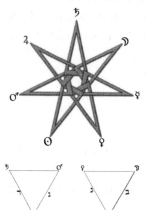

Percorrendo a circunferência, leremos a sucessão dos planetas que definem as horas, enquanto que, seguindo as linhas da estrela, obtemos a ordem dos dias da semana.

Assim como foi dito mais acima, os dois ternários opostos estão equilibrados sobre o *Tau*, isto é, sobre o *Aleph* – Verbo encarnado.

Parece bem que a Kabbala adotou esta ordem de planetas a fim de sublinhar que o centro do equilíbrio é o ☉ representado pelo ת (*Tau*)[335].

Assim, podemos dispor os sete planetas na seguinte ordem observando o equilíbrio fundamental em cada ternário, considerado como unidade, como o mostra o esquema ao lado, expressão do macrocosmo.

No microcosmo, as sete duplas representam os órgãos da cabeça do homem, de modo que elas pertencem à região do ש (*Shin*).

---

334 - Por exemplo, no Domingo dia do ☉ a primeira hora será aplicada ao ☉ e as seguintes à sucessão expressa acima. No Sábado, dia de Saturno, teremos Saturno, Júpiter, Marte, Sol, Vênus, Mercúrio, Lua e assim por diante. Mas sempre a ordem respectiva dos planetas permanece a mesma.

335 - É evidente que na transcrição do S. Y. foi cometido um erro atribuindo-se ao ת a correspondência de Júpiter, e não ☉ centro do equilíbrio de nosso sistema e que na ordem planetária da Kabbala ocupa seu lugar natural. Este erro é involuntário ou voluntário se o autor quis ocultar o sentido exato do livro.

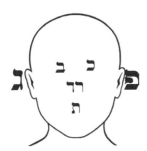
Observação curiosa: os órgãos duplos são representados por letras cujo hieróglifo é a forma análoga (o olho direito, o *Beth*, e o olho esquerdo, o *Kaph*; a narina direita, o *Daleth*, e a narina esquerda, o *Resh*. Enfim, a orelha esquerda é bem representada pelo *Pe*, enquanto que a direita o é pelo *Guimel*, hieróglifo que mais se aproxima do *Pe*.

O centro do equilíbrio, o órgão pelo qual entra o sopro de vida e sai o Verbo, é representado pela letra ת.

Mais uma vez, temos aqui o ciclo de Vida entre o א (*Aleph*) e o ת (*Tau*); א faz o coração bater, os pulmões respirarem para dar vida ao encarnado, mas é pelo ת que adentra o ar material. Por outro lado, a Vida dada por א se manifesta por ת o Verbo.

Novamente encontramos o A e o Ω, o início e o fim que se manifestam de uma maneira muito clara no encarnado.

Cada letra das sete é nomeada dupla, pois carrega em si a qualidade e o defeito, o + e o −[336].

É o mundo do livre arbítrio, da iniciativa humana, que pode orientar um evento em direção ao bem ou ao mal.

De outro modo, as doze letras ditas simples são aquelas que o homem não poderia influenciar. Elas são as doze fronteiras[337] nas quais se desenvolvem todas as manifestações da Vida do Microcosmo e do Macrocosmo.

Na Astrologia, a sucessão dos signos do Zodíaco é invariável, e eles influenciam o homem que nasce em uma ordem de relações absolutamente fixas. Não acontece o mesmo com os planetas, cujas posições de uns em relação aos outros são variáveis ao infinito. Elas individualizam e impressionam profundamente o homem dando-lhe seu caráter pessoal. Pois, em suma, quais são as dominantes da vida e do homem?

---

336 - Sabedoria, estupidez; riqueza, pobreza; fecundidade, esterilidade; vida, morte; controle, escravidão; paz, guerra; beleza, feiura.
337 - S. Y. IV, 2.

Não são suas funções fisiológicas que escapam à sua vontade, mas seu pensamento, seu verbo, suas decisões das quais é o mestre incontestado.

É o domínio do ש em que se desenvolvem as forças das sete duplas. É a união do *Aish-Aisha*, o ternário divino o יהו com o qual elas se acordam e ressoam como as cordas de um instrumento de música.

Enfim, as doze simples representam os quatro trígonos do Zodíaco no Macrocosmo. Elas não estão equilibradas sobre um ponto qualquer, pois sua estabilidade é natural e suas relações mútuas fixadas imutavelmente. Elas formam, assim como foi dito, a zona na qual se desenvolvem as manifestações da Vida. Esta zona os influencia de um modo ou de outro, segundo o lugar no qual o evento se realiza, mas o determinismo é invariável.

No Microcosmo, as doze simples pertencem ao domínio da letra ט, que governa os órgãos da vida negativa do homem e os membros que são os agentes de ligação do corpo com o mundo físico.

Elas são dispostas assim:

1º grupo
- ה - ♈ perna direita
- ו - ♉ rim direito
- ז - ♊ perna esquerda

2º grupo
- ח - ♋ braço direito
- ט - ♌ rim esquerdo
- י - ♍ braço esquerdo

3º grupo
- ל - ♎ a bile
- נ - ♏ intestinos
- מ - ♐ Keva

4º grupo
- ע - ♑ o fígado
- צ - ♒ kerkovak
- ק - ♓ o baço

Os hebreus dividiam o estômago em duas partes: *Keva* e *Kerkovak*.

Esta figura é a síntese do Microcosmo segundo a Kabbala.
Ela oferece numerosas revelações tanto pela posição quanto pelos hieróglifos das letras.
Não me é possível estender-me ainda mais sobre este tema, que

ultrapassa o quadro habitual de um capítulo. Chamarei apenas a atenção do leitor para a figura acima inteiramente equilibrada sobre a Vida cujos polos são constituídos no alto pelo Verbo divino e embaixo pelo falo, símbolo de um culto antigo.

Cabe ao homem orientar-se por meio de um ou outro destes polos.

CAPÍTULO V

AS DIVISÕES DA KABBALA PRÁTICA

"Todos podem atingir a religião em seu último grau, raramente acessível em sua total pureza. Dou a isso o nome de "religiosidade cósmica" e não posso falar dela com facilidade, já que se trata de uma noção muito nova, à qual não corresponde conceito algum de um Deus antropomórfico. O ser experimenta o nada das aspirações e vontades humanas (...). A existência individual é vivida então como uma espécie de prisão e o ser deseja provar a totalidade do Ente como um todo perfeitamente inteligível.

(...) Ora, os gênios religiosos de todos os tempos se distinguiram por essa religiosidade ante o cosmos. Ela não tem dogmas nem Deus concebido à imagem do homem, portanto nenhuma igreja ensina a religião cósmica. Temos também a impressão de que os hereges de todos os tempos da História humana se nutriam com essa forma superior de religião.

Como poderá comunicar-se de ser humano a ser humano essa religiosidade, uma vez que não se pode chegar a nenhuma teologia? Para mim, o papel mais importante da arte e da ciência consiste em despertar e manter desperto o sentimento dela naqueles que lhe estão abertos."

Albert Einstein - *"Como Vejo o Mundo"*.

Será mais fácil compreender o caráter da Kabbala Prática estabelecendo as divisões principais. Podemos tomar uma divisão no centenário. Isto nos dá:

1º - A Teurgia dos Nomes Divinos;

2º - O Poder das Letras do Alfabeto;

3° - O Poder dos Números;

4° - O Poder das Invocações (Anjos), e a Magia das Evocações (Demônios);

5° - O Kabbalismo Astrológico;

6° - A Doutrina das Assinaturas;

7° - A Oneirologia.

Vamos tratar brevemente de cada um destes ramos, acrescentando a que ponto o Kabbalismo Prático o mais degradado se afasta da feitiçaria. A Oneiromancia tornou-se um assunto à parte, tendo uma grande literatura na psicologia e na parapsicologia moderna. A Oneiromancia vulgar está excluída da Magia Kabbalística.

Aqui abordaremos a Kabbala Prática[338] superficialmente, porque ela não tem grande importância no Alto Misticismo, que se encontra na Doutrina Secreta de Israel. Mas, como os planos inferiores são sempre mais acessíveis que os superiores, é verdade que há (principalmente em língua francesa) muitos livros intitulados Kabbalísticos que só se ocupam das trivialidades do assunto e que tão somente colocam os *Grimórios* na literatura Kabbalística. Achamos oportuno indicar os justos limites da verdadeira Kabbala Prática.

Falando sobre esta questão, o Zohar é perfeitamente claro e preciso; os autores que procuram fazer acreditar que a Magia se encontra no Zohar, das duas uma, ou estão enganados ou estão enganando. A origem de todo poder mágico, diz o Zohar, é a Serpente, o Espírito impuro. Essa origem fundamental indica que *"aqueles que se deixam levar pelos atos sexuais contra natura são aqueles que são escolhidos pelo Espírito Impuro"* (I 125 b; II 200). Também é dito: *"A Fé é a amizade com o Eterno, a Magia é a amizade com o Demônio"* (II 52 b; III 237). E, para dar o ponto final, o Zohar diz: *"O Santo, Bendito Ele seja, fez desaparecer a Magia da Terra, para que os homens não sejam tentados, pelas seduções da Magia, e se afastarem do temor do Eterno"* (III, 299 b; VI, 128). Mas, não levaremos isso ao pé da letra, uma vez que a definição de Magia mudou não somente quanto ao conceito como também na prática. Neste sentido, segundo o insigne mago do *Novo Æon*, "a Magia (*Ma-*

---

338 - Veja nossa obra Manual Mágico de Kabbala Prática, Ed. Tiphereth777 – Juiz de Fora, MG – 2005.

gick) é a Ciência e a arte de conseguir que se produza uma troca como resultado da vontade".

No entanto, as fronteiras entre a Teurgia e a Magia não estão claramente delimitadas, a literatura Kabbalística do segundo período contém muitas informações sobre as artes ocultas, distinguindo-as das artes mágicas. Um exemplo evidente desta distinção se encontra no degrau do *Poder das Letras*. Em razão do fato de que as *Grandes Letras* foram os instrumentos da Criação e foram empregadas pelo Eterno; é evidente que o emprego das letras do alfabeto enquanto que poderes ocultos são legítimos. O mesmo princípio age para os números. Insistiremos sobre uma base sólida indicando como a Kabbala Prática emprega as letras – já tratamos sobre este assunto em nossos livros: *Manual Mágico de Kabbala Prática, Maçonaria, Simbologia e Kabbala e Secretum (Manual Prático de Kabbala Teúrgica)*. Esta é apenas mais uma abordagem por entendermos a importância do assunto.

A TEURGIA DAS INOVAÇÕES E A MAGIA DAS EVOCAÇÕES

Uma diferença fundamental entre a Teurgia e a Magia é que a Teurgia procura o apoio dos poderes superiores ao homem, enquanto que a magia procura empregar forças inferiores. A Teurgia se ocupa de Deus, dos Arcanjos e dos Gênios que irradiam os Atributos Divinos; a magia se ocupa do Maligno, dos chefes das hierarquias infernais, dos demônios e dos maus espíritos. (O Zohar dá listas detalhadas de origem Persa). Comunicar com as almas dos mortos (o espiritismo) era olhado pela Kabbala com algumas suspeitas; os Ischiim (as almas dos justos) podem ajudar o homem, mas chamar os mortos é necromancia, e a condenação é severa.

Outra diferença fundamental entre a Teurgia e a Magia se encontra nas finalidades respectivas da Invocação e da Evocação. Jamais é justificável empregar a Teurgia para adquirir um bem material; a Magia inferior jamais é empregada para se elevar para uma finalidade espiritual. Seria insensato pedir a Deus que nos desse os Tesouros da Terra, quando nos é dito que a riqueza é um entrave para a alma; isso seria um desvio mental pedir ao diabo de nos tornarem puros e benevolentes ou de procurar dele misericórdia para outrem! A Kabbala não nos conduz à Magia, à Goécia ou à Feitiçaria.

Nas listas que se encontram neste capítulo e naquele que precede, como também nas lições relacionadas às Sephiroth, o estudante encontrará todos os Nomes Divinos, os Nomes dos Arcanjos e dos Gênios que lhe podem ser úteis, Qualquer que seja a invocação que ele possa desejar fazer. Será mais prudente de sua parte de não se afastar dos Nomes dados nestas listas, nem de empregá-los de outro modo que não seja o valor numérico e o ambiente de atribuição concedida, ao menos não antes que ele se torne um bom Kabbalista e um Hebreu completo. Acontece – frequentemente – que a diferença de ortografia entre o Nome de um Arcanjo e de um demônio é muito pequena.

A DOUTRINA DAS ASSINATURAS (SIGILOS)

Pelo contrário, a Lei das Concordâncias ou a Doutrina das Assinaturas é fundamentalmente Kabbalística em seu princípio e em sua origem. Já conhecida dos Hermelitas, sustida pelos Gnósticos, quase que só a forma de ciência admitida nas idades Obscuras, após o estabelecimento do Papado como mestre de Roma, a Doutrina das Assinaturas toma um grande lugar na literatura Kabbalística. Os trabalhos de Paracelso, fundador da ciência de experimentação, retomada e refundida por Jacob Boehme – do qual ainda não sondou as profundezas da filosofia – tem sua origem na Kabbala.

Paracelso era muito insistente sobre o ponto que todas as coisas possuem um Ens Divino e que há uma estreita relação entre ele. Ele acha as Assinaturas, ou semelhanças prototípicas, nos metais e nos cristais. Cada planta possui sua Assinatura Divina, às vezes na flor, na folha, no caule ou na raiz. Cada inseto, pássaro, peixe e animal possuem sua Assinatura; portanto, há etapas semelhantes em todos os reinos da natureza. Certas Assinaturas são comuns, o que faz nascer toda uma série de paralelismo. Esta doutrina é um conjunto de ideias Kabbalísticas – mesmo Zoharicas – retomadas por um pensador original e um homem de verdadeiro gênio, que viveu no limiar do período da Ciência Moderna, e de quem os escritos extraordinários são ao mesmo tempo arcaicos e precursores. Há neles teorias científicas e terapêuticas de Paracelso que a ciência de nossos dias só vislumbrou.

No que concerne ao homem, a Doutrina das Assinaturas no Zohar se concerta especialmente sobre as três ramas: a Quirologia (não a quiromancia), a Fisionomia do corpo e do rosto e a Oneiromância. A Quirologia deu um pulo à frente, durante o século passado, com o resultado de que citar os dados do Zohar sobre o assunto não teria qualquer valor. Mas a conclusão geral não é menos verdadeira. O Zohar diz que cada homem está marcado pelas linhas de suas mãos, por seus gestos, pela construção de seu corpo, pela expressão do seu rosto e pela natureza de seus cabelos, e que esta Assinatura lhe foi imposta pela Vontade Divina. Segundo o Zohar, é possível – por meio de estudos cuidadosos pela prece e o Dom de Deus – tornar-se suficientemente um adepto para poder determinar o caráter de um homem e de predizer se ele terá sucesso nos negócios ou se sele está designado a se tornar um erudito na Lei Mosaica.

Em nossos dias, a Fisionomia foi realçada pela frenologia, rama desconhecida no Zohar. Também os estudos étnicos foram mais conduzidos em nossos tempos modernos, coisa não fácil nos tempos *Zoháricos* onde as condições de viagens eram mais árduas. Pode ser que um parágrafo sumário basta para nos dar um exemplo da maneira com o qual o Zohar trata a fisionomia:

Um homem com a fronte chata e baixa é um homem que age sem pensar, que se gaba de ser um sábio mas que não sabe nada; ele é trivial e mesquinho. As rugas sobre a fronte, quando não são paralelas, indicam o homem falador a quem não se pode confiar um segredo. Uma fronte grande saliente indica um homem que pode apreender que chegará à felicidade interior, mas que perderá todo o dinheiro que ganhe, porque ele não se concentra sobre as questões materiais. Os olhos azuis indicam um homem com o coração impressionável, mas superficial, que ama seu prazer e que não pensa nos outros. O homem de olhos verdes e luminosos é vaidoso e chega à mania no que concernem suas opiniões; ele não é digno de compreender os Mistérios da Lei. Os olhos amarelos e fulvos indicam a paixão e a crueldade; todavia eles têm às vezes a bondade para com as pessoas sofredoras ou fracas. O homem de olhos cinza profundo pode tornar-se um doutor da Lei e elevar-se sobre seus inimigos.

OS ACESSÓRIOS DA ALTA MAGIA

Em nossos dias, parcialmente devido aos grandes progressos que o conhecimento moderno pode fazer nas diferentes ramas da psicologia, começam a compreender melhor as numerosas variedades das experiências religiosas, místicas psíquicas e mágicas. Acabamos de perceber o fato fundamental que os diferentes modos de se livrar do ambiente material são índices de estados psicológicos, de preferência de um plano superior. Na Idade Média, um homem que não fosse religioso era um partidário de Satã; no século do Deismo mesmo até o fim do X° século, considerava-se um místico, um yogue, um santo, um mago, um kabbalista, como louco. Dos dois conceitos, um era tão falso como o outro. A psicologia intensiva moderna vem de perceber o ponto essencial que a vontade humana é uma força muito mais poderosa do que se supõe que ela age não somente conscientemente, mas também no inconsciente, que o vasto mundo do subconsciente é desconhecido e inexplorado, e que neste mundo desconhecido há muitos planos de consciência. Nós começamos a realizar que as cerimônias de uma igreja, a Teurgia da Kabbala, os exercícios do yoga, as meditações de um contemplativo e os ritos de um mago não são mais que diferentes métodos de em treinar a vontade, ou de exercê-la sobre os diferentes planos. A disciplina científica é idêntica à disciplina mística, mas esta age sobre um plano diferente, assim como nós empregamos os mesmos músculos para caminhar e para nadar, só as moções diferem, para se adaptar à finalidade desejada.

    Dito de outro modo: Todo o desenvolvimento psicológico, quer ancião, quer de nossos dias, mostra-nos que a finalidade a atingir é a intensificação da subjetividade. Para empregar uma ilustração bem material, a força de um fuzil não está no projétil que atinge o alvo, mas na explosão da pólvora. O mesmo fuzil pode atingir uma lebre que corre ou um falcão que voa; a finalidade visada é diferente, a força é a mesma.

    Conhecendo esta condição, é não somente permitido, mas útil, empregar os meios físicos para nos ajudar nas finalidades psíquicas. A arquitetura exterior e interior de uma igreja, os vitrôs, o altar, o incenso não são mais que ajudas físicas, sem qualquer valor em si mesmo compreendidas como meios de intensificar o elemento religioso em nossas subjetividades; elas são muito importantes e perfeitamente válidas. Estes são acessórios de Alta Magia.

    O mesmo princípio existe na consagração de um Talismã. Ela deve ser feita, se possível, numa sala reservada, o oficiante tendo tomado um banho, tendo se revestido com a vestimenta que só usa para tal ocasião, ele deve escolher um tempo propicio, escrever sobre o pergaminho virgem, com uma pena e tinta reservadas para esta finalidade, no ambiente de certo incenso, sobre uma mesa coberta de uma toalha de cor apropriada, e com seu espírito concentrado sobre a finalidade para a qual o Talismã é feito.

Por que os acessórios agiriam sobre os Talismãs? De nenhum modo. Eles agem sobre o oficiante. E, assim como a Missa será mais poderosa no alto do Altar de uma Catedral do que sobre uma mesa de cozinha, num pátio, que o incenso é mais inspirador do que o estrume, e o órgão do que o grunhido dos porcos ou o cacarejar das galinhas; assim, os acessórios numa pequena sala ou santuário consagrado aos Talismãs fará com que o oficiante coloque mais de sua própria força espiritual – reforçada pelas invocações – do que seu trabalho é feito sobre uma mesa de jantar, ainda não limpa do resto do último repasto.

Nas lições sobre as Sephiroth, demos as indicações sobre o trabalho prático referente à Árvore do Conhecimento do Bem e do Mal, e da Árvore da Vida. Nas duas lições a seguir, vamos indicar o modo de operação sobre as Trinta e Duas Vias da Sabedoria.

É necessário juntar os acessórios da Magia? Cada estudante julgará por si mesmo. Nós demos os princípios. Aquele que procura empregar a Teurgia da Kabbala, quer para seu desenvolvimento espiritual, quer para a Arte Talismânica, deve formular, ele mesmo (guardando as linhas indicadas), os apoios concretos que lhe serão úteis na sua elevação psíquica ou espiritual. Não é necessário impor os detalhes, porque para uma pessoa à mínima sugestão, o mínimo símbolo é suficiente; para outras, é necessário uma preparação longa e laboriosa. Que a alma se eleve aos altos planos e que o Eterno bendiga a todos os homens de boa vontade.

A ESCADA DA PRECE, OU A ESCADA DE JACÓ

Nós já falamos da União Mística entre o Eterno, e de sua expressão na vida conjugal sobre a Terra. Nós já indicamos a natureza da Lei Mosaica; a Lei Escrita e a Lei Oral, exotérica e esotérica, como também da União prometida àqueles que seguem esta Lei e que permanecem os dignos Filhos da Promessa.

Mas há aqui uma terceira linha de União com Deus, a qual é mais próxima da Vida Contemplativa do misticismo ocidental; esta é a Linha da Prece, às vezes chamada: a Escada de Jacob. Este nome lhe é dado segundo a escada luminosa dos Trinta e Dois degraus, vistos pelo patriarca Jacob, sobre a qual os Anjos Mensageiros subiam ao Céu com as preces dos justos e desciam com as súplicas atendidas.

Esta linha de prece se liga às Trinta e Duas Vias da Sabedoria, e, para aqueles que não pertencem a Israel (no sentido étnico, racial ou religioso), esta é a verdadeira linha Iniciática e Kabbalística. Se nós conhecemos bem as Doutrinas e os Mistérios da Kabbala, as Trinta e Duas Vias da Sabedoria intensificam e tornam eficazes para a vida espiritual à Árvore do Conhecimento do Bem e do Mal e a Árvore da Vida.

Não é possível tomar estas 32 Vias como uma linha de Iniciação, sem Ter conhecimentos profundos sobre o esoterismo da Kabbala. As atribuições concedidas a estas Vias não serão compreensíveis aos profanos. Não somente a Árvore Sephirótica é o esqueleto – a Árvore antes e após a queda – mas a Teologia, a Cosmologia e a Soteriologia da Kabbala, apresentam-se a todo o momento no trabalho da prece, da meditação e da contemplação, sobre estas Vias.

Para aquele que conhece a Kabbala, as Trinta e Duas Vias da Sabedoria são uma inspiração e um meio de progresso. É necessário conhecê-las todas, ao menos o suficiente para fazer delas uma síntese clara e progressiva, o estudante se encontrará mais inclinado para uma Via do que para outras; ele pode, portanto, lembrar-se do conselho seguinte: "Se vós tomais uma Via da Sabedoria não levanteis vossos olhos antes que a lua do décimo mês seja extinta". Estes dez meses lunares indicam um período de gestação, a significação é que não se deve deixar uma Via de Contemplação (uma vez a síntese adquirida) antes de haver sido verdadeiramente "eleito como filho desta via".

A DÉCIMA PRIMEIRA VIA. O Nome desta Via é a Inteligência Brilhante ou a Inteligência Cintilante (também chamada A Razão do Fogo) tendo por título o Véu da Causa das Causas. "Ela está colocada diante da revelação da ordem dispositiva das sementes superiores e inferiores. Ela possui a dignidade de se encontrarem em pé diante da Causa das Causas". Seu ponto de partida é a Sephirah KETHER, seu ponto de chegada é a Sephirah CHOKMAH; olhando-a no sentido ascendente da Escada da Prece, é dito: "Pela Sabedoria de CHOKMAH chega-se à Coroa de KETHER". O Nome de Invocação é A'IAH (o Deus do Infinito). Esta Via é atribuída a Grande Letra ou Letra Celeste (Instrumento da Criação) ALEPH, sobre os dois planos (Celeste e Terrestre), cuja aplicação é: A Vida Prototípica (universalmente conhecida pelo axioma Hermético: Em cima como embaixo, embaixo como em cima). O simbolismo desta Via está aliado com o ONZE, no Mundo de Atziluth, cuja significação é a intenção Divina; no Mundo de Briah, cuja significação é o Caminho da Luz; no Mundo de Yetzirah, cuja significação é a Transmutação da Matéria; e no Mundo de Assiah, cuja significação é a Força Moral. A personificação é Adam, com quem o Eterno fez aliança com toda a humanidade. Sua operação em Imanência é a vibração do alto da Compreensão da Causa das Causas. Notemos que, desde a Décima Primeira Via, as operações se relacionam com o Mundo Manifestado. Seu símbolo geométrico é a Pirâmide Estrelada, que é construída por um losango inscrito perpendicularmente no hexágono de uma estrela de cinco pontas. Sua experiência Espiritual é a Visão do Véu. Seu Impulso Místico é o de Ver o Eterno na Criação. O pensamento se dirige para a

Causalidade. Na Ordem Moral, é a Causa das Causas. Na Ordem Física, é a Causa. Na Ordem Humana, é o Teólogo. No Alfabeto Criptográfico de Ain Becar, é a Posição I com um ponto.

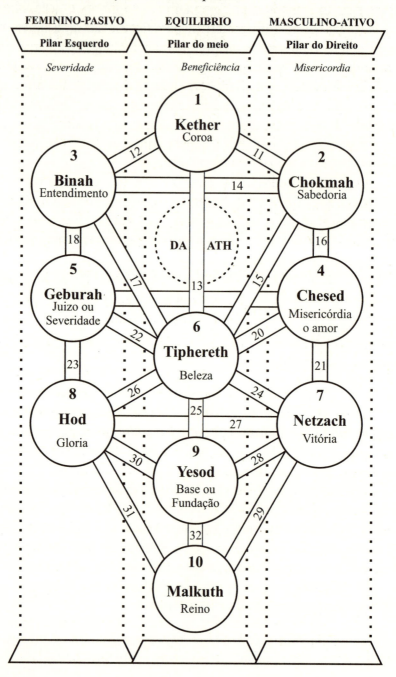

Tabela *Ain Becar*

BINAH	CHOKMAH	KETHER
GUIMEL *	BETH *	ALEPH *
LAMED **	KAPH **	YOD **
SHIN***	RESH***	QOPH***

THIPHERETH	GEBURAH	CHESED
VAU *	HE *	DALETH *
SAMEKH **	NUN **	MEM **
MEM ***	KAPH (final) ***	TAU ***

YESOD	HOD	NETZACH
TETH *	CHETH *	ZAYIN *
TZADDI **	PE **	AYIN **
TZADDI (final) ***	PE (final) ***	NUN (final) ***

Nota: As Sephiroth são representadas pelos quadrados não fechados, assim:

L, U, I, C, etc. sem pontos; MALKUTH por um quadrado (como GEBURAH), com um pequeno quadrado no centro. As letras estão representadas pelos mesmos quadrados, mas com um, dois ou três pontos aqui indicados, segundo a letra.

A Tabela de Ain Becar forma um alfabeto oculto das Trinta e Duas Vias da Sabedoria. Esta Tabela consiste de uma grade de nove espaços formados de duas linhas paralelas horizontais que cruzam duas linhas verticais de modo que as quatro linhas sejam divididas em três partes iguais. As Posições I a IX vão da esquerda à direita horizontalmente, começando pela linha do alto. Sem ponto, estas nove posições indicam as nove primeiras Sephiroth. MALKUTH está indicado por um pequeno quadrado no meio do quadrado central. As letras de ALEPH a TETH ocupam as nove posições com um ponto, as letras YOD a TZADDI, as nove posições com dois pontos, as letras QOPH a TAU, as Posições I, II, III e IV com três pontos; as últimas cinco posições com três pontos são ocupadas pelas cinco letras finais.

A DÉCIMA SEGUNDA VIA. O Nome desta Via é a Inteligência Luminosa, ou a Inteligência Transparente (também chamada a Razão da Luz); tendo por título a Bruma das Aparições. Ela é "A Imagem da Magnificência". Seu ponto de partida é KETHER, seu ponto de chagada é BINAH; subindo a Escada da Prece, diz-se: "A Compreensão de BINAH é uma janela que dá sobre o esplendor de KETHER. O Nome de Invocação é BIAH, Deus da Sabedoria". Esta Via é atribuída à letra Beth, (sobre os dois planos, cuja aplicação é a Criação, porque é dito que "o Eterno escolheu Beth com a qual Ele criou o Mundo"). Seu simbolismo é aliado com o DOZE, em Atziluth: a Perfeição; em Briah, a Ordem; em Yetzirah, o Ciclo; em Assiah, o fim. A Personificação é Seth, com quem o Eterno fez aliança para proteger a posteridade até o fim dos dias. Sua operação em Imanência é a irradiação do alto de a Compreensão do Invisível. Seu símbolo geométrico é a Estrela da Manifestação, estrela com doze pontas de ângulos iguais, formando as doze divisões zodiacais. Sua Experiência Pessoal é a Visão Interior. Seu Impulso Místico é o Olhar da Alma (Lembramos que o Terceiro Olho, o Olho de Shiva, a glândula pineal, está associada com o Número Doze). O Pensamento se dirige para o Mistério Oculto na Aparência. Na Ordem Moral, este é o Despertar do Ancião dos Anciões. Na Ordem Física, este é o Universo. Na Ordem Humana, é o Filósofo. No Alfabeto Criptográfico de Ain Becar, é a Posição II com um ponto.

A DÉCIMA TERCEIRA VIA. O Nome desta Via é a Inteligência Reveladora ou a Inteligência Indutiva da Unidade (também chamada a Razão Indutiva), tendo por título a Revelação da Verdade. "Ela é a Substância da Glória, ela faz conhecer a verdade a cada um dos espíritos". Seu ponto de partida é KETHER, seu ponto de chegada é TIPHERETH, e assim ela atravessa o Abismo: na Árvore Elíptica de antes da Queda, esta Via forma duas Vias ao passar por DAATH; subindo a escada da Prece é dito: "A Beleza de Tiphereth é a irradiação da Glória de KETHER". O Nome da Invocação é GHIAH "Deus da Retribuição". Esta Via é atribuída à letra Guimel sobre os dois planos, cuja aplicação é o Que é Grande. Seu simbolismo está aliado com o Treze, em Atziluth, cuja significação a Eternidade: Em Briah, a Continuidade: em Yetzirah, a Renovação: em Assiah, a Ressureição. A Personificação é Henoch, o único homem (salvo Elias) que chegou à Imortalidade sem passar pela morte, um símbolo da Imortalidade da Alma e da Ressurreição. Sua Operação em Imanência é a irradiação do alto de a Imortalidade da Alma. Seu símbolo geométrico é o Sol do Zodíaco, ou Jacob rodeado dos seus

Doze Filhos, um círculo com pontas equidistantes sobre a circunferência, e um ponto no centro, sua Experiência Espiritual é o Conhecimento da Continuidade da Personalidade. Seu Impulso Místico é o Desejo para a Vida Espiritual. O Pensamento se dirige para a Lei da Indestrutibilidade da Matéria. Na Ordem Moral, é o Macroposopus (mais exatamente, e para seguir o Sepher Zeniutha, é "a Barba do Macroposopus, que se divide em treze partes"). Na Ordem Física, é o Nascimento das Gerações. Na Ordem Humana, é o Cronologista, e por derivação o Historiador. No alfabeto criptográfico de Ain Becar, é a Posição III com um ponto.

A DÉCIMA QUARTA VIA. O Nome desta Via é a Inteligência Santa (também chamada a Razão Esclarecedora), tendo por título o Mestre dos Mistérios. "É a Instrutora dos Arcanos, o fundamento da Santidade". Seu ponto de partida é CHOKMAH, seu ponto de chegada é BINAH, assim no domínio do Triângulo Supremo, ela une o Pai Cósmico à Mãe Cósmica, subindo a escada da prece (portanto de BINAH à CHOKMAH) é dito: "As 50 Portas da Luz abrem as 32 Vias da Sabedoria". O Nome da Invocação é DIAH, "Deus das Portas da Luz". Esta Via é atribuída à letra Daleth, sobre os dois planos, cuja aplicação é uma Porta ou a Matriz. Seu simbolismo está aliado com o QUATORZE em Atziluth. O Infinito, em Briah, é o Incomensurável; em Yetzirah, a Transformação, em Assiah, a Experiência. A Personificação é Noé, durante a vida do qual patriarca a Terra foi transformada pelo Dilúvio. Sua Operação em Imanência é a relação Recíproca entre a Divindade e a Humanidade. Seu simbolismo geométrico é o Equilíbrio Solis-Lunares, composto de uma dupla série de sete círculos emaranhados, os dois menores se tocando, os dois maiores tocam a circunferência oposta do círculo oposto. Sua Experiência Espiritual é a Aceitação sobre o Plano Espiritual das Provas sofridas sobre a Terra. Seu Impulso Místico é a Oferenda da Experiência. O Pensamento se dirige para a Lei da Conservação da Energia. Na Ordem Moral, é Matrona, a senhora dos Nascimentos. Na Ordem Física, é o Nascimento Individual. Na Ordem Humana, é o Pai. No alfabeto criptográfico de Ain Becar, é a Posição IV com um ponto.

A DÉCIMA QUINTA VIA. O Nome desta Via é a Inteligência Determinada, ou a Inteligência Construtiva (ela é também chamada a Razão Equilibrante), tendo por título o Criador do Calor. É desta Via que falou o Eterno a Jacó: Onde está o caminho que conduz à Morada da Luz? (Jó. XXXVIII, 19), "quando Eu fiz da nuvem sua vestimenta e da obscuridade suas fraldas" (Jó. XXXVIII, 9). Esta Via é, ao mesmo tempo, as trevas que foram a vestimenta, e o Calor que fez na Criação. Seu ponto de partida é CHOKMAH seu ponto de chegada é TIPHERETH, subindo a escada da prece, é dito: "Pela Beleza de TIPHERETH chega-se à Sabedoria de CHOKMAH". O Nome da Invocação é HE'IAH, "Deus do Deus Manifestante". Esta Via é atribuída à Letra HE sobre os dois planos, cuja aplicação é o Verbo, ou a Palavra Divina. Seu simbolismo está com o QUINZE, em Atziluth, o Bem Absoluto; em Briah, o Calor Criativo Latente; em Yetzirah, o Caos Matriz; em Assiah, A Luz nas Trevas. A Personificação é com Abraham, com quem o Eterno fez a promessa de guarda a ele e toda sua progenitura como seus filhos, logo que eles observaram a lei da circuncisão. A operação em Imanência desta Via é a Determinação do Bem Verdadeiro no Mal Aparente. Seu símbolo geométrico consiste na Luz no Caos, composto de doze pequenos círculos tendo sua circunferência que se toca formando um círculo, com um triângulo equilátero no meio. Quando há trevas, só as trevas são indicadas, o símbolo toma a forma de dois triângulos invertidos um no outro, formados por uma sucessão de linhas, horizontais, a linha superior tendo 5 pontos; a segunda, 4 pontos; a terceira, 3 pontos; a quarta, 2 pontos; e a quinta, 1 ponto. As três linhas exteriores (de cinco pontos cada uma) são juntas por uma linha para formar um triângulo exterior; as três do meio são juntas para formar o triângulo interior. Sua Experiência Espiritual é a Utilização dos Obstáculos para o progresso. Seu Impulso Místico é o Arrependimento. O Pensamento se dirige para a Reparação. Na Ordem Moral, é o Espírito Divino que vence as trevas. Na Ordem Física, é a Eliminação. Na Ordem Humana, é a Penitência. No alfabeto criptográfico de Ain Becar, é a Posição V com um ponto.

A DÉCIMA SEXTA VIA. O Nome desta Via é a Inteligência Triunfante (chamada também a Razão Beatífica). Tendo por título "A Contemplação da Glória", é indicada como a Delícia da Glória, o paraíso de alegria preparado para os justos. Seu ponto de partida é CHOKMAH, e seu ponto de chegada é CHESED, segundo Pilar da Misericórdia; subindo a Escada da Prece, é dito que Pela Justiça de CHESED pode-se alcançar a Sabedoria de CHOKMAH. O Nome da Invocação é YAUIAH, Deus Fundador. Esta Via é atribuída à letra YAU, sobre os dois planos, cuja aplicação é a Expressão ou o Som. Seu simbolismo está aliado com o DEZESSEIS, em Atziluth, o Poder; em Briah, o Comando; em Yetzirah, a Compulsão; em Assiah, esta força pode tornar-se a Tirania ou o Orgulho. É notório que os orgulhosos pesam frequentemente terem sido escolhidos para receber a visão beatífica, uma verdadeira armadilha no domínio do orgulho espiritual. A Personificação é com Isaac que aceitou ser oferecido em sacrifício por seu pai, mas que foi salvo pelo Eterno. O casamento de Isaac com Rebeca é símbolo dos Esponsais perfeitos. A operação em Imanência desta Via é o Direito dos Justos de escutar a Voz de Deus. Seu simbolismo geométrico consiste de Rios da Glória, composto de um disco de luz enviando quatro raios de calor (curvos, pretos), quatro raios de luz (direitos, cinza), quatro raios de benção (curvos, brancos) e quatro raios de glória (diretos brancos). A Experiência Espiritual é a Aceitação Humilde dos Benefícios do Eterno. Seu Impulso Místico é a Humildade. O Pensamento se dirige para o Equilíbrio. Na Ordem Moral, é Aquela que Abençoa. Na Ordem Física, é a Triagem. Na Ordem Humana, é o Servidor de Deus. No alfabeto criptográfico de Ain Becar, é a Posição VI com um ponto.

A DÉCIMA SÉTIMA VIA. O Nome desta Via é a Inteligência Dispositiva (também chamada a Razão Preparatória), tendo por título o Pastor Fiel. "Ela dispõe os lugares à perseverança na fidelidade, e os prepara para receber o conhecimento do espírito esotérico da Lei Oral". (Notemos que a tradução usada, o Espírito Santo vem das versões Latinas tocantes às 32 Vias, ela não traduz fielmente as palavras Espírito Santo do Hebreu). Seu ponto de partida é BINAH, seu ponto de chegada é TIPHERETH; subindo a Escada da Prece, é dito: Pela Beleza de TIPHERETH compreende-se a Compreensão de BINAH. O Nome da Invocação é ZAIAH, Deus Esclarecido (às vezes traduzido Deus Trovão). Esta Via é atribuída à letra Zayln sobre os dois planos, cuja aplicação á a Pureza de Intenção. Seu simbolismo é aliado com o DEZESSETE, em Atziluth. O Amor Divino; em Briah, a Aliança; em Yetzirah, a Promessa; em Assiah, o Voto. A Personificação é com Jacó (após chamado Israel), do qual os sete anos de servidão por Lei há sete anos por Raquel simboliza a fidelidade. A Operação em Imanência desta Via é a Aliança que se estabelece entre o Eterno e o Homem. Seu símbolo geométrico é o Acampamento em torno do Monte Sinai, a montanha no centro, as Doze Tribos (sob forma de uma cruz de braços iguais, cada braço tendo três personagens) em torno, mais longe as quatro linhas de proteção à vanguarda, dezessete ao todo. A Experiência Espiritual é a Certeza de um Voto. Seu Impulso Místico é Ousar Aproximar-se de Deus. O pensamento se dirige para o Sacrifício. Na Ordem Moral, é o Envolvimento Divino. Na Ordem Física, é a Sustentação. Na Ordem Humana, é o Devoto. No alfabeto criptográfico de Ain Becar, é a Posição VII com um ponto.

A DÉCIMA OITAVA VIA. O Nome desta Via é a Inteligência Central ou a Inteligência da Afluência (também chamada a Razão da Abundancia), tendo por título: o Paraíso dos Segredos. "É dela que se tiram as explicações dos arcanos e o sentido oculto que dormita em sua sombra". Seu ponto de partida é BINAH, seu ponto de chegada GEBURAH; subindo a Escada da Prece é dito: Pela Coragem de GEBURAH pode-se beber as águas amargas de BINAH. O Nome da Invocação é CHAIAH, Deus da Misericórdia. Esta Via é atribuída à letra Cheth, sobre os dois planos, cuja aplicação é o Socorro. Seu simbolismo é aliado com o DEZOITO no mundo de Atziluth, o Guia Supremo; em Briah, a Abundância dos Bens; em Yetzirah, a Plenitude dos Dons; em Assiah, a Riqueza. A personificação é com Moisés, o Grande Legislador, sob o Deus de Abrahão, de Isaac e de Jacó, que, sobre o Sinal, recebeu a Lei Escrita e os Segredos da Lei Oral. A Operação em Imanência desta Via é a Aliança da Árvore do Conhecimento e da Árvore da Vida, uma referência à união da Lei Escrita e a Lei Oral. O simbolismo geométrico é ainda o Acampamento em torno do Monte Sinai, mas com dois círculos concêntricos no meio, significando as duas formas da Lei. A Experiência Espiritual é o Poder de tirar da Abundância da Lei seu Ensinamento Oculto. Seu Impulso Místico é a Absorção na Lei. O pensamento se dirige para a Elucidação da Lei. Na Ordem Moral, é o Legislador Divino. Na Ordem Física, são os Estatutos. Na Ordem Humana, é o Escriba. No alfabeto criptográfico de Ain Becar, é a Posição VIII com um ponto.

A DÉCIMA NONA VIA. O Nome desta Via é a Inteligência Esotérica ou a Inteligência Secreta das Atividades Espirituais (também chamada a Razão do Mistério), tendo por título: o Palácio dos Tesouros. "A influência que ela recebe vem da Benção muito elevada e da Glória Suprema". Seu ponto de partida é CHESED, seu ponto de chegada é GEBURAH; ela é, portanto, a Segunda das Vias recíprocas, que equilibram as polaridades. Subindo as Escadas da Prece é dito: Pelo castigo de GEBURAH merece-se a proteção CHESED. O Nome da Invocação é TE'IAH, Deus da Bondade. Esta Via é atribuída à letra Teth, sobre os dois planos, cuja aplicação é a Preservação. Seu simbolismo é aliado com o DEZENOVE, em Atziluth, a Mão do Guia; em Briah, a Atribuição dos Bens; em Yetzirah, a Justificativa da Lei; em Assiah, os Eleitos. A personificação é com David, a quem o Eterno deu um modelo perfeito do Templo que devia ser construído por Salomão. A Operação em Imanência é a colocação da Lei. O símbolo geométrico é o Acampamento em torno do Monte Sinai, com o triângulo equilátero – o emblema do Absoluto – no centro. A Experiência Espiritual é a Participação nos Segredos de Deus. O Impulso Místico é o Ardor de procurar as Profundezas. O pensamento se dirige para a Penetração da Lei. Na Ordem Moral, é aquele que se revela. Na Ordem Física, é a Corrente da Via Secreta. Na Ordem Humana, é o Trabalhador das Alturas, (também o Kabbalista). No alfabeto criptográfico de Ain Becar, é a Posição IX com um ponto.

A VIGÉSIMA VIA. O Nome desta Via é a Inteligência Volitiva (também chamada a Razão do Livre Arbítrio, tendo por título a Moradia da Vontade). "Ela prepara todas as criaturas e cada uma delas em particular à demonstração da existência da sabedoria e a glória primordial". Seu ponto de partida é CHESED, e seu ponto de chegada é TIPHERETH; subindo a Escada da Prece, é dito: "Pela Beleza de TIPHERETH se recebe a misericórdia de CHESED". O Nome de Invocação é IYYAH, Deus Princípio. Esta Via é atribuída à letra Yod sobre os dois planos, cuja aplicação é a Estrutura. Seu simbolismo é aliado com o VINTE, em Atziluth, a Ordem; em Atziluth, a Origem; em Briah, a Formulação; em Yetzirah, a Formação; em Assiah, a Atividade Voluntária. A Personificação é com Salomão, a quem a Sabedoria foi dada e também o Livre Arbítrio (que ele empregou mal, sob a influência das rainhas pagãs, com o resultado que Shekinah jamais habitou o Templo). A operação em Imanência é o Esclarecimento da Vontade. O símbolo geométrico é o Acampamento em torno do Monte Sinai – sempre a forma de 16 – com as quatro letras do Tetragrammaton no centro. A Experiência Espiritual é a Vontade em Harmonia com Deus. O Impulso Místico são as Obras do Bem. O Pensamento se dirige para o Livre Arbítrio. Na Ordem Moral, é a Luz sobre o Caminho. Na Ordem Física, é a Independência de todas as coisas. Na Ordem Humana, é o Homem Livre. No alfabeto Ain Becar, é a Posição I com dois pontos.

A VIGÉSIMA PRIMEIRA VIA. O Nome desta Via é a Inteligência Compensadora ou a Inteligência do Desejo Esclarecido (também chamada a Razão do Pesquisador), tendo por título a Chuva Benéfica. "Ela é ao mesmo tempo uma influência provocadora ao desejo de saber, é uma recompensa para aqueles que procuram". "Ela recebe a influência divina e influência por sua benção sobre todas as existências". Seu ponto de partida é CHESED, seu ponto de chegada é NETZAH; subindo a Escada da Prece, é dito: Pelo amor de NETZAH se adquira justiça de HESED. O Nome de Invocação é KOLAH, Deus Imutável. Esta Via é atribuída à letra Kaph, sobre os dois planos, cuja aplicação é a Compulsão Doce. Seu simbolismo é aliado com o VINTE E UM, em Atziluth, o Árbitro; em Briah, a Satisfação; em Yetzirah, a Mensagem; em Assiah, a Recompensa. A Personificação é com Judá (Filho de Jacó, uma das Doze Tribos de Israel), do qual é dito o Cetro não se afastara de Judá. A Operação em Imanência é o Esclarecimento do Coração. O símbolo geométrico é o Acampamento em torno do Sinai, com o nome messiânico de cinco letras (o Shin no meio do Tetragrammaton). A Experiência Espiritual é os Pagens Iluminados. O Impulso Místico é o Coração Elevado. O Pensamento se dirige para as Significações veladas. Na Ordem Moral, é o Doador. Na Ordem Física, é a Corrente Subterrânea. Na Ordem Humana, é o Pesquisador. No Alfabeto Criptográfico de Ain Becar, é a Posição II com dois pontos.

A VIGÉSIMA SEGUNDA VIA. O Nome desta Via é a Inteligência Fiel (também chamada a Razão da Fidelidade) tendo por título o Doce Calor. "Nela são depositadas as virtudes espirituais que aumentam até que elas vão para aqueles que habitam sob sua sombra". Seu ponto de partida é GEBURAH, seu ponto de chegada é TIPHERETH; subindo a Escada da Prece é dito: Pela força Messiânica de TIPHERETH pode-se sofrer o martírio de GEBURAH. (É bom notar como estas Vias colocam em valor as diferentes significações das Sephiroth). O Nome de Invocação é LA'IAH, Deus de Perdão. Esta Via á atribuída à letra Lamedh, sobre os dois planos, cuja aplicação é a Boa Medida. Seu simbolismo é aliado com o VINTE E DOIS; em Atziluth, Aquele que perdoa; em Briah, a Indulgência; em Yetzirah, a Doçura; em Assiah, o Acolhimento. A Personificação é com José (uma das Doze Tribos) do qual é dito: Ele tornou-se pastor, o rochedo de Israel. A Operação em Imanência é a Convicção da Suprema Bondade. A Experiência Espiritual é o Sentido de Perdão. o Impulso Místico é a Necessidade de Perdão. O Pensamento se dirige para o Exame de Consciência. Na Ordem Moral, é a Contrição. Na Ordem Física, é a Mudança de Direção. Na Ordem Humana, é o Fiel. No alfabeto criptográfico de Ain Becar, é a Posição III com dois pontos.

A VIGÉSIMA TERCEIRA VIA. O Nome desta Via é a Inteligência Estável (também chamada a Razão Estável, tendo por título: o Mistério dos Números). Ela é a causa da ordem e da constituição das numerações, ou das Sephiroth. Seu ponto de partida é GEBURAH, seu ponto de chegada é HOD; subindo a Escada da Prece, é dito: Pela Inteligência de HOD atinge-se o poder de GEBURAH. O Nome de Invocação é MAIAHN, Deus arcano. Esta Via é atribuída à letra Mem sobre os dois Planos, cuja aplicação é a Corrente Perpétua, ou a Maternidade. Seu simbolismo é aliado com o VINTE E TRÊS; em Atziluth, o Absoluto; em Briah, a Força estabilizadora; em Yetzirah, a Ordem Geométrica; em Assiah, os Números. A Personificação é com Issachar (uma das Doze Tribos), do qual é dito: Ele curva suas costas sobre o fardo. A Operação em Imanência é a Geometria da Manifestação. O simbolismo é os Dois Círculos Iguais; dois círculos se emaranham de modo que a circunferência de um passe sobre o centro do outro (cada círculo tendo valor de 10, estes dois círculos significam 20) e, na dupla ogiva assim formada, Um triângulo (significando 3) é inscrito. A Experiência Espiritual é o Dom da Ordem Divina. O Impulso Místico é o Amor da Ordem. O Pensamento se dirige para a precisão. Na Ordem Moral, é o Grande Arquiteto do Universo. Na Ordem Física, é a Construção Íntima da Matéria (nos termos modernos, a Estrutura Atômica). Na Ordem Humana, é o Matemático. No alfabeto criptográfico de Ain Becar, é a Posição IV com dois pontos.

A VIGÉSIMA QUARTA VIA. O Nome desta Via é a Inteligência Imaginativa, ou a Inteligência Coordenativa (também chamada a Razão Figurativa), tendo por título a Casa dos Semelhantes. "Ela dá a base fundamental a todas as semelhanças dos seres que são criados à sua conveniência, segundo seus aspectos". Seu ponto de partida é TIPHERETH, seu ponto de chegada é NETZACH; subindo a Escada da Prece é dito: Pelo Amor sublime de NETZACH pode-se amar o Esposo em TIPHERETH. O Nome de invocação é NO'IAH, Deus de todos os Nascimentos. Esta Via é atribuída à letra Num sobre os dois planos, cuja aplicação é a Família. Seu simbolismo está aliado ao VINTE QUATRO: em Atziluth, o Gerador de Tudo; em Briah, a Proteção Divina; em Yetzirah, a Imagem de Deus; em Assiah o Filho. a personificação é com Zabulon (uma das Doze Tribos), de quem é dito: Zabulon habitará sobre a imagem dos mares (a água é frequentemente empregada como símbolo da reflexão). a Operação em Imanência é a Imanência Divina nas Formas. O simbolismo geométrico é os Dois círculos Iguais, tendo o Tetragrammaton (4) na dupla ogiva. A Experiência Espiritual é a Visão de Imanência, o Impulso Místico é a Identificação com a Divindade nas Formas. O pensamento se dirige para a Imaginação. Na Ordem Moral, é a Beleza. Na Ordem Física é a Simetria. Na Ordem Humana, é o Artista. No alfabeto criptográfico de Ain Becar, é a Posição V com dois pontos.

VIGÉSIMA QUINTA VIA. O Nome desta Via é a Inteligência das Provas ou as Inteligências das Provações (Também chamada a Razão da Prova), tendo por título: o Jardim de Tentação. É a primeira tentação pela qual Deus prova os piedosos. Seu ponto de partida é TIPHERETH, seu ponto de chegada é YESOD; subindo a Escada da Prece: Pelas provas de YESOD nos tornamos dignos de benção de TIPHERETH. O Nome de Invocação é SAIAH Deus Fulminante. Esta Via é atribuída à letra Samekh, sobre os dois planos, cuja aplicação é a Serpente. Seu simbolismo é aliado com o VINTE E CINCO; em Atziluth, o Juiz Supremo; em Briah, Agregação e Desagregação; em Yetzirah, a Luta; em Assiah, a Tentação. A Personificação é com Dan (uma das Doze Tribos) do qual é dito: Dan será uma serpente sobre o caminho, uma víbora sobre a senda. A Operação em Imanência é a escolha dos justos. O símbolo geométrico é os Dois Círculos Iguais; tendo o Nome Messiânico (5). (O Tetragrammaton com um Shin como letra central) na dupla ogiva. A Experiência Espiritual é a Tentação sobre os Três Planos: Espiritual, Moral e Físico. O Impulso Místico é a Submissão. O pensamento se dirige para a análise de Si mesmo. Na Ordem Moral, é o Julgamento das Experiências. Na Ordem Física, é a Extinção Não Adaptável. Na Ordem Humana, é o Sujeito das provações. No Alfabeto Criptográfico de Ain Becar, é a Posição VI com dois pontos.

A VIGÉSIMA SEXTA VIA. O Nome desta Via é a Inteligência Renovadora (também chamada a Razão de Renovação), tendo por título o Olho. "É por ela que o Santo Bendito Seja renova tudo o que pode ser renovado na criação do Mundo". (A maioria dos exegetas das 32 Vias não compreende que esta referência é aos Duques de Edon e as criações anteriores. Esta Via é a primeira das Sete Vias ditas Astrológicas e começa de novo com a criação sobre um plano inferior). Seu ponto de partida é TIPHERETH, seu ponto de chegada é HOD; subindo a Escada da Prece é dito: Pela mediação de HOD pode-se ver a transcendência de TIPHERETH. O Nome de Invocação é OIAH, Deus Confirmante. Esta Via é atribuída à letra Ayin, sobre os dois planos, cuja aplicação é o Vigor. Seu simbolismo é aliado com o VINTE E SEIS. Em Atziluth, o Preservador; em Briah, as Limitações Restabelecidas; em Yetzirah, as Novas Fundações; em Assiah, a Nova Criação. A Personificação é com Ruben (uma das Doze Tribos) do qual é dito: Ruben, meu primeiro nascido, superior em dignidade e superior em poder, Impetuoso como as águas, tu não terás a preeminência. Sua Operação em Imanência é o Cosmo Visível. O Simbolismo Geométrico é os Dois Círculos Iguais, com o Selo de Salomão (Estrela de Seis Pontas) na dupla ogiva. A Experiência Espiritual é o Conhecimento da Infusão Divina no Cosmos. O Impulso Místico é o Sentido do Maravilhoso. O Pensamento se dirige para a Grandeza de Espírito. Na Ordem Moral, é o Demiurgo. Na Ordem Física, é o Cosmos. Na Ordem Humana, é o Metafísico. No alfabeto criptográfico de Ain Becar, é a Posição VII com dois pontos.

A VIGÉSIMA SÉTIMA VIA. O Nome desta Via é a Inteligência Móvel, ou a Influência Atuante (também chamada a Razão Excitante, tendo por título a Harpa de Oito Cordas). "É realmente ela que cria o movimento (vibração e ritmo) ao qual está sujeita toda criatura do Orbe Supremo". Seu ponto de partida é NETZACH, seu ponto de chegada é HOD; ela é, portanto, a terceira das Vias recíprocas, uma polarização em harmonia; subindo a Escada da Prece, é dito: Pela Sublimação do pensamento chega-se a viver a sublimação das emoções de NETZACH. O Nome de Invocação é PE'IAH, Deus Inspirador. Esta Via é atribuída à letra Pe, sobre os dois planos, cuja aplicação é o discurso. Seu simbolismo está aliado com o VINTE E SETE; em Atziluth, a Voz Ressonante; em Briah, os Movimentos Turbilhonantes; em Yetzirah, os Quatro Ventos Vivos; em Assiah, o Universo Visível. A personificação é com Benjamim (uma das Doze Tribos) de quem é dito: Benjamim é um lobo que dilacera. Sua Operação em Imanência é as Rosas do Universo. O simbolismo geométrico é os dois círculos Iguais, com a Estrela de Sete Pontas, na dupla ogiva. A Experiência Espiritual é a Cognição da Infusão Divina no Universo. O Impulso Místico é o Parentesco com as Obras Divinas. O pensamento se dirige para o Sentido do Ritmo. Na Ordem Moral, é o Impulso. Na Ordem Física, é a Vibração. Na Ordem Humana, é o Músico ou o Poeta. No alfabeto de Ain Becar, é a Posição VIII com dois pontos.

A VIGÉSIMA OITAVA VIA. O Nome desta Via é a Inteligência Natural (também chamada a Razão Natural) tendo por título a Alta Moradia (A Abóbada do Céu). "É por ela que a natureza de tudo o que existe no Orbe do Sol é terminado e tornado perfeito (ou sob o Orbe do Sol)". É a notar que a Vigésima Sétima Via só dá a causa da formação dos seres dos Céus, e a Vigésima Oitava Via está em relação com sua natureza. Aquele que trabalha estas Vias deve observar a distinção. O ponto de partida desta Via é NETZACH (domínio dos altos elementais), o ponto de chegada é YESOD (domínio dos elementais e dos espíritos); subindo a Escada da Prece, é dito: "Pelos sonhos de YESOD chega-se às visões de NETZACH". O Nome de Invocação é TZIAH, Deus Animador. Esta Via é atribuída à letra Tzaddi sobre os dois planos, cuja aplicação é a nutrição. Seu simbolismo está aliado com o VINTE E OITO; em Atziluth, o Apolo; em Briah, o Princípio do Apoio Mútuo; em Yetzirah, a Interdependência das Entidades Materiais; em Assiah, a Manutenção pelo Eterno de tudo o que vive em todos os Mundos. A Personificação é com Simeon (uma das Doze Tribos), mas a exegese pela Guematría é complicada e não nos dá nenhuma interpretação de valor. Sua Operação em Imanência é a Harmonia dos Seres Celestes e Terrestres. O simbolismo geométrico é os Dois Círculos Iguais, com a estrela de oito pontas na dupla ogiva. A Experiência Espiritual é a Associação com as Entidades Celestes e os Espíritos Animados por Deus. O Impulso Místico é a Participação no Coro Seráfico. O Pensamento se dirige para o Despertar do Subconsciente. Na Ordem Moral, é as Hierarquias. Na Ordem Física, são os Mundos Elementais. Na Ordem Humana, é o Ente Esclarecido. No alfabeto de Ain Becar, é a Posição IX com dois pontos.

A VIGÉSIMA NONA VIA. O Nome desta Via é a Inteligência Corporal (também chamada a Razão Corporal), tendo por título as Três Mães (tendo relação com o princípio que todo ser vivo tendo uma alma possui uma cabeça (Shin), um coração (Aleph), e órgãos de reprodução

(Mem)). "Ela vivifica e faz crescer todos os organismos sobre todos os corpos celestes". (Devemos notar que a Kabbala fala sempre da pluralidade dos Mundos habitados). O ponto de partida desta Via é NETZACH, o ponto de chegada é MALKUTH; subindo a Escada da Prece é dito: É necessário passar as provas de MALKUTH para comunicar com as entidades de NETZACH. O Nome da Invocação é QUIAH, Deus formador. Esta Via é atribuída à letra Qoph sobre os dois planos, cuja aplicação é a Cristalização. Seu simbolismo está aliado com o VINTE E NOVE; em Atziluth, Aquele que é digno de louvores; em Briah, a Descida do Espírito na Matéria; em Yetzirah, o Princípio da Multiplicação das Formas; em Assiah, as Formas Materiais. A interpretação é com Levi (uma das Doze Tribos); é dito de Simeon (Via Vigésima Sétima) e de Levi conjuntamente: Suas Espadas são Instrumentos de Violência. Sua Operação em imanência é o Olheiro Divino, o Moldador das Formas. O simbolismo geométrico são os Dois Círculos Iguais, com a estrela de Nove pontas na dupla ogiva. A Experiência Espiritual está associada com a Realização que cada ser criado tem sua razão de ser e se dever. O Impulso Místico é a Bondade para com todo ser vivente. O Pensamento se dirige para o Hylozoismo. Na Ordem Moral, é a Divindade em tudo; na Ordem Física, é a Totalidade dos Organismos; no homem, é o Biologista ou o Sábio. No alfabeto de Ain Becar, é a Posição I, com três pontas.

A TRIGÉSIMA VIA. O Nome desta Via é a Inteligência Coletiva (também chamada a Razão Coletiva), tendo por título: as Doze Constelações (30 x 12 = 360, os graus de círculo). "É dela que os astrólogos tiram pelo julgamento das estrelas e dos signos celestes, suas especulações e os aperfeiçoamentos de sua ciência, segundo os movimentos dos astros". O ponto de partida é HOD, o ponto de chegada é YESOD; subindo a Escada da Prece, é dito: É necessário dominar a Imaginação de YESOD para desenvolver o razoamento de HOD. O Nome de Invocação é RUIAH, Deus curador. Esta Via é atribuída à letra Resh, sobre os dois planos, cuja aplicação é a Cabeça. Seu simbolismo está aliado com o TRINTA, em Atziluth, o Chefe; em Briah, a Unidade, em Yetzirah, a Associação; em Assiah, a Solidariedade. Devemos notar que, ao passo que se desce a Escada das Trinta e Duas Vias da Sabedoria, o individualismo e a responsabilidade pessoal decrescem. A interpretação é com Gad (uma das Doze Tribos) do qual é dito: Gad será atacado por bandos armados, mas ele os enfrentará e os perseguirá. (A Ação em massa). Sua

Operação em Imanência é o Sistema Solar. Seu simbolismo geométrico é os Círculos Triunos, três círculos concêntricos, o centro vazio (cada círculo significa 10, assim 10 x 3 = 30). A Experiência Celeste é a Ação Unida. o Impulso Místico é a Necessidade de ajuda mútua. O Pensamento se dirige para o Coletivismo. Na Ordem Moral, é o Altruísmo. Na Ordem Física, é a Preservação do Grupo. Na Ordem Humana, é o Ser diferenciado. No alfabeto de Ain Becar, é a Posição II com três pontas.

A TRIGÉSIMA PRIMEIRA VIA. O Nome desta Via é a Inteligência Atrativa ou a Inteligência Perpétua (também chamada a Razão Interrompida – Tradução Obscura), tendo por título: o Laço Invisível. Ela regula o movimento do Sol e da Lua e os faz gravitar a um e ao outro na sua órbita respectiva. O ponto de partida é HOD, o ponto de chegada é MALKUTH; subindo a Escada da Prece, é dito: Pelo domínio material de MALKUTH, eu posso me elevar para o razoamento de HOD. O Nome de Invocações é SHOYAH, Deus Messias. Esta Via é atribuída à letra Shin, sobre os dois planos, cuja aplicação é a Salvação. Seu simbolismo está aliado com o TRINTA E UM; em Atziluth, o Centro; em Briah, o Princípio da Atração; em Yetzirah, o Magnetismo ou Força Gravitacional em si mesmo; em Assiah, o Amontoamento. Sua Operação em Imanência é a Ação dos Luminares. Seu simbolismo geométrico é o Círculo Tríunos (30) com Aleph (1) no centro. A Experiência Celeste é o Laço entre a Criatura e o Criador. O Impulso Místico é a Dependência. O Pensamento se dirige para a Massa Pensante (a egrégora da multidão). Na Ordem Moral é o Suporte. Na Ordem Física, é a Afinidade Molecular. Na Ordem Humana, é o Ser não diferenciado. No alfabeto de Ain Becar, é a Posição III com três pontos.

A TRIGÉSIMA SEGUNDA VIA. O Nome desta Via é a Inteligência Auxiliar, ou a Inteligência Adjuvante (também chamada a Razão Auxiliar), tendo por título a Prisão, porque não há progresso espiritual antes que se tenha percorrido toda esta Via. "Ela dirige todas as operações dos sete planetas e de suas divisões e concorre a ela". O ponto de partida é YESOD, o ponto de chegada é MALKUTH. Subindo a Escada da Prece, é dito: Aquele que não dominou o trabalho físico e material de MALKUTH não ousa subir aos fundamentos da vida espiritual em YESOD. O Nome de Invocação TAU'IAH, Deus o Fim de Tudo. Esta Via é atribuída à letra Tau, sobre os dois planos, cuja aplicação é o Fim, ou a

Conclusão. Seu simbolismo está aliado com o TRINTA E DOIS; em Atziluth, o Ponto Intangível; em Briah, o Centro do Silêncio; em Yetzirah, o Coro do Vortex; em Assiah, a Coesão. Sua Operação em Imanência é o Movimento Orbital dos Planetas. Seu simbolismo geométrico é os Círculos Tríunos, com Aleph-Tau no centro para indicar o princípio e o fim. A Experiência Celeste é o Surgimento do Inconsciente para a Personalidade. O Impulso Místico é o Temor, (do qual é dito que "O Temor é o começo da Sabedoria, assim ela é o começo das Trinta e Duas Vias da Sabedoria"). O Pensamento se dirige para a Inconsciência Pessoal da Alma Grupo. Na Ordem Moral, é a Origem. Na Ordem Física, é a Afinidade Química. Na Ordem Humana, é a Alma Grupo. No alfabeto criptográfico de Ain Becar, é a Posição IV com três pontos. (As Posições V, VI, VII, VIII e IX com três pontos, como nos mostram o quadro de Ain Becar, são para as letras Kaph final, Mem-final, Num final, Pe final e Tzaddi final).

Empregando as indicações dadas aqui como objeto de meditação ou de contemplação, torna-se fácil ver como as Trinta e Duas Vias de Sabedoria, subindo a Escada de Jacob, conduz o Místico por graduações sutis para as mais sublimes alturas. Ele deve se afastar do coletivismo das três Vias Inferiores antes de poder verdadeiramente contar com o progresso espiritual.

Aquele que toma sobre ele desenvolver mesmo uma única destas Vias, com todo o poder que ela contém, verá que ela o conduzirá a um desenvolvimento Iniciático único no Mundo.

CAPÍTULO VI

O PRINCÍPIO SIMBOLIZADO PELA SERPENTE

"Não te guies meramente pelo ouvir dizer ou tradição, pelo que se herdou dos tempos antigos, pela fama, pelo simples raciocínio e dedução lógica, pelas aparências externas, pelas opiniões e especulações acalentadas pelas meras possibilidades, e não me acredites apenas porque sou o teu Mestre. Mas quando tu mesmo vires que uma coisa é má e conduz a prejuízos e sofrimentos, então deves rejeitá-la".

Senhor Budha.

Nenhum problema da Kabbala é mais complexo nem mais difícil de despojar de seus elementos misteriosos e contraditórios que aquele da Serpente. Uma das razões para esta confusão se encontra no fato de que a Kabbala (assim como outras linhas iniciáticas, como o Gnosticismo) insiste sobre o poder de Duas Serpentes diferentes, uma

Serpente do Bem e uma Serpente do Mal, e isso sem estabelecer muito bem a distinção. Há uma razão válida para esta confusão, como veremos mais tarde; no entanto é verdade que as aplicações e as atribuições respectivas das Duas Serpentes são às vezes quase inexplicáveis.

Assim, temos uma Serpente do Bem e uma Serpente do Mal; uma Serpente da Sabedoria, e uma Serpente da Ignorância, uma Serpente luminosa que ultrapassa as estrelas em glória, e uma Serpente das Trevas que rola suas dobras no Caos. Uma Serpente é o Iniciador, e é dito que ela guarda caminhos da alma; uma outra Serpente é o Tentador, o demônio da impureza, que morde os calcanhares do homem. A Serpente é a Serpente da Verdade; mas a Serpente de baixo é o próprio Grande Mentiroso. O Dragão dos céus é refletido pelo Dragão do Abismo, e é neste sentido que se diz que o Demônio é a Divindade ao avesso, e que o Diabo é o macaco de Deus.

Não somente encontramos estas antinomias sempre e em todo lado, na Kabbala e nas Mitologias, mas muito frequente as atribuições de uma das Serpentes são aplicadas à forma oposta. Assim Samael é a Serpente (do Mal), e ela é masculina, mas também é dito que a Serpente Samael (masculino) cavalga sobre a Serpente Samael (feminina), neste caso Samael é Lilith. Um outro Samael é o Arcanjo do Castigo atribuído à letra Samech. Nos temos tratado a forma de Adam-Kadmon, o homem Celeste, mas há também a considerar um avesso Adam-Kadmon, e dele deriva um Anjo-Serpente (feminino) que engendra os demônios coabitando com ele. O Zohar não hesita em dizer que a alma do homem é formada de duas Serpentes, o Espírito do Bem e o Espírito do Mal, mas isso é dito com segunda intenção da doutrina que Shekinah reconciliará os dois, da mesma maneira que a Árvore da Vida equilibra a Árvore do Conhecimento do Bem e do Mal.

Já vimos que Deus não é o Autor do Mal; todavia, Ele dá uma proporção de livre arbítrio a todo ser vivo, e esse livre arbítrio contém em germe o princípio que uma má escolha pode fazer nascer o mal. O Eterno fala de Minha Serpente, embora o texto que segue indique que a Serpente em questão é o Tentador que dá provações à humanidade. No livro de Jó, Satã é um dos filhos de Deus, e ele fala livremente com o Eterno. Não se deve esquecer que – segundo a Guematría – o número de Nahash (Serpente), 358 (NUN = 50, CHETH = 8, SHIN = 300) é o mesmo que o do Messias (358). A mesma ideia se encontra na narração da tentação no Jardim do Éden: a Queda de Adam é indiretamente atribuída à mulher, mas a redenção Messiânica virá igualmente pela mulher.

É dito que VAU, sem YOD, é a Serpente. Mas o nome de Eva (HE = 5, VAU = 6, HE = 5 = 16) é exatamente a Serpente do Pecado (16) e o VAU domina os dois HE passivos. Aqui se encontra uma explicação da aparente contradição que a mulher é a Serpente e que a mulher é a Via do Messias. A Kabbala jamais é dualista – ela é furiosamente monoteísta – mas ela não deixa de indicar em nenhuma ocasião a natureza do equilíbrio das polaridades. O casamento de VAU com YOD, como também a sedução de Adam por Eva são duas maneiras de dizer que o HE – VAU – HE jamais será levado a Unidade até que ele tenha conseguido reunir-se com o YOD, para refazer o Tetragrammaton. Em linguagem não figurada, isso quer dizer que o trabalho da Manifestação não será terminado antes que as duas polaridades – masculina e feminina estejam reunidas em harmonia perfeita com Deus.

Não somente a Kabbala, mas todas as escolas iniciáticas estão de acordo para empregar a Serpente como símbolo da sabedoria. É pueril procurar explicar o uso desse símbolo por referências zoológicas. A Serpente, como réptil, não é mais subtil que qualquer outra criatura. Um animal a recear pelo homem primitivo, e que lhe deu um sentimento de aversão, seria certamente um curioso símbolo a escolher para representar a Sabedoria, se sua aparência fosse a razão dessa escolha. Devemos olhar o simbolismo com uma atenção mais concentrada. Os homens da antiguidade – de todos aos países e de todos os cultos – conheciam quatro elementos: o Fogo, o elemento divino; o Ar, o elemento espiritual ou vital; a Terra, o elemento material; e a Água, o elemento fecundo. Entre todos esses povos, a Água está associada com a Serpente. Assim, a Serpente é o rio que corre em torno do Mundo, ele é (como Shekinah) o rio que vem por baixo do trono; ele é a chuva que regenera, e ele corre no céu, sobre a terra e debaixo da terra.

É dito que a Serpente não tem pai nem mãe, porque, efetivamente, as fontes e os rios correm incessantemente, aparentemente sem serem esgotados. No Egito, por exemplo, o rio Nilo, que dá todas as riquezas ao país é chamado a Velha Serpente; os Fenícios, que viviam pelo comércio marítimo, faziam sacrifícios à Serpente dos Mares. À primeira vista, estas relações mitológicas não parecem essenciais para uma compreensão da Kabbala, mas é útil compreender a universalidade desta fundação do culto da Serpente. Este é o culto da fecundação, o mais antigo culto do Mundo, e, mesmo na Kabbala, esta faculdade fecundadora que é atribuída à Serpente torna-se um fator critico na história da Tentação.

O valor de um símbolo consiste no seu poder de ilustrar ou de figurar uma ideia; a ideia não é posterior ao símbolo. É necessário, portanto, ter concebido a noção da Infinidade antes de poder empregar o símbolo de Ouroboros, a Serpente que morde a cauda, formando um círculo infinito. Sabemos que Esculápio fez o paralelo entre a Serpente e os riachos que serpenteiam através dos campos, e que ela comparou as boas serpentes e as más serpentes com a água potável e a água contaminada, embora ele não soubesse a razão da contaminação. Se, desse modo, a Serpente é tomada como símbolo da sabedoria, isso indica que a Sabedoria já era uma ideia familiarizada. Quando se diz, no livro do Gênesis, ora, a serpente era mais sutil do que qualquer outro animal dos campos que o Senhor Deus fez, é evidente que Moisés – ou o redator do Pentateuco – tinha no pensamento o conceito da sutileza antes de pensar na serpente.

Todavia, isso não nos permite levar as interpretações ao excesso. Fabre d'Olivet, em *Restituindo a Língua Hebraica*, força as palavras hebraicas a exprimir ideias que eram completamente desconhecidas aos autores da Torá, aos Talmudistas, e até aos Kabbalistas. Por exemplo, Fabre d'Olivet traduz o versículo citado no parágrafo subsequente desta maneira desfigurada:

"Ora, a atração original – a cupidez era a paixão convidativa de vida elementar – a energia interior – da Natureza, obra de Jehovah, o Ser dos seres".

É certo que nenhum autor poderia ter modificado estas frases assim! Esta restituição não é nem a língua Hebraica nem o pensamento Hebraico; isso é uma fantasia. O ocultista francês é talvez um pouco mais feliz quando sugere a palavra egoísmo como tradução de Nahash em vez de serpente. Mas isso é uma interpretação, não uma tradução, porque Nahash é descrita como uma serpente (ou dragão) várias vezes. Compreendida neste sentido, há algumas indicações a notar nestas atribuições à Serpente dos vícios da cupidez e o egoísmo. Eliphas Levi compara a Serpente com a luz astral (o cavalo de batalha deste autor); Stanistas de Guaita a traduz obscuramente como esta Rotação angustiante que é a base latente da dupla vida psíquica e volitiva de todos os seres criados.

Estas confusões de interpretações não esclarecem mitos nos conhecimentos; há vantagem na simplificação. A cupidez, o egoísmo, a força psíquica, e até a sabedoria, são aspectos da Personalidade. A Personalidade, em si mesma, é uma exteriorização da Inteligência. Nós preferimos seguir muito de perto o ensinamento do Antigo Testamento, nós não faremos nenhuma violência aos Talmudistas e aos Kabbalistas, e, no entanto, estaremos em acordo com os ocultistas modernos dizendo que uma das mais úteis interpretações da palavra Nahash, a serpente, é de chamá-la: a Inteligência.

A chave do mistério das Duas Serpentes se encontra nesta interpretação. Quando a inteligência permanece em harmonia perfeita com o Propósito Divino, não procurando a crítica, não se prestando ao orgulho de passar em julgamento os decretos divinos, esta é a Fé. Esta não é uma Fé cega – coisa sempre deplorável – mas uma Fé consciente, que não tem razão de razoar, porque ela reconhece o que é divino. É a Fé, mas também a Sabedoria. A Serpente do Bem, a Serpente luminosa, o Dragão do Céu, são os nomes desta Inteligência Suprema que conhece os mistérios dos Altos Planos, porque ela está suficientemente esclarecida e bastante elevada para vê-los e para compreendê-los.

A Serpente do Mal é a Inteligência que não possui a Sabedoria, a Inteligência que pensa que tudo deve estar subordinado a seu razoamento, que leva à crítica à blasfêmia, que desenvolve um egoísmo desenfreado, e do qual o materialismo torna-se uma cupidez sórdida. Não é difícil compreender que o Orgulho combinado com a Ignorância podem ser uma causa de numerosos males. Podemos levar o contraste ainda mais longe, indicando a obra do Mago ou Teurgo na luz astral dourada, ele que é adepto da Serpente da Sabedoria; e a do Feiticeiro ou satanista, atuando na luz astral verdosa e sulfurosa, ele sendo adepto da Serpente das Trevas. Um tal exame nos levaria às questões psíquicas ou ocultas, um pouco fora do quadro do Kabbalismo.

A SERPENTE DA SABEDORIA

Já indicamos que a Serpente do Bem é a Inteligência Luminosa, que ela é um símbolo da Fé; quando esta Serpente é, portanto, comparada à Via Láctea, devemos compreender que esta é uma comparação ao

Anel de Luz e de Proteção com o qual o Eterno cercou seu Universo. A Kabbala nos leva aos reinados ainda mais vastos, às concepções ainda mais etéreas. Cada Anjo, diz a Kabbala, é um pensamento de Deus; o Universo e mesmo o Cosmos são a Obra de Seu Pensamento. O fato de que o Todo é inconcebível não é uma razão para negligenciar o esforço de atingir uma maior compreensão; o microcosmo que procure elevar-se para realizar o Eterno.

A Serpente da Sabedoria se ocupa – segundo o Zohar – de manter a Via da Pureza livre de todo obstáculo para aqueles que procuram segui-la. Também é dito que os Filhos da Doutrina que estão casados e que têm filhos da Promessa (circuncisos) receberam o orvalho (a Benção) do céu; a Serpente Celeste é o Guardião do Rocio. Mas a Serpente da Sabedoria não desempenha, na Kabbala, o papel importante que lhe dão em outras linhas de iniciação, por exemplo, no Gnosticismo de Marcion e de Basilides. O ponto interessante em nossa análise é que ele nos dá a chave ao contraste entre a Inteligência Superior e a Inteligência Inferior.

A GUERRA NO CÉU - A QUEDA DOS ANJOS

Graças à epopeia mundialmente conhecida, *O Paraíso Perdido*, do poeta Puritano Inglês, John Milton, que (bom hebraísta) conhece o Livro de Enoch, livro apócrifo apocalíptico, a antiga legenda da Guerra no Céu tomou uma forma clássica; ela se impõe sobre nossos conhecimentos, embora seja uma forma pessoal e de uma teologia Cristã particular. Por este poema, podemos ver o orgulho de Lúcifer, e entender seu desafio lançado ao Eterno por causa da divina intenção de criar uma raça de homens superiores aos Anjos. Podemos seguir a rebelião no Céu, e a triagem entre as legiões que se ligaram, respectivamente, ao estandarte da obediência ou da revolta. Diante de nós se desenvolve a guerra das legiões Celestes, os dias de conflitos terríveis entre as armadas celestes dos campões imortais; nós assistimos ao duelo entre o Arcanjo Michael e o Arcanjo Lúcifer. Nós escutamos a Voz do Eterno que envia Seu Filho sobre a luta de vitória para colocar em fuga as hordas de desobedientes, e nós nos damos conta da destruição que se seguiu. Aqui bem entendido, o poeta Puritano tira seu tema da tese Hebraica.

Diante de nossos olhos, os anjos descidos caem do empíreo durante dias e noites sem parar, para chegar aos fundos sulfurosos do lago de betume nos infernos. Lá, na escuridão, vemos Lúcifer – chamando Satã depois de sua queda – se levantar, majestoso ainda em sua ruína, poderoso em sua derrota; nós os escutamos chamar os príncipes tenebrosos para um Conselho de Guerra. Uma Guerra de dimensões impressionantes se eleva nas Sombras pela única vontade do Arqui-Rebelde, e os chefes descidos dão voz a seus projetos de continuar a luta contra o Eterno e jamais se humilhar para pedir perdão que certamente jamais seria concedido: melhor, dizem eles, reinar nos infernos do que servir no Céu! Nós escutamos a decisão tomada de manter a sórdida revolta contra o Altíssimo e de tomar a alma do homem como campo de batalha, porque se – induziu o homem ao pecado – os anjos descidos podem tornar nula a Obra Divina, sua revanche será completa, e a finalidade de sua rebelião original será atingida.

Traçar a história do Paraíso Perdido mais longe não entra no quadro desta lição, mas podemos mencionar que Satã sozinho ousa afrontar os desígnios de Deus, que ele força as Portas do Inferno, que ele toma seu voo para a Terra, que ele entra secretamente no Jardim do Éden e tomando a forma de um sapo, ele acocorou-se junto à orelha de Eva, enquanto ela dormia para sugerir-lhe maus pensamentos durante o sono. Embora descoberto por um dos guardiões do Paraíso, Satã chega ainda a se fazer passar como a Serpente; ele persuade Eva de desobedecer às ordens do Eterno, e pegar o fruto da Árvore do Conhecimento do Bem e do Mal e de convidar Adam a degustá-la. A expulsão do Éden é o resultado inevitável, e o Paraíso é perdido.

Salvo para as referências tendo relação com a revolta dos anjos, a guerra no Céu e a Queda dos seres celestes, tais como se encontra na literatura Kabbalística, e que são tomados do Livro de Enoch e do Apocalipse de Noé, qualquer eco na lenda Miltônica não se encontra na Kabbala. Todavia, nos lembramos que Enoch escapou à morte. O Zohar fez disso uma personificação de Metraton durante sua vida terrestre (o que explica sua imortalidade) e, no Céu, o declara o guardião dos Tesouros do Eterno, para os quais há 45 chaves na forma de um alfabeto secreto (uma referência a um sistema novenário ao Alfabeto de Ain Becar); estas chaves contêm letras gravadas sobre uma pedra preciosas brilhantes e uma dessas chaves contém o segredo de manter a Serpente, ou seja, Nahash.

A Queda dos Anjos, segundo a Doutrina Kabbalística, se mistura com as quedas do Mundo de Atziluth em Briah, de Briah em Yetzirah e de Yetzirah em Assiah, um assunto complexo que será ilustrado nas lições sobre as Trinta e Duas Vias da Sabedoria. Estas Quedas tinham: 1º. Nas primeiras eras da Manifestação; 2º. Durante o poderio dos Duques de Edom, as criações abortivas; e 3º. Pela Queda de Adam Kadmon do Paraíso Celeste ao Paraíso Terrestre. Há, além disso, uma queda adâmica, quando os anjos descidos desposaram as filhas do Homem. Nos falaremos disso:

Quando a Árvore das Sephiroth se formou, ou que ela estava formada (falamos do gráfico na sua forma usada) as Legiões da Luz Luminosa se colocaram ao lado direito da Árvore (o Pilar da Misericórdia, ou Pilar da Polaridade Masculina); e as Legiões da Luz obscura se colocaram ao lado esquerdo, (o Pilar do Rigor, ou o Pilar da Polaridade Feminina). O Pilar da Direita manteve sua supremacia, mas o Pilar da Esquerda não aceitou sua inferioridade, o que indica uma outra forma da Guerra dos Anjos. Os dois grupos de legiões tinham os poderes iguais para agir no Caminho do Bem ou no Caminho do Mal, mas as Legiões da Direita (lado ativo, polaridade masculina) tinham uma tendência mais forte para o Bem; as Legiões da esquerda (lado passivo, polaridade feminina) seguiam mais voluntariamente a escolha do Mal.

A Kabbala, que procura sempre um texto na Torá ao qual ela pode ligar uma interpretação, acrescenta neste ponto a citação: "Deus disse: Que haja um espaço (firmamento) entre as águas, e que este espaço separe as águas com as águas..." Deus chamou a esse espaço (o firmamento) Céu. Este ensinamento, diz a Kabbala, indica o estabelecimento do Pilar Central ou a Árvore da Vida, entre as Águas do alto (o Pilar Direito) e as águas debaixo (o Pilar Esquerdo). A maioria (mas não todas as legiões de anjos do Pilar Direito aceitaram a harmonia estabelecida pelo Pilar Central); a maioria das Legiões de Anjos do Pilar Esquerdo não aceitou. A luta se armou. Não estando mais em harmonia com o Pilar Central, quer dizer tendo se colocado em desequilíbrio por suas próprias ações, os Anjos do Pilar do Rigor caíram do seu estado abençoado. Estes Anjos do Pilar não estão fortemente personificados na Kabbala; há aí uma referência que sugere que o Espírito do Mal no Homem encontre seus aliados nas más forças abstratas vindas desses Anjos caídos da Árvore Sephirótica. Acrescentamos que, às vezes, a Serpente do Caos está representada sobre o gráfico da Árvore, mas sua cabeça não ultrapassa jamais o Abismo.

O Zohar conta, também, que o Santo – Bendito Ele seja – chamou as Hierarquias Celestes diante d'Ele para lhes anunciar sua intenção de criar o Homem, mas que algumas Legiões Lhe responderam por um versículo das Escrituras (O Zohar ignora o anacronismo) dizendo que o Homem não será imortal (Salmo 49, vers. 12). Segundo a Kabbala, esses Anjos foram lançados ao Fogo Eterno do Sheol (o inferno).

Mais curiosa ainda é a tradição que se encontra no Zohar dizendo alguns anjos, entre eles Aza e Azael, começaram uma disputa com Shekinah, na presença do Eterno; estes Anjos afirmavam que seria de sabedoria muito duvidosa criar o homem, porque seria necessário dar-lhe uma esposa, e o pecado seria, por conseguinte, inevitável. Shekinah (nós citamos o Zohar) replicou que os Anjos diante dela, conduzidos por Aza e Azael, não tinham que se gabar demasiado de sua pureza. Estes filhos de Deus tomaram esta negação por uma derrota ou uma profecia, e a Tradição afirma que são eles que, mais tarde, foram sobre a Terra e escolheram as mais belas mulheres entre os descendentes de Cain para seu prazer. Deles são nascidos os gigantes (Ge. VI, 1-1). Segundo outra versão, é dito que Aza e Azael foram banidos do Céu, mas que, ao chegarem sobre a Terra, não tinham nenhum conhecimento da vida terrestre; Nahash, a irmã de Tubal-Cain, foi sua sedutora, o mau exemplo sendo seguido por toda banda, uma nova raça de demônios começou a habitar a Terra.

NAHASH, A SERPENTE DO CAOS

Na Cosmologia Kabbalística, a Criação se fez pela simples Vontade Divina, e os instrumentos da Criação foram às letras do Alfabeto e as Dez Numerações. Mas a Kabbala fala frequentemente da Negação Não Divina, e, lembrando-se o modo pelo qual os Hebreus insistem que todo protótipo no Alto possui seu duplo embaixo, nós vemos na Negação não Divina um reflexo da Negação Divina. É claro que a Negação Divina, na luz dos céus, só pode ser AIN, o Nada que é o Todo; a Negação não Divina nas trevas é incontestavelmente o Tohu-Bohu. Deve-se lembrar de que o Caos, antes da Criação, está representado no Zohar como tendo uma tríplice casca: 1ª Tohu, 2ª Bohu; e 3ª as Trevas. A Serpente das Trevas, por conseguinte, é o Dragão do Caos, tendo Tohu-Bohu nas obras de sua cauda. Nahash é chamada a Serpente do Abismo Profundo, e é dito que a Serpente dos Mares verá a luz do dia da vinda do Messias.

Olhando Nahash no seu sentido cósmico, torna-se mais fácil ver porque os ocultistas modernos interpretaram as referências na literatura Kabbalística dizendo que a Serpente do Caos significa a Luz Astral ou o Éter Akasico. Isso não é atualmente falso, mas tais afirmações falseiam o espírito da Kabbala. A Criação não é um acontecimento único, ela continua sempre; a organização divina não para jamais de fazer sair a ordem do Caos, e Sua Intenção para a espiritualização da Humanidade está sempre em marcha. Esta tese implica que existe sempre um Tohu-Bohu em Caos não organizado ou parcialmente organizado, que será passivamente resistente às forças organizadoras (o mal negativo) ou ativamente resistindo a essa organização (o mal positivo). O Caos no estado de Luz Astral não organizado ou parcialmente organizado é definido por Stanislas de Guaita como uma correlação de forças físicas em síntese das forças hiperfísicas do Cosmo. O hiperfísico de Guaita implica o que nós descrevemos em nossos dias pela palavra psíquico. A Luz Astral, ou o Éter é realmente um meio que abraça as forças psíquicas, boas ou más, e que é ao mesmo tempo o lugar de permanência dos demônios. O Mestre desta permanência é Nahash, a Serpente do Caos.

> *Os Anjos Maus,* diz Karppe num breve sumário, *estão agrupados paralelamente aos anjos do bem, no Zohar, por ordem rudimentar e de obscuridade crescente. Estas são as personificações de todas as formas do mal, de todas as imperfeições, de todas as deformidades, de todos os inimigos da ordem, da harmonia e da vida. Por exemplo, a negação cósmica expressada no primeiro e segundo capítulos do Gênesis torna-se uma superposição de três cascas circunscritas como as cascas de uma cebola; a Terra sendo Tohu é a primeira; Bohu é a segunda, e as trevas que planeiam é a terceira. Encontramos aí a encarnação de todas as abstrações do mal, da libertinagem sedutora, da violência, da inveja, do orgulho, da idolatria dos espíritos que fazem nascer e de qualquer forma explodir a cólera do homem e suas maldições contra ele mesmo ou contra outro.*

> *Lá (nas regiões tenebrosas da Luz Astral) fervilha a legião incontável dos demônios leprosos sob a direção de Samael e de sua mulher Lilith a mais velha, de Aschmadai e de sua jovem e louca amante Lilith a jovem. Por ela, Aschmadai e Samael combateram longos séculos e sua reconciliação se operou em vista de uma ação comum na luta do Mal contra o Bem.*
>
> *O Zohar identifica também Samael com o anjo da morte, com a Serpente do Gênesis, com Satã do livro de Jó, com o instinto do mal que vive no coração do homem desde sua juventude em fim, com o Mundo da matéria. O anjo da morte tem sob suas ordens legiões correspondentes a todas as formas de doenças e de mortes. Sob seu império estão os demônios hematófagos, aqueles exalam os hálitos pestilenciais e aqueles que estão sobre o fio da espada e vão levar a morte nas linhas inimigas... Quer dizer, de alguma forma os demônios tesoureiros da morte.*

Mais abstratos que esses demônios do crime e da doença, são as *Qliphoth*, os avessos das *Sephiroth*. Vamos dar o nome do avesso *sephirótico*, que se refere ao arquidemônio e a hierarquia infernal, mas não daremos o Nome da Evocação, que só tem serventia na Goécia, ou seja, na Magia Negra.

1 – Thaumiel, a Sephirah oposta a KETHER, os duplos de Deus, de duas cabeças, as forças do Dualismo. Os arquidemônios são Satã e Moloch; a hierarquia ou chefe dos córtices é Cathariel. (A palavra córtices indica um resto de uma entidade de morte aparente, mas que pode ser revivificada por um procedimento mágico).

2 – Chalgidiel, obstrução a Deus. O arquidemônio é Belzebu. Os córtices são Ghogiel.

3 – Sathariel, aqueles que ocultam Deus. "Os duques de Esaú ou de Edom são os arquidemônios; os córtices são Sheirailim".

4 – Gam chicoth, os pertubadores. O arquidemônio é Astaroth; os córtices são Ararielim.

5 – Golab, os incendiários. O arquidemônio é Asmodeus, os córtices são Uslelim.

6 – Togarini, os questionadores. O arquidemônio é Belphegor; os córtices são Zomielim.

7 – Harab Serap, aqueles que agem contra a natureza. O arquidemônio é Baal; os córtices são Theumlelim.

8 – Samael, a confusão ou a loucura. O arquidemônio é Adrametech; os córtices são Theunilelim.

9 – Gamaliel, os obscenos. O arquidemônio é Lilith; os córtices são Ogielim.

10 – Malkuth, sendo o Mundo da queda, não tem uma Sephirah aversa, mas no lugar do poder benéfico de Shekinah, o espírito averso é *Nahemah*, um súcubo, demônio da impureza.

Estes demônios podem agir nos Mundos de Assiah e Yetzirah, só os Qliphoth tem poder em Briah e nenhuma má entidade pode entrar no Mundo Atziluth.

SAMAEL

A Serpente da Tentação

A Serpente, na sua forma de Samael, é um dos mais intrigantes símbolos kabbalísticos. Comecemos com a fábula que a Serpente do Gênesis, antes de sua condenação por Jehovah, tinha pernas, pode ser, segundo Oswald Wirth (que o diz provavelmente sem pensar) um desses lagartos que se diz amigos dos homens. Resta perfeitamente verdadeiro que as boas e os pythons (assim como muitas pequenas serpentes que furam a terra) têm vestígios de pernas atrás, mas é muito duvidoso que este zoológico tenha podido servir na tradição. A Serpente (o verdadeiro ofídio, não o sáurio – ou dragão) é um recente chegado na história geológica.

A palavra Samael quer dizer o veneno de Deus, e esta é uma das razões porque a Serpente é chamada o anjo da morte. A morte, como a Serpente venenosa, pode destruir um homem num instante; seu toque fatal é frequentemente inesperado. A morte que vem a um pecador, diz a Kabbala, lhe é dada por Amalek o qual é outro nome de Samael, mas que é aplicado geralmente no sentido de um agente do castigo.

É principalmente com a significação de impureza que a Serpente Tentadora do Gênesis aparece no livro do Gênesis. Todavia, para compreender o ensinamento, é essencial lembrar que, segundo o pensamento hebraico, a impureza não era necessariamente um pecado de carne, mas principalmente um estado de isolamento de contato com Deus. Aquele que tinha tocado um cadáver, mesmo de um inseto, era Impuro; ele devia ausentar-se do acampamento e não dirigir a palavra a ninguém. Aquele que carregasse um fardo de dois quilos no Dia de Sábado era impuro; aquele que cuspisse ou espirrasse sem pronunciar a prece ritual acompanhante, era impuro, e aquele que infligia as leis do regime Mosaico – por exemplo, que tivesse comido um creme e carne na mesma comida – estava de grave impureza. A Lei dominava tudo. O estado da impureza era este elemento de desobediência contra a Lei. É necessário acentuar este elemento totemístico nas concepções de Israel, se não somos tentados dar a palavra impureza à interpretação carnal que foi imposta sobre o Mundo por uma forma de ascetismo cristão, e de negligenciar sua verdadeira significação, mais ampla.

Ao mesmo tempo, como o Ministério Central da Kabbala é um Ministério das Polaridades, ou um Ministério do Sexo, não devemos perder de vista que essas Impurezas tomam um caráter duplamente sério quando a vida conjugal está em jogo. Esta insistência sobre um problema de sexo também é totêmica. Em nosso estudo sobre a Tentação de Adam, empreenderemos uma análise detalhada sobre esta questão delicada, mas é possível dizer, desde já, que os males que chegaram a Adam e Eva não foram exclusivamente – nem principalmente – a causa das irregularidades de coabitação, mas por causa de sua desobediência a Deus, ou, para empregar a nomenclatura antropológica, foi o resultado inevitável do rompimento de um tabu.

Samael (que é também Amalek, Satã e a Serpente) é o Senhor da Desobediência. Seu poder é muito grande, porque ele representa a Inteligência sobre seu aspecto material e pode jogar com o dom perigoso do Livre Arbítrio. Ele é também Mestre da Luz Astral ou o Mundo Psíquico, ele pode fazer vir fantasias, ilusões, falsos razoamentos, e seduções diabólicas em profusão. Segundo a Doutrina de que o homem que é culpável de uma só desobediência da Lei Mosaica é culpável de ter desobedecido a Lei inteira, e que ele está (temporariamente, pelo menos) excluído da presença de Deus, compreendemos que Samael, a

Serpente, o Sutil Tentador, possui uma infinidade de meios para conduzir o homem para o mal.

É necessário repetir, ainda, que a Serpente não é uma entidade criada por Deus, como também o Mal não é uma Criação Divina; estas são condições relativas, criadas pelos seres relativos em via de fazer provações e de ganhar suas experiências. A via do Mal e das entidades do mal é não somente temporária, mas um fenômeno que parasita sobre o homem. À vinda do Messias, ou, mais exatamente, a realização do Reinado do Messias, a revolta dos anjos terminará; os demônios perecerão, não tendo mais a raça humana para lhes dar uma vida vampírica; Samael o anjo da Morte, não terá jamais ocasião de empregar sua gota de veneno, e Nahash enrolará suas dobras de novo no Tohu-Bohu do Caos.

OS SÍMBOLOS NO DESERTO

Em toda a história do simbolismo e do misticismo, é provável que nada seja mais inesperado do que o simbolismo da Arca da Aliança dos Hebreus, como também o Tabernáculo, ou tenda sob a qual repousava a Arca. Vamos dar descrições da Arca e do Tabernáculo, mas parece bastante certo que os detalhes concernentes se encontram no Antigo Testamento e que são de data comparativamente recente, tem um valor somente simbólico, e não real. Essas descrições foram escritas na Babilônia, durante o exílio, após a destruição do Templo de Salomão, muitos séculos após a desaparição total da Arca da Aliança, e sua precisão histórica é nula. É, portanto, universalmente admitido que as descrições do Tabernáculo que se encontram no Livro do Deuteronômio escrito durante o exílio corresponde a um ideal figurado, mas não a um fato.

É importante compreender que, mesmo nos recintos que parecem os mais detalhados, e que dão a impressão de ser simples narrações, os autores dos diferentes livros do Antigo Testamento procuravam dar uma lição espiritual, e não fazer história. Este ponto de vista atinge sempre um ocidental por seu sentido de extravagância, porque o desejo para a exatidão está enraizado em nós. Isso não é assim com os incidentes das Santas Escrituras. Todos os bons reis de Israel reinaram quarenta anos – porque 40 é um número simbólico da perfeição. Henoch viveu 365 anos o número de dias em um ano e foi enviado ao céu sem ter passado pela morte, porque o Tempo não morre. Os anos que as Tribos de Israel passaram no deserto, as cifras de seu recenseamento, os nomes de seus acampamentos têm valores simbólicos. Este tratamento alegórico está, sem dúvida, construído sobre uma armação de fatos históricos, mas algumas vezes o resultado só se parece à verdadeira história como uma forma coberta se assemelha a seu esqueleto. No entanto, o esqueleto histórico se encontra na Bíblia. No Kabbalismo, o texto das Santas Escrituras é aceito integralmente, mas os comentários sobre este texto sempre tomaram uma forma alegórica e mística, porque os Hebreus estavam convencidos de que uma mensagem espiritual e infinitamente mais importante do que as datas exatas ou detalhes preciosos dos acontecimentos históricos de uma importância mínima.

A ARCA DA ALIANÇA

Está fora de dúvida de que, desde os tempos mais antigos, os israelitas possuíam uma Arca (Aron) que era chamada a Arca de Jahveh ou a Arca de Elohim (segundo a versão do texto). É tradicional que, nos tempos primitivos, a Arca continha fetiches de Jehovah, sob a forma de pedaços de meteoritos vindo da região do Monte Sinai ou Monte Horeb. Em todo caso, a presença da Arca era suposta ser atualmente a Presença de Jehovah, e se a Arca não estava com as armadas, Jehovah não estava nela. Nós não tomamos nota deste fato na lição sobre os profetas do tempo dos Juízes, quando este símbolo sagrado foi capturado pelos filisteus. É provável que a Arca contivesse também serpentes de bronze, tendo um poder mágico como aquela que curava o povo da peste, mas a tradição de que os ossos de José se encontravam nela não passa de uma lenda local e que parece um pouco duvidosa. Não é impossível que houvesse duas ou muitas Arcas, pertencendo às diferentes Tribos, mas a Arca que pertencia à Tribo de Judá é a que é conhecida pelo nome de a Arca da Aliança.

Esta Arca era uma caixa de aproximadamente um metro de comprimento e três quartos de metro de altura e largura, feita com madeira de acácia, coberta de ouro, por fora e por dentro. Ela tinha quatro anéis, através dos quais eram passadas barras de madeira. Dois homens podiam levá-la sobre seus ombros, embora a Arca contivesse talvez as duas Tábuas de Pedra sobre as quais estavam gravados os Dez Mandamentos. É dito que duas estátuas em ouro dos Querubins com suas seis asas estavam pousadas sobre a tampa da Arca, mas estes Querubins não estão mencionados nas antigas versões. É possível que este detalhe fosse acrescido após o fim da vida nômade, quando Israel tomou posse da Terra Prometida.

Em uma palavra, a Arca da Aliança no misticismo da Kabbala era o símbolo exterior da Presença Divina, estando em Transcendência refletida por Metraton e, portanto, um objeto de veneração e de temor, estando ao mesmo tempo em Imanência à Casa de Shekinah e, por conseguinte, um objeto de adoração e de amor. O simbolismo sugere que a perfeição masculina e a perfeição feminina não são mais que meias perfeições se elas não estão unidas ativamente. A certo grau, esta união é válida num sentido material; a Torá, o Talmud e o Zohar estão cheios de referências à vida perfeita conjugal, mas a Doutrina Secreta de Israel é insistente ainda sobre a profunda verdade que esta união de polaridades é uma união mística. Nós vimos que o homem que não está casado deve reencarnar para ter filhos em Israel. Todavia, é dito que, se ele não é o esposo de Shekinah ao mesmo tempo que de sua mulher, quer dizer, se o casamento não é mais do que um enlace material e não também um casamento místico, os filhos que nasceram não serão verdadeiros filhos de Israel.

A Arca da Aliança, como Shekinah, está também em correspondência muito próxima com Matrona, e Matrona pode ser olhada como a origem da maternidade em relação à Shekinah. Esta compreensão do duplo princípio na feminilidade não é tão abstrata como as correspondências entre o mar e a mãe em BINAH, nem tão material que o conceito da Virgem Mãe no seu aspecto popularizado do Catolicismo. Seria mais justo dizer que, no Kabbalismo, a Divindade pode ser legitimamente olhada por nós no seu aspecto feminino; assim, o casto e virginal amor místico de Shekinah é tão divino como a produção da obra criadora que é indicada por Matrona. Esta orientação não produz nenhuma confusão em Israel. Não há uma Shekinah deste lugar ou uma Shekinah daquele lugar; não há um altar para Shekinah; ela não aparece em nenhuma parte como um intermediário entre Homem e Deus.

"Não há nenhuma prece à *Shekinah* nas liturgias da religião judaica, afirma Arthur Edward Waite, mas na Igreja Secreta de Israel, onde se encontram os filhos da Doutrina que seguem os Mistérios no espírito e na verdade, Shekinah é a Casa da Prece; onde ela permanece, as portas da Casa de Prece estão sempre abertas. Shekinah é o objeto da prece, mas não objetivamente e certamente numa forma; no entanto, ela é em si mesma o poder da prece na tranquilidade completa da alma da qual nos fala o Zohar...

"Se o homem permanece na Casa da Prece, esta Casa está nele, porque é dito no Zohar que a Shekinah permanece no homem, sendo a esposa do coração daqueles que procuram o Bem com zelo. É mesmo dito: O homem é a Casa de Shekinah. O começo desta habitação é o momento em que o homem faz um esforço firme na direção de seu progresso espiritual, porque, por esta mudança de direção, Shekinah é atraída para ele, como é dito no Cântico dos Cânticos (VII, 10). *"Eu sou do meu amado, e ele me tem afeição"*. Ela escolhe aqueles que são humildes e atingidos pelo sofrimento, mas que podem ainda guardar a resignação e a alegria, principalmente quanto este sofrimento é devido a uma sede ou uma fome pelo que é divino. Estes são chamados os irmãos de Shekinah. É sito ainda que o trabalho de Shekinah sobre a Terra é o mesmo que o que a alma faz no corpo, mas exatamente, é este o mesmo trabalho. Assim, Shekinah é o Tabernáculo sobre a Terra, cujo Tabernáculo é a alma do homem."

O TABERNÁCULO

Segundo as descrições das Escrituras, o Tabernáculo era uma tríplice tenda de um tamanho de 50x25. Ela estava dividida em três partes; o pátio exterior não era estritamente uma tenda, mas um espaço a céu aberto, rodeado de grandes cortinas suspensas, de uma centena de pilares de dois metros e meio de altura plantadas a uma distância de dois metros e meio de uma outra. A entrada era para leste. O Tabernáculo estava, portanto, dividido em duas partes, cujo Pátio exterior 25 metros por 25 metros, rodeado por essas cortinas, era o lugar de assembleia da congregação. O único objeto deste pátio era o altar dos Holocaustos, um quadrado de madeira coberto de bronze que podia ser cheio de terra, sobre o qual o fogo era aceso.

A parte interior do Pátio 25x25m era uma verdadeira tenda, mas de uma forma retangular. Esta tenda não estava suspensa sobre mastros, mas sobre uma construção retangular feita com 48 quadros de madeira.

– estavam colocadas cortinas de fino linho, bordadas; por cima das cortinas feitas com pelo de cabra, a seguir um teto e os lados feitos com as peles de carneiro tingidas em vermelho e, ainda, por cima um segundo teto e os lados feitos com as espessas e impermeáveis peles do manati, grande mamífero herbívoro do mar mediterrâneo, semelhante às focas.

Essa construção, como uma imensa caixa por cima e por baixo, estava dividida em duas partes, separadas por um véu. O exterior era o Santuário, o interior o Santuário dos santuários. Neste último havia a Arca da Aliança; no Santuário se encontrava a Mesa para as oferendas de pão, o Altar do Incenso e o Candelabro de sete braços. Segundo a tradição, tudo estava feito em ouro ou coberto em placas de ouro.

Esta descrição não pode ser aceita como exata. Não somente toda esta mobília seria demasiado pesada e difícil de transportar, principalmente para um povo nômade em uma região onde a pastagem era tão dispersa que os rebanhos deveriam estar constantemente em marcha, mas o trabalho e a riqueza indicada não estão de nenhum modo em relação com as condições das tribos de Israel no deserto. Notemos que, nos livros históricos, não há qualquer menção do Tabernáculo. A finalidade do Tabernáculo é supostamente ocultar a Arca da Aliança como objeto demasiado sagrado para ser visto; os livros históricos nos dizem que a Arca era levada sobre os ombros de dois homens no campo de batalha para que pudesse ser vista e para encorajar os guerreiros.

Notemos que, em todos os Salmos, David se dirigia diretamente ao Eterno. Não há aí em nenhuma parte a mínima indicação de que a Arca da Aliança era olhada por David como o lugar de habitação de Deus; ele não menciona que só o próprio sacrificador devia entrar no Santuário dos santuários do Tabernáculo. O autor da descrição do Tabernáculo nos deu um quadro de seu ideal, como se isso fosse uma coisa realizada na história.

Mais uma vez é o Zohar que nos dá a chave, pois a Kabbala é o intérprete do misticismo Hebraico. O Tabernáculo é chamado o Templo, e isso no sentido que o Homem é o Templo. As três partes do Tabernáculo: O Pátio exterior sem teto, o Santuário, e o Santuário dos santuários, correspondem às três divisões do homem: Nephesh, a vida e as emoções; Ruach, a razão; e Neschamah, a alma ou o espírito. Será inútil levar mais longe as analogias, mas é necessário observar que todas as dimensões do Tabernáculo e todos os objetos que se encontram no Santuário e no Santuário dos santuários possuem uma significação mística e alegórica em relação à alma humana.

Neste mesmo sentido místico que é dito que Shekinah é prisioneira do Tabernáculo, em razão dos pecados de Israel, mas que Metatron leva a resposta das preces dirigidas a Jehovah quando o homem entra no seu próprio Tabernáculo sua alma com Shekinah uma realização da Glória de Deus. E, finalmente, é dito que "o Santo, Bendito Ele seja, fez que o Espírito Santo saísse do Tabernáculo no nascimento de Moisés, e o Eterno exaltou o Espírito Santo e o colocou por cima de todos os seres celestes". Os anjos fizeram perguntas a respeito do Espírito Santo, e o Eterno, por Metatron, disse-lhes que o Espírito Santo descerá sobre a Terra e mudará a figura do Mundo. Esta referência é, ao mesmo tempo, pneumatológica e Messiânica. Mas ela não é aplicável no sentido histórico a Moisés, porque, mesmo se a Arca existisse durante o período do Cativeiro no Egito o que é muito duvidosa, o Tabernáculo não estava ali.

O TEMPLO DE SALOMÃO

No que diz respeito à construção do Templo por Salomão, estamos sobre um terreno histórico, mas todos os detalhes não são ainda perfeitamente conhecidos, e vamos ver que o misticismo desempenha aí um grande papel. Sabemos que Jerusalém se tornara a capital nacional de Israel, sob David, que reforçou o reinado que em parte Saul havia adquirido. Na vida de David, igualmente, a Arca da Aliança foi transportada a Jerusalém e colocada numa tenda sagrada erigida em sua honra. É quase certo que esta tenda corresponde em princípio ao Tabernáculo, embora a descrição post-exílica é mais ideal do que real. No entanto, não haveria aí nada de extraordinário no fato de que a tenda de David tivesse certa magnificência, porque David estava em vias de preparar todo material para a construção do Templo, cuja honra lhe fora prometida para seu filho Salomão.

É certo que o Templo de Salomão estava construído sobre o sítio ocupado mais tarde pelo Segundo Templo ou o Templo de Zorobabel, e em parte pelo Terceiro Templo, ou o Templo de Herodes. O Segundo Templo era maior que o Templo de Salomão, e o Templo de Herodes era ainda muito maior.

Na sua arquitetura, o Templo de Salomão era claramente Fenício, uma modificação da construção Egípcia. Ele ocupava o pico do platô rochoso entre o Vale do Kidron e a depressão ou vale Tyropeano, depois aterrado. Sobre este platô se encontra o rochedo sagrado chamado o sakhra, o qual era empregado como altar desde os tempos mais antigos, muito tempo antes que Jerusalém caísse nas mãos dos Hebreus. Apesar do desejo dos arqueólogos de provarem que o Santuário dos santuários estava construído por cima desse rochedo, a tese não é válida, porque as dimensões do Santuário dos santuários no Templo de Salomão era 10x10m, e o próprio rochedo 17x13m. Por conseguinte, somos forçados a olhar o sakhra como ponto central do Pátio Exterior, e o que confirma esta suposição é que não há aí nenhuma referência a um altar dos holocaustos em bronze durante o reinado de Salomão. Sem qualquer dúvida, Zadock, o soberano sacrificador, e o próprio Salomão, ofereceram seus sacrifícios sobre o rochedo sagrado segundo a maneira primitiva.

O Santuário dos santuários a Oeste era aproximadamente 10m em comprimento em largura e em altura. O Santuário tinha a mesma largura, mas dupla para o comprimento (20x10m). E um pouco mais 12m de altura. A Leste se encontra o Pórtico, 10m de largura, somente 6m de comprimento (estas medidas são tomadas do interior), mais 30m de altura, construído na forma de pilar Egípcio, com o muro exterior inclinado. O Templo de Salomão seguia o princípio arquitetural Egípcio e Fenício de um Templo cuja altura do teto diminuía sobre as proporções de um triângulo em ângulo reto, com os lados iguais. Em torno desta construção central havia uma construção que fechava os lados Norte, Oeste e Sul; consistia em três estágios de câmaras, cada uma de 2 ½ m de altura; estas câmaras serviam de armazenagem, e havia aí umas trinta. No Santuário dos santuários se encontrava somente a Arca da Aliança; no Santuário havia a Mesa de Oferendas, o Altar do Incenso e o Candelabro de Sete Braços.

Diretamente por fora do Pórtico, de cada lado do portal, encontravam-se os dois pilares chamados Jakin e Boaz. Estas colunas que não sustinham nada eram um elemento comum nos Templos Sírios e Fenícios, indicando que o deus para quem o templo estava erigido tinha os dois sexos nele. Estes pilares ou colunas de bronze, no Templo de Salomão, eram ocos, e importantes: 11m de altura e 2m de diâmetro. Os capitéis estavam decorados com motivos de romãs; a tradição afirma que esta escolha, ao invés de motivo de lótus, foi sugerida pela rainha de Sabá. No simbolismo, a romã é um indício de impureza, e o lótus é o emblema da pureza, e Hiram-Abiff de Tyro, o arquiteto do Templo, opunha-se a esta decoração; o rei – para agradar a rainha de Sabá – exigiu o emprego do motivo das romãs. Este fato é às vezes dado como uma das razões porque Shekinah não pode descer sobre o Santuário dos santuários do Templo de Salomão. Segundo uma outra linha de tradição, Hiram foi assassinado pelas ordens secretas da rainha de Sabá.

O pátio do Leste do Pórtico era do mesmo tamanho que o Santuário dos santuários, o Santuário e a construção do muro juntamente, quer dizer, 50m de comprimento e 30m de largura. Além do rochedo sakhra empregado como altar para os holocaustos, o altar de bronze foi acrescentado pelo rei Ahaz. Mais tarde o Pátio continha o mar de bronze, uma imensa cisterna, colocada sobre 12 touros de bronze; como também 12 vasos de bronze colocados sobre rodas. Estes grandes recipientes de água não tinham nada a ver com o culto de Jehovah, mas se encontram nas pesquisas de numerosos templos Assyrios e Fenícios, com indicações de que os deuses adorados neste lugar podiam dar a chuva, um dom benéfico nessas regiões áridas. O Templo de Salomão era de arquitetura Sírio-Fenícia, seguindo certas dimensões comparáveis às cifras que nós temos dado no concernente ao Tabernáculo.

No ano 586 a.C., o general do rei Nabucodonosor de Babilônia "queimou ou a Casa do Eterno, a casa do rei e todas as casas de Jerusalém... Toda a armada dos Caldeus demoliu as muralhas formando o cerco de Jerusalém. O chefe das guardas levou, como cativos, aqueles do povo que haviam permanecido na cidade... Ele só deixou como vinhateiros e como agricultores alguns dos mais pobres do país... Os Caldeus quebravam as colunas de bronze que estavam na Casa do Eterno, as bases, o mar de bronze e levaram o bronze para Babilônia... Eles tomaram ainda tudo o que era em ouro e prata". Assim termina, sem glória, o Templo de Salomão.

O TEMPLO DE ZOROBABEL

Durante o Exílio, como dissemos, um dos profetas mais poderosos era Jeremias, e sua pregação de uma religião pessoal estava completamente de acordo com o espírito religioso baseado sobre o Mazdeísmo Persa. Por conseguinte, no primeiro ano do seu reinado, Cyrus, rei da Pérsia, decretou que o Eterno, o Deus dos Céus, deu-me todos os reinados da Terra e me ordenou de Lhe restituir uma casa em Jerusalém em Judah. O rei permite a uma grande parte dos Judeus retornarem a Jerusalém, e, segundo as cifras dadas no livro de Esdras, cinquenta mil Israelitas se repartiram (estas cifras, baseadas sobre o número 50, em acordo com as profecias de Ezequiel, é provavelmente simbólica). Cyrus deu aos Israelitas uma grande quantidade de ouro e lhes devolveu os utensílios do Templo de Salomão, que haviam sido tomadas como troféus de guerra por Nabucodonosor.

O altar dos holocaustos foi imediatamente erigido entre as ruínas, e o culto de Jehovah recomeçou. No ano seguinte, quando os Israelitas começaram a se restabelecer e Jerusalém, havia passado sob a dominação dos soberanos sacrificadores, que eram ungidos como reis, permanecendo, em submissão aos persas, os trabalhos de limpeza e de construção sob os velhos fundamentos foram empreendidos.

Os Israelitas do Norte, aqueles que ficaram após a destruição de Samaria pelo Assyrios, ou que haviam retornado, vieram a Jerusalém e exigiram uma participação na construção do Templo. Mas Zorobabel, sabendo que os Samaritanos eram meio pagãos e lembrando-se que eles haviam sempre estado em guerra contra o reinado de Judah, recusou sua ajuda. Os Samaritanos se irritaram e, de uma maneira disfarçada – principalmente corrompendo os oficiais persas – conseguiram impedir a reconstrução do Templo durante os reinados de Cyrus e Cambyse.

Foram ainda os profetas que deram o novo impulso a Israel. Assim como Jeremias havia dado o primeiro sinal, no tempo de Cyrus, assim Aggai e Zacarias anunciaram que a palavra do Senhor lhe havia chegado, que o povo deveria se empenhar na construção do Templo. Sob a direção de Zorobabel, agora muito velho, os Judeus recomeçaram. Mas os Samaritanos, cheios de ódio e inveja, queixaram-se de novo a Darius Hytaspes, o sucessor de Cambyse, dizendo-lhe que os Judeus queriam não somente construir o Templo, mas consertar os muros e as fortificações na cidade. Isso era parcialmente verdadeiro, porque os muros do Templo formavam uma parte importante dos muros defensivos da cidade. Os dois governadores persas dos dois lados do Jordan ordenaram a parada do trabalho em Jerusalém esperando a decisão do rei.

Zorobabel respondeu aos governadores dando-lhes esclarecimentos sobre o édito de Cyrus, e ele escreveu ao rei Dario, pedindo-lhe fazer as pesquisas nos arquivos reais. O decreto de Cyrus foi devidamente encontrado, dando todo direito a Zorobabel. Dario, irritado contra os samaritanos, que haviam ousado oporem-se a um édito real, ordenou-lhes sob ameaça de morte de deixar tranquilos os Judeus em Jerusalém. Além disso, ele forneceu ajuda a Zorobabel para a construção do Templo, o qual, embora bastante rudemente construído e desprovido das riquezas do Templo de Salomão, foi terminado justamente 70 anos após a destruição do Primeiro Templo.

As dimensões do Segundo Templo levantado sobre as fundações do primeiro eram aproximadamente as mesmas, salvo que a altura do Santuário dos santuários e do Santuário eram iguais. Mas o Santuário dos santuários estava vazio; os exilados, a seu retorno, não tinham achado qualquer sinal da Arca da Aliança. O pátio exterior foi aumentado até 250x250m com a rocha Sakhra no meio, dos muros de contenção tendo sido construídos sobre os lados escarpados do platô de Haran, formando ao mesmo tempo uma extensão do platô e um muro de fortificação.

Após a destruição do Império Persa, por Alexandre o Grande de Macedônia, Jerusalém permaneceu algum tempo tranquila. A tradição diz que Alexandre se apresentou em Jerusalém, mas indo o soberano sacrificador ao seu encontro com todos os paramentos pontificais, Alexandre se lembrou de ter visto um personagem semelhante num sonho. Mostraram-lhe a profecia de Daniel, e Alexandre ofereceu um sacrifício sobre o altar dos Holocaustos.

Após a morte de Alexandre, a Palestina tornou-se uma província Egípcia sob os Ptolomeus (301 a.C.); o soberano sacrificador pagou o tributo regular ao Egito durante mais de um século, apesar da pressão da Síria, ao Norte, sob os Seleucidas. Mas, no fim daquele período, a Palestina se deixou enrolar nas lutas entre os Ptolomeus e os Seleucidas, e ela apoiou os Sírios helenizados. Uma armada Egípcia foi enviada à Jerusalém, e uma guarnição Egípcia foi aí instalada.

Os pró-Sírios Judeus que queriam livrar-se do Egito a todo preço, fizeram saber a Seleuco que a tesouraria do Templo era muito rica. Antiochus IV tomou posse de Jerusalém em 165 a. C. Isso não foi uma feliz mudança, porque os Ptolomeus haviam sido mestres tolerantes. Antiochus entrou em Jerusalém como conquistador, não como aliado. Ele tratou os Judeus com extrema dureza, profanou o Templo e o Altar em todos os sentidos, e se apropriou para seu uso pessoal de todos os tesouros. Jerusalém foi declarada cidade Grega; um soberano sacrificador pro-Helenista (que tomou o nome grego de Jasi=on) foi nomeado por Antiochus e um ginásio foi erigido no Átrio do Templo. O próprio Templo foi dedicado a Zeus Olympius; o Templo dos Samaritanos, no Monte Jerizim, foi dedicado a Zeus Xenius. Os ritos do Judaísmo foram proibidos; os soldados das guarnições tinham as ordens de passar a fio de espada todo homem pobre que respeitasse o Shabat, e de extorquir uma parte exagerada de todo homem rico que seguisse os costumes Judeus. A maioria dos Judeus ocultava seus sentimentos e seguiam a apostasia.

Tal situação não podia durar. Mathias Macabeu, estirpe dos Asmodeus (da Tribo de Simeon), matou um Israelita que ofereceu um sacrifício sobre o altar de Zeus; ele matou a seguir um oficial da guarda que procurava detê-lo, espalhou os archotes do fogo do sacrifício, cuspiu sobre o altar e se escondeu. Com seus sete filhos – dos quais Judas Macabeu foi o mais renomado – lançou uma insurreição contra Antiocus Epiphano. A revolta teve um sucesso imediato, porque o rei estava em campanha contra os Partos. Judas Macabeu sitiou Jerusalém, sem grandes esperanças de sucesso, mas, algumas semanas mais tarde, Antiocus morreu e a guarnição Síria capitulou. Judas Macabeu consagrou o Templo de novo e erigiu um grande Altar dos Holocaustos (164 a.C.). Jerusalém estava livre.

Isso não durou muito tempo. Simão Macabeu (que sucedeu seu irmão) sentiu que os Judeus não podiam fazer face à armada Síria. Ele procurou um compromisso. Em troca por uma garantia de paz e permissão de guardar o culto de Jehovah no Templo, Jerusalém se fez tributário dos Seleucidas; os Judeus ricos tornaram-se nobres sírios. Simão, seu sucessor João Hyrcane e, a seguir, Aristóbulo (que tomou o nome de rei) apoiavam o partido dos Judeus Helenistas, chamado de os Saduceus, o partido aristocrático. A massa do povo seguindo o partido Fariseu, nacionalista, ferozmente oposto aos elementos gregos. Muitas vezes, o soberano sacrificador, nomeado pelos Saduceus, foi lapidado pelo povo durante os ritos, por causa das modificações nas tradições do culto. Até o momento em que os Romanos tomaram a Palestina em mãos, um estado de ódio, que raiava quase que à guerra civil, rondava sempre em Jerusalém, e, vemos, o Templo era o ponto crítico dessas lutas.

Pompeu, que, com César e Crassus, formava o primeiro triunvirato romano, sitiou e tomou Jerusalém em 57 a.C. Ele conseguiu forçar sua entrada na cidade por um assalto sobre os muros exteriores do Templo, tornando-o uma fortaleza. O soberano sacrificador e os sacrificadores continuaram seus ritos mesmo durante o assalto (porque Pompeu havia escolhido um dia de festas judaicas para seu ataque); eles foram mortos diante dos altares. Em três dias, 30 mil judeus foram massacrados. Três anos mais tarde, Crassus raptou os tesouros do Templo, e 28 mil Judeus foram vendidos como escravos. Pompeu se voltou contra o grande poder de Júlio César e contra o Senado Romano, foi vencido na memorável e decisiva batalha de Pharsale em 48, e, quando ele fugia para o Egito a fim de encontrar aí um refúgio, foi assassinado sobre as ordens de Ptolomeu XII. César tornou-se ditador.

Sob César, toda a Síria, inclusive a Palestina, tornou-se uma província romana. Antipater, o primeiro dos príncipes Idumeus, foi nomeado procurador da Judeia pelo procônsul da Síria, e Hycarno II foi nomeado soberano sacrificador com o título de Ethnarca de Jerusalém. O poder militar era romano, mas a civilização era grega.

O filho de Antipater, que a história chama Herodes, o grande, foi nomeado governador da Galileia quando ele era ainda muito jovem. De caráter enérgico, agia rapidamente no seu posto de autoridade; ele prendeu e executou um bandido Hezekiah, como também a outro de sua banda, que devastaram a Síria. Isso não era regular, porque, pelas leis estabelecidas durante o período dos Macabeus, um Judeu não podia dar sentença de morte sem a permissão do Sinédrio. Graças aos Fariseus (que não gostavam de Antipater, que não era da linha direta Hebraica), o Sinédrio condenou Herodes, que fugiu de Jerusalém.

Após a morte de Antipater, Herodes pediu ao Senado Romano a sucessão de seu pai. O Sinédrio protestou; mas o Senado deu razão a Herodes, que se fez rei de Judeia. Ele procurou combinar as duas linhas de sucessão, desposando Mariam IV e a pequena sobrinha de Hyrcane, e se mostrou um poderoso e reto monarca. Lembrando-se de que, noite e dia, Herodes devia escrutar o horizonte pelos complôs contra ele, compreender-se-á melhor o massacre dos inocentes em Belém, quando os três magos – príncipes estrangeiros – lhe anunciaram que vinham adorar o novo Rei dos Judeus que acabava de nascer. Herodes queria guardar o trono para seus filhos.

O TEMPLO DE HERODES

É fácil ver nesta história de lutas fratricidas porque Herodes insistia sobre a reconstrução do Templo, embora o Sinédrio lhe fosse hostil. Herodes era um Judeu piedoso em religião (mas não em raça), tendo tendências Helenistas (ele construiu na Palestina muitas cidades completamente Gregas). Ao mesmo tempo, por razões políticas, ele procurava obter o favor dos Fariseus, e ele pensava deslumbrar o povo (que não o amava) dando-lhe um Templo maior e mais belo que o de Salomão, o que ele fez.

O Terceiro Templo, começado em XIX a.C., foi construído em um ano e meio, empregando mil sacrificadores e Levitas. Nenhuma mão profana tocou os trabalhos. Os Pátios exteriores foram terminados 8 anos mais tarde. Mas o Templo estava constantemente em estado de embelezamento, quase que até o momento de sua destruição por Titus (70 anos d.C.). Todos os incidentes na vida de Jesus de Nazareth com relação ao Templo se passaram no templo de Herodes, mas depois que a mão dominadora do rei não estava mais aí.

Este Terceiro Templo era soberbo, provavelmente uma das mais belas construções do mundo. Tudo era em mármore branco e ouro. As dimensões internas do Santuário dos santuários e do Santuário permaneciam as mesmas, mas sua altura era mais do dobro. O Pórtico era quatro vezes maior, com 40m de altura, e muito imponente. Os pátios exteriores foram aumentados quatro vezes mais que os Pátios do Templo de Zorobabel, o que exigiu muitos terraços ou níveis e uma quantidade fantástica de muros de contenção. O Grande Altar dos Holocaustos no meio, construído por cima do rochedo sagrado, estava elevado por doze lances; era de 16m quadrados na base e 12m quadrados de altura, uma construção em pedra talhada, maciça. Todos esses pátios estavam rodeados por colunas, de duplas ou triplas linhas de colunas em mármore branco. (Foi entre essas colunas que, mais tarde, os usuários e os mercadores de animais para os sacrifícios colocavam suas mercadorias). Os nove portais chapeados de prata e de ouro se abriam giros defensivos de 16m de altura. Salvo para o Pórtico, que guardava a aparência de um pilar egípcio, as colunas e os pátios eram de construção grega, quase Corinto puro.

A INTERPRETAÇÃO MÍSTICA DOS TEMPLOS

> *"A descoberta do caminho é certamente o desabrochar da flor da alma. É na inconsciente submissão ao inatingível, na hora de absoluta solidão, que ocorre o misterioso acontecimento. A senda foi descoberta, e agora precisamos começar a palmilhá-la".*
>
> Rohit Mehta – *Procura o Caminho.*

As referências aos templos no Zohar e nos outros livros da Kabbala são tão numerosas, tão confusas e tão contraditórias, que citações seriam inúteis, porque não se poderia dar um exemplo sobre cada estilo. O misticismo Judaico considera quatro Templos simultaneamente: (1º) O Templo Eterno, a Casa de Deus; (2º) O Templo Ideal, um modelo que Salomão deveria seguir; (3º) O Templo de Salomão, um esboço sem êxito por causa dos pecados de Israel; e (4º) o Templo Místico pelo qual, os três outros Templos são uma alegoria. Às vezes é difícil dizer a qual desses Templos uma passagem do Zohar faz alusão, porque os autores, falando de um Templo, tinham tido os outros conceitos dos planos passados de seus pensamentos.

O Templo Eterno é a Casa de Deus. Ele é comparável ao trono – o Grande Trono Branco – da visão de Ezequiel e da literatura Apocalíptica. As Quatro Criaturas Vivas em torno do Trono suportam o Templo, assim como são também as fundações do Universo. O firmamento superior é o Templo de Deus, e o firmamento inferior é Shekinah. A criação, ou a Manifestação completa, é também o Templo de Deus, um conceito que se encontra entre os místicos de toda idade e de todo país. Tão ideal que possa ser um Templo erigido sobre a Terra, ele não é mais que um vago resplendor do Templo Eterno. É necessário guardar na lembrança este conceito do Templo Eterno, porque, frequentemente, falando do

Templo Ideal, ou mesmo do Templo terrestre, os Kabbalistas empregam frases fazendo somente referências ao Templo Eterno.

    O Templo Ideal está concebido como um plano ideal que permanece no Pensamento Divino; ele era conhecido por Adam e por Enoch, ele foi parcialmente revelado a Moisés, e um desenho feito por meios sobrenaturais foi dado a David que mostrou a Salomão. É muito evidente que as descrições do Templo Ideal não estão de acordo com um Templo Terrestre. Por exemplo, é dito que o Templo estava construído sobre uma única esmeralda, que é o ponto exato do centro da Terra. Sobre esta pedra se elevam sete colunas, cada uma em circunferência como uma montanha. O Mundo é o Pátio Exterior onde permanecem os gentios, e que rodeia a Cidade Santa, habitada pelos filhos de Israel. A cidade rodeia a Montanha Sagrada; a Montanha rodeia o lugar de reunião do Sinédrio, que rodeia o Templo, que rodeia o Santuário dos Santuários. O Templo estava construído para a União do Rei, um aspecto da Divindade, e da Matrona, um aspecto maternal d Shekinah; dito de outro modo, do Eterno e da Igreja Secreta de Israel. Ele estava construído sem que o menor utensílio fabricado pelo homem o tocasse, e sem que houvesse aí o mínimo som ou ruído durante sua construção. Notamos o fato simbólico de que é dito que permaneceu a lua cheia durante todo o período de sua construção. Todo este conceito é ainda uma sublimação das polaridades, o ponto central de toda a Doutrina Secreta de Israel. O Templo de Salomão, segundo o Pastor Fiel (um dos livros do Zohar), não foi construído pela mão de Deus, mas por Salomão, que estava longe de ser um homem perfeito, sendo um pecador e um semipagão. Esta falência do Templo não era exclusivamente a falta de Salomão, mas de todo Israel, no deserto, durante o período dos Juízes e sob os reis Saul e David. Os obreiros eram homens, não eram seres celestes; os materiais eram fornecidos por pagãos; as pedras e as colunas eram talhadas com ferramentas comuns. O Templo de Salomão não era a Casa do Eterno que não é construída pelas mãos. O verdadeiro Templo, segundo esta versão, ainda não foi construído porque nem o Primeiro, nem o Segundo, e ainda menos o Terceiro, não podiam preencher as condições. Shekinah jamais entrou no Santuário dos Santuários, que estava verdadeiramente vazio, porque a Presença Divina jamais se manifestou aí. No mesmo sentido, a cidade de Jerusalém jamais foi construída.

A destruição do primeiro Templo, para o Kabbalismo, é um índice mais importante do que sua construção. O Templo de Salomão, longe de ser um lugar de glória, é um lugar de penitência; sua destruição é uma indicação de que Israel não soube se arrepender.

A causa da destruição do Primeiro Templo, diz Waite, fazendo um sumário de numerosas referências na segunda, terceira, quarta e quinta parte do Zohar, era a separação do HE e do VAU no Tetragrammaton, como resultado do pecado. Israel está no exílio. Shekinah está banida. O VAU procurava o HE, mas ele estava longe; ele olhou no Santuário, mas este estava queimado; ele foi para o povo eleito, mas este povo estava no exílio; ele se voltou para a origem das bênçãos, mas tudo se tornará estéril. Durante os anos do Exílio, as asas de Shekinah não cobriam Israel. A queda de Israel foi prefigurada pela queda de Adam, e a expulsão da Terra Prometida estava predita pela expulsão do Jardim do Éden. Todo este triste simbolismo profético estava ainda reforçado pelos pecados de Israel durante os anos de exílio e a destruição do Segundo Templo. O Terceiro Templo é raramente mencionado na Kabbala; ele jamais foi verdadeiramente aceito como um lugar consagrado, nem por seus contemporâneos, nem em um sentido simbólico.

O Templo Místico é o da união. No seu sentido mais sublime, é a União entre a Transcendência e a Imanência de Deus, é o equilíbrio entre os Pilares do Rigor e da Misericórdia sobre a Árvore do Conhecimento do Bem e do Mal, é o acordo entre o Espírito Divino e o Espírito do Homem, é o casamento do mistério esotérico entre Shekinah e Adonay, é a explicação do Grande Mistério Jehovah é Elohim, é o laço entre a inspiração e a obediência, é a harmonia entre as polaridades, é uma compreensão final e completa dos dois sexos, sublimados pela união mística espiritual. É assim, e de nenhuma outra maneira, que é necessário ler a história dos três Templos em Israel.

Veja este assunto também em nosso livro *ARSENIUM* – O Simbolismo Maçônico – Kabbala, Gnose e Filosofia. Ed. Isis, SP – 2015.

CAPÍTULO VII

CONSIDERAÇÕES SOBRE A PRODUÇÃO DOS NÚMEROS

No princípio era o Lógos, e o Lógos estava com Deus, e o Lógos era Deus... Todas as coisas foram feitas por ele, e nada do que começou a ser foi feito sem ele. Nele estava a Vida, e a Vida era a Luz dos homens... Veio ao mundo a Luz verdadeira que ilumina a todo homem. Estava ele no mundo, o mundo foi feito por ele, mas o mundo não o conheceu. Veio ao que era seu, mas os seus não o receberam. A todos, que o receberam deu-lhe o poder de se tornarem filhos de Deus... E o Lógos se fez carne e habitou entre nós; e nós vimos a sua glória, a glórias do Unigênito do Pai, cheio de graça e de verdade... "Da sua plenitude todos nós temos recebido graça sobre graça". (João 1, 1 ss.)

"No começo, antes da origem de todas as coisas, estava a Unidade", dizem as mais elevadas teogonias do Ocidente, aquelas que se esforçam em chegar a Ser mais além de sua manifestação ternária, e que não se detém na aparência universal do Binário. Mas as teogonias do Oriente e do Extremo Oriente dizem: *"Antes do começo, mesmo antes da unidade primordial, estava o Zero"*, porque sabem que mais além do Ser tem o Não-Ser, mais além do manifestado tem o não manifestado que é seu princípio, e que o Não-Ser não é o Nada senão o contrário, a Possibilidade infinita, idêntica ao Todo Universal, que é por sua vez a Perfeição absoluta e a Verdade integral.

Segundo a *Tradição Kabbalística*, o Absoluto, para manifestar-se, concentrou-se em um ponto infinitamente luminoso e deixou as trevas a seu redor; esta luz nas trevas, este ponto na extensão metafísica sem limites, este nada que é tudo em um tudo que não é nada, se podemos expressar-nos assim, é o Ser no seio do Não-Ser, a Perfeição ativa na Perfeição passiva. O ponto luminoso é a Unidade, afirmação do Zero metafísico, que está representado pela extensão limitada, imagem da infinita Possibilidade universal.

A Unidade, desde o momento em que se afirma para fazer-se o centro de onde emanaram os infinitos raios das manifestações infinitas do Ser, está unida ao Zero que a continha no princípio, em estado latente e não em manifestação; aqui já aparece, em potencialidade, o Denário que será o número perfeito, o completo desenvolvimento da Unidade primordial.

A Possibilidade total é, por sua vez, a Passividade universal, pois ela contém todas as possibilidades particulares das quais algumas serão manifestadas, passarão da potência ao ato sob a ação do Ser-Unidade. Cada manifestação é um raio da circunferência que simboliza a manifestação total; e esta circunferência, cujos pontos são em número infinito, é, todavia, o Zero em relação ao seu centro, que é a Unidade. Mas a circunferência não estava traçada no Abismo do Não-Ser e ela marca somente o limite da manifestação, do domínio do Ser no seio do Não-Ser; ela é, pois, o Zero realizado e, pelo conjunto de sua manifestação, segundo esta circunferência infinita, a Unidade aperfeiçoa seu desenvolvimento no Denário.

Por outro lado, desde a afirmação da Unidade, e mesmo antes de toda manifestação, se esta Unidade se opusera ao Zero que a contém em princípio, veria-se aparecer o Binário no seio do mesmo Absoluto, na primeira diferenciação que chega da distinção do Não-Ser e do Ser. De acordo com a Tradição no que diz respeito ao Demiurgo, consiste numa distinção onde o Ser, ou a Perfeição ativa, *Khien*, não é realmente distinta do Não-Ser ou da Perfeição passiva, *Khouen*, onde esta distinção, ponto de partida de toda manifestação, não existe senão na medida em que nós mesmos a criamos, porque não podemos conceber o Não-Ser senão através do Ser, o não manifestado senão através do manifestado. A diferenciação do Absoluto em Ser e Não-Ser não expressa, pois essa é a maneira com a qual as coisas são representada e nada mais.

Ademais, se consideramos as coisas sob este aspecto, pode-se dizer que o Absoluto é o princípio comum do Ser e do Não-Ser, do manifestado e do não manifestado, ainda que na realidade ele se confunde com o Não-Ser, dado que este é o mesmo princípio do Ser, que é ele mesmo, e que é, por sua vez, o princípio primordial de toda manifestação. Por conseguinte, se quiser considerar aqui o Binário, nós nos encontraríamos imediatamente em presença do Ternário; mas, para que houvesse verdadeiramente um Ternário, quer dizer, já uma manifestação, seria preciso que o Absoluto fosse a Unidade primordial, e nós sabemos que a Unidade representa somente o Ser, afirmação do Absoluto. É este Ser-Unidade aquele que manifestará na multiplicidade infinita dos números, aos quais contém todos em potência de ser e aos que emanará como submúltiplos de si mesmo; e todos os números estão compreendidos no Denário, realizado pelo recorrido do ciclo da manifestação total do Ser, e do qual teremos que considerar a partir da Unidade primordial.

Num estudo matemático, veremos que todos os números podem ser considerados como emanado por pares da Unidade; estas parelhas de números inversos ou complementares podem ser consideradas como simbolizando as sizígias[339] dos *Æons* do Pleroma[340], existente na Unidade em estado indiferenciado ou não manifestado:

$$1 = \frac{1}{2} \times 2 = \frac{1}{3} \times \frac{1}{4} \times 4 = \frac{1}{5} \times 5 = \ldots\ldots\ldots = 0 \times \infty$$

Cada um desses grupos, **1/n X n**, não é distinto da Unidade, não distinto dos outros na Unidade, e que se volta tão somente se for considerá-lo separadamente dos dois elementos que o constitui. É daí que nasce a Dualidade, distinguindo um do outro, princípios opostos, como comumente e sem razão se diz senão complementários: ativo e passivo, positivo e negativo, masculino e feminino. Mas estes dois princípios coexistem na Unidade, e sua indivisível dualidade sendo ela mesma uma unidade secundária, reflexo da Unidade primordial; assim, com a Uni-

---

339 - No gnosticismo, especialmente no valentinianismo, **sizígia** denota um par ativo-passivo (ou masculino-feminino) de *Æons* complementares; em sua totalidade eles configuram o domínio divino da Pleroma e caracterizam em si os diversos aspectos do deus gnóstico.

340 - Pleroma (Grego πλήρωμα) geralmente se refere à totalidade dos poderes divinos. A palavra significa *plenitude* (do grego πληρόω, "Eu preencho"), comparável a πλήρης que significa "cheio" e é usada em contextos teológicos cristãos, tanto Gnósticos quanto por Paulo de Tarso em Colossenses 2, 9.

dade que os contém, os dois elementos complementários constituem o Ternário, que é a primeira manifestação da Unidade, pois dois, havendo

saído do um, não pode ser, sem que três seja imediatamente; e por ele mesmo:

1 + 2 = 3

Desta maneira como não podemos conceber o Não-Ser senão através do Ser, não podemos conceber o Ser-Unidade senão por meio de sua manifestação ternária, consequência necessária e imediata da diferenciação ou da polarização que nosso intelecto cria na Unidade. Esta manifestação ternária, seja qual for o aspecto sob o qual se considera, é sempre uma indissolúvel Trindade, uma Tri-Unidade, porque seus três termos não são realmente distintos, não são senão a mesma Unidade concebida como contendo em si mesma os dois polos pelos quais se produzirá toda manifestação.

Esta polarização volta-se a encontrar logo no Ternário, pois, se consideram os três termos deste como temendo uma existência independente, obter-se-á, por isso mesmo, o número senário que implica um novo ternário, que é o reflexo do primeiro:

1 + 2 + 3 = 6

Este segundo ternário não tem existência real por si mesmo; é o primeiro como o Demiurgo, é o Logos emanador, quer dizer, uma imagem tenebrosa e invertida, e nós veremos mais adiante que, de fato, o Senário é um número da Criação. Contentemos, por hora, em notar que este número é realizado por nós enquanto distingamos entre si os três termos da Tri-Unidade, em vez de considerar sinteticamente a Unidade princípio como independente de toda distinção, quer dizer, de toda manifestação.

Ao considerar o Ternário como manifestação da Unidade, tem que considerar ao mesmo tempo a Unidade como não manifestada, e então esta Unidade se junta ao Ternário, produzindo o Quaternário, que pode ser representado aqui pelo centro e nas três pontas de um triângulo. Podemos dizer também que o Ternário, simbolizado por um Triângulo, cujas três pontas correspondem aos três primeiros números, pressupõe necessariamente o Quaternário, cujo primeiro termo não está expressado, sendo então o Zero que, de fato, pode ser representado. Podemos assim considerar, no Quaternário, o primeiro termo, seja como Zero, seja como Unidade primordial; no primeiro caso, o segundo termo será a Unidade enquanto que se manifesta, e os outros dois constituirão sua dupla manifestação; pelo contrário, no segundo caso, estes dois últimos, os dois elementos complementares dos quais temos falado anteriormente, deverão preceder logicamente ao quarto termo que não é senão sua união, realizando entre eles o equilíbrio onde se reflete a Unidade princípio. No fim, se considerar o Ternário sob seu aspecto mais inferior, como formado pelos dois elementos complementares e o termo equilibrante, este último, sendo a união dos outros dois, participa de um e do outro, de maneira que se pode considerar como duplo, e aqui, também, o Ternário implica imediatamente um Quaternário que é seu desenvolvimento.

De qualquer maneira que se considere o Quaternário, pode-se dizer que contém todos os números, pois, se verificar seus quatro termos como distintos, se vê que ele contém o Denário:

$$1 + 2 + 3 + 4 = 10$$

É por isso que todas as tradições dizem: o um produziu o dois, o dois produziu o três, o três produziu todos os números; a expansão da Unidade no Quaternário realiza imediatamente sua manifestação total, que é o Denário.

O quaternário está representado geometricamente pelo quadrado, se considerá-lo no estado estático, e pela cruz, se considerá-lo no estado dinâmico; quando a cruz gira ao redor de seu centro, gera uma circunferência que, com o centro, representa o Denário. É isso que se chama circulação do quadrado e é a representação geométrica do fato aritmético que acabamos de enunciar; inversamente, o problema hermético da quadradura do círculo será representada pela divisão do círculo em quatro partes iguais por meio de dois diâmetros retangulares e se expressará numericamente pela equação precedente escrita no sentido inverso:

$$10 = 1 + 2 + 3 + 4$$

O Denário, considerado como formado pelo conjunto dos quatro primeiros números, é o que Pitágoras chamava *Tetraktys*; o símbolo que a representava era em seu conjunto de forma ternária, cada um de suas superfícies externas compreendendo quatro elementos, e se compunha num total de dez elementos.

Se o Ternário é o número que representa a primeira manifestação da Unidade princípio, o Quaternário representa sua expansão total simbolizada pela cruz, cujos quatro braços estão formados por duas retas infinitas e perpendiculares; elas se estendem assim definitivamente orientadas para os quatro pontos cardeais da infinita circunferência pleromática do Ser, pontos que a Kabbala representa pelas quatro letras do Tetragrama *Yod – He – Vau – He* (em hebraico: יהוה). O Quaternário é o número do Verbo manifestado, o *Adam Kadmon* e pode-se dizer que ele é essencialmente o número da Emanação, pois a Emanação é a manifestação do Verbo; e dele derivam os outros graus da manifestação do Ser, em sucessão lógica, pelo desenvolvimento dos números que contém em si mesmo e cujo conjunto constitui o Denário.

Se considerar a expansão quaternária da Unidade distinta desta mesma unidade, ela produz, adicionando o número cinco; aquilo que simboliza ainda a cruz com seu centro e seus quatro braços. Por outro lado, resultará o mesmo com cada número quando se lhe considerar como distinto da Unidade, ainda que não seja realmente, porque ele não é senão uma de suas manifestações; este número, adicionando-se à Unidade primordial, dará nascimento ao número seguinte; indicamos uma vez por todas este modo de produção sucessiva dos números e não retornaremos mais sobre isso.

Se o centro da cruz é considerado como o ponto de partida dos quatro braços, ele representa a Unidade primordial; se, pelo contrário, for considerado somente como o ponto de sua interseção, não representará senão o equilíbrio refletido desta Unidade. Desde este segundo ponto de vista, ele está marcado Kabbalisticamente pela letra *Shin* (ש), que, colocando-se no centro do Tetragrama *Yod – He – Vau – He,* cujas quatro letras figuram sobre os quatro braços da cruz, forma o nome *pentagramático   Yod - He - Shin - Vau - He* (em hebraico: יהשוה), sobre cujo significado não alongaremos, pois queremos apenas assinalar este fato de passagem. As cinco letras do Pentagrama se colocadas nas cinco pontas da Estrela Flamígera, figura do Quinário, que simboliza mais particularmente o Microcosmo ou o homem individual. A razão é a seguinte: se considerar o quaternário como a Emanação ou a manifestação total do Verbo, cada ser emanado, submúltiplo desta Emanação, será igualmente caracterizado pelo número quatro; ele se tornará um ser individual na medida em que se distinguirá da Unidade ou do centro de emanação, e nós acabamos de ver que esta distinção do quaternário da Unidade é precisamente a Gênesis do Quinário.

De acordo com a história do Demiurgo, uma distinção que deu nascimento à existência individual é o ponto de partida da Criação; de fato, esta passa a existir na medida em que o conjunto dos seres individuais, caracterizados pelo número cinco é considerado como distinto da Unidade, aquele que dá nascimento ao número seis. Este número pode ser considerado, como sabemos através da Kabbala, formado pelos ternários dos quais um é o reflexo do outro, aquilo que representa os dois triângulos do Selo de Salomão, símbolo do Macrocosmo ou o Mundo criado.

As coisas são distintas de nós na medida em que nós as distinguimos; é nesta mesma medida que elas se nos voltam exteriores e, por sua vez, se voltam também distintas entre elas; aparecem então como revestidas de formas e esta Formação, que é a consequência imediata da Criação, está caracterizada pelo número que segue ao Senário, quer dizer, pelo Septenário. Não faremos outra coisa, senão indicar a concordância entre aquilo que precede e o primeiro capítulo do Gênesis: as seis letras da palavra *Bereshith* (*beth, resh, aleph, shin, yod, tau* → em hebraico: בראשית), as seis fases da Criação, e o papel formador dos sete *Elohim* representando o conjunto das forças naturais simbolizados pelas sete esferas planetárias, que se poderiam também ter correspondência com os sete primeiros números, sendo designada a esfera inferior, que é a da Lua, como o Mundo da Formação.

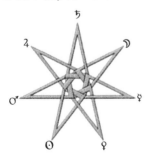

O Septenário, tal como acabamos de considerá-los, pode ser figurado, seja pelo duplo triângulo com seu centro, seja por uma estrela de sete pontas ao redor da qual estão escritos os signos dos sete planetas; este é o símbolo das forças naturais, quer dizer, do septenário no estado dinâmico. No estado estático poderia considerá-lo como formado pela reunião de um Ternário e de um Quaternário, e, desta forma, estaria então representado por um quadrado com um triângulo em cima. Poderíamos dizer muito sobre o significado de todas estas formas geométricas; mas estas considerações nos levariam demasiadamente para fora dos limites da presente reflexão.

A Formação chega àquilo que se pode chamar de realização material, que marca, para nós, o limite da manifestação do ser e que estará caracterizada, portanto, pelo número oito. Este corresponde ao Mundo terrestre compreendido no interior das sete esferas planetárias, que deve ser considerado aqui como simbolizando o conjunto de todo o Mundo material; fica bem entendido, por outro lado, que cada mundo não é um lugar senão um estado ou uma mensurabilidade do ser.

O número oito corresponde também a uma ideia de equilíbrio, porque a realização material é, como acabamos de dizer, uma limitação, um ponto de detenção, de alguma maneira, da distinção que criamos nas coisas, distinção cujo grau mede aquilo que é designado simbolicamente como a profundidade da queda; já que entendemos que a queda não é outra coisa senão uma maneira de expressar uma distinção mesmo, que cria a existência individual ao separar-nos da Unidade princípio.

O número oito está representado, no estado estático, por dois quadrados, os quais um está inscrito no outro, de maneira que os ângulos do inscrito correspondam a metade de um dos lados do outro. No estado dinâmico é figurado por duas cruzes que têm o mesmo centro, de tal maneira que os braços de uma seja as bissetrizes dos ângulos retos formados pelos braços da outra.

Se ao número oito adicionarmos a Unidade, forma-se o número nove, que, limitando assim, para nós, a manifestação do Ser, dado que corresponde à realização material distinta da Unidade, estará representado pela circunferência e designará a Multiplicidade. Já vimos, por outro lado, que dita circunferência, cujos pontos em número infinito são todas as manifestações formais do Ser (não dissemos outra coisa senão que são somente todas as manifestações formais), pode ser representado como o zero realizado. De fato, o número nove, somado à Unidade, forma o número dez, que resulta também da união do Zero com a Unidade, e é figurado pela circunferência com seu centro.

Por outro lado, o Nonário pode ser considerado, todavia como um triplo Ternário; deste ponto de vista, que é o ponto de vista estático, é representado por três triângulos superpostos de tal maneira que cada um seja o reflexo daquele que é imediatamente superior, de onde resulta que o triângulo intermediário está invertido. Esta figura é o símbolo dos três Mundos e de suas relações; é por isso que o Nonário é frequentemente considerado como o número da hierarquia.

Por fim, o Denário, correspondendo à circunferência com seu centro, é a manifestação total do Ser, o desenvolvimento completo da Unidade; pode-se, pois, considerá-lo como não sendo outra coisa senão esta unidade realizada na Multiplicidade. A partir do Denário, a série dos números começa de novo para formar um novo ciclo:

11 = 10 + 1,   12 = 10 + 2, ... 20 = 10 + 10.

Depois vem um terceiro ciclo, e assim sucessivamente até o infinito. Cada um desses ciclos pode ser considerado como reproduzindo o primeiro, mas num outro estado, ou seja, numa outra modalidade; se lhes simbolizará, pois, com outros tantos círculos colocados paralelamente uns em cima dos outros em planos diferentes; mas como, na realidade, não tem descontinuidade entre eles, é preciso que estes círculos não estejam fechados, de maneira que o fim de cada um seja ao mesmo tempo o começo do seguinte. Não são mais, então, círculos, senão espiras sucessivas de uma hélice, traçadas sobre um cilindro, e estas espiras são em número indefinido, sendo o cilindro mesmo indefinido; cada uma dessas espiras se projeta sobre um plano perpendicular ao eixo do cilindro segundo o círculo, mas, na realidade, seu ponto de partida e seu ponto de chegada não estão no mesmo plano. Poderemos verificar esta ilação num estudo que represente a geometria da evolução.

Teríamos agora que considerar outro modo de produção dos números: a produção por multiplicação e, mais particularmente, pela multiplicação de um número por si mesmo, dando nascimento sucessivamente às diversas potências deste número. Mas, neste caso, a representação geométrica nos levaria a considerações sobre as dimensões do espaço, que é preferível estudar separadamente; teremos então que considerar em particular as potências sucessivas do Denário, aquilo que nos levará a encarar sob um novo aspecto a questão dos limites do indefinido e da transição do indefinido ao Infinito.

Dentro dessas considerações precedentes, tivemos a intenção de indicar simplesmente como a produção dos números a partir da Unidade simboliza as diferentes fases da manifestação do Ser em sua secessão lógica a partir do princípio, quer dizer, do Ser mesmo que é idêntico à Unidade; e, se fizer intervir o Zero como precedendo à Unidade primordial, pode-se remontar ainda além do Ser, até o Não-Ser, quer dizer, até o Absoluto.

MEMÓRIAS DO RABI JOSUÉ

Uma obsessão assediava sem sessar o rabi Josué Bem Levi. Desejava ardentemente ver o profeta Elias e, para obter essa graça do céu, perseverou por muito tempo num jejum e na oração. O céu escutou sua súplica. O profeta se manifestou ante ele em toda sua majestade, dizendo-lhe:

- Eis-me aqui. Estou disposto a satisfazer teu desejo. O que queres de mim?

E o rabi Josué replicou:

- Desejo acompanhar-te em tuas viagens pelo mundo, ó profeta!, e ver o que fazes para instruir-me com os atos de tua sabedoria.

- Quanto imprudente és! – disse Elias. Será incapaz de suportar o espetáculo de meus atos, pois excedem a teu entendimento.

- Prometo – disse o rabi – não te importunar com minhas perguntas. Somente desejo ver o que fazes.

- Consinto em que me acompanhes, declarou então o profeta, mas com a expressa condição de que em nenhum momento me interrogarás sobre os motivos de minha conduta. Deixar-te-ei na primeira pergunta que me dirigir.

Assim convencionado, puseram-se em caminho. Chegaram primeiro à casa de um homem que não possuía bens além de uma vaca. Esse homem e sua mulher ficavam sentados no umbral da porta de sua casa. Ambos se puseram de pé ao avistarem os viajantes. Acolheram os dois com alegria e logo arranjaram acomodações para que descansassem e serviram-lhes bebidas e comidas. Os viajantes passaram a noite na casa e pela manhã bem cedo. Quando se preparavam para seguir seu caminho, Elias pediu a Deus que matasse a vaca. O animal sucumbiu instantaneamente.

O rabi Josué, estupefato e indignado por este ato, disse:

- Como é isto? Estes dois pobres não fizeram nada conosco além de receber-nos com hospitalidade e carinho, e como recompensa o profeta lhes mata sua única vaca... Em verdade, isso me revolta.

E já assomava a seus lábios a pergunta:

Por que tirou desses infelizes seu único bem?

Mas o profeta, que lia seu pensamento, lhe disse:

- Recorda a condição que lhe impus. Se quiseres interrogar-me, fala. Explicar-te-ei minha conduta, mas em seguida nos separaremos.

E o rabi Josué guardou silêncio.

Caminharam durante todo o dia e, na chegada da noite, bateram na porta de um rico. Porém este homem, apesar de sua riqueza, deixou-lhes passarem a noite ao relento e nem lhes ofereceu qualquer bebida ou comida. Pois bem: nesta casa havia uma parede, um pouco destruída, que necessitava reparação urgente. Em seguida de levantar-se, na manhã seguinte, Elias dirigiu a Deus uma oração e o muro ficou instantaneamente reconstruído.

O coração do rabi encheu de indignação e ficou irritado, mas não dirigiu uma palavra sequer ao profeta.

Os dois viajantes puseram novamente em viagem e caminharam todo o dia. Chegaram ao anoitecer a um grande templo, cuja suntuosidade testemunhava a riqueza dos habitantes daquele lugar.

Quem de nós dará albergue a estes infelizes? – Perguntou um dos habitantes.

Querem ficar aqui – contestaram os demais. Deram-lhes pães, água e um pouco de sal. Já é o bastante para eles, pensaram a grande maioria.

Assim foram tratados Elias e seu companheiro por estes homens que viviam no bem-estar. Passaram a noite nos bancos do templo. Na manhã seguinte, no momento da despedida, depois das orações, Elias disse aos circunstantes:

- Queira o céu recompensar-lhes fazendo chefes a todos vocês.

Estas foram as palavras que mais uma vez surpreenderam o rabi Josué com indignação e revolta, pois havia dormido muito mal.

Ao anoitecer, os viajantes chegaram a uma cidade cujos habitantes se adiantaram para encontrar-lhes. Recebidos com toda classe de honra, foram alojados na habitação mais cômoda da cidade. Serviram-lhes uma ceia excelente, e em geral, foram rodeados de atenção. Quando, no dia seguinte, Elias se despediu desses homens tão hospitaleiros, disse-lhes:

- Queira o céu fazer de todos vocês súditos de um só chefe!

O rabi Josué não pode então conter-se e exclamou:

- Ó Profeta, como é estranha tua conduta! Esta foi a mais alta que pude prever. Suplico-lhe que me digas a razão do que fizeste.

Elias replicou:

- Vejo que queres que me separe de ti. Neste caso, vou explicar-lhe tudo. Há de saber que o anjo da morte havia penetrado na casa do homem cuja vaca fiz perecer e se dispunha a ferir sua esposa. Desviei para o animal o golpe destinado à sua mulher. Deste modo, aquele que acreditou ser uma catástrofe, foi em realidade, uma benção. Na parede que fiz reconstruir se encontrava um grande tesouro que o mal rico havia descoberto para prejudicar a todos, dado o emprego que sempre dera a sua fortuna. O tesouro ficou desaparecido nos cimentos, de sorte que o mal foi castigado no mesmo momento em que tu imaginavas que lhe concedia um favor... Pedi ao céu que convertessem em chefes a todos aqueles homens que nos receberam tão mal e foi para sua desgraça, pois uma cidade que tem muitos chefes sempre cai em ruína. Em troca, formulei o voto daqueles que me acolheram com tanta bondade não tivesse mais que um chefe, e foi para seu bem, pois o proverbio diz: *"com muitos pilotos, o navio naufraga"*; e Ben Sira declara: *"feliz a cidade dirigida por um só guia sábio"*. E agora, antes que me afaste definitivamente de ti, escuta e compreenda estas palavras: *"Quando vir que um mal é feliz não te surpreenda nem te alarmes, pois é para sua desgraça"*. *"Quando vir um justo na miséria e afligido de toda classe de males, não te irrites nem chegues a insensatez de duvidar da justiça de teu Criador. Acredite sempre que Deus é justo, que seus olhos não se separam dos caminhos do homem e que nada deve dizer-lhe: Por que fazes isto?"*

Ditas estas palavras, Elias bendize ao seu companheiro e desapareceu.

Na primeira parte deste estudo, há um ponto que pode levar a uma confusão, tanto mais fácil de fazer-se quanto que estas ideias são muito difíceis de expressar claramente e de uma maneira exata nas línguas ocidentais, tão impróprias para a exposição das doutrinas metafísicas. Esta confusão poderia ser feita sobre a seguinte frase: *"O Ser, ou perfeição ativa, não é realmente distinto do Não-Ser, ou perfeição passiva"*. A fim de dissipá-la, tentaremos dar sobre este ponto uma nota explicativa que deve ser compreendida com o propósito não somente ilustrativo, mas também gnosiológico.

O Não-Ser, que chamamos assim por falta de outra expressão melhor, e que podemos representar pelo Zero metafísico, não se chama nem *Khien* nem *Khouen*. Ele não tem nome: *"O nome que tem um nome não é um Nome"*, diz Lao-tse, do qual devemos nos recordar.

Mas, para poder pensar nele, é preciso tornar inteligível a concepção do Não-Ser. Esta conceptibilidade é **KHIEN** (possibilidade da vontade do Não-Ser e, naturalmente, todo-poderosa).

Mas, para poder falar dele, é preciso sensibilizar esta concepção. É **KHOUEN** (possibilidade da ação como motivo e finalidade). Por outro lado, desde o momento que se diz: perfeição ativa, ou perfeição passiva, não se diz mais Perfeição.

Khien é, pois, a vontade capaz de manifestar-se; *Khouen* é o objeto inteligente desta manifestação. Em outras palavras, digamos que *Khien* é a faculdade obrante (Céu) e que *Khouen* é a faculdade plástica (Terra).

Mas, qualquer que seja o princípio pelo qual se lhes determina, sabemos que *Khien* e *Khouen* não existem metafisicamente, mas, sim, porque nós existimos e queremos saber.

São estes os termos do Binário. Sua conjunção (Ternário) preside na realização de todas as coisas (Quaternário). Esta realização se desliza na Corrente das Formas, segundo o Caminho, torvelinho esférico e não circular do qual é o Zero metafísico, que não tem nem começo nem fim, nem movimento, é sem dúvida, em potência, o gerador, a finalidade e o motor.

CAPÍTULO VIII

OS MISTÉRIOS DO ALFABETO HEBRAICO

Certo dia, o grande *Rabi Israel Baal Shem Tov*, Mestre do Bom Nome, conhecido pelos seus poderes do céu à terra, tentou desafiar a mão do Eterno.

Ele já havia tentado anteriormente o mesmo atrevimento e falhara. Consumido de impaciência e desatino, quis finalizar as amargas experiências de exílio; porém, desta vez estava muito próximo do sucesso. Os portões estavam entreabertos.

O Messias estava por vir; as crianças seriam consoladas, e os adultos o aguardavam. A diáspora já durava muitos anos, e homens vindos de todas as partes reuniam para celebrar.

O céu estava em polvorosa. Os anjos cantavam e dançavam. Afogueado de raiva, ultrajado, Satã exigiu uma audiência com Deus. Diante d'Ele, Satã protestou invocando leis e com argumentos contundentes, amparado na história e cheio de razão, disse:

- Veja até que ponto chegou a imprudência do homem! Como pode este se atrever a tomar as coisas em suas próprias mãos? O mundo merece redenção? E as condições para a vinda do Messias, foram cumpridas?

O Eterno escutou pacientemente. E teve que reconhecer a validade dos argumentos de Satã: "*Lo ikhshar dará*", o gesto do Rabi foi julgado prematuro. Sua geração ainda não estava preparada para um milagre de tal magnitude. Além disso, uma vez que a ordem da criação não deve ser perturbada em vão, o Rabi e seu fiel escriba, *Reb Tzvi Hersh Soifer*, foram deportados para uma ilha distante e desconhecida. Ambos, imediatamente, foram recebidos e tratados como prisioneiros por um bando de piratas.

O Mestre nunca tinha se mostrado tão submisso e tão resignado.

- Mestre, implorou o escriba, faça algo, diga alguma coisa!
- Não posso, disse o *Baal Shem Tov*, meus poderes findaram...
- E o seu conhecimento secreto, seu dom divino: seu

289

- E o seu conhecimento secreto, seu dom divino: seu *yihhudim*? Que é feito deles?

- Esquecidos, disse o Mestre, desaparecidos, evaporados. Todo meu conhecimento se foi, não lembro de mais nada.

Mas quando o Mestre viu o desespero de *Hersh Soifer*, sentiu piedade.

- Coragem, disse, nós ainda temos uma esperança. Estás aqui e isso é bom, pois poderás salvar-nos.

Deve haver alguma coisa que te ensinei e que ainda lembras. Qualquer coisa, uma parábola, uma prece, qualquer coisa servirá.

Infelizmente o escriba também tinha esquecido tudo. Da mesma forma que seu mestre, era um homem de boa memória.

- Realmente não te lembras de nada, o Mestre perguntou de novo, absolutamente nada?

- Nada Mestre. Exceto...

- ...exceto o quê?

- ...*Aleph, Beth*. - Então que é que estás esperando? – exclamou o Mestre, repentinamente excitado, começa a recitar! Agora mesmo!

Obediente como sempre, o escriba começou a recitar vagarosamente, com dificuldade, as primeiras letras sagradas que juntas contêm todos os mistérios do universo: *Aleph, Beth, Guimel, Daleth...*

E o Mestre, cada vez mais excitado, repetia depois dele: *Aleph, Beth, Guimel, Daleth...*

Começaram tudo de novo do princípio ao fim. E suas vozes tornaram-se mais fortes e claras: *Aleph, Beth, Guimel, Daleth...* Até que o *Baal Shem Tov* ficou tão extasiado que se esqueceu de quem era e onde estava. Quando *Baal Shem* era tomado de tal êxtase, nada podia resisti--lo, como é sabido. Esquecido do mundo, transcendia às leis do tempo e da geografia. Quebrou as cadeias e revogou a maldição. Mestre e escriba se encontraram de volta a seus lares ilesos, mais ricos, mais judiciosos e mais nostálgicos do que nunca. O Messias não tinha vindo.

אבגדהוזחטילכ
מנסעפצקרשת

O alfabeto hebraico possui analogias e é susceptível de propiciar revelações geralmente ocultas no íntimo dos caracteres das letras que o compõem, relacionando-se com tudo aquilo que representa o Mundo da Criação e o próprio Ser Criado, emanado do Princípio Único Universal.

Segundo a tradição, a escrita hebraica foi composta diretamente sob influência Divina ou, pelo menos, sob inspiração das grandes Hierarquias Celestes, que colocaram nesse alfabeto todos os Mistérios do Universo e as relações Homem-Divindade em todos os seus aspectos.

Nas letras hebraicas verifica-se a correspondência existente entre o superior e o inferior, e o próprio simbolismo da Unidade Cósmica que o plano do alto e a esfera inferior revelam, uma vez que se fundamentam e representam com seu simbolismo os reflexos de todos os princípios Eternos, na multiplicação de suas formas e na presença das ideias divinas contidas nas inumeráveis variedades da criação.

Desta forma, meditar sobre seus aspectos equivale a procurar seu verdadeiro significado, alargando a compreensão das forças e das Leis Cósmicas que regem os seres e os Mundos.

No começo dos tempos, o significado simbólico desse antigo alfabeto continha, ao mesmo tempo, os mistérios do Gênesis e os segredos do Apocalipse; a Queda e a Regeneração do Homem; as chaves do Antigo Testamento, enfim, tratava de propor os meios para reintegração do ser no exílio e a reconciliação deste com a natureza e em corolário com o próprio Criador do Mundo.

Entretanto, se é difícil compreender os mistérios deste alfabeto, maior desafio é revelá-lo por meio de palavras que não são as originais, uma vez que toda compreensão é originária de um processo interior de preparação e desobstrução dos canais receptivos, que tem por origem a intenção de compreender seus arcanos e o irresistível desejo de partilhar da harmonia celestial em toda sua plenitude.

A compreensão destes aspectos mais velados representa um dos Grandes Mistérios do Hermetismo e seria equivalente à tentativa de reproduzir o perfume de uma flor que encantou o observador. Através das simples palavras deste, nunca poderá igualmente impressionar àqueles que não sentiram o aroma e a fragrância.

A análise das coisas é uma atitude necessária para o exercício da Inteligência, mas uma vez adquirida a percepção individual torna-se premente admitir que as coisas se fundem e se identificam num Todo. Assim como o conhecimento consiste na distinção ou análise, o segredo reside definitivamente em sua unidade.

O alfabeto hebraico deve ser estudado, primeiramente, letra por letra, procurando a compreensão de sua individualidade no plano da forma, da imagem. Posteriormente, seus caracteres devem ser relacionados com as correspondências existentes no plano moral, correspondências que são reveladas através da Ciência maior do Esoterismo Tradicional, a Astrologia Hermética. Depois disso, concluindo-se o procedimento analítico na procura de uma visão mais elevada da espiritualidade que esse alfabeto guarda, deve-se procurar o entendimento abstrato de seu significado, pela análise numérica de cada letra, obtendo-se como resultado a compreensão do verdadeiro valor e a real importância das coisas que nos rodeiam. (Este assunto foi desenvolvido e tratado com seriedade e as devidas explicações encontram-se em nossas obras: *Manual Mágico de Kabbala Prática* e *Maçonaria, Simbologia e Kabbala* – Editora MADRAS, SP).

Estes passos conduzirão inevitavelmente à necessidade da síntese, do Retorno à Unidade. O buscador, a caminho da Iniciação, poderá então agrupar os conjuntos de letras pela sua simplicidade, pela sua duplicidade e pela sua origem, relacionando esses grupos com os estágios da Queda e da Reintegração, obtendo a Suprema Compreensão dos Mistérios da Criação e das suas Consequências Universais.

Os três conjuntos de letras expressarão as formas mais sutis e ao mesmo tempo as mais densas, numa consequente representação de todos os planos da natureza. Esses planos, partindo das extremidades inferior e superior, unir-se-ão como os degraus simbólicos que os homens e o Ser Divino através de suas Hierarquias, eternamente constroem para ascender um em direção ao outro, realizando desta forma a Obra da Criação.

Literalmente, poderíamos afirmar que, para compreender o significado mais interno desse alfabeto, é necessário colocar os pés na estrada da liberdade e da responsabilidade e vivenciar as 12 letras simples, o constante e contínuo movimento da Roda de seus eixos, passando por cada um deles de forma consciente e equilibrada apesar da marcha rotativa que tende a perturbar o caminho do peregrino. Será também necessário assumir, com as sete letras duplas, a consciência das forças astrais que envolvem o Universo Planetário e saber sorver da fonte das energias que delas emanam, a seiva vivificadora que inunda a terra e inclina as ações dos reinos da natureza. Será fundamentalmente importante, expandir e repousar em harmonia com a eterna respiração da natureza, para receber e ascende em busca da Natureza Naturante[341] em sua própria fonte.

O relacionamento com as origens dos grupos dos quais cada letra faz parte nos remete aos diversos Mundos da Criação. As analogias que de passagem sugerimos com outras ciências, como a Astrologia Hermética, a Kabbala e o próprio Tarô, significam a interdependência existente entre todos os Conhecimentos Tradicionais, ocultos em diversas partes da terra à espera de serem desvendados pelos buscadores da Verdade.

Para ilustrar nossos comentários sobre a complexidade e mistérios do alfabeto hebraico, vale a pena assistir o filme: *Palavras de Amor* de David Siegel, Scott McGehee – Sinopse: "Eliza (Flora Cross) é uma jovem que tem grande facilidade em soletrar. Ela é a filha caçula de

---

341 - De acordo com Baruch de Espinosa, filósofo holandês de descendência portuguesa (1632-1677), *Natura naturante* é a própria substância, Deus e sua essência infinita; *Natura naturata* são os modos e as manifestações da essência divina: o Mundo. A *natureza naturante*, isto é, Deus, prolonga-se na matéria como modo de manifestação de Deus; este se basta a si mesmo no processo de automanifestação contínua – Natureza Criadora.

Saul (Richard Gere) e Miriam (Juliette Binoche), sendo que no momento se prepara para participar do Campeonato Nacional de Soletrar a ser realizado em Washington. Entretanto, à medida que Eliza melhora sua capacidade de soletrar, a comunicação entre seus pais e seu irmão (Max Minghella) piora, cabendo a ela reunir os fragmentos de sua família".

Quando me ocupava do estudo da língua hebraica, com o saudoso Pe. Dôndice, na época, Reitor do seminário Santo Antônio, de Juiz de Fora, muitas vezes interrogava a mim mesmo: Qual é a razão da ordem das letras de seu alfabeto, e qual a verdadeiro significado dos nomes de suas letras?

O insigne orientalista Dr. José A. Alvarez de Peralta, em sua notável obra, *Iconografia Simbólica dos Alfabetos Fenício e hebraico*, deu muitos esclarecimentos sobre os ensinamentos esotéricos, cifradas em números, figuras e vocábulos do valor numeral das 22 letras desses alfabetos, mas sem tocar na questão da ordem das letras, isto é, o porquê de estes alfabetos (fenício de hebraico) começarem pela letra *Aleph*, seguida de *Beth* e depois por *Guimel*, etc., e terminam em *Tau*.

Na antiguidade não havia facilidade de escrever, como temos em nossa época; o material gráfico não era abundante, e por isso os instrutores preferiam dar aos estudantes fórmulas que deviam ser aprendidas de memória, a sobrecarregá-los com livros. Explicavam-lhes oralmente essas fórmulas e os símbolos, formando, assim, as tradições orais.

Enquanto eu ponderava sobre isso, recordei que o alfabeto silábico dos japoneses, chamado *Kana*, originário do IX° século de nossa Era, consistia em 4 versos, cuja tradução dizia:

> *O perfume e a cor das flores desaparecem rapidamente!*
> *os dias fogem todos para o passado,*
> *semelhantes a um curto sonho*

O autor desse alfabeto japonês, Kóbó-Daishi, era um *Bonzo* (sacerdote) budista, e é claro que nos citados versos condensou a doutrina budista da intermitência das formas do mundo material. Continuando meus estudos linguístico-kabbalísticos, cheguei, finalmente, a descobrir, graças à Luz interna, os ensinamentos esotéricos que contém o alfabeto hebraico. Logicamente que existem outras interpretações e visões sobre isso, em nossas obras publicadas apresentamos outras significações para este alfabeto, o que não enfraquece ou desfaz tais relações, mas, sim, enriquecem, no sentido de compreensões, o *"des-a-fio"* do entendimento, de que o mesmo texto iniciático ou kabbalístico, tem três interpretações, ou seja, *literal, figurada e secreta*.

א	*Aleph*	O Verbo Divino
ב	*Beth*	é a Faculdade Criadora
ג	*Guimel*	as fórmulas orgânicas
ד	*Daleth*	a porta
ה	*He*	da Vida Universal
ו	*Vau*	o enlace e a causa motriz
ז	*Zayin*	do esplendor
ח	*Cheth*	da vida material
ט	*Teth*	a conversão dos seres
י	*Yod*	a Omnipotência
כ	*Kaph*	Energia
ל	*Lamed*	da Evolução
מ	*Mem*	que concebe e dá a luz
נ	*Nun*	multiplica e dá crescimento
ס	*Samekh*	renovação cíclica
ע	*Ayin*	é a Providência Divina
פ	*Pe*	sua linguagem e ensinamento
צ	*Tzaddi*	o pensamento concentrado
ק	*Qoph*	as doutrinas iniciáticas
ר	*Resh*	dá a faculdade de conhecer
ש	*Shin*	as Leis da Natureza
ת	*Tau*	a Realidade dos Símbolos.

O ensinamento esotérico continha concisamente no alfabeto hebraico começando pelo vocábulo Aleph, cujo significado é: O Verbo Divino. Este vocábulo Aleph se compõe de duas raízes: Al e Pe (ou Fe, na língua hebraica P e F são indicadas por uma só letra).

Sabendo que cada letra hebraica, já por si mesma, tem um significado, determinemos o significado da palavra AL.

Esta palavra se compõe de duas raízes: A e L. A letra A (cujo nome á Aleph) é o primeiro som que o ser humano articula; é claro que expressa a ideia de unidade e do princípio; e como cada unidade se liga a uma causa, e cada causa é inseparável de uma força, também estas ideias (a de causa e de força) são ligadas com o som A e sua letra correspondente, e delas nascem as ideias da atividade, do poder e da estabilidade.

A letra L (Lamed) expressa a ideia do movimento expansivo, extensão. Elevação; consequentemente, o vocábulo AL expressa o poder e a elevação, a Omnipotência e o Supremo Estado Espiritual; o desenvolvimento da Unidade do Princípio, sua difusão no espaço e tempo; o Ser Supremo, Deus.

A letra P (Ph ou F), e seu nome Pe, ou Feh, significa, em sentido reto: boca, e no sentido figurado: palavra, linguagem, ensinamento.

Aleph significa, por conseguinte: Deus-Palavra, ou Palavra de Deus, o Verbo Divino.

São João disse: no começo do Evangelho: *"No Princípio era o Verbo, e o Verbo está em Deus; e o Verbo é a Razão Divina que ordena Suas Potências"*.

Moisés, falando com Deus Criador, dá-lhe o nome de Alohim (Elohim, Aleim), que é o plural do nome Aloh (Eloh, Eloah). Este vocábulo se compõe da palavra-raiz AL, aumentada pela ideia de Luz Espiritual (O, - Vau) e a ideia de Vida absoluta (H); por conseguinte, Aloh significa: O Todo Poderoso manifestando-se em Inteligência e Vida.

Elohim (ou Alohim, ou Aleim, pronúncias diferentes de uma só palavra) significa, por conseguinte: as Supremas Potências da Vida.

Saint-Yves d'Alveydre disse: "A Ordem dos Alohim é do Universo Divino, o Ato direto de Deus, Ele-Mesmo, em Sua Palavra, cujas Letras são os Deuses, os Arcanjos". E acrescenta: "A Palavra (o Verbo) era, Deus, pois, mesmo quando Nada existia, porque Tudo foi criado pela Palavra (ou pelo Verbo); sem a Palavra (ou o Verbo) nada teria sido evocado, e, por conseguinte, nada existiria. Na Palavra Divina era a Vida Eterna, e a Vida era a luz e o Critério do Homem".

A segunda letra do alfabeto hebraico é a Beth. O som B designa aquilo que é interior e ativo; o poder plasmado, o gérmen, e também a habitação. A palavra Beth significa a Faculdade Criadora. A forma Beth pertence ao "caso construtor" do substantivo *Baith* (casa, tenda, permanência); devemos, pois, considerá-la como caso nominativo, seguido de caso genitivo: Guimel, a terceira letra do alfabeto, Beth-Guimel – faculdade criadora das formas orgânicas.

Geralmente ensinam as gramáticas hebraicas que Guimel é uma forma nominal absoluta com o mesmo significado do substantivo gamal – camelo; mas o ensinamento esotérico explica que Ghi denota desenvolvimento (atividade) orgânico, organização, organismo, e Mel, ou Mal na plenitude; sendo, por conseguinte, o sentido do vocábulo Ghimel: a plenitude do desenvolvimento orgânico, ou: a formação organizadora, no sentido extensivo.

É por isso que prefiro traduzir Beth-Guimel: de faculdade criadora das formas orgânicas. Essa Faculdade é inerente ao Verbo Divino.

A quarta letra do alfabeto hebraico é chamada Daleth. Esta palavra significa "porta"; lendo-a inversamente (Thaled), obteremos o particípio passado "bendita": Daleth Thaled – porta bendita.

A quinta letra do alfabeto hebraico é He, pronunciada com aspiração, como nas línguas inglesa, alemã, tcheca, etc.; denota o alento, o princípio vivificante, o Espírito puro, a Vida Universal. Daleth-He, significa, pois: A Porta da Vida Universal, a Porta pela qual entra a Vida Universal, a Substância do Ser Único.

A sexta letra, Vau e, tem a forma de um gancho ou cravo, e por isso é o símbolo do qual serve para unir ou enlaçar. Podemos traduzir Vau por enlace e causa motriz.

Saint-Yves d'Alveydre chamou a atenção sobre os vocábulos: Heva (Hebraico) = a Vida; Veda (sânscrito) = a Revelação da Razão Suprema; Deva (sânscrito) = Deus manifestado em Seu próprio Esplendor.

Fabre d'Olivet, falando da letra Vau, diz: "Esta oferece a imagem do mistério mais profundo e mais inconcebível, a imagem do laço que reúne, ou do ponto que separa o Ser e do Não-Ser; é o signo conversível universal, que faz passar de uma natureza a outra; comunica, de um lado, com o signo da luz e do sentido espiritual O, e liga-se, do outro lado, em sua degeneração, com o signo das trevas e do sentido material HW (letra HWAIN)."

A letra Zayin (com o som de Z português, francês e inglês) denota o Esplendor. Saint-Yves d'Alveydre diz: "Zayin é o cume do Esplendor Divino, a montanha de Ouro Vivo, seu cume deslumbrante, onde o Conselho de Deus, no Trono de Seu Reino, com seu olhar abraça o ciclo de Vau, o Divino Universo da Vida Eterna, Zayin é o Shabat da Cidade de Deus, de Niyaz, a Perfeita, aonde sobem todos os Deuses: Estado--Maior do Verbo..."

A letra Cheth é o signo da existência elemental, quer dizer, da vida material. A aspiração débil da letra He (Vida Universal) passou em Cheth a uma consoante, cuja aspiração forte (o ch português) simboliza muito bem a materialização das formas, originalmente espirituais. Traduzimos, pois, as letras: Daleth, He, Vau, Zayin Cheth – a porta da Vida Universal, o enlace e a causa motriz do esplendor da vida material.

Esta porta e esse enlace é o Verbo Divino (Aleph). Notemos que Ele é manifestado no Esplendor da vida material, não em sua parte corrupta.

A letra Teth denota o Princípio Conservador; a letra Yod, cuja significação original é a mão, em sentido figurado denota a Omnipotência. Garcia Blanco diz: "Yod, pequena figura ('), porém grande em filosofia, e de imensa explicação; ela se chama Yod, que é o mesmo que mão, o dedo estendido. Com suma razão, pois, leva tal nome, e a ideia que é consequência de seu significado, o poder".

A significação da letra Kaph é Energia; e a letra Lamed expressa a ideia de extensão, dilatação, elevação, evolução. Por conseguinte, traduzimos as letras Yod, Kaph e Lamed – a Omnipotência e Energia da Evolução. E desta evolução nos falam as três letras posteriores: Mem, Nun e Samekh, que ela (a Evolução) concebe e dá a luz, multiplica e dá crescimento e renovação cíclica.

Mem é o símbolo da maternidade, que concebe e dá a luz; é símbolo de formação plástica. Nun denota o ser produzido ou refletido, a existência individual, a multiplicação e o crescimento. Samekh, cuja figura original era um círculo, simboliza o movimento circular, a curvatura, a renovação cíclica.

A letra Ayin (ע), cujo nome significa o olho, denota esotericamente a Providência. A pronúncia aproximada é ain.

A letra Pe (ou Fe), como já vimos, significa, em sentido reto: boca, e no sentido figurado: palavra, linguagem, ensinamento.

As 17 letras, cujas significações acabamos de explicar formam uma proposição que tem por sujeito Aleph, o Verbo Divino, e que traduzimos da seguinte maneira: "O Verbo Divino é a Faculdade Criadora das formas orgânicas; é a porta da Vida Universal, o enlace e a causa motriz do esplendor da vida material; é a conservação dos seres, a Omnipotência e Energia da Evolução, que concebe e dá a luz, multiplica e dá crescimento e renovação cíclica; é o Verbo Divino, a Providência Divina, sua linguagem e ensinamento.

As cinco letras restantes se referem ao conhecimento iniciático. Tzaddi (צ), segundo o Dr. José A. Alvarez de Peralta, denota: pensamento fixo em algum propósito; vontade dirigida para a consecução de um determinado fim; olhar com firmeza, inquirir cuidadosamente. Por isso traduzimos: "O pensamento concentrado".

Qoph (ק) é o símbolo da Escritura e da Iniciação; por conseguinte, Tzaddi-Qoph significa: o pensamento concentrado nas doutrinas iniciáticas.

A letra Resh (ר) denota a faculdade intelectiva, pensamento, reflexão, como também a Luz Espiritual dos seres.

Shin simboliza o Universo criado, conservado e renovado por períodos cíclicos e, por conseguinte, a Natureza e suas Leis.

Tau (ת): o nome desta letra denota signo, símbolo, termo; e sua forma antiga + simboliza as quatro partes do Mundo, e a Realidade.

Baseada nestas significações, nosso entendimento sobre as cinco letras finais do alfabeto hebraico, diz: "O pensamento concentrado nas doutrinas iniciáticas dá a faculdade de conhecer as Leis da Natureza (inferior e superior), a Realidade e os símbolos (que denotam a Realidade)".

Imagino que nossa exposição, que aqui termina, basta para demonstrar a profunda filosofia dos criadores dos signos e da ordem do alfabeto hebraico, que, como parece, não tem semelhante na cultura das línguas posteriores. Para conhecer-se o gênio da língua de Moisés, é necessário conhecer bem as bases da mesma, e essas bases estão no significado de suas letras, sons e palavras. As palavras hebraicas, em seu sentido esotérico, são verdadeiros ideogramas, pois desempenham a função de hieróglifos fonéticos e simbólicos a um só tempo. Vejamos alguns exemplos:

Dizer em hebraico é AMaR; escreve com três letras: Aleph, Mem, Resh; a letra Aleph, entre outras significações, denota o homem: Mem = concebe e dá a luz; Resh = seu sentir ou seu pensar.

RUACH (RUaJ) = espírito, se compõe de: Resh, que simboliza a cabeça, o movimento próprio, a expansão; Cheth = a vida material; U, Vau é a união do movimento com a matéria e, por conseguinte, o vento, o alento; a respiração, e, por figura, o espírito.

ADAM = o homem universal: Aleph = homem: Daleth (que denota porta, mas também inteligência), inteligente; Mem (quando é letra final) – coletividade; por conseguinte: homem inteligente universal.

Resta-nos, agora, trazer à reflexão, para complementar este tema, uma leitura das 22 letras do alfabeto hebraico, com as aplicações da Kabbala e Tarô, nas visões do insigne kabbalista, Saint Yves d'Alveydre, que foi o Mestre intelectual de Papus (Dr. Gérard Encausse), e do grande estudioso da língua hebraica, contemporâneo destes, Fabre d'Olivet, que escreveu a *La Langue Hebraique Restituée*. Afirmamos que sem estes fundamentos nossa exposição sobre o tema estaria incompleta. Ainda lembramos que o sentido dado por Fabre d'Olivet alude sempre aos três Mundos: Divino, Humano e Natural, assim como a letra latina correspondente e o valor numérico da letra hebraica.

ALEPH: Signo do Poder e da Estabilidade. As ideias que expressa são as da Unidade e do Princípio que a determina. (Deus-Pai, Osíris; Adam (em espanhol Adam); o Universo Ativo, a *Natureza Naturante*, Kether, A, 1 - Yod).

BETH: Signo paternal e viril. Imagem da ação interior e ativa. (Reflexo de Deus Pai: Deus Filho – Ísis – Reflexo de Adam e Eva, Reflexo da *Natureza Naturante*: a *Naturada*. 2 - B, Chokmah).

GUIMEL: Este caráter oferece a imagem de um Canal, é o signo orgânico, ou do envolvimento material e de todas as ideias, derivando de todos os órgãos corporais e de sua ação. (Deus-Espírito Santo, Hórus, a Força Animadora Universal: Adam-Eva: Humanidade; O Mundo; G - 3, Vau, Binah).

DALETH: Signo da Natureza divisível e dividida. Ele expressa toda ideia de corrente da abundância, nascida da divisão. (A Vontade; O Poder; o Fluído universal criador, a Alma do Universo. D, 4, Chesed).

HE: A Vida e toda ideia abstrata do ser. (Pechad ou Geburah, a Inteligência – a Autoridade, a Religião, a Fé – a Vida Universal – H ou E - 5).

VAF ou VAU: Este caráter oferece a imagem do mistério mais profundo e mais inconcebível. A imagem do nó que reúne ou do ponto que separa, o nada e o ser. É o signo mutável (conversível) universal; o signo que faz passar de uma natureza a outra, comunicando, por um lado, com o signo da Luz e do sentido espiritual (Vau com ponto), que não é senão o mesmo mais elevado e, por outro, em sua degeneração, com o signo, das trevas e do sentido material, que não é senão ele mesmo, mais rebaixado. (Tiphereth, a Beleza; o Amor, a Caridade; a Atração Universal ou o Amor Universal – V - 6).

ZAYIN: Signo demonstrativo, imagem abstrata do laço que une as coisas. Símbolo da refração luminosa. (Hod, o pai, o realizador; a realização; a Luz Astral; Z,S,C - 7).

CHETH: Tem um caráter intermediário entre He e o Kaph, que designam, um a vida, a existência absoluta e o outro a vida relativa, a existência assimilada, é o signo da existência elementar. Ele oferece a imagem de uma espécie de equilíbrio e se liga às ideias de esforço. De trabalho e de ação normal e legislativa. (A mãe; a justiça; a existência elementar; Netzah; Ch - 8).

TETH: Signo da resistência e da proteção. Este caráter serve de laço entre Zayin e Tau, que são, um e outro, muito mais expressivos que ele. (O Amor humano, Yesod; a prudência; o fluído astral, força conservadora natural; T. 9).

YOD: Imagem da manifestação potencial, da duração espiritual, da eternidade dos tempos e de todas as ideias referentes. Este caráter, notável em sua natureza vocal, perde todas suas qualidades no estado de consoante, no qual não representa já senão uma duração material, uma espécie de laço como o Zayin ou de movimento como Shin. (Malkuth, a Necessidade do Carma; o poder mágico, a Fortuna, querer; a Força em poder de manifestação; I, J, Y - 10ª letra, vale 10).

KAPH ou CAF / CAPH: Signo assimilativo. É uma vida reflexiva e passageira, uma espécie de molde, que recebe e devolve todas as formas. Ela deriva do caráter Cheth (Heth ou Jeht) que, por sua vez, derivava do signo da vida absoluta: He. Assim, ligado por um lado à vida elementar, se une ao significado do caráter He, o do signo Guimel, do qual ele não é, finalmente, senão uma espécie de reforço aumentativo. (A Liberdade; o Valor; a vida refletida e passageira; C, K, HH - 11ª letra, vale 20).

LAMED: Signo do movimento expansivo. Aplica-se a todas as ideias de extensão, de elevação, de ocupação, de posse. Como final, ela é a imagem da potência que resulta na elevação. (L - 12ª letra e vale 30) (A Caridade, a Graça; a Experiência adquirida, Saber; a Força equilibrante).

MEM: Signo maternal e feminino. Signo local e plástico, imagem da ação exterior e passiva. Este caráter, empregado no final das palavras, se torna um signo coletivo. Neste estado, ela desenvolve o ser no espaço indefinido ou então compreende sob uma mesma relação a todos os seres de uma natureza idêntica. (O Princípio transformador universal, destruidor e criador; a Morte; a força plástica universal; M - 13ª letra e vale 40).

NUN: Imagem do ser produzido ou reflexo. Signo da existência individual e corporal. Como caráter final, ela é o signo aumentativo e dá a palavra àquilo que recebe em toda existência individual da qual a coisa expressa é susceptível. (A Involução, o Espírito descendo para matéria; a Temperança; a vida individual e corporal; N, 14ª letra, vale 50).

SAMEKH: Imagem de toda circunscrição. Signo do movimento circular, naquilo que se refere a seu limite circunferencial. É o laço Zayin, reforçado e repregado sobre si mesmo. (O Destino e acaso; a Fatalidade, resultado da "queda" – Nahash, o guardião do umbral; S - 15ª letra, vale 60).

AYIN (GNAIN ou HWAIN): Signo do sentido material. É o signo Vau ou VAF, considerado em suas relações puramente físicas. Quando o som Ayin degenera, por sua vez em consoante, ele se volta o signo de tudo que é curvo, falso, perverso e mal (Destruição divina; a Queda; o mundo visível; WH, O, H - 16ª letra, vale 70).

PE (PHE ou FE): Signo da palavra e de tudo aquilo que ela se relaciona. Este caráter serve de laço entre os caracteres Beth e Vau. Quando este último passa ao estado de consoante, ele participa de todos seus significados, juntando-lhes sua própria expressão que lhe dá ênfase. (A Imortalidade; a Esperança; a força que dispensa os fluídos; PH, P, ou F - 17ª letra, vale 80).

TZADDI: Signo final e terminativo. Refere-se a todas as ideias de separação (divisão), de solução, de meta. Colocada no princípio das palavras ela indica movimento que leva ao termo do qual for seu signo. Colocada no final de uma palavra marca o próprio termo para o qual levou e recebe uma forma gráfica especial.

Deriva da natureza de Teth e da natureza de Zayin e marca igualmente a separação de um e outro. (O Caos. O Corpo material e suas paixões. A Matéria. Vinda da involução. Ts - 18ª letra e vale 90, corresponde a Aquário).

QOPH ou COF: Signo eminentemente compressivo, adstringente e cortante. Imagem da forma aglomerada ou repressora. É da natureza de Qoph ser inteiramente materializada e aplica-se aos objetos puramente físicos. Tem a seguinte progressão dos Signos:
He: A vida universal.
Cheth: A existência elementar, o esforço da natureza.
Kaph: A vida assimilada, ligada às formas naturais, materiais.
Qoph: A existência material, dando o meio das formas.
Esta letra, simples, corresponde ao signo de Peixes. (Os elementos; a nutrição, a digestão; o reino mineral; K.Q - 19ª letra, vale 100).

RESH: Signo de todo movimento próprio, bom ou mau. Signo original e frequentativo. Imagem da renovação das coisas, quanto a seu movimento (Despertar da Natureza sob a influência do Verbo). (O movimento próprio e determinante. A respiração, a vida vegetativa. O reino vegetal. Saturno. R – 20ª letra, vale 200).

SHIN ou SCHIN: Signo da duração relativa e do movimento que ela se refere. A natureza dela deriva do som vocal Zayin passando ao estado de consoante e junta à sua expressão original os significados respectivos das letras Zayin e Samekh (que mostravam o movimento direto e o movimento circular, enquanto que ela (Shin) mostra por sua vez um movimento direto, como uma gangorra entre um polo e outro, tendo um ponto de equilíbrio intermediário).
Letra Mãe (O Movimento de duração relativo; o Instinto. A inervação, o reino animal; Sh, Ch - 21ª letra e vale 300).

TAU ou THAU: Signo da reciprocidade. Signo de tudo aquilo que é mútuo e recíproco. Signo de Signos. É a soma da abundância da letra Daleth, a força de resistência e proteção da letra Teth, a ideia de perfeição, da qual a mesmo é o símbolo. (O Absoluto, encerrando em si: Deus, o Homem e a Natureza; Th - 22ª letra, vale 400).

Com estas explicações, o leitor pode e deve meditar sobre estas 22 letras hebraicas primitivas e seus significados. Estes arcanos são filhos primogênitos do Idioma Secreto dos Templos Egípcios, na interpretação do hebraico quadrado ou aramaico, lhes prestou para esse "traje" (forma) mais ocidental pudesse fazer inteligível às mentes de nossos antecessores até às nossas nos dias de hoje, fazendo-nos compreender estas correspondências universais.

Para que o buscador tenha uma ideia do valor que têm estes elementos, para a meditação Kabbalística, daremos um exemplo daquilo que, mediante este alfabeto pode-se tirar da análise de um termo sagrado.

Tomemos por exemplo ADAM. Teremos:

1º - Aleph: Unidade primitiva e eterna. Estabilidade suprema.
Daleth: Abundância nascida da divisão, a alma do Universo.

2º - Aleph: Estabilidade secundária e resultante, posterior a multiplicação.
Mem (final): Coletividade desenvolvida no espaço indefinido, compreendendo sob a mesma relação de todos os seres de uma mesma natureza.

Podemos desejar uma melhor divisão de "ADAM" primitivo, desse ser hominal, uno e indivisível em sua natureza, manifestação plural da Unidade eterna e primitiva, alma do Universo e que deve aprender a lição de trabalhar harmonicamente como real coletividade dos seres compreendidos sob uma mesma relação?

Poderíamos levarmos muito mais longe estas análises, como veremos em outras reflexões, em nossas obras, quando aprofundamos no estudo da Kabbala. Com as noções já expostas, podemos, sempre que quisermos, buscar essa unidade de princípio, essa unidade de organicidade das leis e essa unidade de organização dos efeitos ou formas, demonstrando-se, desvendando-se para aqueles que queiram ver um pouco além e ao examinar esse sagrado e exato teorema vivo que é a Humanidade, cuja demonstração conduzirá sempre à adoração de sua Causa Primeira e de suas manifestações:

El – Os – Deuses: *Elohim*.

CAPÍTULO IX

O ARQUEÔMETRO DE SAINT YVES D'ALVEYDRE

Chave de todas as Religiões e de todas as Ciências da Antiguidade. Reforma Sintética de todas as artes contemporâneas.

No primeiro capítulo do livro *O Arqueômetro,* de Saint Yves d'Alveydre, publicado pela primeira vez em espanhol, por volta dos anos de 1981, tendo como tradutor Manuel Algora Corbi, foi impresso por Luis Cárcamo, em Madrid na Espanha.

Todos os Sistemas Patriarcais da Antiguidade (religioso, científico e sociais) testemunham um mesmo Verbo Criador. O Arqueômetro, ARKA-METRA, Medida Primordial Solar, padrão modelo do Universo Logoidal, é a base sobre a qual todos estes sistemas se fundamentam. A origem e nexo de união entre todas as Culturas e Línguas Sagradas, a Chave comum de toda Arte iniciática, quer dizer, enraizado nas Harmonias Universais.

A obra de Saint-Yves nos faz compreender o passado por sua Catolicidade, dando-nos a orientação para um futuro reintegrado, em todos os níveis da vida humana, na Visão Sintética do Universo contemplada pelo Olho Divino.

O Arqueômetro é, pois, o Selo impresso pelo Verbo sobre a Substância divina no ato da Criação, esquema de aplicação universal no qual se fundem Filosofia, Mitologia, Astrologia, Música, Arquitetura, Tri ordenação do Estado Social, etc.

Os desenhos que verificamos nesta obra, o "Alfabeto Solar de XXII letras", o "Alfabeto Vatán", não são somente uma revelação para os ocultistas e espiritualistas de nosso Continente, senão também um tesouro incalculável que abrirá muitas portas e que em mãos de estudiosos sinceros e atentos poderão investigar e examinar seus conteúdos para converterem-se em instrumentos de precisão e libertação para todos os problemas filosóficos, religiosos, etc., e ainda para as artes, como sustenta Saint Yves d'Alveydre.

A palavra *Arqueômetro* provém das duas palavras védicas e sânscritas: ARKA-METRA. *Arka* significa o Sol, emblema central do selo divino. *Ark*, significa: Poder da Manifestação da Existência, sua celebração pela Palavra. Este vocábulo invertido: *Kra, Kar, Kri*, significa criar, cumprir uma tarefa, manifestar uma lei, governar; quer dizer: conservar uma criação dando continuidade a obra. O latim diz: *creare*; o dialeto Celta-irlandês diz: *Kara-Im*.

Arka é o vocábulo mais extenso ainda como revelação dos mistérios do Filho, como Verbo Criador por Palavra. É a própria palavra manifestada por Números e Ritmos. É a Poesia do Verbo.

Matra é a Medida, Mãe por excelência: a do Princípio. Matra, Medida Mãe que vive no Verbo-Deus, como todos seus pensamentos criadores. É ela que manifesta a Unidade de todas as coisas, pela Universalidade de suas proporções internas.

A Palavra

O Evangelho de João, em Siríaco-Aramaico, diz: *"O Princípio é a Palavra, o Verbo"*.

Em todas as partes se falam se encontram pistas (sinais) evidentes da importância do Verbo humano considerado como o reflexo do Verbo divino.

"Certo é que na Índia, na China, na Escandinávia, na Antiga América, na Síria e no Egito se encontram os restos supersticiosos e mágicos da antiga ciência desta Palavra Primordial e de seus Alfabetos; mas estes mesmos resíduos testemunham a existência dessa ciência esquecida."

Os antigos Alfabetos de XXII Letras, da Igreja Siríaca, atribui um valor litúrgico e a cada Letra uma função divina, um sentido hierático.

Saint-Yves d'Alveydre disse: *"É no Verbo Sagrado que reside toda Ciência, desde a mais ínfima de Ordem física até a mais sublime da Ordem Divina".*

VALOR	LETRA	WATTAN	RELAÇÃO
1	A	—	Deidade
2	B	ϴ	Lua
3	G	)	Vênus
4	D	ℤ	Júpiter
5	E	♉	Áries
6	V	♋	Touro
7	Z	⅄	Gêmeos
8	H	ⲅ	Câncer
9	T	∩	Leão
10	I=Y=J	⋎	Virgem
20	C	♭	Marte
30	L	ᴟ	Libra
40	M	—	Escorpião
50	N	⌒	Sol
60	S	••	Deidade
70	O=U=W	ᶬ	Sagitário
80	P=F=Ph	△	Capricórnio
90	Ts	♌	Mercúrio
100	K=Q	✕	Aquário
200	R	⁄	Peixes
300	Sh=X	▲	Saturno
400	Th	ς	Deidade

Os Alfabetos

Entre os antigos Alfabetos anteriores às civilizações anarquistas greco-latinas, classificam-se os de 22 letras murais como equivalentes típicos da Palavra.

Saint Yves denomina estes Alfabetos de Solares e Solares-lunares, e entende que esses nomes astrais são dignos de correspondência entre o Mundo da Glória e o Mundo Astral.

Os Brâmanes dão o nome de *Vatán* ao alfabeto que comunicaram à Sant-Yves, porque foi ele de uma língua falada pela primeira raça humana que povoou a terra, língua que foi a fonte de onde saíram todos os idiomas desta raça. *Vatán*, provém de uma raiz sânscrita, que significa Mar ou Água. O inglês diz *water*, e o alemão, *wasser*. O *Vatán* se escreve de baixo para cima, porém as palavras desta língua oferecem também um sentido se forem lidas na ordem inversa e, ainda, lendo-as da esquerda para direita.

As letras *Vatanes* assumem formas geométricas; derivam do ponto, da linha, do círculo, do triângulo, do quadrado. Estas letras são o protótipo das letras Sânscritas e do alfabeto astral, quer dizer, dos Signos Zodiacais e Planetários. Esta circunstância permitiu a Saint Yves construir o *"Arqueômetro"*.

O círculo exterior do planisfério dividido em doze seguimentos, correspondentes aos doze Signos Zodiacais, levam cada uma letra com seu número; são letras involutivas.

Inscrita neste círculo se encontra a *Coroa Planetária da Palavra* com suas respectivas Letras e Números: são letras evolutivas.

O Alfabeto Vatán e sua dupla transcrição.

A Coroa Planetária se compõe de quatro Triângulos equiláteros que dividem o Planisfério em doze partes iguais. Dois destes Triângulos, homólogos segundo a vertical, por seus ângulos Norte e Sul, formam a estrela do Hexágono, que na antiguidade estabelece a metrologia do círculo, pois um lado do Hexágono é igual ao rádio. É a Estrela dos Solstícios do Verbo, a Palavra hexagonal das antigas Cosmogonias.

O primeiro triângulo chamado de *Iesus*, é o Trígono da Terra dos vivos; está evidenciado no "Arqueômetro" pelas letras zodiacais *I SH O*.

O segundo triângulo, o de Maria, é o Trígono das Águas vivas, dá origem e dá emanação temporal aos seres; as letras que lhe correspondem dizem: *Ma Ri Há*.

O terceiro triângulo é dos anjos, é o Trígono do Eter; suas letras dizem: *La Ka Za*.

O quarto triângulo é do *Cordeiro* ou do Bode. É o Trígono do Fogo vivente; suas letras dizem: *H U Th*.

Ao somar as letras Zodiacais e as Planetárias, temos 19; ficam três letras: *A, S, Th*, que são as construtivas do planisfério.

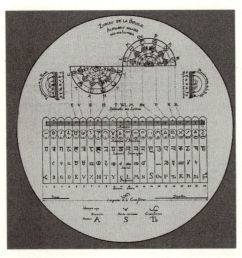

As letras Construtivas do "*Arqueômetro*" se leem: $A - S - Th$, chave do misterioso *AZOTH*.

O "*Arqueometro*" representa o mundo dos céus astrais, é seu desenvolvimento cósmico.

Cada letra do Alfabeto é, sobre o papel, a representação de um astro ou de um ponto no céu. Ao percorrer o espaço celeste, os astros escrevem palavras; a evoluir sobre o papel, as letras formulam temas astrais.

Mediante o *Arqueômetro* o céu fala.

Segundo os kabbalistas, o Alfabeto Hebraico se compõe de três letras Mães: A (Aleph), M (mem), Sh (shin); de doze letras Simples e sete letras duplas.

As três letras Mães, lidas da direita para a esquerda, dizem: *Shema* (esquema); e é um *shema* de verdade dado a nossa inteligência; cabe-nos encontrar as relações analógicas do *Shema* com a realidade vivente. Este desenvolvimento alfabético com suas equivalências representa o Mundo eterno da Glória.

Por que se consideram este Alfabeto de 22 letras como Sagrado? A resposta é óbvia: reproduzem a construção dos céus, são, pois, a manifestação do Verbo Divino na Humanidade: mais ainda: 22 é o primeiro número que manifesta a Lei Universal sobre a qual descansa o Universo: a Lei do *Pi*.

Ao dividir 22, número das Forças Cosmogónicas que regem o Universo, por 7, número das Forças evolutivas, encontra-se:

$22 : 7 = 3,1428$

Multiplicando-se os decimais por 22, obtêm-se:

$0,1428 \times 22 = 3,1416$, Número de *Pi*.

Acrescentamos que cada letra corresponde a uma nota musical e a uma cor determinada e que, por isso mesmo, o "*Arqueômetro*" vem a ser uma ferramenta que tem a particularidade de ser a mesma para todas as artes. Ao mesmo tempo, a chave da escala sonométrica do músico, a gama das cores do pintor e a diretiva das formas arquitetônicas.

Em resumo: os números das três letras constitutivas dizem: *A Divindade*.

Os números das doze involutivas dizem: *A Vida Absoluta*.

Os números das *sete evolutivas*: Condicionalidade Divina; o dom da vida e as condições deste dom.

São poucos aqueles que se dedicam ao estudo destas letras e destes números. Os verdadeiros iniciados de todas as épocas dedicaram ao estudo que é a Chave da religião e da Ciência de onde se encontra o ponto equilibrante da crença e do saber.

São João escreveu seu Apocalipse de 22 Capítulos. A "*Ars Magna*" de Raimundo Lúlio (Ramon Llull), o Dr. Iluminado, consta de 22 Capítulos, tem também um número igual em Capítulos, obra capital de Jerónimo Cardan. Ainda, Louis-Claude de Saint-Martin (o Filósofo Incógnito), Eliphas Levi, Stanislas de Guaita, dividem deliberadamente seus ensinamentos em 22 Capítulos. Tais exemplos bastam para demonstrar a importância do estudo das 22 letras que constituem a *Kabbala* propriamente dita. A *Santa Kabbala*, como a chamou Eliphas Levi, tem sido o farol que iluminou a senda dos mais conspícuos ocultistas; mediante o estudo das 22 letras, pode-se extrair o segredo das religiões e das sociedades ocultas e penetrar-se nos mais recônditos arcanos.

$$\begin{array}{ccc} XXII & XXII & XXII \\ 22 & 22 & 22 \end{array}$$

$$\begin{array}{cc} XXII & XII \\ 22 & 22 \end{array}$$

$$\begin{array}{c} XXII \\ 22 \end{array}$$

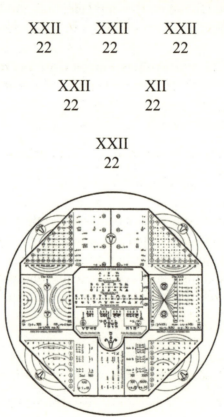

A DIVISÃO DAS LETRAS DO ALFABETO

O Alfabeto Hebreu de 22 letras está dividido em três partes; as primeiras 10 letras pertencem ao Mundo Angélico; as 8 letras seguintes pertencem ao Mundo dos Orbes; as 4 letras finais pertencem ao Mundo dos Elementos. Ainda, as primeiras 9 letras, de ALEPH a TETH, são numeradas 1 – 9; o segundo grupo YOD a TZADDI são numeradas 10 – 90; o terceiro grupo: KAPH a TAU, seguido pelo KAPH final, MEM final, NUN final, PE final e TZADDI final, são numeradas 100 – 900. As Unidades estão em relação com o Mundo Espiritual ou *Neschamah*; as dezenas com o Mundo Mental, ou *Ruach*; as centenas com o Mundo Material, ou *Nephesch*. (Todo um tratado da Magia está condensado neste parágrafo).

Será útil para o estudante possuir uma lista das letras do Alfabeto hebraico com suas significações e atribuições, eliminando o que foi acrescentado pela fantasia. Daremos então: a numeração – A letra – Seu Caráter – Sua Pronuncia – O Nome Divino que lhe é atribuído e a tradução – A relação Sephirótica, planetária ou elemental – O valor numérico – O símbolo do Hieróglifo – e a Obra da letra segundo o Sepher Yetzirah.

1º ALEPH – Letra Mãe "a" ou "e" – EHEIEH a essência de Deus.

KETHER (a Coroa) – HAYYOT HÁ KADOSH (as Quatro Criaturas Viventes).

Valor: 1 – Um Hieróglifo: Adam-Kadmon.

Ele designou a letra ALEPH para reinar sobre o Éter, e criou o Ar no Universo, o tempo chuvoso no ano e o peito no corpo do homem.

2º BETH – Letra Dupla "b" "V" ou "bh" a notar que, na escritura Hebraica moderna um pequeno ponto chamado *dogish* é ligado para indicar a pronuncia. BACHOUR (claridade)

CHOKMAH (a sabedoria) – OPHANIM (Rodas aladas, forças motrizes Cósmicas).

Valor: Dois – Hieróglifo: Uma Boca

Ele designou a letra Beth para reinar sobre a sabedoria, e criou a Lua no Universo, o dia do Domingo no ano e o olho direito no corpo do homem.

3º GUIMEL -- Letra Dupla "j", "g" ou "gh" – GADOL (a aquele que age).

BINAH (a compreensão) ARALIM (Os Tronos)

Valor: Três – Hieróglifo: Um camelo

Ele designou a letra Guimel para reinar sobre a riqueza, e criou Marte no Universo, o dia de Segunda feira no ano e a orelha direita no corpo do homem.

4º DALETH – Letra Dupla "d" ou "th" – Pesado – DAGUL (O Glorioso)

CHESED (a misericórdia) – HASHMALIM (As dominações, os brilhantes).

Valor: Quatro – Hieróglifo: Uma Porta

Ele designou a letra DALETH para reinar sobre a fecundidade, e criou o Sol no Universo, o dia de Terça feira no ano e a narina direita no corpo do homem.

5º HE – Letra Simples – "e" ou "h" – O h aspirado – HADOM (O Majestoso)

GEBURAH (a justiça) – Os SERAPHIM ou Serpentes de Fogo (os Poderes)

Valor: Cinco – Hieróglifo: Uma Janela

Ele designou a letra HE para reinar sobre a palavra, e criou o signo de *Áries* no Universo, o mês de *Nissan* no ano e a perna direita no corpo do homem.

6º VAU – Letra Simples – "v", "w", "o", ou "u" – VEZIO (O Brilhante).

TIPHERETH (a beleza) – Os MALACHIM (os reis)

Valor: Seis – Hieróglifo: Um Prego

Ele designou a letra VAU para reinar sobre o pensamento e criou o signo de *Touro* no Universo, o mês de *Adar* no ano e o rim direito no corpo do homem.

7º ZAYIN – Letra Simples – "z" ou "s" – ZAKAI (A Pureza)

NETZACH (a vitória) – ELOHIM (os princípios ou agentes da criação, os Principados).

Valor: Sete – Hieróglifo: Uma Espada

Ele designou a letra ZAYIN para reinar sobre a marcha, e criou o signo de *Genimis* no Universo, o mês de *Sivan* no ano e a perna no corpo do homem.

8º CHETH – Letra Simples – "h", "ch", "ch gutural" ou "eh".

CHESED (a misericórdia) – HOD (a Glória) – Beni-Elohim (os filhos de Deus, os anjos pensamentos).

Valor: Oito – Hieróglifo: Uma Tenda

Ele designou a letra CHETH para reinar sobre a vista, e criou o signo de *Câncer* no Universo, o mês de *Tammuz* e a mão direita no corpo do homem.

9º TETH – Letra Simples – "t" ou "tt" – TAHOR (o discernimento)

YESOD (os Fundamentos) – QUERUBIM (os anjos mensageiros, às vezes visíveis).

Valor: Nove – Hieróglifo: Uma Serpente

Ele designou a letra TETH para reinar sobre o ouvido, e criou o signo de *Leo* no Universo, o mês de *Av* no ano e o rim no corpo do homem.

10º YOD – Letra Simples – A base estrutural do Alfabeto – "y", "j" ou "i" – IAH, YAH ou JAH (Deus) – MALKUTH (o mundo material) – ISCHIM (as almas dos justos)

Valor: Dez – Hieróglifo: O Index

Ele designou a letra YOD para reinar sobre a ação e criou o signo de *Virgo* no Universo, o mês de *ELUL* no ano e a mão esquerda no corpo do homem.

11º KAPH – Letra Dupla – "k", "kn", "c" – KABIR (O Poderoso) – Primeiro Mobil.

METATRON

Valor: Vinte; forma final: Quinhentos – Hieróglifo: A Palma da Mão.

Ele designou a letra KAPH para reinar sobre a vida, e criou Vênus no Universo, o dia de Terça feira no ano e o olho no corpo do homem. A esfera de Marte: SAMAEL

12º LAMEDH – Letra Simples – "l" – LUMINOSO (O Sábio) – A esfera de Saturno: CASSIEL

Valor: Trinta – Hieróglifo: Um Chicote

Ele designou a letra LAMED para reinar sobre o amor, e criou o signo de *Libra* no Universo, o mês de *Tishrei* no ano e a bile no corpo do homem.

13º MEM – Letra Mãe – "m" – MEBORAH (O Bendito) – A esfera de Júpiter: SACHIEL

Valor: Quarenta – Forma final: 600 – Hieróglifo: O Mar

Ele designou a letra MEM para reinar sobre as Águas, e criou a Terra no Universo, o inverno no ano e o ventre no corpo do homem.

14º NUN – Letra Simples – "n" – NORACH (O Formidável) também EMMANUEL (Deus Conosco), e atribuído à forma final: ARARITA (o imutável) – A esfera do Sol: MICHAEL

Valor: 50; Forma final: 700 – Hieróglifo: Um Peixe.

Ele designou a letra NUN sobre o odorado, e criou o signo de *Escorpio* no Universo, o mês *Cheshvan* no ano e os intestinos no corpo do homem.

15º SAMEKH – Letra Simples – "s", "c" antes de a e o, ou u com cedilha".

- SAMEKH (Aquele que sustem o Universo) – A esfera de Mercúrio: RAPHAEL

Valor: 60 – Hieróglifo: Um Poste

Ele designou a letra SAMEKH para reinar sobre o sono e criou o signo de *Sagitário* e o estômago (Órgão) no corpo do homem.

16º AYIN – Letra Simples – "u", "ua" ou "oua" – AZAZ (O Forte) – A esfera da Lua: GABRIEL

Valor: 70 – Hieróglifo: O Olho (A glândula pineal, o olho interior).

Ele designou a letra AYIN para reinar sobre a cólera, e criou o signo de *Capricórnio* no Universo, o mês de *Tevet* no ano e o fígado no corpo do homem.

17º PE - Letra Dupla – "t", "ph", ou "p" – PHODE (O Redentor) – A esfera de Fogo.

Valor: 80; forma final: 800 – Hieróglifo: A Língua.

Ele designou a letra PE para reinar sobre a dominação, e criou Mercúrio no Universo, o dia de Quinta feira no ano e a orelha esquerda no corpo do homem.

18º TZADDI – Letra Simples – "ts", "tz", ou "dz" – TSEDEK (o Justo) – A esfera da Água.

Valor: 90; forma final: 900 – Hieróglifo: Um Anzol.

Ele designou a letra TZADDI para reinar sobre a nutrição, e criou o signo de *Aquário* no Universo, o mês de *Shevat* no ano e o quilo (o conteúdo do estomago) no corpo do homem.

19º QOPH – Letra Simples – "q" ou "kw", também "kg" – KADOSH (o Santo) – A esfera da Terra.

Valor: 100 – Hieróglifo: A Abobada da Cabeça

Ele designou a letra QOPH para reinar sobre o riso, e criou o signo de *Peixes*, o mês de *Adar* no ano e o baço no corpo do homem.

20º RESH – Letra Dupla – "r" ou "rr" – RODEH (o Mestre) – O reino animal.

Valor: 200 – Hieróglifo: A cabeça

Ele designou a letra RESH para reinar sobre a paz, e criou Saturno no Universo, o dia de Sexta feira no ano e a narina esquerda no corpo do homem.

21º SHIN – Letra Mãe – "sh", "ss" ou "s" – SHADDAY (o Todo Poderoso) – O reino vegetal.

Valor: 300 – Hieróglifo: Um Dente

Ele designou a letra SHIN para reinar sobre o fogo e criou o Céu no Universo, o verão no ano e a cabeça no corpo do homem.

22º TAU – Letra Dupla – "t", "th", "sch" ou "st" – SHEKINAH (Glória de Deus) – O Microcosmo.

Valor: 400 – Hieróglifo: A Crua Tau

Ele designou a letra TAU para reinar sobre a beleza, e criou Júpiter no Universo, o Sábado no ano e a boca no corpo do homem.

Uma análise desta lista nos mostra que ela é baseada sobre a antiga divisão do alfabeto num ternário, um setenário e um duodenário.

O Ternário: o Sepher Yetzirah diz: Três Mães: "ALEPH", "MEM", "SHIN"; no Universo; o ar, a água e o fogo; no ano: Tempo quente; tempo frio e tempo chuvoso; no corpo do homem: a cabeça, o ventre e o peito.

O Setenário: sete duplas: "BETH", "GUIMEL", "DALETH", "KAPH", "PE", "RESH" e "TAU"; no Universo; sete estrelas: O Sol, Vênus, Mercúrio, a Lua, Saturno, Júpiter e Marte; no ano, os sete dias da semana; sete aberturas no corpo do homem: Dois olhos, duas orelhas, duas narinas e a boca.

O Duodenário: Doze simples: "HE", "VAU", "ZAYIN", "CHETH", "TETH", "YOD", "LAMEDH", "NUN", "SAMEKH", "AYIN", "TZADDI", "QOPH"; No Universo doze signos do zodíaco, no ano, os doze meses, no corpo do homem, doze guias: duas mãos, dois pés, dois rins, a bile, os intestinos, o estomago, o quilo e baço.

O estudante que deseja servir-se das letras do alfabeto na arte Teúrgica ou Talismânica encontrará nestas listas tudo o que é válido e estável nas atribuições das letras Hebraicas.

O PODER DOS NÚMEROS

Acabamos de ver, na lista precedente, duas listas de números, 1 a 22 e 1 a 900, as duas listas baseadas sobre o alfabeto. Nós indicamos igualmente a natureza do trabalho, quer pelas letras, quer pelos números, segundo o Ternário, segundo o Setenário e segundo o Duodenário.

Fazendo referência ao Schomoth e às Sephiroth, nas listas precedentes, vemos a natureza do trabalho segundo o Denário. Seguindo-se então fiel às três simples indicações que acabamos de dar, o estudante pode fazer combinações quase que ao infinito, sem ultrapassar uma vez o estrito e legítimo uso dos números.

Tomemos um exemplo; o Número NOVE: Ele tem relação com TETH, TAHOR, YESOD e SHADDAY, com o signo de Leo, com o ouvido, com um certo mês do ano, com EL CHAI, Gabriel, os Cherubim, e a Lua; ele é o terceiro termo do terceiro ternário, um número masculino, ímpar, o primeiro termo do terceiro quaternário, o quarto termo do segundo quinário, o terceiro termo do segundo setenário, e o último termo do primeiro novenário; ele tem uma significação diferente em cada uma destas maneiras de olhar este Número.

Sem deixar o Tetragrammaton, agindo no modo Pitagoriano, e permanecendo Kabbalista puro, Ibn Ezra nos mostra muitas maneiras pelas quais se podem desenvolver o Misticismo Kabbalístico dos Números. Sylv Karppe se deu ao trabalho de fazer um belo sumário a este respeito (quase ininteligível no texto de Ibn Ezra) que ilustra bem este assunto.

> *O Tetragrammaton contém também três letras diferentes para indicar que a partir de três, os Números entram numa nova fase (ele já falou do Nome de quatro letras e do Nome de quatro letras e do Nome de doze letras) quer dizer, a fase de três.*

Para três e os números seguintes, o produto do número por si mesmo é maior que a soma do número e de outro número igual a si mesmo, o que não é assim para os números inferiores a três. Efetivamente, $3 \times 3 = 9$ que é maior que $3 + 3 = 6$ (o mesmo para 4 onde a diferença é 16 e 8), enquanto que $1 \times 1 = 1$ e $1 + 1 = 2$; assim, $2 \times 2 = 2 + 2 = 4$.

> *Assim como o número 6 é o único Número perfeito da série das unidades, assim também 28 é o único número perfeito das dezenas.*

(Nos Elementos de Euclides, VIII, XVII o Número Cúbico é o produto de três números. Assim $1 + 2 + 3 = 1 \times 2 \times 3$).

Euclides chamou os números que têm esta propriedade: Números Perfeitos, ou antes, eis o sentido verdadeiro e completo do Número Perfeito; se tomam muitos números partindo do número 1 e duplicando sempre até que a soma dos números colocados seja um Número Primeiro, o produto desta soma pelo último número é um Número Perfeito (Euclides IX, 36). Por exemplo, se tomamos a série 1, 2, 4, 8, 16 e que fiquemos no 2, temos 1 + 2 = 3, Número Primeiro, portanto 2 x 3 = 6, Número Perfeito. Se acrescenta o dobro de 6 (12) a esses fatores, obtém-se um outro Número Cúbico igual, quer dizer 12 + (6 + 4 + 3 + 2 + 1 = 16) = 28, Número perfeito. Realmente, façamos uma série 1, 2, 4, 8, 16, paremos em 4; nós temos 1 + 2 + 4 = 7, Número Primeiro; 4 x 7 = 28, Número Perfeito. Em cada série não pode haver mais que um só número perfeito, seja 6, 28, 496, 8128, etc.

"Depois Ibn Ezra se entrega às combinações de números que tornam para seus sucessores a base de combinações análogas e novas". A soma dos Números Primeiros da série de unidades é 18 (1 + 2 + 3 + 5 + 7), e a soma dos números não primeiros (ou compostos) é 27 (4 + 6 + 8 + 9); 18 e 27 estão na mesma relação que a primeira letra do Tetragrammaton YOD = 10 com as duas primeiras letras reunidas: YOD = 10 e HE = 5; assim, 10 + 5 = 15. Certa combinação pode fazer do Tetragrammaton um todo de 72 letras respondendo ao Nome Divino do qual fala Talmude. Realmente, se junta à primeira letra como valor numérico (10) a ela mesma (10 + 10 = 20) e se junta à segunda letra (5), isso nos dá 25; se junta a 25 a soma das três letras YOD-HE-VAU ou 10 + 5 + 6 = 21, então 25 + 21 = 46, e se junta à soma das quatro letras 10 + 5 + 6 + 5 = 26, nós temos 46 + 26 = 72. (Acrescentamos que um outro modo de cálculo sobre estas cifras nos dá a soma dos quadrados de Números Pares na série de unidades – 120, e um outro modo sobre a mesma base nós dá a soma dos quadrados dos Números Ímpares – 165).

"Se tomamos a primeira letra do Tetragrammaton, seja 10, e que acrescentamos a ela a soma das duas primeiras reunidas, seja 15, nós obtemos 25, que é o quadrado da soma HE = 5 = (5 x5 = 25)". Se acrescentamos o quadrado da soma dos dois primeiros números, seja 10 + 5 + 6 = 21 e 21 x 21 = 441; 15 x 15 = 225, ao quadrado da soma dos três primeiros números, obtemos 225 + 441 = 666 (Número Apocalíptico). Se retirarmos 666 do quadrado da soma dos quatro números, seja 10 +

5 + 6 + 5 = 26 e 26 x 26 = 676, resta 676 – 666 = 10, que é o número de YOD, a primeira letra do Tetragrammaton e o Nome de Deus.

"Se multiplicamos a primeira metade do Tetragrammaton 15 pela soma das quatro letras 26, obtemos 390, que corresponde segundo a Guematría, ao nome *schamalym* (céu), seja 300 + 40 + 10 + 40 = 390. Se multiplicamos a primeira letra por si mesma e por todas as outras: 100 + 50 + 60 + 50 = 260 e fazemos o mesmo para a segunda letra: 25 + 30 + 25 + 80, nós teremos 260 + 80 = 340, correspondendo numericamente à palavra *schem* (Nome), o que indica a identidade entre o Tetragrammaton (Jehovah) e o Nome Divino (*Chem* – de onde vêm os *Schemoth*)".

OS QUADRADOS MÁGICOS

Será útil perseguir as pesquisas de Ibn Ezra mais longe, mas é necessário dizer uma palavra sobre o Quadrado Mágico. O Nome Divino Jah, ou YOD-HE, possui valor 15, sendo a metade do Tetragrammaton. O Quadrado Mágico fundamental (às vezes chamado o Quadrado de Saturno) contém todas as cifras de 1 a 9, mas dispostas de modo que todas as linhas, horizontal, vertical e diagonalmente fazem 15, e que o HE – 5 esteja no centro, símbolo do Logos Divino. Os quatro números, simbólicos dos quatro elementos e dos quatro pontos cardinais, se encontra nos cantos. O Quadrado Mágico de Saturno toma esta forma:

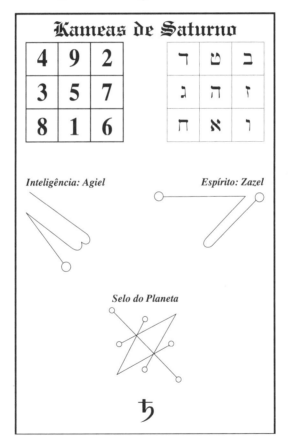

Esta colocação é muito empregada para fazer os Talismãs ou Amuletos.

Para formar o quadrado de Saturno, de nove casas, o 5 é escrito no meio as cifras são inscritas em sentido diagonal (o 2 na casa da direita no alto) e transposto segundo um desenho oculto chamado o Seio do Planeta. Para este quadrado, o Nome Divino é AB, a inteligência do Planeta é Agiel e o Espírito é Zazel. As linhas cifram 15.

Para formar o quadrado de Júpiter, de 16 casas, escrevem-se as cifras de 1 a 16 em ordem regular 4 por 4, começando pela esquerda embaixo, e indo de esquerda à direita, e assim para as linhas superiores. Depois da transposição segundo o Selo do Planeta, o quadrado Mágico de Júpiter toma esta forma:

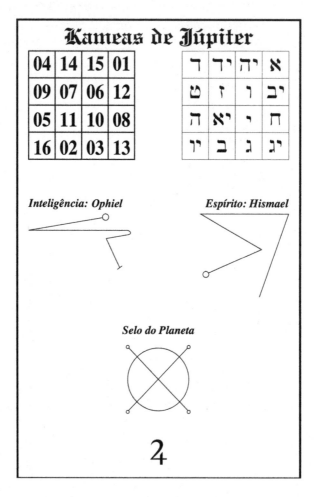

Para este quadrado o Nome Divino é A, BA, a inteligência é Ophiel o Espírito é Hismael. As linhas somam 34.

Para formar o Quadrado de Marte, de 25 casas, escrevem-se os números de um a 25 em forma diagonal, começando pelo alto, o número

13 se encontra na casa central. Após transposição segundo o Selo do Planeta, o Quadrado Mágico de Marte:

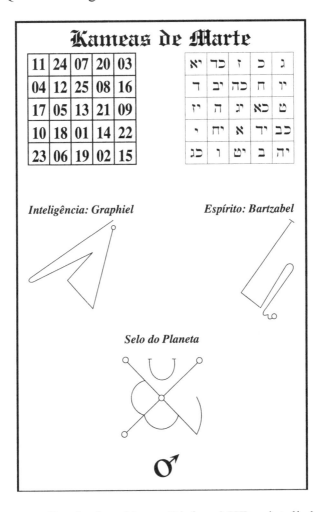

Para este Quadrado o Nome Divino é HE, a inteligência á Graphiel o Espírito é Bartzabel. As linhas somam 65.

Para formar o Quadrado do Sol, de 36 casas, escrevem-se os números de 1 a 30 começando pela casa da esquerda embaixo indo da esquerda à direita e assim para as linhas superiores após transposição segundo o Selo, o Quadrado Mágico do Sol tem esta forma:

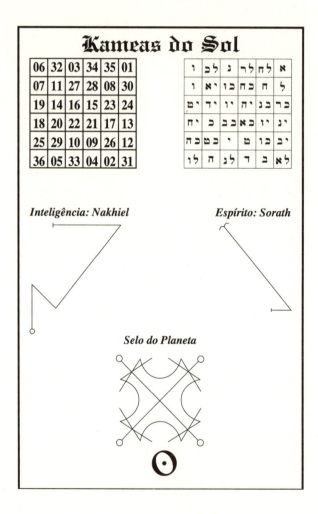

Para este quadrado o Nome Divino é VAU, a inteligência do Planeta é Nakhiel, o Espírito é Sorath. As linhas somam 111.

Para formar o Quadrado de Vênus, de 49 casas, escrevem-se as cifras em forma diagonal, começando no alto para que a cifra 4 venha a casa no alto à direita e 25 à casa central. Após transposição segundo o Selo, o Quadrado Mágico de Vênus toma esta forma:

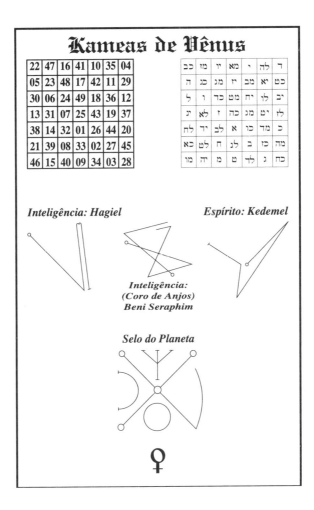

Para este Quadrado o Nome Divino é AHA, a inteligência é Hagiel e o Espírito é Kedemel. As linhas somam 175.

Para formar o Quadrado de Mercúrio, de 64 casas, escrevem-se os números de 1 a 64 começando pela casa da esquerda inferior. Após transposição segundo o selo, o Quadrado mágico de Mercúrio toma esta forma:

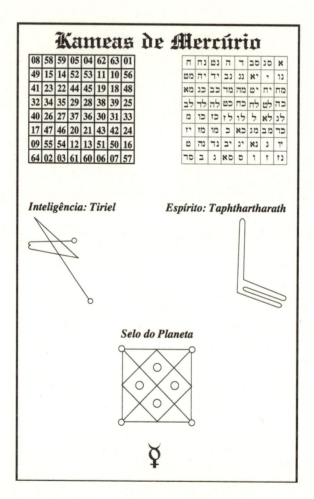

Para este Quadrado, o Nome Divino é ASBOGA, a inteligência é Tiriel, o Espírito é Taphthartharath. As linhas somam 260.

Para formar o Quadrado da Lua, de 81 casas. Escrevem-se as cifras de 1 a 81 em forma diagonal começando pelo alto, para que a cifra 5 venha à casa do alto à direita a cifra 41 na casa central. Após transposição segundo o Selo, o Quadrado Mágico da Lua toma esta forma:

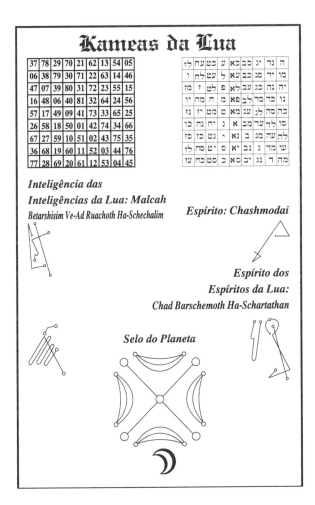

Para este Quadrado, o Nome Divino é HOD; em razão do fato que a Lua é um satélite, as atribuições correspondem às inteligências e aos Espíritos (plural) da Lua. As linhas somam 369.

AS PERMUTAÇÕES DAS LETRAS E DOS NÚMEROS

Em uso geral, sete sistemas de Permutação eram empregados, encontrando-se todos no Talmude. Embora poucos desenvolvidos na Kabbala, as regras Talmúdicas foram observadas.

Guematría. Já falamos deste sistema de permutações, e demos exemplos. Basta lembrar ao estudante que este é um mistério pelo qual o valor numérico de uma palavra (obtido pela adição do valor numérico de todas as letras que formam a palavra) pode ser comparado àquele a outra palavra tendo o mesmo valor numérico, embora as letras sejam diferentes. Nós acabamos de citar o caso em que Jehovah (Deus) e Schem (Nome), lendo os mesmos valores, são idênticos em Guematría.

Notarikón. Este procedimento considera cada palavra da escritura como composta das iniciais de palavras novas que ele escolheu arbitrariamente e que substitui de modo a dar à palavra um sentido completamente diferente do sentido da Escritura. Os rabinos prudentes procuraram rodear este processo com regras complicadas para manter certo limite, mas o modo dá demasiadas ocasiões às fantasias. Por exemplo, tomemos a frase (em português) "Deus é" – Notarikón poderia fazer "Deus elevado sobre tudo". Isso seria justificável, porque a significação não está demasiado afastada do contexto, mas não seria de escolher uma frase – ou palavras – começando com as letras "e", "s", e "t", o que seria completamente falso: "Deus é Satã tenebroso", por exemplo. O Notarikón é um sistema cheio de armadilhas.

Temuráh. Este sistema consiste na transposição das letras numa palavra, segundo uma das quatro divisões "Afbasch", "Albam", "Achas Bata" e "At-Basch".

Atbasch. Consiste em considerar a primeira letra do alfabeto como equivalente da última, a segunda à penúltima e assim por diante, e a substituí-la numa palavra, se necessidade é uma por outra, o estudante poderá experimentar com algumas palavras em português para ver a confusão que resulta disso.

Albam. Esta é uma outra forma baseada sobre o mesmo princípio. O Alfabeto é dividido em duas metades. 1 – 10 e 11 – 22. Pode-se substituir a décima primeira letra pela primeira, a décima segunda pela Segunda e assim por diante. Isso conduz à mesma confusão. – Esta é uma outra forma baseada sobre o mesmo princípio. O Alfabeto é dividido em duas metades. 1 – 10 e 11 – 22. Pode-se substituir a 11º letra pela 2º e assim por diante. Isso conduz à mesma confusão.

Achas-Bata. O princípio é o mesmo que o precedente, salvo que o alfabeto é dividido em três volumes.

At-Bach. O mesmo princípio existe, mas em sentido inverso. A primeira letra das unidades muda com a última (1 e 9), a 2ª com a penúltima (2 e 8) e assim por diante; o mesmo é aplicado às dezenas (10 a 90, 20 a 80, etc.). O Talmude se apoia sobre esta combinação para deduzir uma lei obrigatória.

Tstruph. O Tziruf (tabulação na Temurá) substitui numa palavra uma letra qualquer por outra letra qualquer em virtude de uma chave determinada. Aquele que conhece de memória todos estes sistemas, que sabe de memória as tabelas Tzirufim e que se lembra das centenas de substituições correntes, é chamado um Baal-Schem, um Mestre do Nome. O Tziruf é muito complicado, porque ele tem Tabelas Racionais e também Tabelas irregulares, e Tabelas Compostas. A Tabela Tziruf Regular consiste em 484 casas, (22x22 ao quadrado). Começando com a casa do alto à direita, escreve-se horizontalmente, indo para a esquerda, os valores numéricos do alfabeto I – 400 (unidades, dezenas e centenas; Tau é 400, não 22). Começando no mesmo ponto, o 1 servirá para as duas colunas, escrever 1 – 400 verticalmente, formando, portanto, à direita do quadrado. O canto no alto à esquerda estando ocupado pelos 400 começa-se de novo na casa de baixo e se escreve verticalmente 1 – 300. Sobre a linha da base, a casa do canto a direita estando ocupada por 400, toma-se a casa ao lado à esquerda e se escreve horizontalmente de 1 – 300. A cifra 400 será, por conseguinte a linha diagonal que passa da casa do alto à esquerda até a casa embaixo à direita. Imediatamente a baixo, em linha diagonal se encontrará a cifra 1 em todas as casas. Estas indicações bastam para que o estudante possa construir uma tabela se tiver necessidade. As Tabelas Tzirufim são cômodas para as transposições de Temurá, mas, como é possível fazer Tabelas Irregulares (por exemplo, eliminado uma letra do alfabeto) ou atuando em sentido inverso para fazer a Tabela sobre outra base, o Tziruf dá combinações que a Temurá não aceita.

Apenas uma advertência. Falando dos métodos da Guematría, do Notarikón e da Temurá, Israel Regardi (um Kabbalista prático e um bom Hebraísta), diz que pode ser útil mencionar que, para o leitor geral, estes métodos têm pouco valor. O leitor advertido realizará que será possível produzir conclusões completamente opostas à finalidade desejada. O autor está convencido – e todos aqueles que têm seriamente trabalhado o assunto estarão de acordo – que só um adepto ou *Tsaddik* (um santo iluminado), tendo em seu coração a luz do Conhecimento e a Conversão de seu Espírito Guardião, terá o poder de empregar com exatidão, sabedoria e descrição, os três procedimentos de Permutação dos quais acabamos de explicar.

CAPÍTULO X

A MAGIA NA LEI MOSAICA

Segundo a aceitação geral do termo, a magia estava proibida do modo mais formal pela lei mosaica. No Livro do Levítico (XX, 27), diz-se:

Se o homem e a mulher têm neles o espírito de um morto ou um espírito de adivinhação, eles serão punidos de morte; serão lapidados; seu sangue cairá sobre eles.

No Livro do Deuteronômio, escrito mais tarde durante o exílio, num período em que a magia estava já muito espalhada entre os Israelitas, por causa de seu contato com as nações orientais, a questão da magia é tratada com mais detalhes (Deut. XVIII, 9):

Quando entrares na terra que o Senhor teu Deus te der, não aprenderás a fazer conforme as abominações daquelas nações.

Todavia, é necessário dizer que esta proibição não se estendia às classes privilegiadas. É dito que o Eterno fará surgir profetas que terão o dom da profecia e do augúrio. O soberano sacrificador deveria empregar à adivinhação pelo Urim e o Thummim e pelo peitoral do ephod como uma parte de seus deveres sacerdotais. Os Teraphim, pequenas estatuetas ou ídolos (às vezes uma cabeça humana mumificada ou seca), de que se fala no tempo dos patriarcas, mas que foram condenados pelos profetas, estavam em uso comum entre os adivinhos durante e após o exílio. A Serpente de bronze, que era empregada por Moisés para deter a peste entre o povo, era um objeto da magia terapêutica; podemos lembrar como o bastão de bronze que se transformava numa serpente engolia as serpentes dos magos egípcios, um acontecimento mágico produzido por uma vara mágica. A oneiromancia, ou a interpretação dos sonhos, que pertencia ao domínio da magia, estava em alta estima entre os Hebreus, o que se pode ver pelas narrativas das honras feitas a José pelo Faraó, e a Daniel por Nabucodonosor. Os profetas deveriam transmitir ao povo os augúrios e as maldições do Eterno que eles haviam recebido sobre a forma de sonhos.

Não se deve supor que os Fariseus, por mais encarniçados que fossem pelos regulamentos, eram menos dados a magia. Os filactéres (tefillin), dos quais os Fariseus se vangloriavam e que usavam de um modo tão evidente e tão extravagante (S. Mateus XXIII, 4), eram amuletos, em forma de dois pequenos sacos de couro, contendo textos da Torá escrito sobre pergaminhos; um deles era ligado na fronte o outro sobre o braço esquerdo. Um poder mágico também era concedido às franjas (tsitsith) de duas cores sobre o manto de prece, ou o encanto (mezuza), um tubo de metal contendo outros textos colocados no alisar da porta de entrada.

A TEURGIA DOS NOMES DIVINOS

Desde os tempos mais remotos, mesmo antes de Moisés, a doutrina era de crença universal que o nome de uma divindade possui o poder da própria divindade. No Antigo Testamento há muitas mensagens que cantam os louvores à majestade do Nome de Deus, que exigem que o Nome só seja pronunciado com grande veneração e que ameaçam àqueles que são negligentes a este respeito. Aqueles que atuam ligeiramente de um modo trivial com as letras que se encontravam no Nome podem ser fulminados pela morte; a verdadeira pronúncia só podia ser emitida uma vez por ano, pelo soberano sacrificador na obscuridade total do Santo dos Santos, enquanto todo o povo gritava a pleno pulmões para impedir que uma só sílaba do Nome fosse escutada pelos profanos.

Todavia, é necessário notar que, muito cedo na história do Judaísmo, a teurgia e a magia já se haviam vinculado às permutações do Nome, o Tetragrammaton sendo empregado na confecção dos talismãs e dos amuletos. O Talmude fala de uma antiquíssima Chave de Salomão (que certamente nada tinha a ver com Salomão, desligada dos símbolos Fenícios e Hittitas) e que era na verdade uma coleção de rituais de magia baseados sobre os Nomes Divinos das Divindades, dos anjos e dos demônios, tanto Babilônicos e Persas como Hebraicos.

A Chave de Salomão, mais bem conhecida nas deploráveis e degradantes versões modernas sob o título As Claviculas de Salomão foi uma das fontes principais de todos os Grimórios. Entre esses Grimórios e principalmente o Grande Alberto e o Pequeno Alberto, o Dragão

Vermelho, e o Enchiridion e o Grimório de Honórius, encontravam-se alguns vestígios da Teurgia Hebraica, das lembranças de Ibn Ezra, dos ecos do Livro de Raziel, dos cálculos abracadabrantes de Eleazar de Wuorms, das citações e comentários sobre o Zohar e das fórmulas de feitiçaria da Idade Média. Mas este conjunto heteróclito é de tal maneira confuso e falso, de tal maneira incorreto no fato e na forma, tão mal interpretado tão mal desfigurado pelos copistas ignorantes e sem conhecimentos ocultos, que o valor desses Grimórios é nulo, tanto em Teurgia como na Magia vulgar. Ao menos a metade dos Nomes são mal ortografados, aqueles que são somente os auxiliares da memória (as iniciais de uma frase, por exemplo) são tratados como personalidades; os símbolos são tão mal desenhados (principalmente com linhas a mais ou com o ponto masorético esquecido) que eles são irreconhecíveis. A obscuridade desses Grimórios não é uma indicação de sua antiguidade, mas de sua deformação por ignorantes. As famosas palavras sonoras não são um jargão *mantrácico*, mas sílabas disjuntas, colocadas em uma espantosa justa posição. Como um pobre copista da Idade Média poderia saber a significação de um símbolo ou sílaba Babilônica? Apenas algumas fórmulas são corretas nos Grimórios, e estas não têm nenhuma relação com a Kabbala.

Estritamente o emprego dos Nomes Divinos Hebreus não está de nenhum modo implicado com esta extravagância ridícula. Não é difícil dar ao aluno os princípios Teúrgicos. Ele terá, ao menos, a satisfação de saber que possui indicações não deformadas da Alta Teurgia. Acrescentamos simplesmente que aquele que emprega os meios Teúrgicos para fins materiais ou egoístas não deixará de encontrar aí seu próprio castigo.

O emprego dos Nomes Divinos começa com o Tetragrammaton YOD-HE-VAU-HE (valor numérico: 26) cuja significação (cuja pronuncia sagrada) é Eu Sou Aquele que Sou. A primeira divisão do Nome é esta: (1°) YOD (valor numérico: 10), o Deus Vivo o Deus de Abraham, empregado nos Talismãs para o primeiro princípio; (2°) YOD-HE ou JAH (valor numérico: 15) o Deus de Isaac, empregado nos Talismãs para simbolizar a força exteriorizante, ou a Vida; (3°) YOD-HE-VAU ou IAHO (frequentemente IAO, a forma empregada pelos Gnósticos) (valor numérico; 21), o Deus de Jacó, empregado nos Talismãs para expressar o princípio de Santidade ou a Presença de Deus na Vida. O aluno não deixará de ver que 26+10+15+21 = 72, que é a cifra dos Nomes contidos na *Shem Hammephorasch* (veja em nossa obra Manual Mágico de Kabbala Prática. Ed. Madras, 2011).

    A letra YOD possui o valor 10, mas, sendo o fundamento do alfabeto e da primeira letra do Tetragrammaton, ela é também 1. É, portanto, dito (de maneira esotérica) que o poder de 1 é 10. No sistema Pitagórico, o Número 1 contém o par e o ímpar; 10 é par. Um é Unidade, Dez é a união das dez categorias. ALEPH, sendo também UM, pode ser substituído por YOD no Talismã, principalmente se o Talismã age para a saúde.

    A letra HE, de valor numérico 5, possui duas partes: a essência e a forma; segundo a finalidade de um Talismã ela é aplicada quer no sentido de 2 + 3, quer 3 + 2. Ela é feminina e se relaciona à Shekinah.

    A letra VAU, que possui o valor 6, o número Igual, porque 1 + 2 + 3 = 3 + 2 + 1, dando o triângulo da Trindade. Na arte Talismânica, o VAU pode ter referência às coisas materiais, à Criação, à Terra, mas muito especialmente à Justiça Divina.

    O segundo HE possui o valor 5 ou, mais exatamente, o do quadrado de 5 x 5 = 25, e 2 + 5 = 7. Segundo estas indicações, o segundo HE é o Setenário. Já vimos que as três últimas letras do Tretragrammaton: HE-VAU-HE nos dão o nome Eva, a mãe de toda a humanidade, a mulher. Na arte Talismânica, este é um símbolo de união.

    O aluno que deseja atuar no sentido Teúrgico pode, portanto, empregar as quatro letras do Tetragrammaton, cada uma por si mesma ou em combinações de duas, em combinações de três, ou em combinações de quatro, o que lhe dá cinquenta e oito combinações ao todo, extremamente simples. É necessário sempre escrevê-los em Hebraico, bem entendido. Segundo as regras da arte, empregando estas letras ou seu nome, seu valor numérico deve ser harmonioso, porque não se deve acrescentar um outro Nome, cifra ou símbolo que não esteja em relação com ele. Assim, o Círculo é atribuído a YOD; as duas linhas paralelas, a HE; o triângulo, a VAU; o quadrado, ao segundo HE; e o pentágono ou pentagrama, ao microcosmo. Quando o Tetragrammaton completo está escrito em uma de suas formas geométricas, há uma maneira regulamentar de fazê-lo. A estrela de seis pontas de dois triângulos entrelaçados (o Seio de Salomão) com o Tetragrammaton no centro é o talismã mais universal e o mais poderoso no sentido de proteção, apesar de sua simplicidade.

Até este ponto, tudo resta sobre a base das aplicações dos Nomes de Deus à Teurgia, da maneira mais estrita e a mais lógica. Não há aqui nenhuma maneira de se enganar. Isso é igualmente verdadeiro das indicações aritméticas e geométricas. Todavia, se há o desejo de levar esta rama mais longe, o aluno encontrará no Sepher Hachem (o Livro do Nome de Rabbi Ibn Ezra, e no Schaar Haschamayim (Medida da Terra) de Rabbi Abraham Cohem, um aumento de valores numéricos). Eles são deduzidos de suas bases de modo correto, mas seu valor esotérico não é garantido.

Todavia, a relação do 1 e ao 10 do YOD nos dá, no Tetragrammaton, um sistema de denário para os Nomes de Deus, o que é confirmado pelas quatro cifras 1 + 2 + 3 + 4 = 10. No antigo Bereshith, estes são os Schemoth, no Misticismo da Mercabah, o denário está constituído pelos Nomes associados com as Sephiroth. Os Schemoth são estes:

1 – EHEIEH;
2 – JAH;
3 – JAHVE;
4 – El;
5 – ELOHA;

6 – ELOHIM;
7 – JAHVE TZABAOTH;
8 – ELOHIM TZABAOTH;
9 – SHADDAY; e
10 – ADONAY.

O Sistema do denário é este:

1 – YOD;
2 – JAH e AL;
3 – SHADDAY;
4 – JAHVE e EHEIEH;
5 – ELOHIM;
6 – (encontramos no Kabbalismo Cristão em YESCHOUAH ou Jesus, o qual está formado pela inserção do Shin, a letra messiânica, no Tetragrammaton);
7 – ARARITA e ASHRAHIH;

8 – ALOAH VE DAATH e JAHVE VE DAATH;
9 – JAHVE TZABAOTH, ELOHIM GIBOR e JAHVE SIDIKONOU:
10 – ELOHIM TZABAOTH e o YOD-HE-VAU-HE. Quando as Sephiroth são empregadas, os Nomes de Deus devem ser aqueles que lhe são atribuídos (já demos os detalhes a respeito).

Avancemos um pouco nesta primeira parte da Kabbala Prática. As quatro letras do Tetragrammaton nos dão 24 combinações, mas sendo repetida a letra HE, não há mais que doze combinações em uso. Elas são chamadas as Doze Flâmulas. Elas são empregadas nas Doze

Bênçãos. O Nome é construído pela aplicação do Notarikón à palavra AMEN; a tradução das três palavras que compõem o Nome é Deus, o Rei Fiel. Quatro das Bênçãos são atribuídas à palavra Deus; quatro, à palavra Rei; e quatro, à Fé. Na Arte Talismânica, estas Doze Bênçãos estão associadas com as 12 letras simples do alfabeto, e, às vezes, uma dessas letras, inscritas à parte, é uma indicação suficiente para a Bênção completa. Na mesma ordem de ideias, o Setenário está associado com as 7 letras duplas, e o Ternário com as 3 letras mães.

Também há um Nome de Deus composto de 42 letras, tendo como base o Tetragrammaton $1 + 2 + 3 + 4 = 10$; Ao qual se acrescenta as 10 Sephiroth ou numerações e as 22 letras do alfabeto, assim: $10 + 10 + 22 = 42$. É confirmado pelo fato que o Nome de Doze Nomes, escrito em detalhe faz uma soma de 42 letras, que há 42 letras nas primeiras oito palavras do Livro do Gênesis, e que há 42 Títulos (ou virtudes) de Deus mencionados na Torá. Estes Nomes só devem ser relevados a um homem seguro, de idade madura, não vaidoso, doce e afável em suas relações e que sabe guardar fielmente grandes segredos. Não serão necessários muitos comentários sobre este Nome, ele é pouco ou nada empregado na Teurgia, na arte Talismânica ou na magia.

A INVOCAÇÃO DO NOME DO ETERNO

No texto do Gênesis que citamos acima, é necessário observar uma frase muito curiosa que se relaciona a Enoch (Gênesis IV, 26). É dito: foi então que se começou a invocar o Nome do Eterno. Demasiado frequente esta frase passou sob silêncio pelos exegetas, com uma suposição sob entendida que a frase se aplica à prece. Mas sua significação é completamente outra. Já foi dito que Adam retardou sua expulsão do Jardim, por todo o dia, pela recitação do Mantra ou louvores ao Eterno; as preces e os louvores por conseguintes já eram conhecidos e empregados. Vimos que Cain e Abel (e mais tarde Seth) tinham o hábito de oferecer sacrifícios, oferendas e preces ao Eterno. Seria completamente errado atribuir o começo de um culto a Enoch.

A chave desta estranha frase se encontra na tradição de que Enoch foi visitado pelo Arcanjo Ratziel, o guardião dos segredos do Eterno, aquele que deu a Adam algumas páginas para ler no *Livro da Magia de Deus*. Este Livro tinha retornado ao Céu, após a queda de Adam, mas o Arcanjo Ratziel desceu de novo durante a vida de Enoch (o sétimo patriarca, o nome deve ser ortografado Enoch) para lhe ensinar particularmente esta magia celeste.

É dito no *Zohar* que os patriarcas formavam o anúncio ou o coração da verdadeira humanidade, os homens dotados de almas, a linha direta, descendentes de Adam. Entre esses descendentes, só havia um que não era inferior a Adam. Este patriarca era Enoch, ele mesmo uma das almas de Adam vindas sobre a Terra. Esta frase é obscura, mas ela parece nos dar a compreender que Enoch era, em qualquer modo, uma reencarnação ou uma manifestação de Adam. É necessário lembrar que Enoch foi (com Elias) um dos dois únicos homens que viveram sobre a Terra e jamais conheceram a morte.

No *Livro do Nome* de Abn Ezra, uma antiga tradição, concernente ao Tetragrammaton, é atribuída a Enoch, o sétimo patriarca. Enoch é dito ser o primeiro a invocar o Nome do Eterno, o que quer dizer que ele foi o primeiro a empregar o Nome e os Nomes de Deus segundo as fórmulas mágicas para invocar os anjos e os demônios, os homens e os elementais. Enoch levou os conhecimentos de ancestral mais longe. É possível que Abn Ezra atribui a Enoch conhecimentos de data mais recentes, todavia a substituição da letra Aleph pelo segundo HE no Tetragrammaton (que é atribuído ao Arcanjo Ratziel), é certamente de um período muito antigo e será útil seguir a explicação dada.

O autor começa por distinguir o Nome *Yod-He-Vau-He* de todos os outros Nomes Divinos, sendo o Nome de Essência de Deus, ao qual não pode ser dado, nem um plural nem um artigo, e não pode ser derivado de um verbo. Abn Ezra nos faz notar que, no Tetragrammaton, a quarta letra He é a mesma que a segunda. Ora, como cada uma destas quatro letras tem uma importância capital, a quarta não pode ser simplesmente uma repetição.

O segundo He pode e deve ser substituído por uma letra chamada quiescente, a qual, para *He* é a letra Aleph. Temos, assim, para o Tetragrammaton as letras *Yod-He-Vau-Aleph*, tendo seu valor em números de 10 – 5 - 6 - 1; total 22. O Nome Divino assim interpretado da o número das letras do alfabeto. A Criação, o Criador são Um. Esta é a chave da tradição da linguagem de Enoch e a base das inovações que seguem esta linha teúrgica.

O autor parte deste princípio, diz Karppe, *visto que Deus está por cima de toda criação, o Nome que se designa em pessoa deve ter uma superioridade sobre todos os outros. Ele deve ser um reflexo do Ser que o usa. Os atributos que o espírito humano na sua fraqueza concebe de Deus devem ser igualmente simbolizados no Nome, na forma de letras, e nos números que representam estas Letras.*

Não somente Enoch tinha acesso a este livro sobre a Magia de Deus que lhe foi levado pelo Arcanjo Ratziel, mas, em virtude do fato de que ele era uma reencarnação de Adam, ele possui os mesmos dados sobre a Árvore do Conhecimento do Bem e do Mal, que Adam havia adquirido durante sua permanência no Paraíso Terrestre, mas que perdeu (ou esqueceu) após sua expulsão no Deserto de Sarças. Se Enoch era Adam, reencarnado, e principalmente – o que parece sugerir pela tradição – se pode acrescentar alguns conhecimentos de sua vida anterior, podemos compreender porque ele foi bastante prudente para permanecer na boa medida e não levar seus poderes teúrgicos além do limite permitido.

Todavia, nenhum homem é infalível. Enoch sabia que o Arcanjo Ratziel iria retornar ao céu. No *O Livro da Magia de Deus* (há também uma vaga referência a outro livro chamado, *O Livro do Conhecimento*), diz-se que o futuro do Mundo seria empobrecido se não pudesse transmitir ao menos uma parte de sua sabedoria à sua posteridade. Ele transcreveu alguns dos mais simples preceitos e invocações. Sua obra *O Livro do Mistério da Sabedoria Superior* (assim como ele é citado no *Zohar*) passou das mãos de Enoch nas mãos de outros homens que, por sua vez, tendo penetrado este mistério, irritaram a Deus. Um dia, trabalhando, subitamente Enoch viu um Mensageiro Celeste diante dele que lhe ordenou de deixar cair sua pena. Da continuação é dito simplesmente: Depois Enoch não esteve mais, porque Deus o levou.

Estas referências à Magia praticada são importantes, porque elas lançam uma luz sobre a razão do Dilúvio. É dito que certos homens, por sua vez tendo penetrado o mistério, irritam a Deus. Vamos indicar, na lição seguinte, as aproximações entre entidades pertencendo a diferentes planos da vida, à iniquidade que cobriu toda a terra, e ao fato que os homens chamavam os Nomes do Senhor sem causa, frase que é uma indicação do uso da Magia Negra. Esta Magia era invocatória, empregando os Nomes de Deus, (o Tetragrammaton ou outro), com a intenção de engrandecimento pessoal, ou para fazer o mal.

A esse respeito, o *Zohar* dá uma breve exegese do versículo (Ex. XXXVI, 27) tendo relação com a substituição da Lei para os mistérios nos temos seguintes:

"Deus disse, portanto:

- Eu não enviarei mais minha Sabedoria Eterna (*O Livro da Magia*) aos homens, de modo que ele possa vos conduzir à queda, assim como já aconteceu, Eu farei de modo que vós caminheis na via de meus preceitos, e que guardeis meus Mandamentos, e que os pratiques."

MISTÉRIO E ATRIBUTOS DOS DEZ NOMES DE DEUS

Diz a Tradição kabbalística que cada Número contém um mistério e um atributo que se refere a alguma inteligência. Tudo que existe na natureza forma uma Unidade pelo encadeamento de Causas e Efeitos, que se multiplicam até o infinito; e cada uma dessas causas se refere a um determinado número.

Os kabbalistas explicam a ordem, a harmonia e as influências dos céus sobre o mundo pelas 22 letras do Alfabeto Hebraico.

Cada letra expressa um hieróglifo, um número e uma ideia. E, se cada uma das letras é uma potência efetiva, a reunião dessas letras, na formação dos nomes, dá origem a centros ativos de forma que podem trabalhar (operar) de modo eficaz, quando são empregados e postos em ação pela Vontade do homem. Dessas palavras, a mais importante são os Nomes Divinos, cada um dos qual expressa um atributo especial de Deus, ou seja, uma lei ativa da Natureza e um centro universal de ação.

Estes Nomes Divinos os quais se referem a Kabbala por meio dos kabbalistas encerram em si grande potência pela combinação de suas letras e valores, que são em número de dez:

EHEIEH significa: *"Sou o que Sou"*, e serve para designar a essência dos seres. Escreve-se, às vezes, com a simples letra Yod (i), e neste caso representa o Eu Supremo e Absoluto. AEIE, em grego significa *sempre*.

YAH quer dizer, que no princípio todos os seres (Y) se manifestam na vida absoluta (H). Significa a indissolúvel união do espírito e da alma universal; a divindade pletórica de ideias; a essência essencializante.

YODHEVAUHE expressa uma das mais admiráveis leis naturais; os judeus não a pronunciam para não a profanarem e a substituem pela palavra Adonay (Senhor). De acordo com a Tradição judaica, somente o grande sacerdote teria seu segredo e o direito de pronunciá-la uma vez por semana. Deriva-se do verbo (EVE), que significa Ser. Juntando a este verbo o signo de manifestação potencial I, obtém-se IEVE, que expressa: "O ser que foi, que é e que será". A letra Yod inicial simboliza o Pai; as duas He a dupla natureza do filho, a ativa e a passiva, e a letra Vau´, que as une, é o espírito que do caos se fez cosmos. Representa também a copulação dos princípios masculino e feminino que geram eternamente o universo vivo.

EL ou *AL*, pela A expressa o Poder e pela L a elevação ou extensão. Designa o Todo Poderoso; o desenvolvimento da unidade do princípio, sua difusão no espaço e no tempo.

ELOHIM GIBOR, quinto nome divino, que no plural IM designa as Supremas potências Vivas. Moises empregava esta palavra quando falava com Deus, como Criador

ELOHA, nome no qual se junta a concepção precedente à ideia da luz espiritual e da vida absoluta. O Todo-poderoso que se manifesta em inteligência e vida.

YODHEVAUHE TZABAOTH significa Deus dos exércitos, ou Deus das ordens cósmicas; a Lei Divina que rege os Mundos.

ELOHIM TZABAOTH simboliza as Supremas Potências Vivas das ordens cósmicas.

SHADDAY. A palavra *Shad* caracteriza a Natureza produtora; a letra Y final a divindade. *SHADDAY,* é, pois, o nome da divina Providência, o Poder Altíssimo da vida.

ADONAY MELECH, que significa Senhor. Com isto, que tem por objetivo manifestar o mistério e os atributos aos quais os kabbalistas asseguram residir em cada uma das letras e números do alfabeto sagrado. Passaremos às fórmulas de invocação teúrgica dos dez *Nomes Sagrados do Eterno*, que poderão serem utilizados nas práticas espirituais daqueles que buscam estreitar as ligações com o Sagrado.

ENCANTAÇÃO PELOS DEZ NOMES DIVINOS

AINSOPH manto noturno que nenhuma pupila contemplou, umbral de sombra onde ficaram esgotados por haverem penetrado as 49 portas precedentes, Apolônio e Moisés! Um dia, esplendoroso de glória, penetraremos em teu abismo com a confiança de chegar nas ribeiras da pátria! Que a vertigem de se encaminhar para ti, pelas vias da pena, imantando nossos flancos doloridos de esforços e lacerados por flechas! Essência de todas as coisas, que coroa de eternidade as horas do tempo, de infinito as zonas do espaço e as multiplicidades de número, qualquer que seja meu orgulho por haver entrevisto teu mistério, não blasfemarei até projetar minha voz vã de homem para teu silêncio. Eu sei que estou demasiadamente distante de ti. Ó modalidade primordial do Ser, tu, cuja diferenciação, fonte de minha vida e fonte do mal universal, não foi talvez – e ali estão os limites do pavor – senão um imemorável acidente! Mas, pelas dez faces de luz que tua sombra central, pelos dez condutores de tuas vibrações, pelos dez delegados de teu Amor, clama às virtudes de tuas principais emanações. Órgãos de um corpo do qual és o invisível coração, quero que cada um deles se sobressalte à minha voz e responda por um afluxo de sua energia para meu seio. Minha força lhes ordena e minha debilidade lhes suplica.

I

EHEIEH! O olho jamais viu tua sensível majestade reinar no Empíreo, nem, em teu longo rosto apertado pela coroa de relâmpagos, tua boca que ordena os Animais Santos as vertiginosas corridas no fundo do primeiro móvel e prefere os nomes, significando as coisas. Quero que o Príncipe das faces de serenidade, introduza ante tua adumbrada faz, a teoria múltipla meus violentos desejos, que para ti gravitam, malditos e flagelados, os nove degraus da escada dos céus.

II

YAH! Minha imaginação de poeta, humanizando a miragem de tua essência e colorindo a abóboda do Espaço, entreviu o gesto de tuas mãos numa noite povoada de estrelas, mais além do orbe dos planetas, do qual nosso sol é o centro. As raças das quais surgiram acreditaram no teu reflexo e viram nos olhos suaves de um homem de cabelos avermelhados, que, nascido num presépio, entre o boi e o asno, foi cravado sobre uma cruz; e mulheres adoraram, ao redor da fronte ensanguentada desse jovem, teu reflexo empalidecido. Teu Seio, vestido de Sabedoria, sai da semente de um pai. Que tuas mãos ocupadas em jogar com os Discos, com as esferas simbolizando tuas ideias, revestidas de lucidez nos meus fundamentos nublados! O espírito humano naufraga facilmente no caos. Que *Raziel*, teu gênio confidente, faça ouvir sua voz na sarça ardente que tem meus desejos com um reflexo de chama!

III

YODHEVAUHE! Vi, no horizonte, um raio de sol iluminar com um leonino vermelho o branco ventre da pomba, incrustando sobre o céu, pela perpendicularidade de suas asas despregadas, uma aparência crucial. Assim abrilhantas com uma vibração de tua inteligência, a vida manifestada. Desde teu seio, os Anjos Grandes se Fortes vão investir no velho Saturno do poder de mandar na criação e ao apagar das formas. Com litúrgica capa negra, constelada de granadas, diadema na fronte com chumbo triste, eis-me aqui queimando na flor do enxofre, para que me eleves no espírito, Ó! Fumaça azul, até os limites supremos do domínio sideral, ao umbral do mundo empíreo. Tu mês guiarás, *Tsaphkiel*, nas trevas do Mistério onde se abisma minha audácia e me aureolarás de imortalidade, apesar do sinistro demônio *Zazel*, que sardoniza por levar rápido à decrepitude, e depois à definitiva podridão, a minha forma e meu sangue.

IV

EL! Em tua direita, o cetro de três ramas, e com ele o indicador rígido como um falo juvenil, és tu o Orfeu distinto sobre o cume do Olimpo, magnífico e misericordioso, projetando o enxame luminoso das Dominações para a esfera de Júpiter. A madeira de aloés e a noz moscada consumida nos turíbulos nublam com sua fumaça minha a minha frente circundada de estanho, enquanto meus membros descansam sob uma túnica celeste com pontos de topázio. Tu me trazes o cetro, *Tsadkiel*, a vara de teu manto, inacessível às sugestões de *Hismael*, não a erguerei senão em nome da justiça e da adorável misericórdia.

V

ELOHIM GIBOR! Os deuses assim como os homens e os gênios planetários têm um corpo talhado na beleza da matéria. Em tua leonina carne, corre maravilhoso sangue, Ó! Dispensador de força! Pai dos corações heroicos, ao beijo das Potências, que delegas, Marte toma nova força para as lutas. Eis aqui: puxado para baixo do aço, de curto manto inflamado de centenas de rubis, nos vapores de estoraque dilatam suas narinas: *Samael*, arcanjo do qual se entreve o rosto poderoso, ao reflexo vivo da espada, sobre minha cintura apertada de couro, tu verterás o óleo da força e darás a energia agressiva da resistência para o combate perpétuo do viver, para a rebelião santa e da justa ira. E, contra *Barzabel*, o violento demônio da brutalidade, do ódio e da destruição, estenderá na ponta do gládio consagrado.

VI

ELOHA! Tu meditas no sono luminoso da beleza. Sobre as asas dos Reis do Esplendor, teus olhares chegam através do braseiro vital do Sol, até a fronte do poeta aureolada de ouro, por entre o radial coro dos Apolíneos. Ó! Beleza, eu nasci para adorar tua face! Sobre meus cabelos, a tiara de ouro de tríplice plano, com capa bordada como casulo, estrelada de carbúnculos, eis-me aqui que lanço sobre as ardentes brasas, as lágrimas de betume e flores de louro. *Raphael* ou *Phoibos*. Ó príncipe de glória, tu encherás meu sono com a glória do ser no mundo. Desde o sensual estremecimento ante as graças da forma e das seduções das cores, até o êxtase alçado no voo para inalcançáveis enteléquias, deixando no teu rastro, para o cume de onde resplandece a beleza absoluta. Beleza, qual bruto disse ser perecedoura? Tua essência inacessível, como tua aparência mortal, a Luz que as procriou, propaga seus reflexos na esfera da eternidade. Para os olhos dos Videntes, não existe esplendores apagados. Eu te conjuro *Sorath!*

VII

YODHEVAUHE TZABAOTH! É pela Vitória que tu te manifestas, pela vitória da vida sobre a morte. Tua semente suscita os *Elohim* para a esfera sorridente de Vênus, genitora do amor. De clara e verde toga, pontilhada de esmeraldas, cintura adornada pelo cinto de cobre torcido, florido de verbenas e rosas, transportado pelos aromas do almíscar e do açafrão, invoco-te, *Haniel*, na hora em que teu corpo planetário vem encontrar com sua beleza o Touro do Zodíaco. O violento êxtase do amor levando a alma para fora da vida, ao umbral da morte – pois possuir um ideal é modificar a forma de sua vida tão profundamente como pela morte – esse êxtase de amor, pode vertê-lo da copa que ostenta sua encantadora mão. A amante que me foi designada antes da terra, a metade perdida do andrógino que fui, a enviarás para meu beijo. Impeça, suplico-te, que as rainhas das estratégias, *Lilith* e *Nahemah*, de detê-la presa na desconhecida noite. Ponha na matriz da mulher amada a vibração de amor que vá perpetuando através da medula dos *Elohim*, até o próprio coração de Deus. E neutraliza com teu alento balsâmico os malefícios do demônio zeloso das parelhas felizes, *Antéros* ou *Kédemel!*

VIII

ELOHIM TZABAOTH! Sobre a coluna esquerda, levanta-te num nimbo de glória, e desde ali teus servidores, os Filhos dos Deuses levantam voo para o ágil planeta Mercúrio. Sobre minha nuca uma coroa de hidrargírio; revestida sua túnica malva salpicada de cristais, da qual saem meus braços desnudos de obreiro. Numa fumaça de anis e de canela, eis que aqui está Michael, tu que aconselhavas Salomão, o rei do Mistério! Por ti, quero a penetração dos ocultos propulsores, quero fabricar a clave que viola os serviços do Oculto. Tu não perturbarás, *Taphthartharat*, ao bom obreiro, diligentemente curvado sobre seu trabalho!

IX

SHADDAY! Teus pés descansam sobre o Fundamento, e teus dedos fazem sinais aos ministros do Fogo, que seguem no curso da lua ao redor de nossa terra. Eu te coloquei na minha cabeleira uma lua crescente de prata fina; togado de branca dalmática estrelada de pontos argíricos e de safiras, queimo mirra, pronunciando as palavras que obrigam os poderes.

Tu te inclinas para mim Gabriel, como Artemísia triforme ao chamado de *Endymion*. Alma da lua, teu olhar investe como um anjo guardião a cada um dos filhos da mulher e verte fogo sombrio do gênio nos peitos predestinados; teu aspirar nos faz crescer; teu expirar, perecer, e o perfume de teu alento atrai através do horror das torrentes áuricas, ao espírito dos mortos que amamos, a imaginação dos poetas e das mulheres.

Espelho que refletes sobre nossas frontes os raios chegados de todos os planos do abismo, escolhe com amor àqueles que projetarão para meus flancos. Ao estremecer do encantamento prolongado das ondas espirituais, despoja, ordeno-te, a indiferença de tua frequente neutralidade para que, vivo, meus olhares de Vidente se lancem mais além de teu domínio.

E, quando me toques com o beijo da bem-vinda morte, não serei eu a julgar-te das tormentas astrais, presa do infernal abraço das servas de *Hasmodai*, dos *Lêmures* e das *Larvas*.

X

ADONAY MELECH! Tu que realizou o insoldável sono do Loango Rosto que os olhos não viram! O distante *Macroprosopo* coroado, que estabeleceu sobre o Reino das formas, que fustiga com o látego do perpétuo Devir. Grande Fazedor venerado pelos Herméticos, tu construíste o Templo. Desde teu trabalho, o Ser pode olhar-se no símbolo que manifesta suas virtualidades. A sombra tem um corpo. O grande *Pan* está vivo. A sua ordem, as Inteligências de glória oferecem aos homens o vinho do Conhecimento, da Gnose integral, que somente podem provar os fortes e os audazes. Eu sei que o sabor é amargo e mortal. Mas, nesta Taça, posso pôr meus lábios, pois, no subterrâneo de *Eleusis*, absorvi a dor e bebi a recordação.

A *SHEM HAMMEPHORASCH*

Já falamos do Nome das 72 letras, a Shem Hammephorasch ou Nome Pronunciado, que é a cifra obtida pela adição dos quatro Nomes Divinos no Tetragrammaton. Após o YOD-HE-VAU-HE, a Shem Hammephorasch é o elemento mais importante na Teurgia da Kabbala. Seu emprego é justificado segundo as leis teúrgica, o qual vamos explicar.

Notemos primeiramente que o primeiro versículo da Mercabah contém 72 letras. É dito que há 72 atributos de Deus; 72 Anjos em volta do trono; o Zohar nos informa que havia 72 degraus sobre a escada de Jacob pelos quais os Anjos desciam e subiam; o número 72 se repete continuamente na literatura Apocalíptica.

Na Teurgia, estes 72 Nomes tomam a forma dos 72 Atributos Divinos. Segundo o sistema de personificações que se tornou uma grande característica da Mercabah, cada um desses Atributos era tomado pelo nome de Anjo ou Gênio que agia como intermediário entre a esfera celeste e a esfera terrestre. O melhor trabalho de condensação sobre este assunto foi feito por Lenain em 1823. (O segundo, terceiro e quarto quadros da Ciência Kabbalística são do próprio Lenain; eles não são tradicionais, mas seguem algumas indicações antigas. Com essa exceção e uma tendência a fazer paralelismo cristão, uma grande parte deste libro é da Alta Tradição).

"O leitor deve notar", diz Lenain, "que as Santas Escrituras encerram nelas um sentido místico e oculto, porque a maior parte dos Nomes Divinos foram extraídos dos principais versículos da Escritura, pelos magos e Kabbalistas". É assim que os Nomes dos 72 Anjos são formados dos três versículos misteriosos (Êxodo, XIV, 19, 20 e 21), cujos versículos, segundo o texto hebreu, se compõem cada um de 72 letras hebraicas. A maneira de extrair os 72 Nomes destes três versículos se faz assim:

> *Escrevei primeiro separadamente estes versículos, formai com eles três linhas compostas cada uma de 72 letras, segundo o texto hebraico; tomai a primeira letra do 19 e do 21 versículos, começando pela esquerda; a seguir tomai a primeira letra do versículo 20, que é a do meio, começando pela direita; estas três primeiras letras formam o atributo; seguindo a mesma ordem até o fim,*

> *tereis os 72 Atributos das Virtudes Divinas. Se acrescentais a cada um desses nomes um destes dois grandes Nomes Divinos JAH (Iah) ou EL, então tereis os 72 Nomes dos Anjos, composto de três sílabas, dos quais cada um contém em si o Nome de Deus.*

Segundo Lenain (corrigido segundo a linha indicada por Cornelius Agrippa, daremos à lista completa dos 72 Gênios (Anjos, ou Atributos de Deus), na ordem seguinte: O Número – o Nome – o Atributo – a Oração e a Influência).

1 – VEHUIAH – Deus exaltado – "Tu, Ó! Eterno, Tu és meu escudo, Tu és minha glória, e Tu levantas minha cabeça" (Salmo III, 4). Dá a sabedoria, a energia e o espírito sutil.

(Para calcular os dias e horas propícias a cada Gênio – segundo Lenain – a regra é geral). O poder de VEHUIAH age para o 20 de março; após um lapso de 72 dias, ele recomeça o 31 de maio, a seguir o 11 de agosto e o 2 de janeiro. Os outros Gênios seguem a seu turno; isso faz 660 dias. Os últimos 5 dias (epagomênicos) têm outras invocações, MEMEL (Terra), AAEL (Água), SHAEL (Fogo), ASHRAEL (prece), ARARITA (perfeição). As orações são repetidas. No que diz respeito às horas propicias, emprega-se o mesmo procedimento. O poder de VEHUIAH é de meia noite (12h a 12h20m), o Gênio seguinte JELIEL de 12h20m a 12h40m, e assim por diante, porque 72 vezes 20 minutos faz 24 horas. Um aluno pode confeccionar em ½ hora o quadro que mostra os dias e horas propícias para todos os Gênios. Para dar um exemplo: O 20 Gênio regerá 19 dias após 20 de março (o dia de Vehuliah ou o oito de abril). Ele regerá a hora começando 19 vezes 20 minutos (380 minutos ou 6h20m) após a hora de VEHUIAH – 6h20m a 6h40m.

2 – JELIEL – Deus que socorre – "Tu, Eterno, não Te afaste! Tu que és minha força, vem depressa em meu socorro" (Salmo XXI, 2) – Para acalmar a sedição; favorável à paz conjugal. (Estas referências são da Vulgata).

3 – SITAEL – Deus de esperança – Eu digo ao Eterno: "Meu refúgio e minha fortaleza, meu Deus em quem eu confio" (Salmo III, 2) – Contra as adversidades; favorece a magminidade.

4 – ELEMIAH – Deus misterioso – "Volta Eterno! Livra minha alma; salva-me, pela Tua misericórdia" – Contra a traição; favorece as viagens.

5 – MAHASIAH – Deus salvador – "Eu procurei o Eterno e Ele me respondeu. Ele me livrou de todos os terrores". (Salmo XXXIII, 5) – Para viver em paz; favorece as artes liberais.

6 – LELAHEL – Deus louvável – "Cantai ao Eterno, que reside em Sião, publicai entre os povos Seus grandes feitos" (Salmo IX, 12) – Para adquirir as luzes da sabedoria e para curar as doenças, favorável para o amor à fortuna.

7 – ACHAIAH – Deus bom e paciente – "O Eterno é misericordioso e compassivo, lento na cólera e rico na bondade" (Salmo CII, 8) – Favorece a paciência e os estudos práticos.

8 – CAHETHEL – Deus adorável – "Vinde, prosternemo-nos e humilhemo-nos, dobrai o joelho diante do Eterno, nosso criador" (Salmo XCIV, 6) – Para expulsar os maus espíritos; favorece as produções agrícolas.

9 – HAZIEL – Deus de misericórdia – "Eterno, lembra-Te de Tua misericórdia e de Tua bondade, porque elas são eternas" (Salmo XXIV, 6) – Para o favor dos grandes, favorece a sinceridade e o perdão.

10 – ALADIEL – Deus propício – "Eterno! Que Tua graça esteja sobre nós, como nós esperamos em Ti"! (Salmo XXXII, 22) – Para guardar os segredos, favorável à saúde e aos empreendimentos.

11 – LOVIAH – Deus louvado e exaltado – "Vive o Eterno, e bendito seja meu rochedo! Que o Deus de minha salvação seja exaltado" (Salmo XVII, 47-50) – Contra o raio; favorece a vitória e o renome.

12 – HAHAIAH – Deus refúgio – "O Eterno é um refúgio para o oprimido, um refúgio no tempo da angustia". (Salmo 9, X) – Contra as adversidades; domina sobre os sonhos.

13 – IEZAIEL – Deus glorificado sobre todas as coisas – "Elevai para o Eterno gritos de alegria, vós todos, habitantes da Terra; fazei explodir vossa alegria, e cantai"! (Salmo XCVII, 4) – Favorece a reconciliação dá uma boa memória.

14 – MEBAHEL – Deus conservador – "O Eterno reina por todo o sempre, Ele julga o Mundo com justiça, ele julga os povos com retidão". (Salmo IX, 8, 9) – Contra os usurpadores de fortuna, protege a inocência.

15 – HARIEL – Deus criador – "O Eterno é meu refúgio, meu Deus é o rochedo de meu refúgio" (Salmo XCIII, 22) – Contra os ímpios; favorece as descobertas científicas.

16 – HAKAMIAH – Deus que erige o Universo – "Eterno, Deus de minha salvação! Eu grito noite e dia diante de Ti". (Salmo LXXXVII, 2) – Contra os opressores; favorável à vida militar e às honras.

17 – LAUVIAH – Deus admirável – "Eterno, nosso Senhor! Que Teu Nome é admirável sobre toda a Terra"! (Salmo VIII, 2) – Contra a tristeza; favorece um bom sono e revelação em sonho.

18 – CALIEL – Deus pronto a atender – "Dá-me justiça oh Eterno! Segundo meu direito e segundo minha inocência". (Salmo VII, 9) – Para obter um pronto socorro na adversidade.

19 – LEUVIAH – Deus que atende os pecadores – "Eu coloquei no Eterno minha esperança, e Ele se inclinou para mim, Ele escutou meus gritos" (Salmo XXXIX, 2) – Domina a inteligência e a memória dá a paciência.

20 – PAHALIAL – Deus redentor – "Eterno, livra minha alma da língua mentirosa, da língua enganosa" (Salmo CXIX, 2) – Contra os inimigos da religião; favorece a castidade e a piedade.

21 – NELCHAEL – Deus só e único – "Mas em Ti eu confio, oh Eterno! Eu digo: Tu és meu Deus! Meus destinos estão em Tias mãos" (Salmo XXX, 15, 16) – Contra os caluniadores, as magias e os maus espíritos; favorece as ciências abstratas.

22 – IEIAIEL – A direita de Deus – "O Eterno é aquele que te guarda, o Eterno é tua sombra à tua mão direita" (Salmo CXX, 5) – Contra as tempestades e os naufrágios; favorece a diplomacia e o comércio.

23 – MELAHEL – Deus que livra dos males – "O Eterno guardará tua saída e tua entrada, desde agora e para sempre" (Salmo CXX, 8) – Contra as armas; favorece a filoterapia.

24 – HAIUIAH – Deus bom por si mesmo – "Eu aqui! O olho do Eterno está sobre aqueles que o temem, sobre aqueles que esperam em sua bondade" (Salmo XXXII, 18) – Para a misericórdia; protege os maus feitores na sua primeira ofensa.

25 – NITH-HAIAH – Deus que dá a sabedoria – "Eu louvarei o Eterno de todo o meu coração, eu cantarei todas Tuas maravilhas" (Salmo IX, 2) – Para a sabedoria; favorece as ciências ocultas.

26 – HAAIAH – Deus oculto – "Eu Te invoco de todo o meu coração, escuta-me, Eterno, a fim de que eu guarde Teus estatutos" (Salmo CXVIII, 145) – Para a verdade – favorável para os tratados e os acordos.

27 – IERATHEL – Deus que pune os perversos – "Eterno livra-me dos homens malvados, preserva-me dos homens violentos" (Salmo CXXXIX, 2) – Para nos livrar de nossos inimigos; favorece a civilização a liberdade.

28 – SEHEIAH – Deus que cura as doenças – "Oh Deus, não Te afaste de mim; meu Deus vem rápido em meu socorro" (Salmo LXX, 12) – Contra os incêndios, as ruínas de construções, as quedas; favorece a longevidade.

29 – REUEL – Deus pronto a socorrer – "Eis aqui, Deus é meu socorro, o Senhor sustentáculo de minha alma" (Salmo LIII, 6) – Para ser livre dos inimigos tanto visíveis como invisíveis; favorece a meditação.

30 – OMAEL – Deus paciente – "Desde há muito tempo Tu és minha esperança, Senhor Eterno, em Ti eu confio desde minha juventude" (Salmo LXX, 5) – Contra o desespero e para a paciência; favorece os químicos, os médicos e os cirurgiões.

31 – LECABEL – Deus que inspira – "Eu contarei as Tuas obras poderosas, Senhor Eterno, eu lembrarei Tua justiça, só a Tua" (Salmo LXX, 16) – Favorável para as matemáticas; ajuda o homem que vai subir com a ajuda de seus pais.

32 – VASARIAH – Deus justo – "Porque a palavra do Eterno é reta, e todas as Suas obras se realizam com fidelidade" (Salmo XXXII, 4) – Favorece os magistrados e os advogados; dá a palavra fácil.

33 – IEHUIAH – Deus que conhece todas as coisas – "O Eterno conhece a vaidade dos pensamentos dos homens, Ele destrói os desejos dos pagãos" (Salmo XXXIII, 10) – Para destruir as maquinações dos politiqueiros; protege os governadores justos.

34 – LEHAHIAH – Deus clemente – "Coloca tua esperança no Eterno desde agora e para todo sempre" (Salmo CXXIX, 5) – Contra a cólera; favorece a boa inteligência entre os chefes de estados.

35 – CHAVAKIAH – Deus de felicidade – "Eu amo o Eterno, porque ele escuta a minha voz e minhas súplicas" (Salmo CXIV, 1) – Para se reconciliar após uma querela; favorece a paz familiar.

36 – MENADEL – Deus adorável – "Eterno, eu amo a permanência de Tua Casa, o lugar onde Tua glória habita" (Salmo XXIV, 8) – faz voltar os exilados e descobre os bens perdidos.

37 – ANIEL – Deus das virtudes – "Deus das virtudes, socorrei-nos pela glória de Teu Nome, mostra-nos Tua face e liberta-nos" (Salmo LXXIX, 8) – Para proteger uma cidade; favorece os arquitetos e engenheiros.

38 – HAAMIAH – Deus, a esperança de todos – (Também AGLA – o Deus triuno é Um nome baseado sobre as iniciais de uma frase que se traduz: "Deus, o Todo Poderoso diante da Eternidade" – Este Nome é muito empregado nos talismãs) – "Porque Tu és meu refúgio, oh Eterno, Tu fazes do Altíssimo Tua morada; Aquele que permanece ao abrigo do Altíssimo repousa à sombra do Todo Poderoso". (Salmo XC, 1) – Para adquirir tesouros celestes; favorece os cultos religiosos.

39 – REHAEL – Deus generoso – "Escuta, Eterno, tem piedade de mim, Eterno, sê meu socorro". (Salmo XXIX, 11) – Para curar as doenças crônicas; favorece o amor paternal e filial.

40 – IEIAZEL – Deus que alegra – "Por que, Eterno, recusas minha alma? Por que me ocultas Tua face"? (Salmo LXXXVII, 15) – Para as consolações espirituais; favorece os homens de letras e os artistas.

41 – HAHAHEL – Deus em três pessoas – "O Eterno escuta minha súplica. O Eterno acolhe minha prece, todos os meus inimigos estão confundidos" (Salmo VI, 10,11) – Dá a grandeza de alma; favorece os missionários.

42 – MICHAEL – Deus brilhante – "O Eterno te guardará de todo mal, Ele guardará tua alma" (Salmo CXX, 7) – Para viajar em segurança; favorece os embaixadores e os diplomatas.

43 – VEUALIAH – Deus dominador – "O Eterno, eu imploro Teu socorro, e minha prece da manhã se eleva a Ti" (Salmo LXXXVII, 14) – Para ser livre da escravidão; favorece a carreira das armas.

44- IELAHIAH – Deus Eterno – "Aceita, ó Eterno, os sentimentos que minha boca exprime e ensina-me Tuas leis" (Salmo CXVIII, 18) – Para ganhar um processo; favorece as permanências num lugar de ensinamento; protege os soldados misericordiosos.

45 – SEALIAH – Deus Energia – "Quando eu digo o meu pé vacila Tua bondade, ó Eterno me serve de apoio" (Salmo XCIII, 18) – Contra os orgulhosos, ele levanta aqueles que são humilhados e caídos.

46 – ARIEL – Deus revelador – "O Eterno é bom para com todos e Suas compaixões se estendem sobre todas as Suas obras" (Salmo CXLIV, 9) – Para revelações e sonhos premonitórios; favorece as ideias progressivas.

47 – ASALIAH – Deus verídico – "Que Tuas obras são em grande número, ó Eterno! Tu as fizeste com sabedoria, a Terra está repleta de Teus bens" (Salmo CIII, 24) – Para os louvores a Deus; favorece os homens retos.

48 – MICHAEL – Deus pai de socorros – "O Eterno manifestou sua salvação, ele revelou a justiça aos olhos das nações" (Salmo XCVII, 2) – Para a paz entre os esposos; favorece a família.

49 – VEHUEL – Deus elevado – "O Eterno é grande e muito digno de louvores, e Sua grandeza é insondável" (Salmo CXLIV, 3) – Para aliviar um espírito contrariado; favorece os grandes personagens por suas virtudes.

50 – DANIEL – Deus que escuta – "O Eterno é justo. Ele ama a justiça, os homens retos contemplam sua face" (Salmo X, 7) – Para esclarecer um ponto difícil de decidir; favorece os magistrados e os advogados.

51 – HAHASIAH – Deus que faz ressaltar o bem secreto – "Que a glória do Eterno subsista por todo o sempre, que o Eterno se revele em Suas Obras"! (Salmo CIII, 31) – Para elevar sua alma e para descobrir os mistérios da sabedoria.

52 – IMAMIAH – Deus altíssimo – "Eu louvarei o Eterno por causa de Suas justiças, eu cantarei o nome do Eterno, do Altíssimo" (Salmo VII, 18) – Para a boa fé e o arrependimento; favorece os humildes corajosos.

53 – NANAEL – Deus que abaixa os orgulhosos – "Eu sei, ó Eterno, que Teus julgamentos são justos; é na verdade que Tu me hás humilhado" (Salmo CXVIII, 75) – Domina os contemplativos; favorece a meditação.

54 – NITHAEL – Rei dos céus – "O Eterno estabeleceu Seu trono nos céus, e Seu reino domina sobre todas as coisas" (Salmo CII, 19) – Para viver muito tempo uma vida útil; favorece os sábios e os oradores.

55 – MEBAHIAH – Deus que se lembra – "Mas Tu, Eterno, Tu reinas perpetuamente, e Tua memória dura de geração em geração" (Salmo CI, 13) – Para aqueles que desejam uma família; favorece os pais de família, principalmente entre os artesãos.

56 – POIEL – Deus renovador – "O Eterno sustém a todos aqueles que caem, e Ele endireita a todos aqueles que estão curvados" (Salmo CXLIV, 14) – Para obter um pedido modesto; favorece os filósofos e os pensadores.

57 – NEMAMIAH – Deus protetor – "Vós que temeis o Eterno, confiai no Eterno, Ele é vosso socorro e vosso escudo" (salmo CXIII, 11) – Para a prosperidade, para suportar os sofrimentos; favorece os oficiais e os estrategistas.

58 – IEIALEL – Deus que perdoa – "Cura-me Eterno, porque meus ossos estão fracos, minha alma está perturbada; Eterno, até quando? Vem Eterno livra minha alma" (Salmo VI, 3) – Contra os desgostos; favorece os armeiros, os cuteleiros e os comerciantes.

59 – HARAHEL – Deus que abençoa – "Quem é semelhante ao Eterno, nosso Deus! Ele tem Sua morada no alto, Ele baixa suas regras, sob os Céus e a Terra" (Salmo CXII, 5) – Para a instrução e o ensinamento; favorece os arquivistas, os bibliotecários e o comércio de livros.

60 – MITZRAEL – Deus santo – "O Eterno é justo em todas as Suas vias e misericordioso em todas as Suas obras" (Salmo CXLIV, 17) – Para curar as doenças do espírito; favorece os obedientes e aqueles que são de humor agradável.

61 – UMABEL – Deus luminoso – "Que o Nome do Eterno seja bendito desde agora e para todo sempre! Do nascente do sol até o poente, que o Nome do Eterno seja celebrado"! (Salmo CXII, 2,3) – Para reforçar as amizades; favorece os astrônomos, os astrólogos e os adivinhos.

62 – IAH – HEL – Deus supremo – "Eu amo teus mandamentos, Eterno, dá-me a vida segundo Tua bondade" (Salmo CXVII, 159) – Para adquirir a tranquilidade; favorece os iluminados e a todos aqueles que querem se retirar do Mundo.

63 – ANAUEL – Deus infinito – "Servi ao Eterno com temor e regozijai-vos com tremor" (Salmo II, 11) – Contra os acidentes; favorece os banqueiros e aos agentes de negócios.

64 – MEHIEL – Deus vivificante – "O olho do Eterno está sobre aqueles que o temem, sobre aqueles que esperam em sua bondade a fim de arrancar sua alma da morte" (Salmo XXXII, 18, 19) – Acolhe as preces dos verdadeiros crentes; contra a raiva; favorece os autores e os escritores.

65 – DAMABIAH – Deus fonte de pensamentos – "Volta, Eterno, tem piedade de Teus servidores; sacia-nos cada manhã com Tua bondade" (Salmo LXXXIX, 13, 14) – Contra os sortilégios; favorece os marinheiros e a pesca.

66 – MANAKEL – Deus que atende – "Não me abandones, Eterno meu Deus, não Te afastes de mim, vem rápido em meu socorro!" (Salmo XXXVII, 22) – Para acalmar a cólera de Deus; favorece aqueles que são amáveis e de caráter doce.

67 – EIAEL – Deus, o amado – "Faz do Eterno tuas delícias, e Ele te dará o que teu coração deseja" (Salmo XXXVI, 4) – Protege os tesouros e os monumentos; dá a verdade àqueles que trabalham as ciências ocultas.

68 – HABUHIAH – Deus que dá tudo – "Louva o Eterno, porque Ele é bom, porque Sua misericórdia dura para sempre" (Salmo CV, 1) – Para conservar a saúde e fazer uma vida industriosas; favorece àqueles que amam a Natureza, a agricultura e a jardinagem.

69 – ROCHEL – Deus que vê tudo – "O Eterno é minha partilha e meu cálice, és Tu que asseguras minha parte" (Salmo XV, 5) – Para encontrar os objetos perdidos ou roubados; dá o renome; favorece os historiadores e os economistas.

70 – JABAMIAH – Deus o Verbo – "No princípio Deus criou o Céu e a Terra" (Salmo Gênesis I, 1) – Contra a desobediência a Deus; favorece aqueles que trabalham para fazer vir o reino da Luz de Deus (AIN SOPH AUR) sobre a Terra.

71 – HAIAIEL – Deus mestre do Universo – "Eu louvarei com minha boca grandemente ao Eterno, eu o celebrarei no meio da multidão" (Salmo CVIII, 30) – Para libertar aqueles que sofrem pela ignorância; favorece aqueles que trabalham para fazer vir o reino da Divina Sabedoria (AIN SOPH) sobre a Terra.

72 – MUMIAH – Deus o princípio e o fim – "Sede benditos pelo Eterno, que fez o Céu e a Terra"! (Salmo CXIII, 15) – Contra o desespero, dá paz suprema; favorece aqueles que trabalham para fazer vir o reino da Presença de Deus (AIN) sobre a Terra.

O AMOR É UNO

Sim, o AMOR é UNO; é preciso entender desde cedo a sua unidade e tarde ou cedo sempre retorna à sua Origem. Temos nós levamos na alma partículas de amor; é necessário que essas Inteligências puras se reúnam um dia em um só ponto e se convertam no Amor Único, o amor do Eterno.

Desta maneira entraremos, isto é, nos reintegraremos na harmonia imensa e universal dissipando a sensação de individualidade egóica, deixaremos de ser apenas um ser e nos tornaremos a totalidade no Ser. Participaremos como Deus e em Deus das criações que realizarão para este estado consciencial absoluto. Produziremos Luz e Amor e criaremos em nossa órbita uma aura de paz e êxtase total.

> *Oh, divina Unidade, quão bela e precisa és! ... Muitos visionários disseram que voltaríamos ao ponto de partida a nossa Unidade primordial e nós acreditamos.*

Crer nessa premissa é uma necessidade de nossa salvação e praticá-la é uma dádiva antecipada do Espírito Maior.

Lançamo-nos neste sentido como o ferro sobre o imã. Quando emanamos partículas de amor desperta um desejo inconsciente de atração e reunião de teor curativo; isto é uma necessidade, uma fé que transcende os æons e nos aproxima do plano central de Deus.

FÓRMULA DE AMOR. – Toda manhã, abra vossas janelas e de cara com a luz pronuncia as seguintes palavras: "Eu quero absorver o Amor. Eu quero saturar-me da Sabedoria Divina do Amor."

Faça logo os exercícios respiratórios que temos indicado ao longo de todo nosso trabalho. Dediquem-se à Respiração e ao Deus de vossos corações e de vossas compreensões e ficarão surpresos com os maravilhosos efeitos benfazejos que irão experienciar.

"Amor é a Lei, amor sob vontade" AL I 57.

BIBLIOGRAFIA RECOMENDADA

AUZOU G. *La Parole de Dieu, appronches du mystère des Saintes Escritures.* L' Oronte, 1960.

BARE J. F. *Pouvoirs des Vivants, langage des morts*, Maspéro, Paris, 1977.

BENOIT P. *Les analogies de l'inspiration in Exègèse et Théologie III.* Cerf. Paris, 1968.

BINGEN H. (de). *Le Livre des Oeuvres Divines.* A. Michel, Paris, 1982.

BLAVATSKY H.P. *Isis Dévoilée*, Adyar, Paris, 1973.

CAILLOIS R. *L'homme et le sacré*, Gallimard, Paris, 1950.

CALLEBAULT N., Paul J. *Rites et Mystères au Proche* – Orient, Laffont, Paris, 1980.

CARREL A. *L'homme cet inconnu.* Plon. Paris, 1935.

CHRISTIAN, Paul. *The Kabbalah Practice and Magic* - Londres, n.d., 1909.

COSTA, Mário A. *Gnosiologia – Curso de Filosofia Científica e Ciência Filosófica*, 1 e 2, FEEU, RS, 1964.

HALL Manly P. *The Secret Teachings of All Ages* – Philosophical Research Society, Los Angeles, CA, 1975.

HAZIEL. *Le Grand Livre de Cabale Magique* - Éditions EB Bussière, Paris, 1989.

HEINDEL, Max. *Visão Espiritual e Mundos Espirituais*, Ed. Fraternidade Rosacruz, RJ, 1975.

KHAN, Inayat. *A Vida Interior*, Coeditora Brasílica, Rio de Janeiro, 1942.

A. L. Soror. *Western Mandalas of Transformation: Magical Squares - Tattwas - Qabalistic Talismans*, Llewellyn Publications, 1996.

LEADBEATER, C.W. Auxiliares Invisíveis, *Livraria Clássica Editora de A.M. Teixeira, 1916.*

LEADBEATER, C.W. *El Hombre Visible e Invisible*, Ed. Kier, Buenos Aires, 1955.

LEADBEATER, C.W. *The Devachanic Plane or the Heaven World: Its Characteristics and Inhabitants*, Published by Theosophical Publishing House (Division of Theosop), 1984.

LEADBEATER, C.W. *Vislumbres de Ocultismo Antiguo y Moderno, Imp. de Carbonell y Esteva, Barcelona. 1904.*

LEVI, Eliphas. *A Ciência dos Espíritos*, Ed. Martins Fontes, SP, 1985.

MAYERHOFER, Gottfried. *Os Sete Sacramentos*, Ed. União Neo-Teosófica, Uberlândia, MG, 1975.

MOPSIK, Charles. *Les Grands Textes de la Cabale*, Verdier, Paris, 1993.

MYER, Isaac. Solomon Ben Yehudah Ibn Gebirol, *Qabbalah, The Philosophical Writings*, Ktav Publishing House, Inc. New York, 1888.

NAUDON, Paul. *Histoire et Rituels des Halts Grades Maçonniques, Le Rite Ecossais Ancien et Accepté*, Dervy Editions, Paris, 1966.

NEFONTAINE, Luc. *Symboles Et Symbolisme Dans La Franc-Maçonnerie*, Editions de l'Université de Bruxelles, 1997.

PAPUS (Dr. Gérard Encause). *La Reencarnacion,* Edaf, Madrid, España, 1978.

PASQUALLYS, Martinets de. *Traité de la Réintégration des Êtres Créés,* Robert Dumas Editeur, Paris, 1974.

ROSSI, Helyette Malta. *Provença, Vestígios do Cristianismo Antigo e Medieval*, FEEU, Porto Alegre, RS, 1990.

SAINT-MARTIN, Louis-Claude de. *Controverse Avec Garat,* Paris, Fayard, 1990.

SAINT-MARTIN, Louis-Claude de. *Lettres Aux Du Bourg*, Robert Amadou , L'initiation à Paris, 1977.

SAINT-MARTIN, Louis-Claude de. *Mon livre vert, Cariscript*, Paris, 1991.

SAINT-MARTIN, Louis-Claude de. *Quadro Natural (Das Relações que Existem Entre Deus, o Homem e o Universo)* Edições Tiphereth777, Brasil, 2000.

SECRET, François. *Hermétisme et Kabbale*, Bibliopolis, Napoli, 1992.

SÉROUYA, Henri. *La Kabbale*, Grasset, 1947.

SÉROUYA, Henri. *Les Philosophies de L'Existence*, Librairie Fischbacher, Paris, 1957.

TOVAR, Alódio (Kaé). *Cristianismo sem Rótulo*, Ed. Dharma Ltda, Goiás, 1960.

URBANO Júnior, Helvécio de Resende (Ali A'l Khan S I). *Kabbala; Magia, Religião & Ciência,* Edições Tiphereth777, Brasil, 2006.

URBANO Júnior, Helvécio de Resende (Ali A'l Khan S I). *Manual Mágico de Kabbala Prática,* Edições Tiphereth777, Brasil, 2005.

URBANO Júnior, Helvécio de Resende (Ali A'l Khan S I). *Maçonaria, Simbologia e Kabbala*, Ed. MADRAS, Brasil, 2010.

URBANO Júnior, Helvécio de Resende (Ali A'l Khan S I) - Secretum - Manual Prático de Kabbala Teúrgica - Editora ISIS, SP, 2014.

URBANO Júnior, Helvécio de Resende (Ali A'l Khan S I) Arsenium - O Simbolismo Maçônico - Editora ÍSIS, SP, Brasil, 2016.

URBANO Júnior, Helvécio de Resende (Ali A'l Khan S I) Hermeticum - Caminhos de Hiram - O Filosofismo da Maçonaria Iniciática - Editora ISIS, SP, 2018.

URBANO Júnior, Helvécio de Resende (Ali A'l Khan S∴ I∴) Gnosticum - A Chave da Arca - Maçonaria Prática - Editora ISIS, SP, 2018.

VULLIAUD Paul. *La Kabbale Juive,* Emile Nourry. Paris, 1923.

WAITE, A.E. *The Holy Kabbalah.* Carol Publishing Group Edition, United States of America, 1995.

WARRAIN, Francis. *L'Ceuvre Philosophique de Hoené Wronski,* Les Éditions Véga, Paris, 1936.

WARRAIN, Francis. *La Théodicée de la Kabbale*, Guy Trédaniel, Éditions Véga, Paris, 1984.

WIRTH, Oswald. *El Simbolismo Hermetico*, Editorial Saros, Buenos Aires, Argentina, 1960.

XENO. *O Homem*, Ed. FEEU, Porto Alegre, RS, 1991.

BIBLIOGRAFIA

ABRAHAM, Roger [ROGERIUS, ABRAHAM] - *La Porte Ouverte, pour parvenir à la Connoissance du Paganisme Caché.* , Jean Schipper, Amsterdam - 1670.

AGOSTINHO, Santo. - *Obras de San Agustin,* en edición bilíngue, Ed. BAC, Madri. s/d.

AGRIPPA, Heinrich Cornelius - *Filosofia Oculta* - Argentina, 1953.

AGRIPPA, Heinrich Cornelius - *La Magia de Arbatel.-* Espanha, 1977.

AMBELAIN, Robert - *Le Martinisme* - Éditions Niclaus N. Bussière, Paris, 1948.

AMBELAIN, Robert - *Cérémonies et Rituels de la Maçonnerie Symbolique* - Éditions Niclaus N. Bussière, Succ, Paris, 1966.

AMBELAIN, Robert - *L'Astrologie des Interrogations* - Paris, 1984.

AMBELAIN, Robert - *La Franc-Maçonnerie Oubliée* - Robert Laffont, Paris, 1985.

AMBELAIN, Robert - *La Kabbale Pratique* - Paris, 1992.

AMBELAIN, Robert - *La Talismanie Pratique* - Paris, 1950.

AMBELAIN, Robert - *Le Martinisme contemporain et ses Origines* - Paris, 1948.

AMBELAIN, Robert - *Sacramentaire du Rose † Croix* - Paris, 1957.

AMBELAIN, Robert - *Scala Philosophorum ou la Symbolique des Outils dans L'Art Royal* - Éditions Niclaus N. Bussière, Succ., Paris, 1965.

APOCRÍFO - *Clavicules de Salomão* - Paris, 1825.

APÓCRIFO - *Clefs Majeures et Clavicules de Salomon* - Paris, 1895.

APOGRIFO - *El Tesoro -"Guia Prática de la Magia "*- Espanha, 1917.

ARISTÓFANES - As Rãs.

ASMOLE, Elias - *The Institutions Laws And Ceremonies of The Most Noble Order of The Garder* - Genealogical Publishing Company, Frederick Muller Reprint, United Kingdom, 1971.

BAILEY, Alice A. - *Los Trabajos de Hercules* - Fundación Lucis, Argentina, 1997.

BARDON, Franz - *Frabato El Mago* - Espanha, 1992.

BARDON, Franz - *Iniciacion Al Hermetismo* - Espanha, 1996.

BARDON, Franz - *La Clave de La Verdadera Cabala* - Espanha, 1971.

BARDON, Franz - *La Practica de la Evocación Mágica* - Espanha, 1970.

BARLET, F. Ch. - *Revue Cosmique* - Bibliothèque Chacornac, Paris, 1908.

BARNAVI, Élie - *História Universal dos Judeus* - Brasil, 1995.

BASILE, Ragy - *Invocações Poderosas* - Brasil, 1966.

BATHURST, John Deane - *The Worship of the Serpent* - BiblioLife,. Hardcover. 2009.

BAYARD, Jean-Pierre - *Le Symbolisme Maçonnique Traditionnel* - Symboles, Edimaf, France, 1991.

BENSION, Rav. Ariel.- O Zohar - *O Livro do Esplendor* - Polar Editorial & Comercial, SP, Brasil, 2006.

BIBLIA HEBRAICA - Thomas Dodson, Phil., 1814.

BINGEN, Hildegarda Von - *Scivias: Conece los Caminos* - Editorial Trotta, Madrid, 1999.

BLANCHARD, John - Scotch Rite - Masonry Illustrated - *The Complete Ritual of The Ancient And Accept Scottish Rite* - Charles T. Powner Co., Washington DC, 1964.

BLAVATSKY, H. P. & Collins - *Lucifer a Theosophical Magazine Designed to Bring to Light the Hidden Things of Darkness* - Mabel - George Redway, 1887.

BLAVATSKY, H.P. - *La Doctrina Secreta* - Editorial Kier, 2006.

BONWICK, James - *Egyptian Belief And Modern Thought*.- The Falcon's Wing Press, Indian Hills, 1956.

BOUCHER, Jules - *La symbolique Maçonnique* - Paris, 1979.

BOUCHET, Paul & René - *Les Druides*; *Sience & Philosophie* – Paris, 1968.

BOULANGER, Nicolas Antoine & HOLBACH, (Paul-Henri Thiry) - *L'Antiquité Dévoilée Par Ses Usages*. - Amsterdam, Michel Rey, 1772.

BOYANCÉ, Paul. - *La Réligion de Virgile*. Paris, 1963.

BRAHY, Charles de - *L'équilibre vital – Secret de santé d'après la science des mages* - Paris, 1930.

BRIER, Bob - *Secretos del Antiguo Egipto Mágico* - Espanha, 1994.

BUDGE, E.A.Wallis - *Amulets and Talismans* - NY, 1970.

BURGOYNE, Thomas H. - *La Luz de Egipto* - Argentina, 1978.

CASSARD, André - *Manual de Masonería* - Macoy y Sickles., New York., 1861.

CAZENEUVE, J. - *La mentalidade arcaica*, Ed. Siglo Veinte, Buenos Aires, 1967.

CAZENEUVE, J. - *Sociologia del rito*, Ed. Amorrortu, Buenos Aires, 1968.

CHRISTIAN, Paul. - *The Kabbalah Practice and Magic* - Londres, 1909.

CHRISTIANAE, Advmbratio Kabbalae - *Kabala Cristiana* - Espanha, 2000.

CICERÓN, M.T. - *Sobre la naturaleza de los dioses* (ed. Bilíngue, versão de J. Pimentel Álvarez), UNAM, México, 1986.

CIRLOT, E. - *Diccionario de símbolos*, Ed. Siruela, Madri, 2000.

CORDOVERO, Moïse - *La Douce Lumière* – Verdier, France, 1997.

COUTELA, Jacques - *12 Leçons de Magie Pratíque* - Paris, 1987.

COUTELA, Jacques - *144 Pantacles Personnalisés* - Paris, 1996.

CREUZER, Georg Friedrich - *Miscellanea Graeca* - Frid. Langenhemi In Bibliopolio Hahniano Impensis C.A. Jenni Filii, 1770.

CROATTO, J.S.- *Experiencia de lo Sagrado y tradiciones religiosas*, Ed. Estrella, Verbo Divino.

CROATTO, J.S.- *Los linguajes de la experiência religiosa. Estudio de Fenomenologia de la Religión*, Ed. Docencia, Buenos Aires, 1994.

CROWLEY, Aleister - *The Equinox* - Samuel Weiser, York Beach, Maine, 1992.

CROWLEY, Aleister - *AHA* - Falcon Press, Phoenix, 1987.

CROWLEY, Aleister - *Goecia , La Clave Menos de Rey Salomón; El Libro de los Espiritus* -México, 1985.

CROWLEY, Aleister - *Liber Al Vel Legis* - O.T.O - Oasis Sol no Sul, Rio de Janeiro, Brasil.

CROWLEY, Aleister - *Liber* DCCCXXXVII - Samuel Weiser, York Beach, Maine, U.S.A., 1973.

CROWLEY, Aleister - *Magick in Theory and Practice* - NY, 1968.

CROWLEY, Aleister - *The Holy Books of Thelema* – Samuel Weiser, York Beach, Maine, U.S.A., 1989.

CROWLEY, Aleister - *Yoga e Magia* (Livro Quatro Parte I) Editor Marcelo Ramos Motta, Brasil, 1981.

CULLING, Louis T. - *A Manual of Sex Magick* - Llewellyn Publications, Saint Paul, Minnesota, 1971.

CYLIANI - *Hermès Dévoilé* - Chacornac & Cie, Paris, 1961.

D'IGNIS, Laurent Bernard - *Les 36 Rituels de L'Arche d'Alliance* - Editions Rouge et Vert - Collection Haute Tradition, Paris, 1999.

D'OLIVET, Fabre - *La Lengua Hebraica Restituída* - Editorial Humanitas, Barcelona, 2007.

DANZEL, Th. W. - *Magie et Science Secrète* - Paris, 1939.

DE PAULY, Jean - *Sepher Ha-Zohar (Le Livre de la Splendeur) Doctrine Ésotérique des Israélites* - Published by Ernest Leroux, Paris, 1906.

DENNING, Melita & PHILLIPS - *La Sabiduria Magica; Filosofia Y Prática de la Alta Magia*, Vol. I e II, - Espanha, 1986.

DERRIDA e VATTIMO, G.- *La Religion en Ocident. Évolutions des idées et du vécu*, Ed. Fides, Montreal, 1997.

DESCHAMPS, N. *Sociétés (Les) Secrètes et la Société ou philosophie de l'histoire contemporaine*, Oudin Frères ; Paris, 1882-1883.

DUEZ, Joel - *Rituels Secrets Des Dix Roues Sacrées De La Kabbale* - Guy Trédaniel Éditeur, Paris, 1987.

DUFRESNAY, Lenglet. L'abbé - *Traité hist. et dogmat. sur les apparit. les visions et revelat.part.* - Paris, 1751.

DUJOVNE, Leon - *El Zohar* - Argentina, 1978.

DUJOVNE, Leon - Séfer Yetsirá - *El Libro de la Creación* - Ediciones S. Sigal / Editorial, Buenos Aires, 1966.

DUPUIS, Charles - *Abrégé de l'Origine de Tous les Cultes* - Librairie de la Bibliothèque Nationale, Paris, 1836.

DURKHEIM, E. - *Les formes élémentaires de la vie religieuse*, Ed. PUF, Paris, 1960.

ECKHARTSHAUSEN, K. Von - *Nuvem ante o Santuário* - Thot Editora, Brasil, 1990.

ELIADE, Mircea. - *O Sagrado e o Profano*. Lisboa : Ed. Livros do Brasil, s/d.

ESQUILO. *Persas.*

FACON, Roger - *Le Grand Secret des Rose-Croix* - Éditions Alain Lefeuvre, Vide, 1979.

FERRIÈRE, Serge Raynaud de la - *Ciencia y Religión* - Venezuela, 1990.

FERRIÈRE, Serge Raynaud de la - *El Arte en la Nueva* Era - Venezuela, 1970.

FERRIÈRE, Serge Raynaud de la - *El Libro Negro de La Francmasonería* - México, 1970.

FERRIÈRE, Serge Raynaud de la - *Los Centros Iniciáticos* - Venezuela, 1972.

FERRIÈRE, Serge Raynaud de la - *Los Mistérios Revelados* - Venezuela, 1968.

FERRIÈRE, Serge Raynaud de la - *Misticismo en el Siglo XX* - Venezuela, 1988.

FIGUIER, Louis. *Histoire du Merveilleux dans les temps modernes*. Hachette, Paris, 1860.

FLUDD, Robert - *Utriusque Cosmi* - Paris, 1980.

FLUDD, Robert :*Etude du Macrocosme. Traité d'Astrologie Générale,* H. Daragon, Paris, 1907.

FORTUNE, Dion - *The Mystical Qabalah* - Ibis Books, New York, New York, 1979.

FOURMONT, Etienne - *Réflexions critiques sur l'histoire des anciens peuples Chaldéens, Hébreux, Phéniciens, Egyptiens, Grecs, etc. jusqu'au temps de Cyrus* - Chez Musier, Jombert, Briasson, Bulot, 1735.

FOYE, Jean de La - *Ondes de Vie, Ondes de Mort* - Paris, 1975.

FRANCK, Adolphe - *La Kabbala* - Espanha, 1975.

FRAZER, J.G. - *El Folklore en el Antiguo Testamento* - Espanha, 1975.

FRAZER, J.G.- *La Rama Dorada* - México, 1944.

GABIROL, Selemo IBN - *Poesia Secular* - Ediciones Clasicos Alfaguara, Madrid, 1968.

GENNEP VAN, A. - *Los ritos de Paso*, Ed. Taurus, Madri, 1908.

GERNET, Louis y BOULANGER, André - *El Genio Griego em la Religión*. Ed. Uteha, México, 1960.

GIKATILLA, Joseph ben Abraham - *Sefer Ginnat Egoz* - Yeshivat ha-Hayyim we-ha-Shalom, Jerusalem 1989.

GINSBURG, Christian D. - *The Kabbalah* - U.S.A., 1955.

GORODOVITS, David e Fridlin, Jairo - *Bíblia Hebraica* - Sêfer, Brasil, 2006.

GRAD, A.D. - *Le Livre dês Príncipes Kabbalistiques* - Éditions Du Rocher, France, 1989.

GUAITA, Stanislas de - *La Clef de la Magie Noire* - França, 1953.

GUAITA, Stanislas de - *Le Temple de Satan* - Paris, 1953.

GUÉNON, Rene de - *El Símbolismo de la Cruz* - Espanha, 1980.

GUÉRILLOT, Claude - *La Rose Maçonnique* - Tome I e II - Guy Trédaniel Éditeur, Paris, 1995.

GUTTMANN, J[acob]:- *Die Philosophie des Salomon ibn Gabirol dargestellt und erläutert*.- Göttingen, Vandenhoeck & Ruprecht (1889).

GUTTMANN, Roberto Luis - Torá - *A Lei de Moisés* - Sêfer, Brasil, 2001.

HALL Manly P. - *The Secret Teachings of All Ages* – Philosophical Research Society, Los Angeles, CA, 1975.

HALL, Manly P. - *The Secrets Theachings of All Ages* - U.S.A., 1928.

HAZIEL - *Calendrier des Heures Magiques et des Lunaisons* - Paris, 1998.

HAZIEL - *Le Grand Livre de Cabale Magique* - Éditions EB Bussière, Paris, 1989.

HEGEL, G.W.F. - *Ciencia de la Logica* – Ed. Hachette, Buenos Aires, 1968.

HEGEL, G.W.F. - *Enciclopedia de las ciencias filosóficas* – Ed. Alianza, Buenos Aires, 1997.

HEIDEGGER, M. - *Estudios sobre a mística medieval*, Ed. Siruela, Madri,

1997.

HEIDEGGER, M. - *Lettre sur l'Humanisme*, Ed. Aubier, Paris, 1964.

HONORIUS, Papa - *The Sworn Book of Honorius the Magician.*

ILÍADA, VIII.

JANEIRO, J. Iglesias - *La Cabala de Prediccion* - Argentina, 1980.

JOLY, Alice - *Un Mystique Lyonnais Et Les Secrets de La Franc-Maçonnerie Jean-Baptiste Willermoz* – Demeter, Paris, 1986.

JOSEPHUS, Franciscus - *Liber Psalmorum Cum Canticis, Breviari Copta Egypcio* - Roma, 1909.

JULIO, Abade - *Libro de Oraciones Mágicas* - Espanha, 1985.

JUNG, C.G. - *Psicología y Religión*, Ed. E. Butelman, Paidós, Buenos Aires, 1981.

JUSTE, Michael - *The Occult Observer* - Atlantis Bookshop (Michael Houghton), London, 1950.

KABALEB - *Astrologia Cabalistica* - Espanha, 1994.

KABALEB - *Curso de Iniciacion Cabalista a la Astrologia Y el Tarot*- Espanha, 1996.

KABALEB - *Los Ángeles Al Alcance de Todos* - Espanha, 1995.

KABALEB - *Los Misterios de la Obra Divina* - Espanha, 1982.

KANT, Immanuel - *Crítica da Razão Prática* - Martins Claret - SP - 2008.

KAPLAN, Aryeh - *Sefer Yetzirah*; *The Book of Creation* - Samuel Weiser,, York Beach, ME:, 1993.

KARPPE S.- *Etude sur les origines et la nature du Zohar* - Editions Slatkine, Genéve, Honore, 1982.

KAYDEDA José María, *Los Apocrifos, Jeshua y Otros Libros Prohibidos*, Rea, Málaga, 1987.

KERSAINT - *Les 13 Pantacles du Bonheur* - Paris 1971.

KHUNRATH, Heinrich - *Amphithéâtre De L'Éternelle Sapience* - Paris, 1990.

KING, Francis - *Modern Ritual Magic* - Prisma Pr, Coeur d Alene, Idaho, U.S.A., 1989.

KING, Francis - *Ritual Magic of the Golden Dawn* - Destiny Books, Rochester, Vermont, U.S.A., 1997.

KING, Francis - *The Rites Modern Occult Magic* - New York, 1970.

KING, Francis -*Techiniques of Higth Magic* - New York, 1976.

KIRCHER, Athanasius - *Arithmologia* - Espanha, 1972.

KIRCHER, Athanasius - *Itinerário del Éxtasis o las Imágenes de un Saber*

Universal - Siruela, Espanha,1985.

KIRCHER, Athanasius - *Oedipus Ægyptiacus* - Venezuela, 1971.

KIRSCHNER, M. J. - *Yoga* - Schocken Books1977.

KNIGTH, Gareth - *Guia Prática Al Simbolismo Qabalístico*. Vol I e II. - Espanha, 1981.

KOLAKOWSKI, L. - *Si Dios no existe...* Ed. Tecnos, Madri, 1985.

LAFUMA-GIRAUD, Emile. *Sepher Ha-Zohar*, Le livre de la splendeur. Ernest Leroux, Paris, 1906.

LASSAY, Louis Charbonneau - *L´Esotérisme De Quelques Symboles Géométriques Chrétiens* - Éditions Traditionneles, Paris, 1988.

LAWSON, Jack - *El Libro de los Angeles* - Espanha, 1994.

LENAIN - *Las Science Cabalistique* - Paris, 1914.

LESKY, A. - *História da Literatura Grega. Berna*: Ed. Frasnk Verlag, 1963.

LEVI, Eliphas - *El Ritual Mágico del Sanctum Regnum* - Espanha, 1968.

LEWIS, Ralph M. - F∴R∴C∴ - *Los Antiguos Símbolos Sagrados* - Argentina, 1944.

LIGOU, Daniel - *Dictionnaire Universel de la Maçonnerie* - Editions de Navarre-Editions du Prisme, Paris, 1974.

LIGOU, Daniel - *Histoire et Devenir de la Franc-Maçonnerie* - Bosc, Lyon, 1930.

LLAUGÉ, Félix - *Rituales Secretos* - Espanha, 1985.

LOUVIGNY, Philippe de - *Guia Completo de Numerologia* - Portugal, 1989.

LUQUET, G.H. - *La Franc-Maçonnerie Et L´´Etat En France Au XVIII° Siècle* - Vitiano, Paris, 1963.

M. - *Deuses Atômicos* - Caioá Editora e Produtora Ltda. ME, SP, Brasil, 2000.

MANASSÉ, Benjamin - *Talismans et Pentacles Bénéfiques* - Paris, 1957.

MARIEL, Pierre - *Les Authentiques Fils de la Lumière* - Le Courrier Du Livre, Paris, 1973.

MARIEL, Pierre - *Rituels et Initiations des Sociétés Secrètes* - Editions Mame, 1974.

MASLOW, A. - *El Hombre autorrealizado. Hacia una psicologia del ser* – Ed. Kairós, Barcelona, 1976.

MATHERS, S.L.Macgregor - *La Clave Mayor de Rei Salomon* - México, 1976.

MATHERS, S.L.Macgregor - *La Qabalah Desvelada* - Espanha, 1995.

MEAD, G. R. S. - *Simon Magus: The Gnostic Magician* - Holmes Pub Grou Llc. 2001

MEAD, G. R. S. - *A Mithraic Ritual* - Holmes Pub Group Llc, 2001.

MEAD, G.R.S. - *Corpus Hermeticum* - BiblioBazaar, 2009.

MELLIN, Hector - *Tradition et Pantacle* - Paris, 1930.

MIRANDA, Caio - *A Libertação pelo Yoga* - Ashram Vale da Libertação, Brasil, 1960.

MIRANDOLA, Pico della - *Conclusiones Magicas y Cabalisticas* - Espanha, 1982.

MOLINOS, Miguel de - *O Guia Espiritual* - Safira Estrela Editorial, RJ, Brasil, 1998.

MONTAIGNE, Aubier - *Lulle* - Bibliothèque Philosophique, Paris, 1967.

MONTE CRISTO - *Martinismo* - Brasil, 2001.

MOPSIK, Charles - *Les Grands Textes de la Cabale* – Verdier, Paris, 1993.

MORYASSON, Alexandre - *La Lumiere sur le Royaume* - Paris, 1957.

MYER, Isaac - Solomon Ben Yehudah Ibn Gebirol – *Qabbalah – The Philosophical Writings* - Ktav Publishing House, Inc. New York, 1888.

NAUDON, Paul - *Histoire et Rituels des Halts Grades Maçonniques - Le Rite Ecossais Ancien et Accepté* - Dervy Editions, Paris, 1966.

NEFONTAINE, Luc - *Symboles Et Symbolisme Dans La Franc-Maçonnerie* – Editions de l'Université de Bruxelles, 1997.

ODISSÉIA. X.

OPHIEL - *The Art and Practce of Cabala Magic* - California, 1976.

OVÍDIO - *Les Metamorphoses d'Ovide, avec les explications à la fin de chaque Fable.* chez Pierre Emery, a Paris, 1701.

PAJUELO, Duque, F. - *Lo Santo y lo Sagrado*, Ed. Trotta – Madri, 1993.

PASQUALLYS, Martinets de - *Traité de la Réintégration des Êtres Créés* - Robert Dumas Editeur,, Paris, 1974.

PAULY, Jean de - *Etudes Et Correspondance de Jean de Pauly Relatives Au Sepher Ha-Zohar* - Paris, Bib. Chacornac, 1933.

PAULY, Jean de - *Le livre du Zohar* - Paris, F. Rieder et Cie, 1925.

PEGASO, Osvaldo - *El Gran Libro de La Magia y de la Brujería* - México, 1962.

PESSOA, Fernando - *Poemas Ingleses* - Edições Ática, Lisboa, Portugal, 1994.

PESSOA, Fernando - *Poesias Ocultistas* – Aquariana, Brasil 1995.

PESSOA, Fernando - *Rosea Cruz* - Portugal, 1989.

PHANEG, G. - *Cinquante Merveilleux Secrets D'Alchimie* - Paris, 1912.

PICARD, Eudes - *Astrologie Judiciare* - Paris, 1957.

PICATRIX - *La Clef des Clavicules* - Paris, 1956.

PIKE, Albert - *Moral and Dogma of the Ancient and Accepted Scottish Rite of Freemasonry* - L.H. Jenkins, Richmond, Virginia, 1919.

PIOBB, P.V. - *Clef Universelle des Sciences Secrèts* - Paris, 1949.

PLANK, Ricard - *El Poder de la Fe* - Argentina, 1964.

PLATÃO - *Leis*.

PLATÃO - *Timeu*.

PLOTINO. - *Enéadas*, Ed. Gredos, Madri, 1992.

PLUTARCO. - *De animae procreatione in Timaeo*. Traduzido por P. Thévenaz. in: *L'âme du Monde, le Devenir et la Matière chez Plutarque. Neufchâtel*, 1938.

POZARNIK, Alain - *Mystères et Actions du Rituel D'ouverture en Loge Maçonnique*, Dervy, Paris, 1995.

PRADES, J. A. - *Lo Sagrado; Do Mundo Arcaico a la Modernidad*, Ed. Península, 1998.

PRASAD, Rama - *Las Fuerzas Sutiles de la Naturaleza* - Argentina, 1964.

PRYSE, James M. - *El Apocalipsis Develado* - Argentina, 1946.

PUECH, Henri-Ch. - *La Gnose et le Temps* - Eranos-Jarbuch, 1952.

REGARDIE Israel - *La Aurora Dourada .(The Golden Dawn)* - Espanha, 1986.

REYLOR, Jean - *A la Suíte de René Guénon... Sur la Route des Maîtres Maçons* - Editions Traditionnelle, Paris, 1960.

RICOEUR, P. - Art. *Le symbole donne à penser* – Ed. Revue Esprit, Paris, 1959.

RICOEUR, P. - *De l'interprétation, Essai sur Freud*, Ed. Bilíngue: *Una interpretación de la Cultura*. Ed. Seuil, Madri, 1989.

RICOEUR, P. - *Finitud y culpabilidade II. La simbólica del mal*, Ed. Trotta, Madrid.

RICOEUR, P. - *Introducción a la simbólica del mal*, Ed. Megápolis, Buenos Aires, 1976.

RIES, J. - *Lo Sagrado en la historia de la humanidade*, Ed. Trotta, Madri, 1989.

RIES, J. - *Tratado de antropologia de lo sagrado*, Ed. Trotta, Madri, 1995.

RIFFARD, P. - Dictionnaire *de L'ésotérisme* - Paris, 1983.

ROMAN, Denys - *René Guénon et les Destins de la Franc-Maçonnerie* - Les Editions de L'Oeuvre., Paris, 1982.

ROZENBERG, Yehudah Yudl - *Sefer Zohar Torah : Hu Perush Ha-Zohar Ha--Kadush Al Ha-Torah*. - The Rothchild Press, Montreal. 1924-1927.

RÜGGEBERG, Dieter - *Paroles de Maître Arion* - Paris, 2001.

RUSSELL, B. - *Obras completas*, Ed. Aguilar, Madri, 1973.

SABELLICUS, Jorg - *A Magia dos Números* - Portugal, 1977.

SAINT-GALL, Michel - *Dictionnaire du Rite Ècossais Ancien et Accepté* - Éditions Télètes, Paris, 1998.

SAINT-MARTIN, Louis-Claude de - *Controverse Avec Garat* - Paris, Fayard, 1990.

SAINT-MARTIN, Louis-Claude de - *Des Nombres* - Paris,1998.

SAINT-MARTIN, Louis-Claude de - *L'Initiation.*- Paris, 2002.

SAINT-MARTIN, Louis-Claude de - *Lettres Aux Du Bourg* - Robert Amadou , L'initiation à Paris, 1977.

SAINT-MARTIN, Louis-Claude de - *Mon livre vert* – Cariscript, Paris, 1991.

SAINT-MARTIN, Louis-Claude de - *Quadro Natural (Das Relações que Existem Entre Deus, o Homem e o Universo)* Edições Tiphereth777, Brasil, 2000.

SAVAIGNAC, Pierre Marie - *Qabale et Maçonnerie* - Paris, 1950.

SAVEDOW, Steve - *Sepher Rezial Hemelach – The Book of the Angel Rezial* - Samuel Weiser, Inc., 2000.

SCHIKANEDER, Emmanuel - *Wolfgang Amadeus Mozart -La Flauta Mágica* - Daimon, México D.F., 1986.

SCHOPENHAUER. *Mémoires sur les Sciences Occultes*, Paul Leymarie, Paris, 1912.

SECRET, François - *Hermétisme et Kabbale* – Bibliopolis, Napoli, 1992.

SEPHARIAL - *Manual de Ocultismo* – Brasil.

SÉROUYA, Henri - *La Kabbale* - Grasset, 1947.

SÉROUYA, Henri - *Les Philosophies de L'Existence* - Librairie Fischbacher, Paris, 1957.

SHROCK, A. T. - *Rabbi Jonah Ben Abraham of Gerona: His Life And Ethical Works* - Edward Goldston, London, 1948.

SIMON, T. *[Albert de Pouvourville] T. Théophane [Léon Champrenaud] Les Enseignements Secrets de la Gnose* - Archè Milano, 1999.

SKINNER, B,F. - *Ciencia y Conducta Humana* – Ed. Fontanella, Barcelona, 1970.

SPENCE, L. - *An encyclopedia of Occultism* - Nova Jersey, 1974.

STABLES, Pierre - *Tradition Initiatique Franc-Maçonnerie Chrétienne* - Guy Trédaniel Éditeur, Paris,1998.

STEINER, Rudolf - *A Ciência Oculta* - Brasil, 1975.

STEVENSON, David - *Les Origines de la Franc-Maçonnerie - Le Siècle Écossais* 1590-1710 - Éditions Télètes, Paris, 1993.

STEWART, J -. *The Myth of Plato*. Ed. Illinois University Press, 1962.

TEDER - *Rituel de L'Ordre Martiniste Dressé Par Teder* - Éditions Télètes, Paris, 1985.

TEGMEIER, Ralph - *El Poder Curativo de los Elementos* - Espanha, 1988.

THIERS, J.B. - *Traité des Superstitions*, Avignon - Paris, 1777.

TYANE, Apollonius de - *Astrologie Horaire;Traité Pratique* - Paris, 1957.

URBANO Júnior, Helvécio de Resende (Ali A'l Khan S∴ I∴) - *Absinto - O Inebriante Templo Maçônico* - Edições Tiphereth777, MG, Brasil, 2007.

URBANO Júnior, Helvécio de Resende (Ali A'l Khan S∴ I∴) – *Arsenium - O Simbolismo Maçônico* - Editora ÍSIS, SP, Brasil, 2016.

URBANO Júnior, Helvécio de Resende (Ali A'l Khan S∴ I∴) - *Gnosticum - A Chave da Arca - Maçonaria Prática* - Editora ISIS, SP, 2018.

URBANO Júnior, Helvécio de Resende (Ali A'l Khan S∴ I∴) - *Hermeticum - Caminhos de Hiram - O Filosofismo da Maçonaria Iniciática* - Editora ISIS, SP, 2018.

URBANO Júnior, Helvécio de Resende (Ali A'l Khan S∴ I∴) - *Kabbala - Magia, Religião & Ciência* - Edições Tiphereth777, MG, Brasil, 2006.

URBANO Júnior, Helvécio de Resende (Ali A'l Khan S∴ I∴) - *Manual Mágico de Kabbala Prática* - 8º Ed. - Ed. Madras, Brasil, 2018.

URBANO Júnior, Helvécio de Resende (Ali A'l Khan S∴ I∴) - *Secretum - Manual Prático de Kabbala Teúrgica* - Editora ISIS, SP, 2014.

URBANO Júnior, Helvécio de Resende (Ali A'l Khan S∴ I∴) - *Templo Maçônico - Dentro da Tradição Kabbalística* - Ed. Madras, SP, 2012.

UZCÁTEGUI, Oscar - *33 Grabados de Alquimia Develados* - México, 1976.

UZCÁTEGUI, Oscar - *Memorias de un Sacerdote Tebano* - México, 1980.

VEJA, Amador - *Ramon Llull y el Secreto de la Vida* - Ediciones Siruela, S.A., Madrid., 2002.

VELLOZO, Dário - *O Martinismo por Dario Vellozo* - Brasil, 1974.

VELLOZO, Dario - *Obras Completas* - Brasil, 1975.

VIAUD, Gérard - *Magie et Coutumes Populares Chez Les Copts D'Egypte* - Paris, 1972.

VIDENGREN, G. - *Fenomenologia de la religión*, Ed. Cristiandad, Madri, 1969.

VIJOYANANDA, Swami - *Vedanta Practica* – Kier, Buenos Aires, 1937.

VIVEKANANDA, Swami - *Entretiens Et Causeries* - Albin Michel, Paris,

1955.

VIVEKANANDA, Swami - *Pláticas Inspiradas* – Kier, Argentina, 1965.

VOLTARE - *Dicionario Filosófico* - Atena Editor, Portugal, 1945.

VULLIAUD Paul - *La Kabbale Juive* Tomo I e II - Emile Nourry. Paris, 1923.

VULLIAUD, Paul - *Joseph de Maistre - Franc-Maçon - Suivi de Pièces Inédites* - Archè, Milano, 1990.

WAHLEN, Auguste - *Moeurs, usages et costumes de tout les peuples du monde, d'aprés des documents authentiques et les voyages les plus recents.* - Librairie historique-artistique,, Bruxelles, 1843.

WAITE, A.E. - *Emblematic Freemasonry* - London, 1925.

WAITE, A.E. - *The Brotherhood of The Rosy Cross*, London, 1924.

WAITE, A.E. - *The Holy Kabbalah* - Carol Publishing Group Edition - United States of America, 1995.

WAITE, A.E.- *The Book of Black Magic and of Pacts* - London, 1898.

WARRAIN, Francis - *L´Ceuvre Philosophique de Hoené Wronski* - Les Éditions Véga, Paris, 1936.

WARRAIN, Francis - *La Theodicée de La Kabbale* - Paris, 1931.

WIRTH, Oswald - *El Simbolismo Hermetico* - Editorial Saros, Buenos Aires, Argentina, 1960.

ZAMRA, David ben Shlomo, *Magen David*. Amsterdam, 1713.

Notas sobre o autor

O valor do conhecimento é colocado à prova por seu poder de purificar e enobrecer a vida do estudante ansioso de adquirir o conhecimento e, depois, empregá-lo na evolução de seu caráter e no auxílio à humanidade.

Helvécio de Resende Urbano Júnior, conhecido entre os Iniciados de diversas Ordens pelo nome iniciático de Ali A'l Khan S∴I∴, nasceu em Entre Rios de Minas, Minas Gerais, em 1956. Muito cedo se voltou para as arguições filosóficas do por que da vida, como uma necessidade pungente que assolava sua alma ansiosa para descobrir a razão lógica de sua existência e a de seus semelhantes.

Quando percebeu que a necessidade de se ajustar às regras superiores da Vida era o único caminho para conquistar a clara Luz da Inteligência Iluminada, que lhe permitiria obter as respostas que tanto buscava para justificar sua jornada humana fez-se, então, Iniciado em várias Ordens identificadas com os Mistérios Antigos, tais como a Maçonaria, o Martinismo, o Rosacrucianismo, o Druidismo e a O.T.O, sempre conquistando patentes em seus graus mais elevados nessas agremiações espiritualistas e recebendo, como recompensa, a conquista da chave do conhecimento secreto que lhe abriu as portas dos Reinos Internos, onde repousa a Verdade Final. Toda a sua trajetória nos últimos quarenta anos foi dedicada a esse afã, tendo, através da Kabbala, sempre buscado com muita sinceridade a visão de seu Sagrado Anjo Guardião.

Como buscador, teve a oportunidade de conhecer verdadeiros mestres, que o ajudaram a balizar sua caminhada na senda da Luz Maior, brindando-o com efetivas palestras iniciáticas, cujo objetivo maior esteve assentado em orientá-lo em como conquistar a ciência necessária para conquistar as ferramentas imprescindíveis na lapidação da pedra bruta transformando-a em pedra polida. Dentre estes, podemos citar os saudosos Irmãos: Paulo Carlos de Paula, M∴Miguel, da FRA da cidade de Santos Dumont, MG; Euclydes Lacerda de Almeida, M∴M∴18°, Frater Aster /T. 2° = 9 ∴ A∴A∴, que foi uma das maiores, senão a maior autoridade Thelêmica do Brasil; Lachesis Lustosa de Mello, Druida Derulug, divulgador do druidismo no Brasil.

Helvécio demonstra, nesta obra, que a cada instante na existência do ser humano existe uma aposta descarnada de tudo ou nada, mediante aquilo que é possível, dentro das limitações do homem, onde julga e escolhe diante das opções plenas de recursos. O desafio do desemparo, cujo pragmatismo é pessoal, intransferível e solitário, como ato finito, porém, ao mesmo tempo, livre de desespero, em apelação da possibilidade infinita, para realizar sua concretização como homem de desejo e, em corolário, sua reintegração. Nesse farto material coletado nos vários redutos espiritualistas, através de boas reflexões e provocações, buscou sinceramente as respostas, que arguiam constantemente seu intelecto aprendendo e ensinando, plantando e colhendo, servindo e sendo servido na selva da experiência humana.

Com o presente livro, o autor pretende preencher uma lacuna importante na literatura maçônica espiritualista e gnóstica no nosso País. Teve o cuidado e o zelo de dar informações que certamente ultrapassarão tudo que foi escrito, muitas vezes, de forma nem sempre consentânea à verdade iniciática. Podemos afirmar ainda que esta obra estabelece um roteiro seguro e técnico, para o estudante sério, pois ela está favorecida com a experiência e vivência maçônica do próprio autor.

Sabemos que o homem tem necessidade de crer naquilo que não vê, mas, acima de tudo, a busca do desconhecido é para ele o princípio mesmo de toda a atividade do espírito, o que lhe dá sua razão de ser. Com este livro, a literatura ocultista brasileira é enriquecida com informações antes não reveladas e que permitem ao estudante empreender sua libertação da crença e o coloca na posição de ver além das aparências. Que esta obra obtenha o sucesso para o bem daqueles que a compulsarem com seriedade e dedicação.

Jayr Rosa de Miranda
Frater Panyatara (In memoriam)
☆Rio de Janeiro 08 de Outubro de 1930
† Niterói RJ 13 Julho de 2015

Rio de Janeiro - Solstício de Verão de 2005

Membro da F.R.A. do Rio de Janeiro, escritor, astrólogo e eminente espiritualista a serviço da Causa Maior.

Conteúdo do Volume II

SEGUNDA PARTE

    MAÇONARIA E TEOSOFISMO

CAPÍTULO I

    AS COMUNICAÇÕES COM AS INTELIGÊNCIAS DE MUNDOS SUPERIORES

    AS CONJURAÇÕES EM *"FAUSTO"*. A SIMBOLOGIA E A TEOLOGIA MÁGICA DOS NÚMEROS DA *"KABBALA"*

PRIMEIRA PARTE

    O CAMINHO CIENTÍFICO PARA OS MUNDOS ESPIRITUAIS

    O SIGNO DO MACROCOSMO

SEGUNDA PARTE

    A FANTÁSTICA CONJURAÇÃO DO ESPÍRITO DA TERRA À LUZ DA PSICOLOGIA PRÁTICA

    A CONJURAÇÃO O ESPÍRITO DA TERRA PELOS BABILÔNIOS

    (B) PASSAGEM PARA A PSICOLOGIA EXPERIMENTAL DO METACÓSMICO

    DA SYSYGIA COMO CHAVE DA PEREGRINAÇÃO MUNDIAL

    MÉTODOS PRÁTICOS DA SYSYGIA

    O DESENVOLVIMENTO PSICOLÓGICO DO CORPO ORIGINAL

    DO SAELEM OU DO "PEREGRINO" DOS MUNDOS

    O SUDÁRIO E O RESTO FÁUSTICO

    DO SALEM OU DO "PEREGRINO" DOS MUNDOS

    TÁBUA III

    PROÊMIO: EXPLICAÇÃO DA TÁBUA III

    A POTENCIAL CINÉTICA DA PRECE

GNOSES NUMÉRICAS PARA O ESTUDO
DAS LEIS DA LUZ ASTRAL

OUTRAS DERIVAÇÕES DOS DOZE LOGOS:

DA ENTRADA DA ALMA NOS
LUGARES SUPERIORES DO MUNDO

A LUZ ASTRAL E A CONSTRUÇÃO DO TODO

TÁBUA IV

A HARMÔNICA LEI PLANETÁRIA:

A POTENCIAL DINÂMICA DE VÊNUS

PALAVRAS FINAIS

APÊNDICE

AS TRÊS METAMORFOSES DE NIETZSCHE

CAPÍTULO II

A ESSÊNCIA DA MAÇONARIA

O SALÃO DA INSTRUÇÃO DO TEMPLO
E SUA FUNÇÃO MÍSTICA

O CAMINHO PARA O SALÃO

O EXTERIOR DO SALÃO

O PÓRTICO

O INTERIOR DO SALÃO

O CORPO DO SALÃO

AS CAPELAS

OS DEGRAUS

DO DOSSEL

AS ALCOVAS

O TEMPLO INICIÁTICO

CAPÍTULO III

IDEAIS ANTIGOS NA MAÇONARIA MODERNA

CAPÍTULO IV

7 REFLEXÕES NECESSÁRIAS

I - A VISÃO EMOCIONAL DA VERDADE

II - CONCEITO INICIÁTICO DA LIBERDADE

OLHEMOS ISTO AGORA INICIATICAMENTE:

III – A GRANDE OBRA

IV – O FRATERNISTA IDEAL (VERDADEIRO IRMÃO)

V – AUTOPREPARAÇÃO

VI – QUALIDADES NECESSÁRIAS A QUEM QUEIRA TRILHAR A SENDA

VII – O ESOTERISMO DENTRO DAS RELIGIÕES

TERCEIRA PARTE

TEURGIA E TAUMATURGIA

A ROSA KABBALÍSTICA E MAÇÔNICA

A MÍSTICA NA PRÁXIS

CAPÍTULO I

TRÊS SÃO OS CAMINHOS DA INICIAÇÃO

TEURGIA

O QUE É A MAGIA?

MAGIA ANGÉLICA

A EVOCAÇÃO TEÚRGICA

OPERAÇÕES DE MAGIA DIVINA

OPERAÇÃO DA ENTELÉQUIA DIVINA

A U M

MAGIA PANTACULAR

COMO SE CONSTROEM OS TALISMÃS E PANTÁCULOS

O PODER DAS PALAVRAS MÁGICAS

A PALAVRA A U M

A PRÁTICA DA TEURGIA

PRINCÍPIO DO SANTO EVANGELHO SEGUNDO SÃO JOÃO

EVANGELHO DE JOÃO, CAPÍTULO I - GREGO

EVANGELIUM SECUNDUM IOANNEM, I - LATIM

O EVANGELHO DE SÃO JOÃO

PSALMO 6 – "DOMINE NE IN FURORE TUO ARGUAS ME"

PSALMO 31 – ATUAL SALMO 32 – "BEATI QUORUM REMISSÆ"

PSALMO 37 – ATUAL SALMO 38 –
"DOMINE NE IN FURORE TUO ARGUAS ME"

PSALMO 50 – ATUAL SALMO 51 –
"MISERERE MEI DEUS SECUNDUM MAGNAM"

PSALMO 101 – ATUAL SALMO 102 –
"DOMINE EXAUDI ORATIONEM MEAM",

PSALMO 129 – ATUAL SALMO 130 –
"DE PROFUNDIS CLAMAVI AD TE, DOMINE"...

PSALMO 142 – ATUAL SALMO 143 –
"DOMINE EXAUDI ORATIONEM MEAM",

A SEMANA MÍSTICA

A SÍNTESE DA ARTE PANTACULAR

INVOCAÇÃO DOS ESPÍRITOS CHAMADOS
OLÍMPICOS, SUA NATUREZA E OFÍCIO

DAS INFLUÊNCIAS FAVORÁVEIS PARA
COMPOR OS PANTÁCULOS E OPERAR
NOS RITOS MISTERIOSOS

ALGUNS CUIDADOS NECESSÁRIOS
AO BOM TRABALHO

CAPÍTULO II

TAUMATURGIA

INTRODUÇÃO

AO MESTRE MIGUEL

CONSIDERAÇÕES SOBRE
O SER E O MUNDO DA VIDA

REFLEXÕES NECESSÁRIAS E PRÁTICAS SIMPLES NO MISTÉRIO DA UNIDADE E NO ESPÍRITO RELIGIOSO

PRÁTICAS TAUMATURGISTAS

O AMOR É UNO

BIBLIOGRAFIA RECOMENDADA

BIBLIOGRAFIA

NOTAS SOBRE O AUTOR